test
Jahrbuch 2014

Über 100 Tests und Reports

Editorial

Glauben Sie das Märchen vom Wundersalz? Haben Sie die Hoffnung, auf einem Boxspringbett endlich königlich zu schlafen? Vertrauen Sie trotz der Pleiten von Teldafax und Flexstrom noch den Empfehlungen von Stromtarifrechnern? Das sind nur drei Beispiele für Fragen, denen die Stiftung Warentest in den 120 Tests und Reports dieses Jahrbuchs nachgegangen ist.

Die Ergebnisse unserer Arbeit entlarven vollmundige Versprechen oft genug als schillerndes Marketing. Persisches Blausalz, Salz aus der Wüste oder der Himalaya-Region ist weit gereist und recht exotisch, aber unterscheidet sich in Würzkraft und Gesundheitseffekt kaum vom gewöhnlichen Speisesalz *(S. 46)*. Der aufwendige Aufbau der Boxspringbetten garantiert alleine keine guten Liegeeigenschaften. Zudem lagen die geprüften Betten bei der Härteangabe ziemlich daneben *(S. 164)*. Wer sich unbedarft auf die Empfehlungen von Stromtarifrechnern verlässt, landet nach unserer Kalkulation bei einem unfairen Tarif *(S. 172)*.

Drei Beispiele auch für viele positive Überraschungen: Die LED-Leuchten stellen bei den energiesparenden Lampen Halogen- und Kompaktleuchtstofflampen mühelos in den Schatten — bei deutlich sinkenden Preisen *(S. 147)*. Wäschetrockner mit Wärmepumpe halbieren die Energiekosten im Vergleich zum klassischen Kondensationstrockner *(S. 176)*. Wer auf der Suche nach einer Alternative zur Butter ist, findet neue, streichfähige, leichte Varianten, schmackhafte und gesunde Mischungen aus Butter- und Pflanzenfett *(S. 29)*.

Ich wünsche Ihnen viel Spaß bei der Suche nach Tops und Flops. Auf den Serviceseiten *(ab S. 256)* finden Sie Anbieteradressen und wichtige Anlaufstellen für Verbraucher.

Ihr
Peter Gurr
Stellvertretender Chefredakteur test

Inhalt
2014

12:45
12:45 PM
Mon, 25 Feb

Unser Rat

Begleitetes Fahren. Sparen können Fahranfänger, wenn sie am begleiteten Fahren ab 17 Jahren teilnehmen. Für eine 19-jährige Modellkundin gibt es so bis zu 14 Prozent Preisvorteil.
Versicherer der Eltern. Oft gibt es Preisnachlass, wenn junge Leute ihr Auto bei derselben Gesellschaft wie ihre Eltern versichern. Die Einstufung erfolgt dann meist bei 140 Prozent (neues Rabattsystem: 75 Prozent).

Sparen beim Fahren

1/2013 Mit wenigen Tricks können Fahranfänger bei der Autoversicherung viel Beitrag sparen, auch auf Dauer.

Bis zu 3600 Euro im Jahr nehmen Autoversicherer von Fahranfängern – allein für den Haftpflichtschutz. Oft ist das mehr als der Kaufpreis fürs erste eigene Auto. So teuer ist es vor allem deshalb, weil Anfänger üblicherweise in Klasse 0 mit 230 Prozent Beitragssatz starten. Sie zahlen mehr als das Doppelte der Grundprämie.

Nun führen viele Versicherer neue Schadenfreiheitsklassen mit niedrigeren Rabattsätzen ein. Anfänger werden dort mit 95 Prozent der Grundprämie eingestuft. Das sieht nur oberflächlich besser aus: Alle Versicherer mit neuem Rabattsystem heben den zugrunde liegenden 100-Prozent-Satz drastisch an. Dennoch profitieren gerade Fahranfänger vom neuen System. Oft ist ein Vertrag mit den neuen 95 Prozent günstiger als einer mit 230 Prozent nach altem System.

Günstiges Fahrzeugmodell

Wer sparen will, sollte schon beim Autokauf auf den Versicherungsbeitrag für seinen Wunschwagen achten. Die Versicherer stufen jedes Fahrzeugmodell in eine Typklasse ein, je nachdem wie häufig es in Unfälle verwickelt ist. Je höher die Typklasse, desto höher der Beitrag. Doch ausgerechnet alte Gebrauchtwagen, bei Anfängern mit kleinem Budget beliebt, stehen meist in teuren Klassen. Es kann sich lohnen, ein etwas teureres Auto zu kaufen, und dies Geld bei der Versicherung wieder einzusparen. Unter www.typklasse.de steht, welches Fahrzeug in welche Typklasse eingeordnet ist. ■

Versicherungsbeitrag senken

Etwas Geschick ist nötig, dann können auch Fahranfänger ihr Auto deutlich günstiger versichern, zum Beispiel wenn sie ein Sicherheitstraining machen oder vor 18 begleitet fahren. Wer eine Police sucht, kann außerdem den individuellen Preisvergleich der Stiftung Warentest nutzen. Unter www.test.de/kfz-analyse gibt es für 7,50 Euro günstige Angebote für den persönlichen Versicherungsbedarf.

Unser Rat

Vorsicht. Befolgen Sie genau die Bedienungsanleitung der Autowaschanlage. Fragen Sie den Betreiber, wenn Sie nicht sicher sind, ob Ihr Wagen ohne weiteres in die Anlage darf.
Ausgleich. Verlangen Sie Schadenersatz, wenn Sie nach einem Schaden kein Verschulden trifft. Beauftragen Sie einen Rechtsanwalt mit der Wahrnehmung Ihrer Interessen, wenn der Inhaber nicht zahlen will.

Ärger in der Waschstraße

7/2013 Auto sauber, Wagentür zerkratzt – wer schuld ist, sollte man am besten gleich vor Ort klären.

Eigentlich funktionieren moderne Autowaschanlagen zuverlässig. Doch abgerissene Wischerblätter, Antennen oder Zierleisten des Vorgängerautos können sich in den Bürsten verfangen und bei der nächsten Wäsche Schäden anrichten. Kunden sollten dann schnell reagieren. Ist ein Mitverschulden des Kunden ausgeschlossen, haftet der Inhaber der Anlage, es sei denn, er belegt, dass ihn kein Verschulden trifft.

Autofahrer kontrollieren ihren Wagen am besten gleich nach der Wäsche. Wer Kratzer oder Ähnliches entdeckt, sollte sofort einen Mitarbeiter der Anlage bitten, den Schaden zu dokumentieren. Je später Autobesitzer Schäden reklamieren, desto schwieriger lässt sich nachweisen, dass die Läsionen wirklich beim Waschen entstanden sind.

Zeugen suchen, Fotos machen

Was passiert, wenn die Mitarbeiter der Waschanlage sich weigern, den Fall zu dokumentieren? Dann sollten Betroffene Fotos machen und den Schaden am besten Dritten zeigen, die später Zeugen sein können.

Machen Autofahrer ihrerseits in der Waschanlage etwas kaputt, müssen sie auch dafür geradestehen. So kommt es immer wieder vor, dass Kunden entgegen den Anweisungen während des Waschvorgangs auf die Bremse treten oder den Wagen falsch in die Anlage fahren. Die Haftungsregeln sind weniger streng als im Straßenverkehr. Geld fließt hier nur, wenn der Inhaber der Anlage dem Kunden Verschulden nachweist. ■

Schäden dokumentieren
Wenn feststeht, dass ein Schaden beim Autowaschen entstanden und ein Mitverschulden des Kunden ausgeschlossen ist, haftet der Inhaber der Waschanlage. Ausnahme: Der Betreiber belegt, dass ihn kein Verschulden trifft. Das aber klappt nur selten. Wichtig ist, den Wagen gleich nach der Wäsche zu kontrollieren. So lassen sich Schäden im Streitfall auch später noch nachweisen.

Unser Rat

Das Eigenkapital der Immobilienkäufer sollte in der Regel mindestens ein Viertel der Kauf- und Nebenkosten abdecken. Es ist sinnvoll, bei der Finanzierung möglichst **lange Zinsbindungsfristen** zu wählen. Die Zinsen für 15 bis 20 Jahre sind derzeit im langfristigen Vergleich extrem günstig. Darüber hinaus sollten Kreditnehmer **mindestens 2 Prozent anfängliche Tilgungsrate** vereinbaren.

Vorsicht Niedrigzinsfalle

8/2013 Immobilien lassen sich so günstig finanzieren wie noch nie. Kreditnehmer überschätzen sich in Phasen niedriger Zinsen aber leicht.

Die Zinsen für Immobilienkredite liegen am Rekordtief. Bei vielen Finanzierungsbeispielen für Wohnungen und Häuser ist die Kreditrate daher kaum höher als es die Miete wäre. Selbst wenn beide gleich sind, ist die Belastung für Käufer pro Monat höher, weil Mieter nicht alle Kosten einer Immobilie zahlen müssen.

Die anfängliche Tilgungsrate ist in den Beispielen oft mit nur 1 Prozent angesetzt. Gerade jetzt ist das nicht empfehlenswert. Kreditnehmer überschätzen sich in einer Niedrigzinsphase leicht, denn sie können einen höheren Kredit aufnehmen. Für Leute, die 1000 Euro im Monat einsetzen können, errechnen sich bei 3 Prozent Zins und 1 Prozent Tilgung 300000 Euro. Bei 5 Prozent Zins wären es nur 200000 Euro.

Ein halbes Jahrhundert zahlen

Je niedriger die Zinsen sind, desto länger dauert es aber, bis ein Darlehen abgetragen ist. Bei 1 Prozent anfänglicher Tilgungsrate und 3 Prozent Zins sind es rechnerisch gut 46 Jahre, bei 5 Prozent Zins nur knapp 36 Jahre. Gerade in einer Niedrigzinsphase ist es daher sehr wichtig, höher zu tilgen und so die Zeit bis zur Abzahlung zu verkürzen.

Bei 3 Prozent Zins und 1 Prozent Tilgung sind nach zehn Jahren erst zwölf Prozent der ursprünglichen Kreditsumme abgetragen. Steht dann die Anschlussfinanzierung an, ist die Gefahr groß, dass das Zinsniveau dann höher ist und die monatliche Belastung untragbar wird.

KfW-Förderzinsen nur für 10 Jahre
Für energieeffiziente Immobilien bietet die KfW-Bank Darlehen mit Zinsen unter Marktniveau an. „Diese Zinsverbilligung ist aber nur für die erste Zinsbindungsfrist von 10 Jahren gültig", erklärt ein Sprecher der KfW. Eine Verlängerung biete sie zu Konditionen ohne Subvention an. Wer ein solches Darlehen hat, muss daher ab dann mit einer steigenden Belastung pro Monat rechnen.

Unser Rat

Elektronische Briefdienste eignen sich für vertrauliche Kommunikation, die zeitgleich ankommen soll. Sie arbeiten sicherer als E-Mail-Dienste, lassen sich den Service aber bezahlen. Nachteile: Zwischen E-Postbrief und De-Mail besteht keine Verbindung. Bisher nehmen wenige Nutzer teil. Attraktiv wären die Dienste, wenn Ämter und Firmen per E-Postbrief oder De-Mail erreichbar wären.

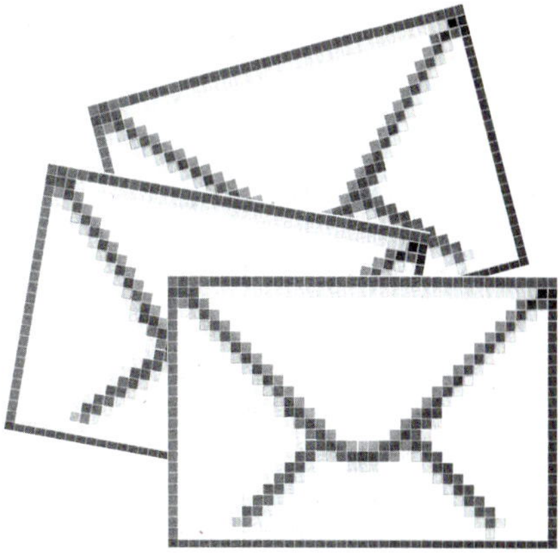

Kein Briefersatz

1/2013 E-Postbriefe und De-Mails lassen sich wie E-Mails bearbeiten. Doch die Anmeldung dauert und der Service kostet obendrein Geld.

Deutsche Post, Telekom und Francotyp-Postalia bieten elektronische Briefe an: E-Postbrief heißt das bei der Deutschen Post, De-Mail bei den anderen. De-Mail und E-Postbrief sollen Briefe ersetzen: rechtsverbindlich, vertraulich und sicher. Zumindest beim E-Postbrief funktioniert das nicht recht. Die Stiftung Warentest hat die drei Varianten ausprobiert.

Erste Hürde: die Anmeldung. Francotyp-Postalia schickt einen Vertreter ins Haus. Die Testkunden warteten einen Monat auf ihn. Schneller ist die Deutsche Post, hier klappt die Anmeldung noch am selben Tag.

E-Postbriefe und De-Mails lassen sich wie E-Mails bearbeiten. Die Eingabemasken erinnern an herkömmliche E-Mail-Dienste. Bei Francotyp-Postalia stürzt die Anwendung allerdings häufig ab oder lädt Seiten quälend langsam. Eine Folge der hohen Verschlüsselung, sagt der Anbieter. Beim E-Postbrief der Post funktioniert der Versand an E-Postbrief-Adressen oder reguläre Postadressen, Preis: jeweils 55 Cent. Nachrichten an innerdeutsche Postadressen druckt die Post auf Wunsch aus und stellt sie per Briefträger zu. Drei Schwarz-Weiß-Seiten sind im Porto inklusive. Jede weitere Seite kostet 10 Cent extra. Die De-Mail lässt sich nur an De-Mail-Adressen verschicken. Preis: zwischen 33 und 39 Cent pro Nachricht. Nachteil der beiden Systeme: E-Postbrief und De-Mail arbeiten unabhängig voneinander. Sie gestatten nur Sendungen innerhalb des eigenen Systems. ■

Schriftform erforderlich
Der E-Postbrief verwendet keine qualifizierte elektronische Signatur. Er kann deshalb keine rechtsverbindlichen Erklärungen ersetzen, die zwingend die Schriftform vorschreiben, etwa die Kündigung eines Mietvertrags oder einer Versicherungspolice. Wirklich rechtssicher ist aber auch De-Mail nicht. Dafür bräuchte es eine qualifizierte elektronische Signatur mit Software, Chipkarte, Kartenleser.

Unser Rat

Arzt. Hören Sie auf das, was Ihr Arzt sagt. Fragen Sie bei Zweifeln einen anderen. Sie dürfen auf den Arzt hören, dem Sie vertrauen.
Arbeit. Gehen Sie nicht zur Arbeit, solange Sie krankgeschrieben sind. Lassen Sie Ihren Arzt das Attest ändern, wenn Sie sich wieder fit fühlen.
Reisen. Sie dürfen auch während einer Krankschreibung verreisen, wenn der Arzt keine Bedenken hat.

Was trotzdem erlaubt ist

3/2013 Wer krank ist, muss nicht im Bett bleiben. Manchmal darf er es sogar nicht, wenn es besser für ihn ist, rauszugehen.

Erlaubt ist, was der Arzt genehmigt. Sogar Leistungssport ist während der Krankschreibung im Einzelfall zulässig. Das Arbeitsgericht Stuttgart erklärte die Kündigung eines Ausdauersportlers für unwirksam, der trotz Krankschreibung wegen eines gebrochenen Schulterblatts an Marathon-Rennen teilnahm (Az. 9 Ca 475/06).

Die meisten Arbeitsgerichte urteilen hier arbeitnehmerfreundlich. Entscheidend ist, was der Arzt sagt. Wenn der keine Bedenken hat, dürfen Arbeitnehmer trotz Krankheit einkaufen, ins Kino gehen oder sogar verreisen – müssen dann den Arbeitgeber aber informieren. Umgekehrt gilt auch: Empfiehlt der Arzt zur Genesung frische Luft und Bewegung, ist das auch dem Chef gegenüber Pflicht. Arbeitnehmer müssen sich soweit zumutbar so verhalten, dass sie so schnell wie möglich wieder arbeitsfähig werden.

Verzögerte Genesung

Auch bei Verstößen gegen Verhaltensmaßregeln des Arztes haben es Arbeitgeber schwer, wenn sie arbeitsunfähige Arbeitnehmer in die Pflicht nehmen wollen. Sie müssen nachweisen, dass diese bewusst ihre Genesung verzögert haben. Das gelingt kaum einmal.

Keine Hilfe für den Chef ist der Amtsarzt. Selbst wenn Arbeitnehmer per Arbeitsvertrag verpflichtet sind, sich von ihm untersuchen zu lassen, entscheidet über die Krankschreibung am Ende ihr Haus- und nicht der Amtsarzt (Landesarbeitsgericht Sachsen, Az. 3 Sa 229/069). ■

Was die Ärzte sagen, zählt

Bei der Krankschreibung haben die Ärzte immer das letzte Wort. Was sie nicht verbieten, ist erlaubt: einkaufen, Kino, tanzen, manchmal sogar Leistungssport. Auch den meisten Arbeitsgerichten ist die Meinung der Ärzte heilig. Sie werten die Krankschreibung als Beweis für die Arbeitsunfähigkeit. Hat der Chef Zweifel, muss er das Gegenteil beweisen. Das gelingt so gut wie nie.

Unser Rat

Mehr Netto vom Brutto: Der Chef darf Mini- und Midijobbern **steuerfreie oder pauschal versteuerte Leistungen** gewähren. Sie fließen nicht in die 450 Euro ein. So kann er Fahrtkosten zwischen Wohnung und Betrieb mit 30 Cent pro Entfernungskilometer erstatten, Benzingutscheine oder andere Sachleistungen bis zu 44 Euro im Monat spendieren oder auch Kita-Kosten übernehmen.

Plus für Kleinverdiener

4/2013 Minijobber dürfen höchstens 450 Euro im Monat verdienen. Wenn sie die Regeln kennen und richtig nutzen, können sie profitieren.

Rund acht Millionen Deutsche verdienen sich als geringfügig Beschäftigte etwas hinzu. Die Minijobber arbeiten ohne Lohnsteuerkarte und zahlen keine Sozialabgaben. Das gilt aber nur, wenn ihr Lohn 450 Euro im Monat nicht überschreitet. Und der Arbeitgeber muss pauschal Lohnsteuer sowie Versicherungsbeiträge an die Minijob-Zentrale abführen.

Den „Fallbeil-Effekt" vermeiden

Minijobs sind seit 2013 für Arbeitnehmer grundsätzlich rentenversicherungspflichtig. Wenn etwas „grundsätzlich" gilt, ist die Ausnahme nicht weit. Wer einen Minijob beginnt, der kann sich schriftlich bei seinem Chef von der Versicherungspflicht befreien lassen. Das empfiehlt sich besonders für jene, die anderweitig versichert sind, zum Beispiel über einen Hauptjob.

Die Überschreitung der 450-Euro-Grenze löst einen „Fallbeil-Effekt" aus. Ein Cent mehr führt zu voll steuer- und abgabenpflichtigem Lohn. Ausnahmen: Wird der Jahreshöchstbetrag von 5400 Euro (12 mal 450 Euro) eingehalten, bleibt es bei der Minijobregelung. Klettert der Lohn gelegentlich und aus unvorhersehbaren Gründen über die kritische Grenze, etwa bei Auftragsspitzen im Betrieb, gelten die Regeln für eine geringfügige Beschäftigung ebenfalls weiter. „Gelegentlich" bedeutet eine Überschreitung bei ein bis zwei Monatslöhnen im Jahr. Die Minijobzentrale sieht aber genau hin und unterbindet Übertreibungen. ■

Vorteil als Midijobber nutzen

Wer 451 bis 850 Euro verdient, gilt als Midijobber. Er zahlt einen etwas geringeren Beitrag in die Renten-, Kranken-, Pflege- und Arbeitslosenversicherung als Beschäftigte mit voll abgabenpflichtigen Jobs. Voraussetzung: Er hat neben dem Midijob keine voll sozialversicherungspflichtige Beschäftigung. Lohnsteuer fällt wegen der geringen Lohnhöhe in den Steuerklassen I bis IV nicht an.

Unser Rat

Balkongrillen. Auf Balkon oder Terrasse zu grillen, ist grundsätzlich erlaubt. Aber der Qualm muss sich in Grenzen halten. Er darf nicht direkt in die Nachbarwohnung ziehen.
Kinderlärm. Lärm ist eine natürliche Lebensäußerung von Kindern und muss hingenommen werden, urteilen viele Richter. Das gilt auch während der Ruhezeiten und für nächtliches Weinen von Babys oder Kleinkindern.

Die Krachmacher nebenan

5/2013 Nachbarn müssen den Lärm von Gartenmaschinen dulden. Für unterschiedliche Gerätetypen gelten unterschiedliche Zeiten.

Im April ist für viele Gartenfreunde die Saison wieder losgegangen. Mit Rasenmähern, Grastrimmern, Heckenscheren und Motorsägen bringen sie ihren Garten in Form und gehen vor allem lärmempfindlichen Nachbarn richtig auf die Nerven. Das Rasenmähen und Nutzen von lauten Gartenmaschinen ist grundsätzlich erlaubt – nicht aber nachts und auch nicht an Sonn- und Feiertagen.

Gartenmaschinen nicht vor 7 Uhr früh

Ihre nachbarschaftlichen Beziehungen gefährden Gartenfreunde nicht, wenn sie ihre Gartenmaschinen frühestens ab 7 Uhr morgens nutzen.

Um keinen Streit mit den Nachbarn zu provozieren, empfiehlt es sich, die Mittagsruhe zwischen 13 und 15 Uhr einzuhalten. Spätestens ab 20 Uhr müssen die Maschinen wieder ausgeschaltet sein. Jede Gemeinde kann auch von diesen Zeiten abweichende Regelungen treffen.

Für Grastrimmer, Freischneider, Laubbläser und Laubsammler gelten nach der Geräte- und Maschinenlärmschutzverordnung Extraregeln. Sie dürfen werktags erst ab 9 Uhr und nicht nach 17 Uhr genutzt werden. Laut Geräte- und Maschinenlärmschutzverordnung dürfen Geräte mit EU-Umweltzeichen zwar schon ab 7 Uhr lärmen. Nach Angaben des Umweltbundesamts gibt es jedoch derzeit keine Grastrimmer, Freischneider sowie Laubsauger und Laubbläser am Markt, die dieses Umweltzeichen tragen. ■

Friedliches Miteinander

Lärmende Rasenmäher rund um die Uhr, Grillrauch oder Kindergeschrei – die lieben Nachbarn können ganz schön nerven. Doch was muss man im täglichen Miteinander dulden und wo liegen die Grenzen? Wer sich informiert, muss nicht alle Störungen ertragen und weiß auch, wie er sich zu benehmen hat, damit die Harmonie über den Gartenzaun hinweg erhalten bleiben kann.

Unser Rat

Verdacht. Suchen Sie die Schuld an Unfällen nicht gleich bei sich. Ziehen Sie einen Produktfehler in Betracht.
Beweissicherung. Bewahren Sie Belege für den Kauf von Elektro- oder Sportgeräten, Werkzeugen und Ähnlichem auf. Werfen Sie nach einem Unfall nichts weg. Bitten Sie Ihre Ärzte, Proben zu behalten, wenn Ihnen wegen Vergiftungssymptomen der Magen ausgepumpt werden muss.

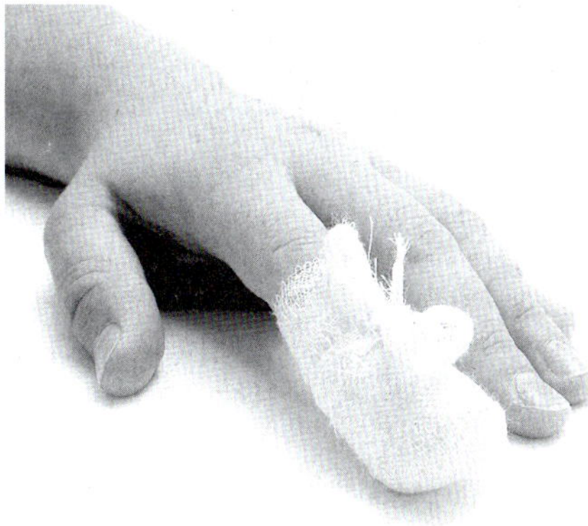

Volle Verantwortung

2/2013 Immer wieder sind Produktfehler Ursache für schwere Verletzungen. Hersteller müssen von Produktfehlern Betroffene entschädigen.

Was zunächst wie ein Unfall aussieht, ist nicht selten die Folge von Materialmängeln oder Konstruktionsfehlern. Immer wieder sind Produktfehler die Ursache für schwere Verletzungen. Der Hersteller oder Importeur muss Betroffene in solchen Fällen entschädigen.

Die Rechtslage ist wünschenswert verbraucherfreundlich: Der Hersteller hat Schadenersatz und Schmerzensgeld zu zahlen, wenn Verbraucher durch Produktfehler zu Schaden kommen. Bei Sachschäden gilt ein Selbstbehalt von 500 Euro. Ein Verschulden müssen Betroffene dem Hersteller nicht nachweisen. Feststehen muss nur, dass ein Produktfehler Ursache für den Schaden und die Verletzung ist.

Klage immer am Wohnort

Auch sonst macht es das Gesetz Opfern leicht: Wenn sich der Hersteller nicht ermitteln lässt, haftet der Verkäufer. Kommt das Produkt aus Fernost oder sonst von weit her, ist der Importeur in der Pflicht, der es in die EU eingeführt hat. Klagen können die Opfer von Produktfehlern stets an ihrem Wohnort. Sie müssen nicht quer durch die Republik oder gar ins Ausland reisen, um vor Gericht ihr Recht zu einzufordern.

Gerade schwer verletzte Opfer haben gute Chancen auf Schadenersatz. So erhielt ein Arzt über 20 000 Euro Schadenersatz, Verdienstausfall und Schmerzensgeld, nachdem er wegen eines abbrechenden Sattels vom Fahrrad gestürzt war. ■

Produktfehler sind nicht selten

Längst nicht jeder Unfall beruht auf menschlichem Versagen. Gar nicht selten sind Produktfehler vom Materialmangel bis zur unzureichenden Gebrauchsanweisung verantwortlich. Was viele Verbraucher nicht wissen: Für Schäden und Verletzungen haften in solchen Fällen die Produzenten oder Importeure. Ein Verschulden müssen sie ihnen dafür nicht nachweisen.

Unser Rat

Ruhe bewahren. Was geschehen ist, lässt sich nicht mehr ändern. Bleiben Sie möglichst ruhig. Sagen Sie lieber nichts zur Sache, damit sich die Buße nicht noch verdoppelt.
Verteidiger einschalten. Schalten Sie sofort einen erfahrenen Verteidiger ein, wenn eine hohe Buße, Fahrverbot oder Führerscheinentzug drohen. Der kann Akteneinsicht nehmen und eine Strategie entwickeln.

Besser nichts preisgeben

7/2013 Reden ist Silber, Schweigen ist Gold – vor allem, wenn Polizisten bei einer Polizeikontrolle fragen.

„Wissen Sie, warum wir Sie angehalten haben?" Verkehrssünder kennen diese Frage. Polizeibeamte stellen sie gern, wenn sie Autofahrer nach einer Geschwindigkeitskontrolle stoppen oder sonst einen Verstoß gegen die Verkehrsregeln gesehen haben. Die einzig richtige Antwort lautet: Nein. Auch wenn der Missetäter sehr wohl weiß, was der Polizeibeamte ihm ankreidet.

Ein Beispiel: „Ich wollte nur eben noch parken", sagt der Fahrer eines alten Autos ohne grüne Plakette in der Umweltzone. Der Polizist weiß sofort: Der Verdächtige war genau im Bild. Von Rechts wegen heißt das: Er handelte vorsätzlich. Die Folge: Geldbußen ab 35 Euro verdoppeln sich. Die Fahrt in die Umweltzone kostet dann 80 Euro.

Niemand muss sich selbst belasten. Auch für deutsche Polizisten gilt: Sie müssen Verdächtigen vor einer Vernehmung sagen, dass es ihnen freisteht, sich zu äußern, nicht nur bei Verdacht auf Straftaten, sondern auch bei Ordnungswidrigkeiten. Deshalb: Sagen Sie bei Ärger mit Polizei, Ordnungsamt oder gar Staatsanwaltschaft nichts.

Wenn die Radarfalle zuschnappt

Häufiger als der persönliche Stopp durch die Polizei schnappt die automatische Radarfalle zu. Die Bußgeldstelle hält sich zunächst an den Halter des Wagens. Ist das ein Mann, auf dem Foto eine Frau zu sehen oder umgekehrt, schickt sie einen Anhörungsbogen. Der Adressat muss nicht antworten. Pflicht sind nur Angaben zur Person, und die sind übers Nummernschild bereits ermittelt. ■

Keine Panik bei Polizeikontrolle

Die Grundregel für jeden Ärger mit Polizei, Ordnungsamt oder gar Staatsanwaltschaft lautet: Sagen Sie jetzt nichts. Sie dürfen sogar lügen. Davon raten Strafverteidiger aber ab. Erfahrene Beamte brauchen meist nur wenige Nachfragen, bis Verdächtige sich in Widersprüche verstricken und dann bald überführt sind. Aber niemand muss sich selbst belasten. Das gilt nicht auch bei Ordnungswidrigkeiten.

Unser Rat

Wahlfreiheit. Ein Fahrgast darf an allen Halteplätzen das Taxi auswählen, das ihm am besten gefällt. Auch den Sitzplatz darf er aussuchen.
Taxameter. Der Taxameter muss bei allen Fahrten eingeschaltet sein.
Geräusche. Radio und Funk dürfen an bleiben. Will es der Gast, muss der Fahrer beides leiser stellen.
Rauchen. Rauchen ist für Fahrer und Gäste seit 2007 verboten.

Friedlich zum Ziel gelangen

6/2013 Taxipassagiere haben Rechte, können ihr Taxi zum Beispiel frei wählen. Taxifahrer müssen aber auch nicht alles akzeptieren.

Was ist im Taxi erlaubt, was verboten? Zwischen Taxifahrern und ihren Gästen besteht Vertragsfreiheit. Fahrgäste können ihr Taxi deshalb frei wählen. Im Gegenzug dürfen auch die Fahrer potenzielle Gäste ablehnen, etwa wenn jemand einen stark betrunkenen Eindruck macht.

Ein Klassiker, der für viel Unmut im Taxi sorgt, ist die Frage, ob der Fahrer den kürzesten Weg nahm oder Extrarunden durch die Stadt kurvte. Je weiter die Strecke, umso höher der Fahrpreis. Ist nichts anderes vereinbart, ist der Fahrer verpflichtet, die kürzeste und damit billigste Strecke zu wählen. Wer sich übers Ohr gehauen fühlt, sollte die Nummer des Taxis notieren und sich Start, Ziel, Datum, Uhrzeit und Preis quittieren lassen. Taxi-Innung oder Polizei können die Streckenführung überprüfen und einen möglichen Betrug aufdecken.

Streitpunkt Wechselgeld

Noch ein beliebtes Streitthema: das Wechselgeld. „Können größere Geldscheine nicht gewechselt werden, geht dies zulasten des Fahrgasts," heißt es zum Beispiel auf der Website des Taxiverbands Berlin. Also lieber vorher fragen, ob der Fahrer auf einen 100-Euro-Schein herausgeben kann. Klar ist: Rauchen im Taxi ist für Fahrer und Gäste seit 2007 verboten.

Viele Fragen lassen sich schon vor der Fahrt klären. Das vermeidet gleich im Vorfeld manche Streitigkeiten – und Fahrer wie Fahrgast erreichen entspannt das Ziel. ■

Kurzstrecken sind hinzunehmen
Darf ein Passagier das Taxi auswählen? Muss ein Fahrer Geld wechseln können? Darf er seinen Gast fotografieren? Eine kleine Rundfahrt durch die Rechte des Taxipassagiers bringt Überraschendes zutage, auch, dass ein Fahrgast an allen Halteplätzen das Taxi auswählen darf, das ihm am besten gefällt und den Sitzplatz sowieso. Und Taxifahrer müssen auch sehr kurze Strecken akzeptieren.

Unser Rat

Tütensalat ist besser als kein Salat. Im Test war aber keiner mikrobiologisch gut. Am wenigsten Keime enthielt der teure Florette **Emotions Zart und Feurig** (1,99 Euro/100 Gramm). Mikrobiologisch etwas schlechter, aber pestizidfrei und günstiger: **Blattsalat Eisberg Mix** von Aldi Süd (0,59 Euro/100 Gramm). Tütensalat sollten Sie kühl transportieren, vor dem Verzehr waschen und bald essen.

Da haben wir den Salat

6/2013 Tütensalat verspricht Frische. Doch fast jeder zweite der 19 abgepackten Salate im Test enthielt zu viele Keime.

Frisch, knackig und sofort verzehrfertig – damit werben Hersteller für Tütensalate. Wir haben 19 abgepackte Salate am Verbrauchsdatum auf Keime und Schadstoffe untersucht. Kein Produkt schnitt mikrobiologisch gut oder sehr gut ab. Am wenigsten Keime wiesen die Tester in Florette Emotions Zart und Feurig nach. 9 Salate enthielten zu viele Keime und waren daher nur ausreichend oder mangelhaft. Gefährliche Krankheitserreger wie Salmonellen, Listerien oder Ehec fanden die Warentester aber nicht.

Keime und Schadstoffe im Salat

Die „Bunte Mischung" von Gartenfrisch Jung und der Insalata Arcobaleno von Almaverde enthielten deutlich mehr Hefen als der Richtwert der Deutschen Gesellschaft für Hygiene und Mikrobiologie (DGHM) vorgibt. In zwei Salaten lag die Gesamtkeimzahl deutlich über dem DGHM-Richtwert: Die Salatmischung Classic von Edeka und der Salatmix von Kaiser's Tengelmann enthielten mehr als 50 Millionen Keime pro Gramm. Am stärksten mit Pestiziden belastet war die Bunte Salatmischung von Rewe Bio, die laut Rewe mittlerweile vom Markt genommen ist. In ihr fanden wir fünf Pestizide, die für Biosalate nicht zugelassen sind. Davon lag aber keines über den EU-Höchstgehalten für konventionelle Produkte. In den übrigen Salaten waren kaum Pestizide. Die meisten enthielten aber Mehrfachrückstände. Deren Wirkung auf den Menschen ist noch nicht hinreichend erforscht. ■

Anbieter Seite 256

Empfindlich wie Hackfleisch
Damit sich Keime im Tütensalat nicht zu schnell vermehren, muss er durchgehend bei höchstens 6 Grad Celsius gekühlt werden. Passiert das nicht, haben Keime leichtes Spiel. Abgepackter Salat ist genauso empfindlich wie Hackfleisch. Deswegen sollte man den Salat sobald wie möglich, auf jeden Fall aber vor dem Verbrauchsdatum essen, sonst kann es gesundheitlich bedenklich werden.

test Abgepackte Salate 6/2013

www.test.de	Salatsorten und Gemüse laut Deklaration	Einkaufspreis (Euro) / Inhalt (Gramm)	Preis pro 100 Gramm (Euro)	Mikrobiologische Qualität	Schadstoffe
Florette Emotions Zart & Feurig (Verbrauchsdatum: 18/02)	Junge Salatblätter von Spinat, von rotem Mangold, von Rucola	1,99 / 100	1,99	○	○
Rewe frisch & fertig Blattsalat Exquisit (MHD 16.02.2013[1])	Frisée, Feldsalat, Radicchio	1,99 / 200	1,00	○	⊖
Bonduelle Frischer Country-Mix (Verbrauchsdatum: 11/02/13)	Frisée, Lollo Rossa, Karotten, Mais (10 %)	1,99 / 350	0,57	○	○
Lidl/Saladinettes Feldsalat-Mix (Verbrauchsdatum: 09/02/13)	Frisée, Feldsalat (35 %), Radicchio	0,89 / 100	0,89	○	○
Florette Salatvariation (Verbrauchsdatum: 18/02)	Endivien, Frisée, Radicchio	1,99 / 200	1,00	○	+
Aldi (Nord)/Trader's Joe Feldsalat-Mix (MHD 25-02-13[1])	Feldsalat (40 %), Frisée (35 %), Radicchio (25 %)	0,89 / 100	0,89	○	+
Aldi Süd/Wonnemeyer Feinkost Blattsalat Eisberg Mix (Verbrauchsdatum: 02/03/13)	Eisbergsalat (40 %), Endivie (20 %), Weißkraut (20 %), Radicchio (10 %), Karotten (10 %)	0,89 / 150	0,59	○	++
Gartenfrisch Jung Kräutermischung (Verbrauchsdatum: 12.02.2013)	Endivien, Frisée, Radicchio, Kräutermischung[2]	1,59 / 200	0,80	○	+
Rewe Bio Bunte Salatmischung[3] (Verbrauchsdatum: 15.02.2013) Bio	Frisée, Lollo Rosso, Möhren, Weißkohl, Mais	1,99 / 150	1,33	○	○
Sonnengrün Eisberg Mix (Verbrauchsdatum: 11/02/2013)	Eisbergsalat (50 %), Weißkohl, Frisée, Radicchio, Karotten	0,89 / 150	0,59	○	+
Bonduelle Frischer Kindersalat (Verbrauchsdatum: 08/03/13)	Eisbergsalat, Karottensterne (18 %)	1,59 / 250	0,64	⊖	++
Bonduelle Frischer Rucolatino-Mix (Verbrauchsdatum: 09/02/13)	Eisbergsalat, Radicchio, Rucola (4 %), Petersilie	1,69 / 250	0,68	⊖	+
Havita Blattsalat-Mix (MHD 23.02.2013[1])	Endivie, Frisée, Radicchio	0,99 / 150	0,66	⊖	+
Havita Salatmischung (MHD 18.02.2013[1])	Eisbergsalat, Endivien, Weißkohl, Karotten, Radicchio	0,89 / 150	0,59	⊖	++
Real Quality Bauernsalat (Verbrauchsdatum: 25/02/13)	Endivie, Weißkraut, Radicchio, Mais	1,79 / 250	0,72	⊖	+
Edeka Salatmischung Classic (Verbrauchsdatum: 18/02)	Endivien, Karotten, Radicchio, Weißkohl	0,99 / 200	0,50	⊖	+
Gartenfrisch Jung Bunte Mischung (Verbrauchsdatum: 12.02.2013)	Endivien, Karotte, Radiccio, Weißkraut	1,06 / 200	0,53	⊖	+
Kaiser's Tengelmann/ Star Marke Rustikal Salatmix (Verbrauchsdatum: 16.02.2013)	Endivien, Radieschen, Rotkohl, Weißkohl[4]	1,79 / 220	0,81	⊖	+
Almaverde Insalata Arcobaleno (Verbrauchsdatum: 14/02/13) Bio	Möhren, Weißkohl, Endivien kraus, Paprika rot und grün	1,49 / 150	0,99	–	++

Bewertungsschlüssel der Prüfergebnisse: ++ = Sehr gut (0,5–1,5). + = Gut (1,6–2,5). ○ = Befriedigend (2,6–3,5). ⊖ = Ausreichend (3,6–4,5). – = Mangelhaft (4,6–5,5).

Reihenfolge nach mikrobiologischer Qualität (2,9–4,6). Bei gleicher Bewertung Reihenfolge nach Alphabet. 1) Mindesthaltbarkeitsdatum. **2)** Kräutermischung (Kräuter, Zwiebeln, Karotten, Gemüsepaprika, Lauch). **3)** Produkt laut Anbieter aus dem Sortiment genommen. **4)** Rotkohl mit Antioxidationsmittel Zitronensäure laut Zutaten. **Einkauf der Prüfmuster:** Februar/März 2013.

Unser Rat

Der Kirschgeschmack in Getränken mit „natürlichem Aroma" oder „Aroma" basiert auf zugesetztem Bittermandelaroma. 6 der 30 Getränke im Test waren aber mit Benzol belastet. Offenbar war der industrielle Hauptaromastoff Benzaldehyd, der an sich als unkritisch gilt, mit Benzol verunreinigt. Wer sicher gehen will, sollte Kirschnektar trinken. Sein Aroma stammt von echten Kirschen.

Kritisches Kirscharoma

7/2013 Aromatisierte Getränke mit Kirschgeschmack können krebserzeugendes Benzol enthalten. Bei 6 von 30 wurden wir fündig.

Es könnte am Aroma liegen." Diesen Verdacht äußerten die Lebensmittelchemiker der Stiftung Warentest, nachdem sie im April 2013 in drei Wässern mit Geschmack Benzol nachgewiesen hatten *(siehe S. 32)*. Benzol ist ein sehr kritischer Schadstoff: Er wirkt krebserzeugend, schädigt Keimzellen. Die belasteten Wässer hatten die Geschmacksrichtung Kirsche. Der Kirschgeschmack rührt von industriellem Bittermandelaroma mit dem Hauptaromastoff Benzaldehyd. Sollte das Benzol über diese Zutat hineingelangt sein? Sind weitere Getränke mit Kirschgeschmack belastet?

6 von 30 Getränken mit Benzol

Die Tester sind der Frage nachgegangen und haben 30 weitere Getränke zum Benzol-Check ins Labor gebracht. Auswahlkriterium: Kirschgeschmack und aromatisiert – mit „natürlichem Aroma" oder „Aroma". Eingekauft wurden auch bekannte Marken wie Coca Cola Cherry und Capri Sonne Kirsche. Benzol enthielten diese 6 im Test: Landträume Kirsch-Wacholder-Lindenblüte von Bad Liebenwerda, Hella Kirsche, Pfanner Ice Tea Wildkirsche sowie die Sirupe von Sodastream, Tri Top und Wassermaxx.

Ein Grenzwert für Benzol in Erfrischungsgetränken, Sirup und Co. existiert nicht. Laut Bundesinstitut für Risikobewertung lässt sich für krebserzeugende Stoffe keine gesundheitlich unbedenkliche Dosis nennen. Die Benzolaufnahme sollte daher so weit wie möglich vermieden werden. ■

So kann Benzol entstehen
Dass Benzol in Erfrischungsgetränken vorkommen kann, ist Wissenschaftlern und Industrie seit 2006 bekannt. Üblicherweise entsteht es, wenn zwei Zusatzstoffe miteinander reagieren: der Konservierungsstoff Benzoesäure (E 210) und das Antioxidationsmittel Ascorbinsäure (E 300). Noch eine andere Ursache ist denkbar: Der industriell hergestellte Aromastoff Benzaldehyd könnte verunreinigt sein.

Unser Rat

Jedes Fastfoodmenü im Test liefert mehr Kalorien, als eine Hauptmahlzeit bieten sollte. Am wenigsten Kalorien und Fett enthält das Menü von **McDonald's**. Allerdings: Hier sind die Portionen kleiner als bei der Konkurrenz. **Burger King** punktet beim Geschmack, aber Schadstoffe belasten Pommes und Burger. Kalorien sparen Sie, wenn Sie statt Softdrinks Wasser oder Saftschorlen bestellen.

McDonald's knapp vorn

9/2013 Burger King punktet im Test beim Geschmack. Sein Menü enthält aber mehr Schadstoffe und Kalorien als das von McDonald's.

Burger, Pommes frites und Salat sind als schnelle Sattmacher beliebt. Allein Fastfoodriese McDonald's versorgt nach eigenen Angaben jeden Tag mehr als 2,7 Millionen Gäste in Deutschland. Knapp 45 000 Tonnen Rindfleisch verarbeitet er im Jahr. Doch so beliebt Fastfood auch ist, sein Ruf bleibt schlecht. Ist das gerechtfertigt? Sind Burger und Co. ungesund und fettreich? Die Stiftung Warentest gab Bestellungen auf bei McDonald's und Burger King. Außerdem besuchten wir Kochlöffel, einen deutschen Fastfoodanbieter mit knapp 90 Filialen vorwiegend in den alten Bundesländern.

Fettig, salzig, reichlich Kalorien

Die Menüs im Test bestehen jeweils aus einem Burger mit Rindfleischbratling, einer mittleren Portion Pommes frites mit Ketchup, einem gemischten Salat mit Balsamico-Dressing und einem Cola-Getränk. Am Ende steht fest: Zu viele Kalorien enthalten alle Menüs. Auch mit Fett und Salz geizen sie nicht. Das Menü von Burger King überzeugt mit dem besten Geschmack, enthält aber mehr Schadstoffe als die Menüs der Konkurrenz. McDonald's liegt knapp vorn – mit dem Gesamturteil befriedigend.

Lecker, aber schadstoffbelastet

In der sensorischen Prüfung schneiden der Big Mac von McDonald's und der Star-Burger von Kochlöffel gut ab, der Whopper von Burger King sogar sehr gut. Die Fleischbratlinge, Patty genannt, schmecken kräftig ▸

Acrylamid in allen Pommes im Test

Acrylamid entsteht beim Frittieren. Alle Pommes im Test enthalten den Schadstoff, der wahrscheinlich krebserregend und erbgutschädigend wirkt. Seit 2011 gelten in der Europäischen Union Richtwerte für den Acrylamid-Gehalt in Lebensmitteln. Bei Pommes frites sind es 600 Mikrogramm pro Kilogramm. Nur die Pommes von Kochlöffel in Hildesheim überschritten diesen Richtwert.

test Fastfoodmenüs 9/2013

www.test.de	Preis für Hamburger ca. (Euro)	Preis für Pommes frites ca. (Euro)	Preis für Salat ca. (Euro)	Hamburger	Pommes frites	Salat	Verpackung	Deklaration	test-QUALITÄTSURTEIL
Gewichtung				**40 %**	**25 %**	**15 %**	**15 %**	**5 %**	**100 %**
McDonald's Big Mac, Pommes frites, Gartensalat[1)2)]	3,70	2,17	1,19	○	○	+	⊖	○	**BEFRIEDIGEND (2,9)**
Burger King Whopper, King Pommes, Delight Salad[3)]	3,95	2,19	2,90	○	○	+	⊖	○	**BEFRIEDIGEND (3,1)**
Kochlöffel Star Burger, Pommes frites, frisch gemischter Salat[4)]	3,80	1,99	2,99	○	⊖*)	+	⊖	⊖	**AUSREICHEND (3,6)**

Bewertungsschlüssel der Prüfergebnisse: ++ = Sehr gut (0,5–1,5). + = Gut (1,6–2,5). ○ = Befriedigend (2,6–3,5). ⊖ = Ausreichend (3,6–4,5). — = Mangelhaft (4,6–5,5).

***) Führt zur Abwertung.**

1) Portionsgrößen im Test ca.: Hamburger 200 g, Pommes frites 106 g, Salat 79 g.

2) Laut Anbieter Salat inzwischen in „Snack Salat Classic" mit anderen Zutaten geändert.

3) Portionsgrößen im Test ca.: Hamburger 261 g, Pommes frites 115 g, Salat 139 g.

4) Portionsgrößen im Test ca.: Hamburger 243 g, Pommes frites 121 g, Salat 194 g.

Einkauf der Prüfmuster: April 2013.

nach Rindfleisch. So soll es sein. Auch die Laboranalyse bestätigte Rindfleisch. Andere Tierarten wie Pferd, Schwein oder Esel entdeckten die Prüfer nicht.

Insgesamt liegt der Big Mac knapp vorn. Die Tester fanden keine Schadstoffe. Mit rund 500 Kilokalorien und gut 25 Gramm Fett ist er der leichteste Burger in unserem Test. Burger King grillt das Fleisch über offener Flamme. Das Aroma, das sich dabei entwickelt, krönt den Whopper beim Geschmack tatsächlich zum König. Vom Thron stürzt ihn der Schadstoffgehalt.

Pommes: Knusprig, aber ungesund

Wichtig für den Geschmack der Pommes frites ist das Frittierfett. Verwenden die Mitarbeiter in der Küche das Öl zu lange, leidet der Geschmack der Pommes. Bei Kochlöffel hätte es frischer sein sollen. McDonald's und Burger King hingegen tauschen das Frittierfett offenbar rechtzeitig aus.

Burger King setzt beim Frittieren auf Palmfett und Sonnenblumenöl. Bei Kochlöffel deutet die Laboranalyse ebenfalls auf eine Mischung hin, die Palmfett enthält. Die Pommes frites werden darin schön knusprig. Der Nachteil: Raffiniertes Palmfett ist dafür bekannt, dass es häufig mit schädlichen Glycidyl-Estern belastet ist. Die können beim Frittieren in die Pommes gelangen. Bei Burger King und Kochlöffel fanden die Tester erhöhte Mengen dieser Schadstoffe. Sie lösen wahrscheinlich Krebs aus.

McDonald's verzichtet auf Palmfett. Seine Pommes frites im Test bleiben insgesamt weicher, enthalten aber auch deutlich weniger Glycidyl-Ester. ■ **Anbieter Seite 256**

Unser Rat

Energy-Drinks enthalten deutlich mehr Koffein als Cola und – in der zuckerhaltigen Variante – mindestens so viel Zucker. **Kinder, Schwangere, Stillende und koffeinempfindliche Personen sollten** ganz auf diese Produkte **verzichten**. Für alle anderen gilt: Energy-Drinks, wenn überhaupt, nur gelegentlich und nur in Maßen trinken, auf keinen Fall mit Alkohol oder bei körperlicher Anstrengung.

Riskanter Koffein-Kick

9/2013 Leistungsfähiger dank Powerbrause? Besonders Jugendliche setzen auf den Kick aus der Blechdose. Was ist dran und wirklich drin?

Hip, bunt und aktiv kommen sie daher. Vom Formel-1-Team bis zum Sprung aus dem Weltall – vor allem Marktführer Red Bull wirbt mit sportlichem Image und Höchstleistungen. Das Geschäft mit dem Leistungsversprechen lohnt sich: Kein anderes alkoholfreies Getränk hat beim Umsatz 2012 so stark zugelegt wie Energy Drinks.

Die Stiftung Warentest hat 24 Energy-Drinks untersucht, darunter vier zuckerfreie, und exemplarisch einen Energy-Shot.

Ein Produkt über Koffein-Höchstgehalt

Energy-Drinks sind koffeinhaltige Erfrischungsgetränke. Zu viel Koffein kann jedoch zu Nebenwirkungen führen: Nervosität, Übelkeit, Schlaflosigkeit, Herzrasen. Ab 500 Milligramm Koffein sind unerwünschte Folgen nicht auszuschließen. Schon mit zwei Dosen des NOS Energy-Drinks können sie auftreten: 560 Milligramm Koffein pro Liter haben die Tester nachgewiesen. Das ist fast doppelt so viel wie erlaubt. Für alle ab Juni 2013 produzierten Drinks gilt: maximal 320 Milligramm Koffein pro Liter.

Umgerechnet 23 Stück Würfelzucker

Die zuckerhaltigsten Drinks mit fast 140 Gramm pro Liter sind Rockstar von Pepsico und 28 Black der Berliner Firma Calidris. Die 500-Milliliter-Rockstar-Dose enthält umgerechnet 23 Stück Würfelzucker. Süßstoffe statt Zucker heißt es bei vier Produkten. Sie enthalten aber genauso viel Koffein wie die zuckerhaltigen. Auch mit ihnen kann es ein Kick zu viel werden. ■ Anbieter Seite 256

Von Taurin und Co.

Energy-Drinks werden aus Wasser, Zucker und/oder Süßstoffen, Koffein, Vitaminen, Farbstoffen und Aromen hergestellt. Exotisch anmutende Zutaten wie Taurin, Inosit und Glucuronolacton klingen vielversprechend – Belege für eine leistungssteigernde Wirkung gibt es aber nicht. Den Effekt der Drinks bewirken zwei altbewährte Zutaten: Zucker bringt Energie, Koffein die Aufputschwirkung.

test Energy-Drinks 9/2013

www.test.de	Inhalt (Milliliter)	Einkaufspreis (Euro)	Koffein (mg/l)[1]	Zucker (g/l)[2]
Energy-Shot				
Red Bull Energy Shot[3] (MHD 11.12.2013)	60	2,29	1240	105
Zuckerhaltige Energy-Drinks				
NOS High Performance Energy Drink[4] (MHD 27.05.2013)	460	2,99	560	110
Rockstar Energy Drink (MHD 24-07-2014)	500	1,79	315	139
Effect High Quality Energy Drink (MHD 27.11.2014)	500	1,49	310	110
28 Black Energy Drink Açaí (MHD 11/SEP/2014)	250	1,49	305	139
Lidl/Mixxed Up Energy Drink (MHD 11.11.13)	330	0,35	305	102
Netto Marken-Discount/Black Cat Energy Drink (MHD 28-12-13)	330	0,49	305	106
Red Bull Energy Drink (MHD 07.02.2015)	250	1,69	305	107
Relentless Energy Drink (MHD 31 MAR 14)	500	1,50	305	109
Rhino's Energy Drink (MHD 20/03/2015)	250	0,95	305	110
XL Energy Drink (MHD 27/08/2013)	1000	2,19	305	107
Nature Energy Red Berry Acai koffeinhaltiges Erfrischungsgetränk (MHD 03.12.13)	330	0,45	300	111
Aldi (Nord)/Flying Power Energy Drink (MHD 24.09.2013)	330	0,33	295	108
Billy Boy Macht an! Energy Drink (MHD 07/2013)	250	1,49	295	114
Monster Energy Energy Drink (MHD 02/2015)	500	1,69	295	113
Take Off Energy Drink Taurine + Caffeine (MHD 18-01-2015)	330	0,74	290	106
Energy Rocket Energy Drink (MHD 14.03.14)	250	0,45	285	101
Mad Bat mb Bio Power mit Guarana koffeinhaltiges Erfrischungsgetränk (MHD 20.08.2014) Bio	250	0,79	285	125
ok.- Energy Drink Green Apple Koffeinhaltiges Molkenmischerzeugnis (MHD 29.01.2015)	250	1,00	285	96
Halal Energy Drink (MHD 22.08.2014)	250	0,99	280	116
Hustler energizer Energetic Moments Koffeinhaltiges Molkenmischerzeugnis (MHD 03.03.2014)	250	0,49	220	110
Zuckerfreie Energy-Drinks				
Relentless Energy Drink ohne Zucker (MHD 30 SEP 13)	500	1,69	315	0
Red Bull Sugarfree koffeinhaltiges Tauringetränk mit Süßungsmitteln (MHD 24.11.13)	250	1,69	305	0
Norma/Speedstar Sugar Free koffeinhaltiges Erfrischungsgetränk (MHD 04.03.2014)	330	0,35	300	0
Monster Energy Energy Drink Absolutely Zero (MHD 07/2014)	500	1,59	285	0

Bewertungsschlüssel der Prüfergebnisse: ++ = Sehr gut (0,5–1,5). + = Gut (1,6–2,5). ○ = Befriedigend (2,6–3,5). ⊖ = Ausreichend (3,6–4,5). — = Mangelhaft (4,6–5,5).

(Sortierreihenfolge in den Gruppen jeweils nach absteigendem Koffeingehalt, dann nach Alphabet.)

MHD = Mindesthaltbarkeitsdatum.

1) Gesetzlich festgelegter Höchstgehalt für ab Juni 2013 produzierte Energy-Drinks: 320 Milligramm pro Liter.

2) Zum Vergleich: Ein Liter Cola enthält 106 Gramm Zucker. **3)** Energy-Shots werden als Nahrungsergänzungsmittel verkauft. Daher gilt der vorgeschriebene Höchstgehalt von Koffein in Energy-Drinks für sie nicht. **4)** Laut Importeur nicht mehr im Angebot auf dem deutschen Markt.

Einkauf der Prüfmuster: Ende April bis Anfang Mai 2013.

Unser Rat

In Deutschland herrscht grundsätzlich kein Mangel an Vitaminen und Nährstoffen. Auf damit angereicherte Lebensmittel können die meisten Menschen verzichten. Wichtig ist, auf **ausgewogene Ernährung** zu achten. Auch wenn Lebensmittel ohne Gesundheitsversprechen daherkommen, können sie gesund sein. Auf den Inhalt, nicht auf den Spruch kommt es an. Kaufen Sie wachsam ein.

Ende der Werbelügen

3/2013 Viele gesundheitsbezogene Aussagen auf Lebensmitteln sind seit Dezember 2012 verboten. Nur mit 248 darf geworben werden.

Hilft eine Schokolade Kindern wirklich beim Wachsen? Nein, entschied die Europäische Behörde für Lebensmittelsicherheit (Efsa, European Food Safety Authority). Ihre Experten fanden keine ausreichenden wissenschaftlichen Belege für diese gesundheitsbezogene Werbeaussage, englisch Health Claims genannt. Für Ferrero hatte das Konsequenzen: Auf seiner Kinderschokolade verspricht der Hersteller heute keine Wachstumshilfe mehr.

Auch Hunderte weitere Lebensmittelproduzenten mussten bis zum 14. Dezember 2012 ihre Werbebotschaften ändern. Vorausgegangen war dem ein jahrelanges Prüfverfahren: Seit 2008 nimmt die Efsa jeden Health Claim zu Lebensmitteln unter die Lupe, damit falsche Versprechen Verbraucher nicht mehr in die Irre führen.

1600 Health Claims sind abgelehnt

Gut 44 000 Claims hatten Hersteller zur Zulassung eingereicht. Die Efsa fasste sie zu rund 4 600 Hauptaussagen zusammen. Die Experten mussten Unmengen an Studien auswerten, die Hersteller als Belege ihrer Aussagen eingesandt hatten. Nur wenige Anträge konnten bisher überzeugen, rund 1900 Slogans hat die Efsa bereits abgelehnt. Konsequenz: Die verworfenen Behauptungen müssen nun nicht nur von den Produkten verschwunden sein, sondern auch aus der Werbung in Zeitschriften oder Fernsehspots. Offiziell zugelassen waren bis Oktober 2013 erst 248 Health Claims. ■

Was sind Health Claims?
Health Claims sind gesundheitsbezogene Werbeaussagen, die Lebensmittelhersteller auf die Verpackung der Produkte drucken. Darunter fallen Sätze wie „Kalzium stärkt die Knochen". Seit dem 14. Dezember 2012 dürfen die Hersteller nur noch mit Aussagen werben, deren Wahrheitsgehalt die EU als wissenschaftlich erwiesen ansieht. Bis Oktober 2013 waren 248 Health Claims zugelassen.

Unser Rat

Geschmackssieger des Tests sind laibgereifte Theken-Gouda: **Beemster** von **Galeria Kaufhof** (99 Cent je 100 Gramm) und **Gouda jung** von **Karstadt Feinkost Perfetto** (89 Cent). **Frico** liegt doppelt vorn: vorverpackt von der **Kaufland**-Theke (75 Cent) und als **Holland Gouda** (1,06 Euro) aus dem Kühlregal. Die besten Foliengereiften sind **Rewe/ja!** (47 Cent) und der **Söbbeke** Bio-Gouda (1,53 Euro).

Liebling aus dem Laib

3/2013 Traditionell gereifter Gouda von der Käse-Theke schnitt in unserem Test von 20 Gouda aus Theke und Kühlregal am besten ab.

Milder Geschmack, dezenter rahmiger Geruch – Gouda passt zu fast allem. In Deutschland ist er der meistgekaufte Schnittkäse. Die Stiftung Warentest hat 20 junge, in Scheiben angebotene Gouda untersucht. Der beliebte Käse reift entweder traditionell im Laib mit Rinde oder industriell im Block in der Folie. Letzteres betrifft fast alle Produkte, die der Handel abgepackt im Kühlregal anbietet. Der Qualität tut die Folienreifung keinen Abbruch: Zwölf Produkte schnitten mit gut ab. Ein Sehr gut erhielten nach der Verkostung jedoch nur die fünf im Laib gereiften Gouda. Die zwei Theken-Kandidaten unter den Geschmackssiegern sahnten auch das beste Gesamturteil ab. Testsieger waren somit die laibgereiften Gouda von den Käsetheken bei Karstadt Feinkost Perfetto und Galeria Kaufhof.

Weichmacher- und Antibiotika-Funde

Doch es gab auch kritische Funde. Im Theken-Gouda von Real fanden die Warentester unter anderem Diethylhexyladipat (DEHA), das in hoher Dosis Krebs auslösen kann. Der Weichmacher war aus der Verpackungsfolie in den Käse übergegangen. Akut gesundheitsschädlich war das nicht, sollte aber nicht vorkommen. Die Gouda von Heinrichsthaler und Kaufland/K-Classic enthielten Spuren des Zusatzstoffs Natamycin (E 235), einem Antibiotikum, das die Käseoberfläche vor Schimmel und Hefen schützen soll. Das ist erlaubt, wurde aber nicht kenntlich gemacht. ■ **Anbieter Seite 256**

Gouda auch bei Laktoseintoleranz
Gouda enthält von Natur aus kaum Laktose, so wie andere Schnitt- und Hartkäse auch. Mit weniger als 0,1 Gramm Laktose pro 100 Gramm ist er auch für Menschen mit Laktoseintoleranz geeignet. Vier Gouda im Test warben mit der Aufschrift „laktosefrei". Als unnötig teuer erwies sich die Laktosefrei-Marke Minus L, die beim Geschmack ihres Goudas nicht überzeugen konnte.

test Junger Gouda 3/2013

www.test.de	Preis pro 100 Gramm in Euro ca.	Sensorische Beurteilung	Schadstoffe	Mikrobiologische Qualität	Verpackung	Deklaration	test-QUALITÄTSURTEIL
Gewichtung		45 %	20 %	15 %	5 %	15 %	100 %
Aus der Käsetheke							
Galeria Kaufhof Beemster jung und mild Gouda aus Nordholland (MHD 07.12.12)	0,99	++	++	+	1)	+	SEHR GUT (1,5)
Karstadt Feinkost/Perfetto Gouda jung (MHD 29.11.12)	0,89	++	++	+	1)	+	SEHR GUT (1,5)
Vorverpackte Thekenware							
Kaufland Frico Gouda jung (MHD 25.11.12)	0,75	++	++	++	+	+	GUT (1,6)
Real Quality Holländischer Gouda jung[2] (MHD 30.11.12)	0,89	++	⊖*)3)	+	+	+	AUSREICH. (3,8)
Aus dem Kühlregal							
Frico Original Gouda Holland jung (g.g.A.) (MHD 09.02.13)	1,06	++	++	++	+	+	GUT (1,6)
Rewe/ja! Deutscher Gouda (MHD 13.01.13)	0,47	+	++	++	+	+	GUT (1,8)
Söbbeke Bio Gouda Käse (MHD 18.01.13) Bio	1,53	+	++	+	+	○	GUT (1,9)
Alnatura Gouda Käse in Scheiben[4] (MHD 30.01.13) Bio	1,29	+	++	++	+	○	GUT (2,0)
Lidl/Milbona Gouda jung[5] (MHD 22.01.2013)	0,47	+	++	++	+	+	GUT (2,0)
Real/Tip Gouda jung (MHD 07.01.13)	0,47	+	++	+	+	○	GUT (2,0)
Penny Gouda (MHD 29.01.2013)	0,47	+	++	++	+	○	GUT (2,1)
Aldi (Süd) Delikate Gouda Käsescheiben[5] (MHD 25.01.13)	0,48	+	++	++	+	○	GUT (2,2)
Tilbury Gouda herzhaft und aromatisch[2] (MHD 30.01.13)	0,47	+	++	+	○	+	GUT (2,2)
Aldi (Nord) Gouda Schnittkäse[7] (MHD 10.01.13)	0,47	○*)	++	++	○	○	GUT (2,5)
Edeka/Gut & Günstig Junger Gouda mild-würzig[4] (MHD 14.01.13)	0,47	○*)	++	++	+	○	GUT (2,5)
Minus L Gouda[4] (MHD 12.01.13)	1,26	○*)	++	++	+	○	GUT (2,5)
Norma/Leckerrom Gouda jung[4] (MHD 15.01.2013)	0,47	○*)	++	+	○	○	GUT (2,5)
Netto Marken-Discount/Gutes Land Gouda[2] (MHD 14.01.13)	0,47	○*)	++	○	+	○	BEFRIED. (3,0)
Kaufland/K-Classic Gouda in Scheiben (MHD 14.01.13)	0,47	+	+	++	+	⊖*)6)	BEFRIED. (3,2)
Heinrichsthaler Original Radeberger Gouda Spezialität herzhaft[2] (MHD 26.01.13)	1,09	+	+	++	+	⊖*)6)	BEFRIED. (3,3)

Bewertungsschlüssel der Prüfergebnisse: ++ = Sehr gut (0,5–1,5). + = Gut (1,6–2,5). ○ = Befriedigend (2,6–3,5). ⊖ = Ausreichend (3,6–4,5). — = Mangelhaft (4,6–5,5). **Bei gleichem Qualitätsurteil Reihenfolge nach Alphabet.**
***) Führt zur Abwertung.** MHD = Mindesthaltbarkeitsdatum. g.g.A. = geschützte geografische Angabe.
1) Lose Ware. **2)** Laut Anbieter Produkt geändert. **3)** Weichmacher DEHA nachgewiesen (knapp unter gesetzlichem Höchstgehalt). **4)** Laut Anbieter Deklaration geändert. **5)** Laut Anbieter Verpackungsdesign geändert. **6)** Konservierungsstoff Natamycin in Spuren nachgewiesen. **7)** Laut Anbieter Verpackungsdesign und Produktname geändert in „Hofburger" Gouda 48 % i.Tr. Käse-Scheiben. **Einkauf der Prüfmuster:** November 2012.

Unser Rat

Beste **Paprikachips** waren **Funny-Frisch Chipsfrisch Ungarisch** (80 Cent pro 100 Gramm), beste **fettreduzierte Paprikachips** waren **Aldi (Nord)/Feurich** (66 Cent). Bei den **Stapelchips mit Paprikawürzung** lagen **Aldi (Nord)/Feurich** und **Lidl/Rusti** (je 68 Cent) vorn, sensorisch waren sie aber nur befriedigend. Beste **Chips-Besonderheiten mit Salz: Funny-Frisch Ofenchips** (1,33 Euro).

Auf die Tüte, fertig, los!

1/2013 Viele im Test waren gut. Light-Chips überraschten, Biochips enttäuschten. Zwei Markenprodukte waren deutlich schadstoffbelastet.

Ein Kilogramm Kartoffelchips knabbert jeder Deutsche im Jahr, am liebsten Paprikachips. Im großen Chips-Test prüften die Tester 30 Produkte: herkömmliche sowie fettreduzierte Kartoffelchips, Stapelchips – alle mit Paprikawürzung – und exemplarisch ausgewählte Chips mit Salz.

Fett einsparen mit Light-Varianten

Kartoffelchips sind keine leichte Knabberei, im Test enthielten sie im Schnitt mehr als 30 Prozent Fett. Fettreduzierte Chips punkten mit etwa einem Drittel weniger Fett und können trotzdem geschmacklich mithalten: Drei von sechs im Test schnitten gut ab.

Alle Biochips fallen durch

Die fettreduzierten Chips von Trafo Bio-Organic fielen sensorisch durch. Die Chips von Alnatura und die Original Lantchips waren sensorisch zwar knapp ausreichend, bei ihnen wiesen die Tester aber geringe Anteile von nicht deklariertem Palmöl oder Palmfett nach. Die Chips von Alnatura und Trafo sind laut Anbieter inzwischen geändert.

Chips mit erhöhtem Schadstoffgehalt

Insgesamt mangelhaft sind auch die Terra Blues Chips. Diese dunkelvioletten Chips enthielten viel Acrylamid, der Gehalt überstieg den europäischen Richtwert. Bei den Stapelchips Pringles Paprika wiesen die Tester den höchsten Gehalt am Schadstoff 3-MCPD nach. Erfreulich: Ungesunde Transfettsäuren waren bei keinem Produkt im Test ein Problem. ■ Anbieter Seite 256

Spezielle Kartoffelsorten für Chips
Wenig Zucker, viel Stärke – so muss die Knolle sein, aus der Chips gemacht werden. Zu viel Zucker in den Kartoffeln macht die Chips beim Frittieren zu schnell braun. Der höhere Stärkeanteil sorgt dafür, dass sie kross werden. Die speziellen deutschen Kartoffelsorten heißen zum Beispiel Pirol, Kolibri, Lady Rosetta oder Caruso. Für 1 Kilogramm Chips sind 3,5 Kilogramm Kartoffeln nötig.

test Kartoffelchips 1/2013

www.test.de	Mittlerer Preis in Euro ca. / Inhalt in Gramm	Preis pro 100 Gramm in Euro ca.	Sensorische Beurteilung[1]	Fettqualität	Schadstoffe	Mikrobiologische Qualität	Verpackung	Deklaration	test-QUALITÄTSURTEIL
Gewichtung			50 %	15 %	10 %	5 %	5 %	15 %	100 %
Paprikachips									
Funny-Frisch Chipsfrisch Ungarisch (MHD 19.11.12)	1,99 / 250[2]	0,80	+	+	+	++	+	+	**GUT (1,9)**
Rewe/ja! Kartoffel-Chips mit Paprika-Würzung (MHD 09.11.2012)	0,75 / 200	0,38	+	+	+	++	○	+	**GUT (2,0)**
Kaufland/K-Classic Chips Paprika[3] (MHD 10.11.2012)	0,75 / 200	0,38	+	+	○	++	+	+	**GUT (2,1)**
Lorenz Crunchips Paprika (MHD 24.12.12)	1,89 / 200[2]	0,95	+	+	+	++	+	○	**GUT (2,1)**
Wurzener Kartoffelchips mit Paprika (MHD 09.10.2012)	0,99 / 150	0,66	+	++	+	++	○	○	**GUT (2,1)**
Chio Red Paprika Chips (MHD 22.10.12)	1,99 / 175	1,14	+	+	○	++	+	○	**GUT (2,2)**
Aldi (Nord)/Feurich Chips Paprika (MHD 12.11.12)	0,75 / 200	0,38	+	+	○	++	+	+	**GUT (2,3)**
Aldi Süd/Sun Snacks Paprika Chips (MHD 31.12.12)	0,75 / 200	0,38	+	+	+	++	+	+	**GUT (2,3)**
Lays Sensations Red Sweet Paprika[4] (MHD 01 12 12)	1,79 / 150	1,19	+	+	○	++	+	○	**GUT (2,3)**
Lidl/Crusti Croc Chips Paprika[4] (MHD 30.10.2012)	0,75 / 200	0,38	○	+	+	++	+	○	**BEFRIED. (2,9)**
Burts Hand fried Potato Chips Sweet red Paprika[5] (MHD 16 10 2012)	2,49[6] / 150	1,66	○	○	+	+	+	⊖*) 7)	**BEFRIED. (3,5)**
Netto Marken-Discount/Clarky's Paprika Chips[4] (MHD 03.12.2012)	0,75 / 200	0,38	⊖*)	+	+	++	+	+	**BEFRIED. (3,5)**
Alnatura Kartoffelchips Paprika[4] (MHD 05/04/13) Bio	1,65 / 125	1,32	⊖	+	+	++	○	–*) 8)	**MANGELH. (5,0)**
Original Lantchips Paprika[9] (MHD 30.12.2012) Bio	1,75 / 100	1,75	⊖	⊖	+	+	+	–*) 8)	**MANGELH. (5,0)**

Bewertungsschlüssel der Prüfergebnisse: ++ = Sehr gut (0,5–1,5). + = Gut (1,6–2,5). ○ = Befriedigend (2,6–3,5). ⊖ = Ausreichend (3,6–4,5). – = Mangelhaft (4,6–5,5). **Bei gleichem Qualitätsurteil Reihenfolge nach Alphabet.**

***) Führt zur Abwertung.**

MHD = Mindesthaltbarkeitsdatum.

1) Allgemeine Beschreibung: Paprikachips riechen und schmecken nach Kartoffel, Frittierfett und Paprika. Sie sind würzig, salzig, knusprig und leicht fettig. Stapelchips riechen und schmecken nach Kartoffelpüreepulver. Sind im Mund eher keksig, knusprig und nicht fettig. **2)** Auch in anderen Packungsgrößen erhältlich. **3)** Laut Anbieter inzwischen neues Verpackungsdesign. **4)** Laut Anbieter inzwischen geändert. **5)** Laut Anbieter nicht mehr erhältlich. **6)** Von uns bezahlter Einkaufspreis. **7)** Mehrere kleine Kennzeichnungsmängel. **8)** Anteile von Palmöl/Palmfett nachgewiesen. Im Zutatenverzeichnis ist jedoch keine entsprechende Zutat aufgeführt. **9)** Laut Anbieter inzwischen Kennzeichnung geändert.

Einkauf der Prüfmuster: Juli bis September 2012.

test Stapel- und Kartoffelchips 1/2013

www.test.de	Mittlerer Preis in Euro ca. / Inhalt in Gramm	Preis pro 100 Gramm in Euro ca.	Sensorische Beurteilung 1)	Fettqualität	Schadstoffe	Mikrobiologische Qualität	Verpackung	Deklaration	test-QUALITÄTSURTEIL
Gewichtung			50 %	15 %	10 %	5 %	5 %	15 %	100 %
Fettreduzierte Paprikachips									
Aldi (Nord)/Feurich Easy Chips Paprika (MHD 05.11.12)	0,99 / 150	0,66	+	+	+	++	+	○	GUT (2,1)
Lorenz Crunchips Light Paprika (MHD 17.12.2012)	1,89 / 175	1,08	+	+	+	++	+	○	GUT (2,2)
Penny/Line Kartoffelchips mit Paprika (MHD 06.12.2012)	0,99 / 150	0,66	+	+	+	++	○	+	GUT (2,3)
Aldi (Süd)/Be Light Kartoffel Chips mit Paprika-Würzung (MHD 24.12.12)	0,99 / 150	0,66	○	+	○	++	+	+	BEFRIED. (2,6)
Funny-Frisch Chipsfrisch Schwerelos Ungarisch 6) (MHD 05.11.12)	1,99 / 150	1,33	○	+	○	++	+	○	BEFRIED. (2,6)
Trafo Bio-Organic Kartoffel Chips light Paprika 5) (MHD 19-12-12) **Bio**	1,95 / 100	1,95	– *)	○	++	+	+	⊖ 2)	MANGELH. (5,0)
Stapelchips mit Paprikawürzung									
Aldi (Nord)/Feurich Stapelchips Paprika Würzung (MHD 01.05.13)	1,19 / 175	0,68	○	+	+	++	+	+	GUT (2,5)
Lidl/Rusti Chips Paprika (MHD 15.07.13)	1,19 / 175	0,68	○	+	++	+	+	+	GUT (2,5)
Aldi (Süd)/Sun Snacks Paprika Stapelchips (MHD 01.05.13)	1,19 / 175	0,68	○	+	+	++	+	○	BEFRIED. (2,8)
Lorenz Chipsletten Paprika (MHD 01.04.13)	1,69 / 170	0,99	○	+	○	++	+	○	BEFRIED. (2,9)
Pringles Paprika (MHD 09/2013)	2,17 / 190	1,14	+	+	⊖ *)	++	+	⊖ 2)	AUSREICH. (3,9)
Chips-Besonderheiten mit Salz									
Funny-Frisch Ofenchips Meersalz (MHD 14.11.2012)	1,99 / 150	1,33	+	++	+	++	+	+	GUT (2,2)
Kettle Chips Sea Salt (MHD 29 12 12)	2,69 / 150	1,79	+	○	+	++	○	○	GUT (2,3)
Lorenz Naturals mit Meersalz und Pfeffer (MHD 24.12.2012)	1,69 / 110	1,54	+	+	○	++	+	○	GUT (2,5)
Tyrrells Lightly Sea Salted (MHD 27.01.13)	0,99 / 40 3)	2,48	+	○	+	++	○	⊖ *) 2)	BEFRIED. (2,9)
Terra Blues Chips (MHD 16 JAN13)	2,99 / 110	2,72	+	+	– *) 4)	++	+	○	MANGELH. (4,9)

Bewertungsschlüssel der Prüfergebnisse: Siehe Tabelle Kartoffelchips.
***) Führt zur Abwertung.** MHD = Mindesthaltbarkeitsdatum. **1)** Allgemeine Beschreibung: Paprikachips riechen und schmecken nach Kartoffel, Frittierfett und Paprika. Sie sind würzig, salzig, knusprig und leicht fettig. Stapelchips riechen und schmecken nach Kartoffelpüreepulver. Sind im Mund eher keksig, knusprig und nicht fettig. **2)** Mehrere kleine Kennzeichnungsmängel. **3)** Auch als 150-Gramm-Packung erhältlich. **4)** Einziges Produkt im Test, das den europäischen Richtwert für Acrylamid überschreitet. **5)** Laut Anbieter inzwischen geändert. **6)** Laut Anbieter nicht mehr erhältlich.

Einkauf der Prüfmuster: Juli bis September 2012.

Unser Rat

13 der 24 Produkte im Test sind gut. Am besten schneiden Butter-Pflanzenöl-Kombinationen ab: **Aldi (Süd)/ milfina Streichfein** (mit und ohne Salz 1,29 Euro), **Die Gute (Bio)** von **Söbbeke** (2,74 Euro), **Arla Kærgården Balance** (mit und ohne Salz für 1,51 Euro). Gute Halbfettbutter, die noch im Handel ist: **Norma/nimm's leicht** und **Lidl/Linessa** für je 99 Cent. Alle Preise gelten für 250 Gramm.

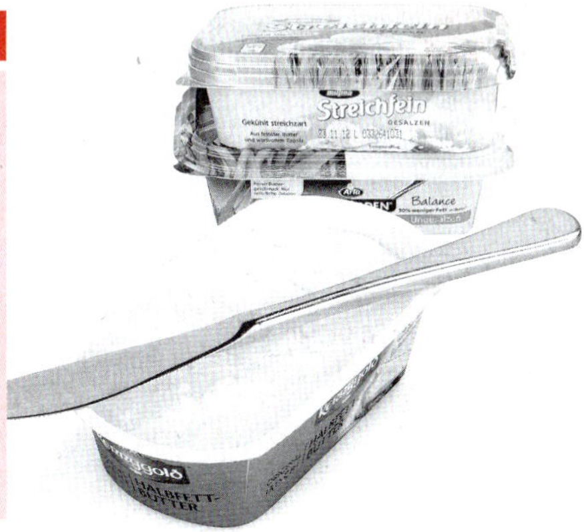

Alles auf einen Streich

2/2013 Buttriger Geschmack, leicht zu streichen, gesundes Fett, kalorienärmer – die neue Konkurrenz für Butter schlug sich gut im Test.

Lieber Butter oder Margarine aufs Brot? Diese Frage entfacht Diskussionen an deutschen Frühstückstischen. Liebhaber von Butter beschwören ihren unverwechselbaren Geschmack und die naturnahe Herstellung. Margarine-Fans kontern mit besserer Streichfähigkeit, gesunden Fettsäuren für Herz und Hirn. Im Zwist ums beste Fett mischen neuerdings auch moderne Variationen mit. Die Spannbreite reicht von Halbfettbutter bis zu Mischungen, die aus Butter, Rahm und Jogurt, Rapsöl oder Pflanzenfett kreiert sind. Der Verkauf steigt von Jahr zu Jahr. Sind die neuen Fette eine Konkurrenz für Butter und Margarine? Wir haben 24 Produkte getestet, jedes zweite ist gut.

Mit gesundem Rapsöl

„Feinste Butter", „beste Butter" – mit diesen Versprechen lassen die Produkte auf Buttergeschmack hoffen. Tatsächlich bestätigt die sensorische Prüfung für die meisten Marken einen leichten Buttergeschmack. Einige rochen und schmeckten sogar frisch nach Butter. Kühlschrankkalt glitten viele Produkte auch gut über Brotscheiben – das gelingt mit Butter oft nicht. Die meisten Butter-Pflanzenöl-Kombis enthalten Rapsöl, dessen Fettsäuren sich mustergültig zusammensetzen: wenig gesättigte Fettsäuren, viel einfach ungesättigte Ölsäure und mehrfach ungesättigte Linol- und Alpha-Linolensäure. Besonders überzeugten in diesem Punkt Arla Kærgåden, Deli Reform, Rama und Ravensberger. ■ **Anbieter Seite 256**

Von 25 bis 75 Prozent Fett

Die Produkte im Test unterscheiden sich: Einige enthalten wie Butter nur Milchfett, andere auch Pflanzenöl – oft Rapsöl. Die Fettgehalte variieren stark – von 75 bis 25 Prozent. Bei wenig Fett sorgen Zusatzstoffe für Bindung, Textur und Stabilität. Aromen tragen bisweilen zum Buttergeschmack bei. Für die Gesundheit gilt: Viel Fett, viel Kalorien. Je mehr Rapsöl, desto mehr gesunde Fettsäuren.

test Butter-Pflanzenöl-Kombinationen 2/2013

www.test.de	Verkehrsbezeichnung	Fettgehalt in Prozent	Mittlerer Preis pro 250 Gramm in Euro ca.	Sensorische Beurteilung	Streichfähigkeit	Ernährungsphysiologische Beurteilung[1]	Schadstoffe	Verpackung	Deklaration	test-QUALITÄTSURTEIL
Gewichtung				40 %	10 %	20 %	5 %	10 %	15 %	100 %
Butter-Pflanzenöl-Kombinationen										
Aldi (Süd)/milfina Streichfein, gesalzen (MHD 23.11.12)	Mischstreichfett	75	1,29	++	+	○	++	+	+	GUT (2,0)
Aldi (Süd)/milfina Streichfein, ungesalzen (MHD 23.11.12)	Mischstreichfett	75	1,29	++	+	○	++	+	+	GUT (2,0)
Arla Kærgården Balance, gesalzen (MHD 24.10.2012)	Mischstreichfett	57	1,51	+	○	+	+	+	○	GUT (2,3)
Arla Kærgården Balance, ungesalzen (MHD 07.11.2012)	Mischstreichfett	57	1,51	+	○	+	+	+	○	GUT (2,3)
Söbbeke Die Gute aus Butter, Rapsöl und Joghurt, ungesalzen (MHD 16.10.12) Bio	Mischstreichfett	75	2,74[2]	++	+	○	+	+	○	GUT (2,3)
Aldi (Nord)/Melkebotte Fein gesalzen (MHD 29.10.2012)	Mischstreichfett	75	1,29	+	+	○	+	+	+	GUT (2,4)
Aldi (Nord)/Melkebotte Ungesalzen (MHD 13.11.2012)	Mischstreichfett	75	1,29	+	+	○	+	+	+	GUT (2,4)
Kerrygold extra aus irischer Butter und wertvollem Rapsöl, ungesalzen[9] (MHD 17.11.2012)	Mischstreichfett	65	1,46	+	+	○	+	+	+	GUT (2,4)
Ravensberger Streichzartes Fäßchen, fein gesalzen (MHD 27.10.2012)	Mischstreichfett	75	1,69	+	+	○	+	+	○	GUT (2,4)
Kerrygold extra aus irischer Butter und wertvollem Rapsöl, mit Meersalz[9] (MHD 03.11.2012)	Mischstreichfett	65	1,46	+	+	○	+	+	+	GUT (2,5)
Rama Guten Morgen (MHD 26.10.12)	Mischstreichfett	70	0,92	+	+	+	+	○	○	BEFRIEDIGEND (2,6)
HomaGold Unsere Beste leicht (MHD 07.11.12)	Halbmischfett	39	0,89	○	+	+	+	○	+	BEFRIEDIGEND (2,9)
Frau Antje Leicht (MHD 24-10-12)	Mischstreichfett	25	1,34	⊖*)	○	+	++	+	⊖*)3)	BEFRIEDIGEND (3,5)
Smanta Frühstücksgarten[10] (MHD 24.10.12)	Mischstreichfett	75	1,19	○	+	○	+	+	⊖*)4)	AUSREICHEND (4,0)
Deli Reform Die feine[5][11] (MHD 13.11.12)	Mischstreichfett	70	0,92	+	+	+	+	+	–*)6)	MANGELHAFT (5,0)
Thise Bio Blume[11] (MHD 20.10.12) Bio	Mischstreichfett	75	2,59[7]	+	+	○	+	+	–*)8)	MANGELHAFT (5,0)

test Halbfettbutter und Varianten 2/2013

www.test.de	Verkehrsbezeichnung	Fettgehalt in Prozent	Mittlerer Preis pro 250 Gramm in Euro ca.	Sensorische Beurteilung	Streichfähigkeit	Ernährungsphysiologische Beurteilung[1]	Schadstoffe	Verpackung	Deklaration	test-QUALITÄTSURTEIL
Gewichtung				40 %	10 %	20 %	5 %	10 %	15 %	100 %
Butter-Pflanzenöl-Kombinationen										
Thise Bio Blume, gesalzen[11] (MHD 20.10.12) **Bio**	Mischstreichfett	75	2,59[7]	+	+	○	+	+	–*)[8]	**MANGELHAFT (5,0)**
Besonderheit										
Du darfst Die Leichte mit Joghurt (MHD 03-11-2012)	Streichfett mit Joghurt	25	1,17[7]	○	+	+	+	+	○	**BEFRIEDIGEND (2,8)**
Halbfettbutter und Varianten										
Kerrygold Original irische Halbfettbutter[10] (MHD 05/11/2012)	Halbfettbutter	40	1,63 [12]	+	○	○	++	+	+	**GUT (2,3)**
Norma/nimm's leicht Leichte Butter (MHD 26/11/2012)	Halbfettbutter	39	0,99	+	+	○	+	+	+	**GUT (2,4)**
Lidl/Linessa Light Butter[9] (MHD 17/11/2012)	Halbfettbutter	39	0,99	+	+	○	+	+	+	**GUT (2,5)**
Küstenland Die Frische Sahnige (MHD 25.10.12)	Milchstreichfett	45	1,09 [14]	○	+[15]	○	++	+	○	**BEFRIEDIGEND (2,9)**
Dennree Joghurt Butter (MHD 25.10.2012)[11] **Bio**	Butterzubereitung aus Butter und Joghurt	69	1,69	○	○	○	++	○	○	**BEFRIEDIGEND (3,1)**
Meggle Joghurt Butter (MHD 23.10.12)	Butterzubereitung	65	1,49	++	○	○	++	○	⊖*) [13]	**BEFRIEDIGEND (3,5)**

Bewertungsschlüssel der Prüfergebnisse: ++ = Sehr gut (0,5–1,5). + = Gut (1,6–2,5). ○ = Befriedigend (2,6–3,5). ⊖ = Ausreichend (3,6–4,5). — = Mangelhaft (4,6–5,5). **Bei gleichem Qualitätsurteil Reihenfolge nach Alphabet.**

***) Führt zur Abwertung. MHD** = Mindesthaltbarkeitsdatum.

1) Die Beurteilung erfolgte für eine Tagesverzehrmenge von 20 Gramm. **2)** Produkt wird als 200-Gramm-Packung zu 2,19 Euro angeboten. **3)** Etliche Kennzeichnungsmängel, u. a. schlechte Lesbarkeit des Zutatenverzeichnisses, Fehler bei den Nährwertangaben und nicht zutreffende Werbeaussagen. **4)** Auslobung „viel frische Butter & feines Rapsöl" macht eine mengenmäßige Angabe im Zutatenverzeichnis (QUID-Kennzeichnung) erforderlich, diese fehlt jedoch. Weiterer Mangel: Der festgestellte Gehalt an Milchsäure lässt sich nicht aus den deklarierten Zutaten erklären. **5)** Laut Anbieter inzwischen Rezeptur und Deklaration des Produktes geändert. **6)** Das Aroma ist nicht wie deklariert natürlich, es enthält synthetische Aromastoffe. Das Produkt ist somit irreführend gekennzeichnet und nicht verkehrsfähig. **7)** Von uns bezahlter Einkaufspreis. **8)** Das Zutatenverzeichnis ist nicht korrekt, denn mit den deklarierten Zutaten wird der Gesamtfettgehalt nicht erreicht. Zudem ist die Menge an Rapsöl um etwa ein Drittel zu hoch angegeben. Das Produkt ist somit irreführend gekennzeichnet und ist nicht verkehrsfähig. **9)** Laut Anbieter Verpackung geändert. **10)** Laut Anbieter nicht mehr erhältlich. **11)** Laut Anbieter Produkt inzwischen verändert. **12)** Produkt wird als 200-Gramm-Packung zu 1,30 Euro angeboten. **13)** Wir verstehen „Joghurt-leichter Butter-Genuss" im Zusammenhang mit „20 % weniger Fett als normale Butter" als nährwertbezogene Angaben. Da die Health Claims Verordnung aber mindestens 30 % weniger Fett vorschreibt, ist die Auslobung so nicht korrekt. **14)** Von uns bezahlter Einkaufspreis. **15)** Wie auf der Packung angegeben, lässt sich das Produkt erst bei 12–18 °C gleichmäßig verstreichen. **Einkauf der Prüfmuster:** September/Oktober 2012.

Unser Rat

Aus Obst, Gemüse, Milch und Getreide lässt sich der Nährstoffbedarf am einfachsten decken. Aber auch einige Mineralwässer leisten einen Beitrag: Mit **kalziumreichen Wässern** können Menschen, die keine Milch trinken, ihr Kalziumkonto füllen. Sportler, die mit dem Schweiß Mineralstoffe verlieren, können mit den richtigen Wässern wieder **Magnesium** und **Kalium** für die Muskeln auftanken.

Wasser pur

5/2013 Viel Kalzium, Magnesium und Kalium liefern längst nicht alle Mineralwässer. Diese 25 Vertreter können mehr als nur Durst löschen.

Mutter Natur stellt Mineralwasser praktisch allein her: Ihre Gesteinsschichten filtern Niederschlagswasser, das über Jahre in unterirdische Quellen sickert. Dabei lösen sich Mineralstoffe und Spurenelemente im Wasser. Wenn die zuständige Behörde es amtlich als natürliches Mineralwasser anerkennt, dürfen Brunnenbetriebe aus der Quelle zapfen und es so nennen. 2012 trank jeder Bundesbürger 137 Liter dieser puren Wässer. Die Stiftung Warentest prüft Mineralwässer regelmäßig. Die Tabelle auf Seite 36 zeigt 25 Mineralwässer, die bei den drei jüngsten Tests durch viel Kalzium, Magnesium oder Kalium auffielen. Mit dabei sind die Wässer der Sorten still *(test 7/12)*, classic *(test 8/11)* und medium *(test 8/08)*.

Keine Krankheitserreger

Nur wenige Mineralwässer ragen als mineralstoffreich heraus, enthalten also mehr als 1500 Milligramm Mineralstoffe je Liter. Im Test von Classic-Wässern erwies sich etwa die Hälfte als mineralstoffarm. Bei den Stillen enthielten sogar zwei Drittel weniger als 500 Milligramm pro Liter. Da besteht oft kein Unterschied zu Trinkwasser. Die Tester haben noch nie Krankheitserreger in Mineralwasser gefunden. Sicherheitshalber prüfen sie stets auch auf Keime, die für Immungeschwächte wie Babys und Krebskranke gefährlich werden können. Mehr als jedes dritte stille Wasser wies solche Keime auf. Sprudelnde betraf es nicht, die Kohlensäure schützt vor Keimen. ■ **Anbieter Seite 256**

Sind Kunststoffflaschen schädlich?
Nein, auch wenn sie Acetaldehyd enthalten, das bei der Herstellung aus PET (Polyethylenterephthalat) entsteht. Daraus folgt kein gesundheitliches Problem, manchmal aber ein geschmackliches: Die Wässer sind dann untypisch fruchtig-süß. Je wärmer, heller und länger Flaschen lagern, desto mehr Acetaldehyd kann übergehen. Neuerdings setzen Flaschenhersteller Blocker ein, das hat geholfen.

test Ausgewählte natürliche Mineralwässer 5/2013

www.test.de	Quelle und Quellort	Mittlerer Preis pro Liter ca. (Euro)	Sensorische Beurteilung	Mikrobiol. geeignet für Immunschwache[1]	Deklaration	Mineralstoffe insgesamt (mg/l)
Kalziumhaltig nach Mineral- und Tafelwasser-Verordnung (Gehalt: mehr als 150 Milligramm pro Liter)						
Alwa Medium (MHD 06.12.2008)	Alwa-Quelle, Sersheim	0,40	+	Ja	⊖[3]	2270
Azur Medium (MHD 5.11.08)	Azur-Quelle, Berkersheim	0,58	+	Ja	+	1190
Contrex ohne Kohlensäure (MHD Dez 13)	Contrex Quelle, Contrexéville (F)	0,53	+	Nein	○	2145
Franken Brunnen Spritzig (MHD 27.11.2011)	Hochstein Quelle, Neustadt/Aisch	0,46	+	Ja	+	1435
Gerolsteiner Medium (MHD 26.10.08)	Gerolsteiner, Gerolstein	0,52	+	Ja	○	2410
Gerolsteiner Sprudel (MHD 05.12.2011)	Gerolsteiner, Gerolstein	0,55	+	Ja	○	2407
Penny/Elitess, still (MHD 27.02.2013)	Astoria-Quelle, Münster (A)	0,13	+	Nein	+	978
Real/Tip Classic (MHD 07.12.2011)	Tiefenfels Quelle, Bielefeld	0,13	○	Ja	+	1698
Real/Tip Medium (MHD 04.11.08)	Waldquelle, Hecklingen	0,13	○	Ja	○	1280
Rewe/ja! mit Kohlensäure (MHD 05.04.2012)	Astoria-Quelle, Münster (A)	0,13	○	Ja	+	999
S.Pellegrino Frizzante (MHD 01.2012)	San Pellegrino Terme, Bergamo (I)	1,20	—[4]	Ja	○	994
Magnesiumhaltig nach Mineral- und Tafelwasser-Verordnung (Gehalt: mehr als 50 Milligramm pro Liter)						
Alwa Medium (MHD 06.12.2008)	Alwa-Quelle Sersheim	0,40	+	Ja	⊖[3]	2270
Apollinaris Classic feinperlig (MHD 08.03.2012)	Classic Quelle, Bad Neuenahr	0,69	+	Ja	○	2821
Apollinaris Medium (MHD 12.02.09)	Apollinaris, Bad Neuenahr	0,69	+	Ja	○	2740
Contrex ohne Kohlensäure (MHD Dez 13)	Contrex Quelle, Contrexéville (F)	0,53	+	Nein	○	2145
Franken Brunnen Spritzig (MHD 27.11.2011)	Hochstein Quelle, Neustadt/Aisch	0,46	+	Ja	+	1435
Gerolsteiner Medium (MHD 26.10.08)	Gerolsteiner, Gerolstein	0,52	+	Ja	○	2410
Gerolsteiner Sprudel (MHD 05.12.2011)	Gerolsteiner, Gerolstein	0,55	+	Ja	○	2407
Real/Tip Medium (MHD 04.11.08)	Waldquelle, Hecklingen	0,13	○	Ja	○	1280
Römerquelle Prickelnd (MHD 11.2012)	Römerquellen, Edelstal (A)	0,69[2]	+	Ja	○	963
Viel Kalium (Gehalt: mindestens 15 Milligramm pro Liter)						
Aldi (Süd)/Aqua Culinaris still (MHD 29.08.12)	Levia-Quelle, Treuchtlingen	0,13	+	Nein	○	414
Apollinaris Classic feinperlig (MHD 08.03.2012)	Classic Quelle, Bad Neuenahr	0,69	+	Ja	○	2821
Apollinaris Medium (MHD 12.02.09)	Apollinaris, Bad Neuenahr	0,69	+	Ja	○	2740
Gerolsteiner Medium (MHD 26.10.08)	Gerolsteiner, Gerolstein	0,52	+	Ja	○	2410
Rhönsprudel Original (MHD 11.01.2012)	Rhönsprudel-Quelle, Ebersburg	0,52	+	Ja	+	350

Bewertungsschlüssel der Prüfergebnisse: ++ = Sehr gut (0,5–1,5). + = Gut (1,6–2,5). ○ = Befriedigend (2,6–3,5). ⊖ = Ausreichend (3,6–4,5). — = Mangelhaft (4,6–5,5). **Reihenfolge nach Alphabet.**

MHD = Mindesthaltbarkeitsdatum, A = Österreich, F = Frankreich, I = Italien. **1)** In einer Zusatzprüfung haben wir alle in den Produkten enthaltenen Keime untersucht und die Wässer mit Blick auf Säuglinge, alters- oder krankheitsbedingt Immungeschwächte strenger beurteilt als nach der Mineral- und Tafelwasserverordnung.

Ja: Eine Gesundheitsgefährdung für Immungeschwächte ist ausgeschlossen. **Nein:** Eine Gesundheitsgefährdung ist zwar unwahrscheinlich, aber unter besonderen Umständen nicht auszuschließen. **2)** Von uns bezahlter Einkaufspreis.

3) Als Familien-Mineralwasser ausgelobt, obwohl für die Zubereitung von Säuglingsnahrung nicht geeignet: Sulfatgehalt zu hoch, abführende Wirkung nicht ausgeschlossen. **4)** Schmeckt deutlich nach Acetaldehyd.

Aktualisierung durch Anbieterbefragung: März 2013.

Unser Rat

Keines der Pesto Genovese im Test ist zu empfehlen. Nur eines verwendet traditionelle Zutaten, ist aber schadstoffbelastet. Aber es gibt gute Basilikumzubereitungen, allen voran das **Frische Pesto Basilico** von **Hilcona** für 2,49 Euro je 120 Gramm. Preiswerter und auch gut: **Casa Morando Pesto Verde** von **Aldi (Nord)** für 1,19 Euro und **Pesto alla Genovese** von **Rewe** für 1,49 Cent je 190 Gramm.

Weit weg vom Original

8/2013 Schadstoffe, Keime, Geschmacksfehler, Etikettenschwindel: Im Test von 30 Basilikum-Pestos gab es viel Kritik. Nur 3 Produkte sind gut.

Sieben Zutaten gehören nach ligurischer Tradition in ein Pesto Genovese: frisches Basilikum, Pinienkerne, Olivenöl, Parmigiano Reggiano, Pecorino, Knoblauch und Salz. Pesto schmeckt auf Nudeln und Brot, in Suppen und Salaten. Seit gut 20 Jahren stellt auch die Industrie die grüne Soße her. Sie wird als Pesto Genovese verkauft oder – abgewandelt mit anderen Ölen und Nüssen – als Basilikum-Zubereitung. Wir haben 30 Produkte getestet. Doch nur insgesamt 3 davon sind gut und weitere 3 befriedigend; 13 schneiden ausreichend ab und 11 fallen mit der Note mangelhaft durch.

Jamie Olivers Pesto enttäuschte

Die Fix- und Fertig-Produkte kämpfen mit verschiedenen Problemen. Das gesundheitlich gravierendste: Das Bio-Pesto Genovese der Schweizer Firma Ppura enthielt das potenziell krebserregende Anthrachinon. Es ist in der Europäischen Union nicht als Pestizid zugelassen, darf aber in der Papierherstellung verwendet werden. Laut Ppura ist das Anthrachinon über das Basilikum ins Produkt gelangt. Die Firma rief die betroffene Charge sofort nach dem Befund der Stiftung Warentest vom Markt. Alle anderen Produkte hatten keine Probleme mit Schadstoffen.

Wegen Milchsäurebakterien in zu hoher Anzahl kassierte das Pesto Lucchi & Guastalli aus dem Feinschmecker-Sortiment von Manufactum als einziges ein Mangelhaft in der Mikrobiologie. Diese Bakterien machen nicht krank, verderben das Pesto aber.

Rezept für Pesto Genovese
Hacken Sie 200 g Basilikum fein, zerstoßen Sie es im Mörser. Rösten Sie 40 g Pinienkerne in einer Pfanne an. Zerstoßen Sie die Kerne plus 2 Knoblauchzehen. Mischen Sie alles mit je 50 g geraspeltem Parmigiano Reggiano und Pecorino sowie 120 ml Olivenöl. Schmecken Sie mit Salz ab. Eilige können die Zutaten auch im Mixer oder mit dem Pürierstab zerkleinern. Das Pesto wird so cremiger.

test Pesto mit Basilikum I 8/2013

www.test.de	Mittlerer Preis ca. (Euro) / Inhalt in g	Sensorische Beurteilung	Schadstoffe	Mikrobiologische Qualität	Verpackung	Deklaration	test-QUALITÄTSURTEIL
Gewichtung		50 %	15 %	10 %	5 %	20 %	100 %
Hilcona Frisches Pesto Basilico (gekühlt)[1] (MHD 05.05.13)	2,49 / 120	++	+	++	○	○	**GUT (2,0)**
Aldi (Nord)/Casa Morando Pesto Verde (MHD 20-11-14)	1,19 / 190	+	+	+	+	○	**GUT (2,2)**
Rewe Pesto alla Genovese (MHD 19.06.2014)	1,49 / 190	+	+	++	○	+	**GUT (2,5)**
Penny/Orto Mio Pesto Verde alla Genovese (MHD 10/2015)	1,29 / 190	○	+	++	○	○	**BEFRIED. (2,8)**
Barilla Pesti alla Genovese (MHD 22.01.14)	2,71 / 190	+	+	++	+	⊖*)	**BEFRIED. (3,5)**
Kaiser's Tengelmann/De Niro Pesto alla Genovese (MHD 30.01.2015)	1,59 / 190	⊖*)	+	++	○	○	**BEFRIED. (3,5)**
Casa Romantica Pesto alla Genovese (MHD:01 2014)	1,09 / 90	○	+	++	+	⊖*)	**AUSREICH. (3,7)**
Alnatura Pesto Verde (MHD 28 11 14) Bio	2,45 / 120	+	+	+	+	⊖*)	**AUSREICH. (3,8)**
De Cecco Pesto alla Genovese (MHD 06/2014)	2,89 / 200	+	+	+	+	⊖*)	**AUSREICH. (3,8)**
Bertolli Pesto Verde (MHD 04/2014)	2,67 / 185	○	+	++	+	⊖*)	**AUSREICH. (3,9)**

Bewertungsschlüssel der Prüfergebnisse: ++ = Sehr gut (0,5–1,5). + = Gut (1,6–2,5). ○ = Befriedigend (2,6–3,5). ⊖ = Ausreichend (3,6–4,5). — = Mangelhaft (4,6–5,5). **Bei gleichem Qualitätsurteil Reihenfolge nach Alphabet.**
1) Laut Anbieter inzwischen Allergenhinweise geändert. **Einkauf der Prüfmuster:** Februar/März 2013.

Etliche Pestos enttäuschten geschmacklich – vor allem die von Jamie Oliver, Manufactum, Innovation Strauss und Lidl. Sie waren aromaarm, wässrig, dominant säuerlich, alt oder faserig. Geschmacksfehler lassen sich teils durch die industrielle Herstellung erklären: Fertig-Pestos werden kurz auf 80 Grad erhitzt, um Keime abzutöten. Dabei büßt das sensible Basilikum an Farbe und ätherischen Ölen ein. Einige Hersteller versuchen, das Grün mit Säuerungsmitteln zu retten, oft vergeblich. Es wirkt sich auch negativ aufs Aroma aus, wenn Hersteller mit geschmacksintensiven Zutaten geizen: So enthalten manche Produkte laut Etikett nur zwischen 0,5 und 1,5 Prozent Pinienkerne oder 1 Prozent Käse. Die bindende Funktion übernehmen Kartoffelflocken oder Weizengrieß. Sie können auch für cremige Konsistenz sorgen. Traditionsrezepte empfehlen fast 10 Prozent Pinienkerne und 20 Prozent Käse. Einige Anbieter behaupten, dass ▸

test Pesto mit Basilikum II 8/2013

www.test.de	Mittlerer Preis ca. (Euro) / Inhalt in g	Sensorische Beurteilung	Schadstoffe	Mikrobiologische Qualität	Verpackung	Deklaration	test-QUALITÄTSURTEIL
Gewichtung		50 %	15 %	10 %	5 %	20 %	100 %
Netto Marken-Discount/Mamma Gina Pesto alla Genovese[2] (MHD 11/03/2014)	1,29[3] / 190	○	+	++	+	⊖*)	**AUSREICH. (4,0)**
Saclà Italia Pesto alla Genovese (MHD 31-01-2015)	2,49 / 190	○	+	++	+	⊖*)	**AUSREICH. (4,0)**
Kattus Pesto Verde[4] (MHD 07.01.15)	2,99[5] / 125	○	+	+	+	⊖*)	**AUSREICH. (4,2)**
LaSelva Verde pesto Bio (MHD 16/02/2015)	2,95 / 130[1]	○	+	++	+	⊖*)	**AUSREICH. (4,2)**
Crespi Ceriana Pesto San Remo Pesto alla Genovese (MHD 03.14)	2,49[5] / 130	⊖	○	++	+	⊖*)	**AUSREICH. (4,5)**
Edeka/Gut & Günstig Pesto alla Genovese[2] (MHD 03/06/2014)	1,19 / 190	⊖	○	++	+	⊖*)	**AUSREICH. (4,5)**
Kaufland/K-Classic Pesto alla Genovese[2] (MHD 05 2014)	1,29[3] / 190	⊖	+	++	+	⊖*)	**AUSREICH. (4,5)**
Real/Tip Italienisches Pesto alla Genovese (MHD 02 2014)	1,19 / 190	⊖	+	++	+	⊖*)	**AUSREICH. (4,5)**
Riesa Nudelkrönung Basilikum Pesto (MHD 30-07-2014)	1,99 / 190	⊖	+	++	○	⊖*)	**AUSREICH. (4,5)**

Bewertungsschlüssel der Prüfergebnisse: ++ = Sehr gut (0,5–1,5). + = Gut (1,6–2,5). ○ = Befriedigend (2,6–3,5). ⊖ = Ausreichend (3,6–4,5). — = Mangelhaft (4,6–5,5). **Bei gleichem Qualitätsurteil Reihenfolge nach Alphabet.**

1) Laut Anbieter auch in anderen Verpackungsgrößen erhältlich.
2) Laut Anbieter inzwischen mit geändertem Deckel.
3) Je nach Region auch 1,19 Euro.
4) Laut Anbieter inzwischen Produkt geändert.
5) Von uns bezahlter Einkaufspreis.

Einkauf der Prüfmuster: Februar/März 2013.

Deutsche dem traditionell feinstückigen das gebundene Pesto vorziehen würden. Cremige Varianten gibts von Barilla und Bertolli.

Sonnenblumen- statt Olivenöl

Besonders viel Anlass zu Kritik bieten die Pesto Genovese im Test. Bei diesem Namen dürfen Verbraucher die traditionellen sieben Zutaten erwarten: 5 der 6 Pesto Genovese hielten dem aber nicht stand. Die Hersteller hatten teure Zutaten ganz oder teilweise durch preiswertere ersetzt: Pinienkerne gegen Cashewkerne, Olivenöl höchster Güteklasse gegen Sonnenblumenöl. Und weder Kartoffelflocken noch Weinessig gehören in hinein. Solche Mischungen führen in die Irre. Die Folge für die Produkte: mangelhaft in der Deklaration und daher im Qualitätsurteil. Dabei sind gerade Pesto Genovese teuer. 100 Gramm kosten im Schnitt 2,80 Euro, die gleiche Menge Basilikumzubereitung nur 1,55 Euro. ■

Anbieter Seite 256

test Pesto Genovese 8/2013

www.test.de	Mittlerer Preis ca. (Euro) / Inhalt in g	Sensorische Beurteilung	Schadstoffe	Mikrobiologische Qualität	Verpackung	Deklaration	test-QUALITÄTSURTEIL
Gewichtung		50 %	15 %	10 %	5 %	20 %	100 %
Pesto Genovese							
Bio-verde (gekühlt) Pesto Genovese (MHD: 26.06.13) Bio	2,99 / 165	+	+	+	+	–*)1)	MANGELHAFT (5,0)
La Gallinara Pesto Genovese (MHD: 05-06-2014)	3,70[2)] / 130	+	+	+	+	–*)3)	MANGELHAFT (5,0)
Lucchi & Guastalli (Manufactum) Genoveser Pesto (MHD: 02/09/2013)	8,90 / 180	–*)	+	–*)4)	○	–5)	MANGELHAFT (5,0)
Terre de Liguria Pesto Genovese (MHD: 30/01/2015)	4,00 / 180	○	+	+	+	–*)6)	MANGELHAFT (5,0)
Bernbacher Pesto Genovese (MHD: 28-09-2014)	1,99 / 140	+	+	++	+	–*)7)	MANGELHAFT (5,5)
Ppura Pesto von Basilico Genovese D.O.P.[8)] (MHD: 04.07.2014) Bio	5,00 / 140	⊖	–*)9)	++	○	⊖	MANGELHAFT (5,5)
Basilikumzubereitungen							
Flaschenweise Basilikum-Pesto (gekühlt) (MHD: 21.04.13)	7,80 / 140[10)]	++	+	+	+	–*)11)	MANGELHAFT (5,0)
Jamie Oliver Green Pesto (MHD: 04/2014)	3,60[2)] / 190	–*)	+	++	○	⊖	MANGELHAFT (5,0)
Lidl/Baresa Pesto alla Genovese[12)] (MHD: 04/2014)	1,29[13)] / 190	–*)	+	++	+	○	MANGELHAFT (5,0)
Strauss Innovation Pesto alla Genovese (MHD: 30/07/14)	2,49 / 130	–*)	+	++	+	⊖	MANGELHAFT (5,0)
Terra Sana Pesto Tradizionale[14)] (MHD: 30/01/2015) Bio	5,00 / 180	+	+	+	+	–*)15)	MANGELHAFT (5,5)

Bewertungschlüssel siehe Seite 36. ***) Führt zur Abwertung. 1)** Produkt dürfte nicht „Pesto Genovese" heißen, da Sonnenblumenöl, Cashewkerne, Kartoffelflocken (mit Rosmarinextrakt), konzentrierter Zitronensaft dafür keine charakteristischen Zutaten sind. **2)** Von test bezahlter Einkaufspreis. **3)** Für „Pesto Genovese" sind Cashewkerne untypisch. Irreführende Auslobungen: „Ohne Farb- und Konservierungsstoffe", da Konservierungsmittel Sorbinsäure in technologisch wirksamer Menge enthalten. Basilikumsoßen brauchen zudem keine Farbstoffe (sind grün vom Basilikum) und zusätzlich zur Pasteurisation keine weitere Konservierung. **4)** Produkt ist aufgrund hoher Zahl an Milchsäurebakterien mikrobiologisch verdorben. **5)** Irreführende Füllmengen-Angabe: 180 Gramm passen gar nicht ins Glas. Zudem zu kleine Schrift. Keine Mengenangaben bei Zutaten – auch nicht für Basilikumanteil. Bei Ascorbinsäure und Sorbinsäure fehlen die Klassennamen. Schlecht außerdem: Kennzeichnung steht auf loser Papierhaube, die leicht verloren geht. **6)** Enthält, anders als deklariert, mehr Sonnenblumen- als Olivenöl. Sonnenblumenöl ist keine typische Zutat für Pesto Genovese. Fehlerhafte Käsekennzeichnung. **7)** Nicht verkehrsfähig: enthält Bambusfasern, die weder ein Lebensmittel noch ein zugelassener Zusatzstoff sind. Dürfte auch sonst nicht „Pesto Genovese" heißen: Zutaten Sonnenblumenöl, Glucosesirup, Kartoffelflocken sind untypisch. Mehrere Zutaten ohne Mengenangabe. **8)** Lt. Anbieter Produkt zurückgerufen. **9)** Nicht verkehrsfähig: Produkt enthält 0,79 mg/kg potenziell krebserzeugendes Anthrachinon – zulässiger Höchstgehalt: 0,01 mg/kg. Weitere Belastung: Weichmachergehalte im Pesto über den Migrationsrichtwerten. Viermal so viel Transfettsäuren, wie sie sich mit dem Käse erklären lassen. **10)** Lt. Anbieter auch in anderen Verpackungsgrößen. **11)** QUID-Kennzeichnung fehlt: Produkt lobt „mit frischem Basilikum & Pinienkernen" aus, nennt aber keine Mengen. Enthält, anders als deklariert, mehr Raps- als Olivenöl. Anders als vorgeschrieben stehen MHD, Inhalt und Verkehrsbezeichnung nicht im selben Sichtfeld. Füllmengenangabe in zu kleiner Schrift. **12)** Lt. Anbieter Produkt geändert. **13)** Je nach Region auch 1,19 €. **14)** Lt. Anbieter Produkt wegen des Cashew-Anteils zurückgezogen. **15)** Enthält nicht, wie deklariert, nur Oliven-, auch Sonnenblumenöl. Enthält etwa 15 % Cashewkerne, die nicht angegeben sind. „Pesto Tradizionale" ist keine gültige Verkehrsbezeichnung. Nährwertangaben sind nicht korrekt. Sehr kleine Schrift. **Einkauf der Prüfmuster:** Februar/März 2013.

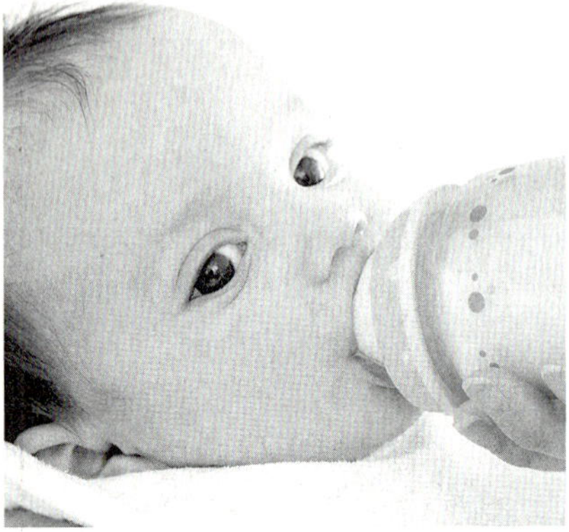

Unser Rat

Der beste Schutz gegen Allergien ist, mindestens die **ersten vier Monate zu stillen**. Ist Stillen nicht möglich, sollten Allergiker hypoallergene Nahrung – „HA-Nahrung" genannt – füttern. Das Eiweiß ist in kleine Bausteine gespalten, die Milch ärmer an Allergenen. Bevorzugt Milch mit Prä- und Probiotika zu kaufen, bringt in puncto Allergieprävention nach jetzigem Stand keinen relevanten Vorteil.

Bakterien fürs Baby

9/2013 Säuglingsnahrung mit Prä- und Probiotika soll Allergien vorbeugen. Ob das langfristig Wirkung zeigt, wird noch erforscht.

Mit rätselhaften „GOS" oder verheißungsvoller „Probiotik", ganz „nach dem Vorbild der Natur": So lenken Hipp, Humana und andere Hersteller von Säuglingsnahrung die Aufmerksamkeit frisch gebackener Eltern auf ihre Produkte. Lebende Mikroorganismen oder Kohlenhydrate werden Babymilch beigemischt und als Probiotika und Präbiotika angepriesen. Wer nicht stillt, soll so das Beste für die gesunde Darmflora seines Kindes tun können – und damit Neurodermitis oder Asthma vorbeugen.

Jeder vierte Erwachsene hat eine Allergie, schon in Kindheit und Jugend trifft es 17 von 100. In den Fokus der Forschung rückten Prä- und Probiotika nicht zuletzt aufgrund interessanter Studienergebnisse: Kinder mit Neurodermitis haben weniger Milchsäurebakterien im Kot als gesunde.

Bisher nur vereinzelt belegt

Bisher gibt es nur einzelne wissenschaftliche Hinweise, dass prä- und probiotische Zusätze in Babymilch vor Allergien schützen. So scheint sich das Risiko, in den ersten Lebensjahren Neurodermitis zu bekommen, dadurch reduzieren zu lassen – wenn auch nur in geringem Ausmaß. Für eine generelle Empfehlung fehlt aktuell die Grundlage. Die Qualität der Studien schwankt, die Ergebnisse sind teilweise widersprüchlich.

Immerhin: Alle prä- und probiotischen Zusätze, die sich aktuell in deutscher Säuglingsnahrung finden, sind nach heutiger Kenntnis unbedenklich. ■

Allergikerkinder stark gefährdet
Besonders gefährdet, eine Allergie zu entwickeln, sind Kinder, wenn ein Elternteil, Schwester oder Bruder Allergiker ist. Sie entwickeln zu 20 bis 30 Prozent eine Allergie. Sind beide Eltern Allergiker, liegt die Wahrscheinlichkeit bei bis zu 50 Prozent. Haben Kinder keine Allergiker in der engeren Familie, bekommt nur eines von zehn eine Allergie. Noch ist nicht vollständig klar, was zu einer Allergie führt.

Unser Rat

Unsere Herkunftsanalyse ergab bei keinem der 29 Regionalprodukte im Test Hinweise auf Schummelei. Doch wer mit Regionalität auch Tierschutz verbindet, geht meist nur mit regionalen Bioprodukten auf Nummer sicher. In dieser Hinsicht besonders empfehlenswert im Test: etwa Apfelsaft von **Bio Company**, Milch von **Ökodorf Brodowin** und **Unser Land** sowie die Eier von **Feneberg/Von Hier**.

Wenn das Woher zählt

7/2013 Regionale Produkte garantieren eine bestimmte Herkunft – mehr aber nicht. Wer mehr Tierschutz will, muss zu Bioware greifen.

Regional ist nicht gleich regional: Das zeigten Tests, die wir zu den Regionalversprechen von Apfelsaft, Eiern und Milch aus den Gegenden rund um Berlin, Köln und München durchgeführt haben. Besuche vor Ort offenbarten, dass es große Unterschiede gibt, was die Erzeuger unter „regional" verstehen. Erfreulich: Hinweise für Herkunftsschwindel fanden sich nirgends.

11 von 29 sind besonders glaubwürdig

Sehr gut in puncto Regionalität bekamen nur 11 der 29 Lebensmittel. Dazu zählen die Apfelsäfte von Bio Company und Rewe/Temma, Milch der Gläsernen Molkerei, von Ökodorf Brodowin, Unser Land und Hemme Milch sowie Eier von Dachauer Land, Gut Schmerwitz, Feneberg, Landmarkt und Eier aus NRW von Manfred Hermanns.

Beispiele für Kritik: Lidl konnte zwar belegen, dass die Milch der Regionalmarke „Ein gutes Stück Heimat" in Bayern hergestellt und verkauft wird. Allerdings verkauft der Discounter unter der gleichen Marke auch Erbsen- und Möhrenkonserven aus dem Rheinland deutschlandweit. Die Eier von Netto Marken-Discount/Vom Land etwa reisen vor dem Verkauf bis zu 300 Kilometer weit. Vier Eieranbieter ließen gar keinen Besuch zu: Heidehof Mark Zwuschen, Löwendorfer und Luisenhof in Brandenburg sowie Brandhuber aus der Region Erding in Oberbayern. Auch FrieslandCampina, Anbieter der Eifel-Milch, ließ sich nicht überprüfen. ■ Anbieter Seite 256

Tierschutz fördern
Bei 7 der 13 Legebetriebe kamen die Eier aus Bodenhaltung. Hennen haben dort keinen Auslauf im Freien und leben zu Tausenden im Stall. Das heißt: Selbst wenn Produkte mit dem Bild vom Bauern um die Ecke werben, steht oft Massentierhaltung dahinter. Gute Haltungsbedingungen für Henne und Co., die über das Gesetz hinausgehen, garantieren lediglich Produkte mit Biosiegel.

test Regionale Milch 7/2013

www.test.de	Molkerei	Regionale Auslobung	Preis pro Liter ca. (Euro)	Herkunftsangabe deckt sich mit chemischer Analyse[1]	Regionalität laut Vor-Ort-Begutachtung und Anbieterbefragung[2]	test-URTEIL REGIONALITÄT
Großraum Berlin						
Frische Vollmilch aus der Region Spreewald (MHD 29.10.12)	Gläserne Molkerei, Münchehofe	Aus der Region Spreewald	0,89	ja	++	**SEHR GUT**
Hemme Milch tagesfrische Vollmilch (MHD 30. Oktober 12)	Hemme Milch, Angermünde	Aus dem Biosphärenreservat Schorfheide-Chorin, Uckermark	0,99	ja	++	**SEHR GUT**
Ökodorf Brodowin demeter frische Bio-Vollmilch (MHD 30.10.12) Bio	Ökodorf Brodowin, Chorin	Ökodorf Brodowin und Brandenburger Partnerbetriebe	1,29	ja	++	**SEHR GUT**
Großraum Köln						
Edeka Rhein-Ruhr/Mein Land Frische Vollmilch landfrisch (MHD 23/10/2012)	Molkerei Wiegert, Velen	Aus dem westlichen Münsterland von Milchbauern der Milcherzeugergemeinschaft HEEK	0,89	ja	+	**GUT**
Tuffi Eifel-Milch frisch vom Land[3] (MHD 29.10.12)	FrieslandCampina, Köln[4]	Von ausgesuchten Eifelhöfen	1,38	ja	—[5]	**AUSREICHEND**
Großraum München						
Unser Land frische Bio-Vollmilch (MHD 21.10.12) Bio	Andechser Molkerei Scheitz, Andechs	Bio Milchlieferanten der Andechser Molkerei Scheitz, auch Milchbauern aus dem Mangfalltal	1,35	ja	++	**SEHR GUT**
Berchtesgadener Land Frische Bergbauern Milch (MHD 29.10.)	Milchwerke Berchtesgadener Land Chiemgau, Piding	Herkunftsgarantie hergestellt im Berchtesgadener Land	0,99	ja	+	**GUT**
Lidl/Ein gutes Stück Heimat frische Vollmilch garantiert aus Bayerischer Bauernmilch (MHD 29.10.12)	Molkerei Gropper, Bissingen	Aus der Region Nordschwaben, von bayerischen Kühen, Bauern, Molkereien	0,95	ja	+	**GUT**
Rottaler Milchquell Haltbare Vollmilch (MHD 25.03.13)	Rottaler Milchwerk, Rotthalmünster	Aus der Natur des Rottals	1,45	ja	—[6]	**AUSREICHEND**

Bewertungsschlüssel der Prüfergebnisse: ++ = Sehr gut. + = Gut. ○ = Befriedigend. ⊖ = Ausreichend. — = Mangelhaft. **Bei gleichem Qualitätsurteil Reihenfolge nach Alphabet.**
1) Prüfung mittels Stabilisotopenanalyse. **2)** Region wurde entsprechend der Verbrauchererwartungen definiert. **3)** Laut Anbieter inzwischen Deklaration geändert. **4)** Laut Identitätskennzeichen auf der Packung. **5)** Anbieter hat die Teilnahme an der Unternehmensbefragung und Vor-Ort-Begutachtung abgelehnt, aber einige schriftliche Angaben gemacht. **6)** Anbieter hat eine Vor-Ort-Begutachtung abgelehnt. **Einkauf der Prüfmuster:** September/Oktober 2012

test Regionale Eier 7/2013

www.test.de	Legebetrieb	Regionale Auslobung	Haltungsart der Legehennen	Inhalt in Stück / Preis pro Ei ca. (Euro)	Herkunftsangabe deckt sich mit chemischer Analyse[1]	Regionalität laut Vor-Ort-Begutachtung und Anbieterbefragung[2]	test-URTEIL REGIONALITÄT
Großraum Berlin							
Von Hier frische Bio-Eier (MHD 06. NOV. 2012) **Bio**	Gut Schmerwitz, Wiesenburg	Gut Schmerwitz	Ökologisch	6 / 0,43	ja	++	SEHR GUT
Heidehof Mark Zwuschen frische Bio-Eier (MHD 13.11.) **Bio**	Geflügelhof Friedersdorf, Vierlinden[3]	Heidehof Mark Zwuschen	Ökologisch	6 / 0,33	ja	—[4]	AUSREICHEND
Löwendorfer Frische Eier aus der Region (MHD 10.11.)	Ehlego, Neuhausen/Spree[3]	Im brandenburgischen Ahrensdorf[5]	Boden	10 / 0,17	ja	—[4]	AUSREICHEND
Luisenhof große Eier (MHD 13.11.)	Landkost-Ei, Bestensee	Aus Brandenburg	Boden	6 / 0,25	ja	⊖[6]	AUSREICHEND
Großraum Köln							
Eier aus NRW frische Eier[7] (MHD 27.10.12)	Manfred Hermanns, Hückelhoven	Ihr Ei vom Bauern aus der Region!	Freiland	10 / 0,25	ja	++	SEHR GUT
Landmarkt Bauerngut Schiefelbusch frische Eier (MHD 13.11.12)	Albert Trimborn, Lohmar	Aus dem Bergischen Land	Boden	6 / 0,28	ja	++	SEHR GUT
Bergisch pur frische Eier (MHD 12.11.12)	Fam. Uwe Klaas, Meinertzhagen	Natürlich aus dem Bergischen Land	Boden	6 / 0,30	ja	+	GUT
Edeka Rhein-Ruhr/Mein Land legefrische Landeier (MHD-04.11)	Eierhof Hennes, Euskirchen	Aus NRW	Freiland	6 / 0,27	ja	+	GUT
Netto Marken-Discount/Vom Land frische Eier aus Nordrhein-Westfalen (MHD 03.11)	Hühnerhof Hennes, Ostbevern[3]	Aus Nordrhein-Westfalen	Boden	6 / 0,17	ja	+	GUT
Großraum München							
Dachauer Land frische Eier (MHD 7.11.)	Fam. Wackerl, Prittlbach	Bentenriederhof in Prittlbach	Freiland	6 / 0,35	ja	++	SEHR GUT
Feneberg/Von Hier frische Bio Eier (MHD 04.11.12) **Bio**	Biohof Dietmaier, Oberneufnach	Region Bayerisch-Schwaben	Ökologisch	6 / 0,40	ja	++	SEHR GUT
Sonnendorfer Eier aus dem Erdinger Land (MHD 03.11.)	Eier Braun, Inning am Holz	Aus dem Erdinger Land	Boden	10 / 0,23	ja	+	GUT
Oberbayern frische Eier aus der Region Erding (MHD 05.11)	F. Brandhuber Geflügelhof, Erding	Oberbayern, aus der Region Erding	Boden	6 / 0,23	ja	—[4]	AUSREICHEND

Bewertungsschlüssel der Prüfergebnisse: ++ = Sehr gut. + = Gut. ○ = Befriedigend. ⊖ = Ausreichend. **Bei gleichem Qualitätsurteil Reihenfolge nach Alphabet.** — = Mangelhaft. **1)** Prüfung mittels Stabilisotopenanalyse. **2)** Region wurde entsprechend der Verbrauchererwartungen definiert. **3)** Lt. Erzeugerkode auf dem Ei. **4)** Anbieter hat die Teilnahme an der Unternehmensbefragung und Vor-Ort-Begutachtung abgelehnt. **5)** Laut Anbieter Ahrensdorf vor den Toren Berlins. **6)** Anbieter hat eine Vor-Ort-Begutachtung abgelehnt. **7)** Abgepackt von Heinrich Goertz, Niederkrüchten.

Einkauf der Prüfmuster: September/Oktober 2012.

test Regionaler Apfelsaft 7/2013

www.test.de	Kelterei	Regionale Auslobung	Preis pro Liter ca. (Euro)	Herkunftsangabe deckt sich mit chemischer Analyse[1]	Regionalität laut Vor-Ort-Begutachtung und Anbieterbefragung[2]	test-URTEIL REGIONALITÄT
Großraum Berlin						
Bio Company Apfelsaft naturtrüb (MHD 11.09.14) Bio	Süßmost- und Weinkelterei Hohenseefeld	Mit Äpfeln von Brandenburger Streuobstwiesen	1,25	ja	++	SEHR GUT
Von Hier Werder Frucht Apfelsaft, Direktsaft naturtrüb (MHD 19.09.14)	Süßmost- und Weinkelterei Hohenseefeld	Brandenburg, Streuobstwiesenäpfel	0,99	ja	+	GUT
Großraum Köln						
Rewe Regiemarkt/Temma Rheinischer Apfelsaft, 100 % Direktsaft naturtrüb[3] (MHD 28.09.14) Bio	Vertraulich[4]	Aus Äpfeln niederrheinischer Bio-Landwirte	2,44	ja	++	SEHR GUT
Bergisch pur Weber naturtrüber Apfelsaft, 100 % Direktsaft aus Streuobst (MHD 30.1.2014)	Klaus Weber Fruchtsaftkelterei, Nümbrecht-Lindscheid	Von Wiesen und Weiden des Bergischen Landes	2,13	ja	+	GUT
Edeka Rhein-Ruhr/Mein Land naturtrüber Apfelsaft, 100 % Direktsaft (MHD 02.06.14)	Vertraulich[4]	Aus heimischer Ernte. Frische aus Ihrer Region (Edeka Rhein-Ruhr)	2,73	ja	○	BEFRIEDIGEND
Großraum München						
Oro Fruchtsaft aus Rohrdorf naturtrüber Apfelsaft, Direktsaft (MHD 07 02 14)	Oro Obstverwertung, Rohrdorf	Von Streuobstwiesen zwischen Chiemsee und Wendelstein	1,45	ja	+	GUT
Unser Land Obstgarten Apfelsaft aus Streuobstfrüchten, Direktsaft naturtrüb (MHD März 2014)	Kelterei Merk, Lamerdingen	Von naturbelassenen Streuobstwiesen[5]	1,99	ja	+	GUT

Bewertungsschlüssel der Prüfergebnisse:
++ = Sehr gut. + = Gut. ○ = Befriedigend.
⊖ = Ausreichend. — = Mangelhaft.
Bei gleichem Qualitätsurteil Reihenfolge nach Alphabet.
1) Prüfung mittels Stabilisotopenanalyse.
2) Region wurde entsprechend der Verbrauchererwartungen definiert.
3) Erhältlich in drei Märkten in NRW.
4) Die Kelterei wurde uns mitgeteilt, der Name soll jedoch nicht veröffentlicht werden.
5) Aus dem Brucker, Dachauer, Ebersberger, Landsberger, Miesbacher, Starnberger, Tölzer, Weilheim-Schongauer und Werdenfelser Land.

Einkauf der Prüfmuster: September/Oktober 2012.

Unser Rat

Vier Marken sahnen in der sensorischen Beurteilung sehr gute Noten ab: **Lindt** (1,95 Euro), **Feodora** (1,70 Euro) und **Hachez** (2 Euro) mit ganzen Nüssen sowie die fair gehandelte **Swiss + Confisa Bio** (1,99 Euro) mit gehackten Nüssen. Sensorisch etwas schwächer als die Sieger: **Vivani Bio** (1,89 Euro), **Milka** (99 Cent) und für nur 59 Cent die Schokoladen von **Aldi (Nord)**, **Aldi Süd** und von **Lidl**.

Zum Reinbeißen

12/2013 Die Edelmarken Lindt, Feodora, Hachez und Swiss+Confisa sind ein Genuss. Mangelhaft sind Ritter Sport, K-Classic und Rapunzel.

Mal verzaubert zart schmelzende Schokolade, mal krachen geröstete Haselnüsse – Stück für Stück eine Überraschung. Nussschokolade ist eine der beliebtesten Schokoladensorten der Deutschen. Voll auf die Nuss oder nur ein wenig – der Nussanteil ist nicht vorgeschrieben. Jeder Hersteller darf frei entscheiden: So besteht Lindt zu 31 Prozent aus Haselnüssen, Alpia zu 9 Prozent. Besorgniserregende Mengen an Schimmelpilzgiften, Pestiziden, Mineralölen und Keimen fanden die Tester in keinem Produkt. Die Schokoladen unterscheiden sich vorwiegend geschmacklich: Bei einigen etwa sind die Haselnüsse aromatisch, bei anderen teils bitter. Im Test von 26 Nussschokoladen schneiden 9 gut ab, 10 befriedigend und 4 ausreichend. Doch 3 sind mangelhaft: die von Rapunzel, Ritter Sport und Kaufland. Sie täuschen durch ihre Kennzeichnung.

Was bei Ritter Sport nicht stimmt

Die Ritter Sport Voll-Nuss nennt im Zutatenverzeichnis nur „natürliches Aroma". Aber die Schokolade erfüllt dieses Versprechen nicht. Unsere Tester wiesen nämlich den chemisch hergestellten Aromastoff Piperonal nach. Eine solche Deklaration täuscht die Verbraucher. Auch K-Classic führt sie mit unwahrer Aromaangabe in die Irre: Die Schokolade enthielt nicht nur, wie angegeben, Vanilleextrakt, sondern auch synthetisches Vanillin. Und bei Rapunzel steckten unter anderem 28 Prozent weniger Nüsse in der Schokolade als deklariert waren. ▶

Allergiker aufgepasst

Etwa jeder zehnte Deutsche reagiert mit allergischen Symptomen auf Haselnüsse: von Hautkribbeln bis zum Schock. Betroffene sollten Haselnussschokolade meiden. Achtung bei Mandelallergie: Die Tester wiesen in sechs Produkten Spuren von Mandeln nach, die Anbieter hatten per Packungshinweis korrekt vor dem Risiko gewarnt. Die Edeka-Schokolade hatte mehr als nur Mandelspuren.

test Nussschokolade mit ganzen Nüssen 12/2013

www.test.de	Mittlerer Preis pro 100 g ca. (Euro)	Sensorische Beurteilung	Schadstoffe	Mikrobiologische Qualität	Verpackung	Deklaration	test-QUALITÄTSURTEIL
Gewichtung		55 %	20 %	5 %	5 %	15 %	100 %
Lindt Ganznuss mit Piemonteser Haselnüssen (MHD 04/2014)	1,95	++	+	++	+	○	**GUT (1,9)**
Feodora Tradition Ganze Nüsse in Vollmilch-Hochfein-Chocolade[1] (MHD 15.11.2014)	1,70	++	+	+	+	○	**GUT (2,0)**
Hachez Edel Vollmilch-Nuss mit ganzen Haselnüssen (MHD 15.11.2014)	2,00	++	+	+	+	○	**GUT (2,1)**
Vivani Vollmilch Ganznuss (MHD 07.2014) Bio	1,89	+	+	++	+	○	**GUT (2,3)**
Aldi (Nord)/Nussbeisser Edel-Vollmilchschokolade mit ganzen Nüssen[2] (MHD 01.03.14)	0,59	+	○	++	+	○	**GUT (2,4)**
Aldi Süd/Nussknacker Edel-Vollmilchschokolade mit ganzen Nüssen[2] (MHD 01.04.14)	0,59	+	○	+	+	○	**GUT (2,4)**
Lidl/Fin Carré ganze Nuss Edel-Vollmilch-schokolade[2] (MHD 25.03.2014)	0,59	+	○	+	○	○	**GUT (2,4)**
Milka Alpenmilch Schokolade Ganze Haselnüsse (MHD 12.02.14)	0,99[3]	+	○	+	+	○	**GUT (2,5)**
Rossmann/EnerBio Vollmilch-Nuss Schokolade Mit ganzen Haselnüssen (MHD 05.2014) Bio	1,29	+	+	+	○	○	**BEFRIED. (2,6)**
Sarotti Ganze Nuss Vollmilchschokolade[2] (MHD 09.01.2014)	0,79	○	○	+	+	○	**BEFRIED. (2,9)**
Naturata Chocolat Ganze Haselnuss[4] (MHD 23.04.14) Bio, Fairtrade	2,99	○	○	+	+	○	**BEFRIED. (3,0)**
Gepa Ganze Nuss Schokolade Vollmilch[5] (MHD 02.2014) Bio, Naturland Fair	1,99	○	○	+	+	+	**BEFRIED. (3,1)**
Karina Super-Nuss Edel-Vollmilch-Schokolade mit ganzen Haselnüssen (MHD 10.02.2014)	0,59	⊖*)	○	+	+	○	**AUSREICH. (4,0)**
Netto Marken-Discount/Goutier Ganze Nuss Edel-Vollmilchschokolade Mit ganzen Haselnüssen[6] (MHD 05.02.2014)	0,59	⊖*)	○	+	○	○	**AUSREICH. (4,0)**
Real/Tip Vollmilch Schokolade mit ganzen Nüssen[2] (MHD 16.07.2014)	0,59	⊖*)	○	++	○	+	**AUSREICH. (4,0)**
Rapunzel Krachnuss Milchschokolade mit Haselnüssen[7] (MHD 07/14) Bio, Fairtrade	1,99	○	○	+	+	–*)8)	**MANGELH. (5,0)**
Ritter Sport Voll-Nuss mit knackig gerösteten, ganzen Haselnüssen (MHD 15.04.2014)	0,85	+	+	+	+	–*)9)	**MANGELH. (5,0)**

Bewertungsschlüssel der Prüfergebnisse: ++ = Sehr gut (0,5–1,5). + = Gut (1,6–2,5). ○ = Befriedigend (2,6–3,5). ⊖ = Ausreichend (3,6–4,5). — = Mangelhaft (4,6–5,5). **Bei gleichem Qualitätsurteil Reihenfolge nach Alphabet.**
***) Führt zur Abwertung.** MHD = Mindesthaltbarkeitsdatum.
1) Anbieter weist auf Edelkakaobohnen hin. **2)** Das Produkt trägt das Siegel „Utz Certified Kakao". **3)** Von uns bezahlter Einkaufspreis. **4)** Anteil an Fairtrade-Zutaten laut Deklaration: 52,4 Prozent. **5)** Anteil an Zutaten aus fairem Handel laut Deklaration: 74 Prozent. **6)** Laut Anbieter inzwischen auf Utz-zertifizierten Kakao umgestellt. **7)** Hand in Hand Organic Rapunzel Fairtrade. Laut Anbieter inzwischen fair gehandelte Produkte in der Zutatenliste gekennzeichnet. **8)** Das Zutatenverzeichnis ist irreführend: Die Zuckerangaben als Hauptzutaten stimmen nicht, und es sind 28 Prozent weniger Haselnüsse enthalten als angegeben. **9)** Das Zutatenverzeichnis ist irreführend: Das Aroma ist nicht wie deklariert „natürlich", da der nachgewiesene Aromastoff Piperonal chemisch hergestellt wird. **Einkauf der Prüfmuster:** August 2013.

test Nussschokolade mit gehackten Nüssen 12/2013

www.test.de

	Mittlerer Preis pro 100 g ca. (Euro)	Sensorische Beurteilung	Schadstoffe	Mikrobiologische Qualität	Verpackung	Deklaration	test-QUALITÄTSURTEIL
Gewichtung		55 %	20 %	5 %	5 %	15 %	100 %
Swiss + Confisa Lait Noisettes Milchschokolade mit Haselnussstückchen[4] (MHD 13.04.14) **Bio, Fairtrade**	1,99	++	+	+	+	○	**GUT (2,1)**
Alpia Haselnuss Alpenmilch-Schokolade (MHD 16.02.2014)	0,59	+	○	+	+	○	**BEFRIED. (2,6)**
Netto Supermarkt Vollmich-Nuss Alpenvollmilch-schokolade mit gehackten Haselnüssen[1] (MHD 23.02.2014)	0,39	+	○	+	○	○	**BEFRIED. (2,6)**
Rewe/ja! Alpenvollmilch-Nuss Schokolade mit 12 % gehackten Haselnüssen[2] (MHD 31/05/2014)	0,39	○	○	+	○	+	**BEFRIED. (2,8)**
Norma/Excelsior Haselnuss Alpenvollmilch[1] (MHD 07/2014)	0,39	○	○	+	+	○	**BEFRIED. (2,9)**
Edeka/Gut & Günstig Alpenrahm-Haselnuss[1] (MHD 07.03.2014)	0,39	○	○	+	○	○	**BEFRIED. (3,3)**
Penny Alpenvollmilch Nuss-Schokolade[2] (MHD 06/2014)	0,39	⊖*)	○	++	○	+	**BEFRIED. (3,5)**
Trumpf Schogetten Alpenvollmilch-Schokolade mit knackigen Haselnüssen (MHD 05/14)	0,79	⊖*)	○	++	+	○	**AUSREICH. (4,0)**
Kaufland/K-Classic Haselnuss Alpenvollmilch-Schokolade mit Haselnuss-Stückchen[1] (MHD 31/03/2014)	0,39	○	○	+	○	–*)3)	**MANGELH. (5,0)**

Bewertungsschlüssel der Prüfergebnisse: ++ = Sehr gut (0,5–1,5). + = Gut (1,6–2,5). ○ = Befriedigend (2,6–3,5). ⊖ = Ausreichend (3,6–4,5). – = Mangelhaft (4,6–5,5). **Bei gleichem Qualitätsurteil Reihenfolge nach Alphabet.**
***) Führt zur Abwertung.** MHD = Mindesthaltbarkeitsdatum.
1) Das Produkt trägt das Siegel „Utz Certified Kakao". **2)** Das Produkt trägt das Siegel „Utz Certified Kakao" und das Label „Pro Planet". **3)** Das Zutatenverzeichnis ist irreführend: Das Produkt enthält nicht nur Vanilleextrakt, sondern auch synthetisches Vanillin. **4)** Anteil an Fairtrade-Zutaten laut Deklaration: 58,8 Prozent. **Einkauf der Prüfmuster:** August 2013.

Reinbeißen und sich etwas Gutes tun: Haselnüsse liefern B-Vitamine, mehrfach ungesättigte Fettsäuren und viel Energie – 644 Kilokalorien pro 100 Gramm. Eine Tafel Nussschokolade kommt im Mittel auf 586 Kilokalorien, ähnlich wie Milch- und Bitterschokolade. Der Kakao liefert Flavonoide fürs Herz, lässt Glückshormone entstehen.

Edelkakao im Test zweimal aromaarm

Sechs Tafeln nennen sich Edel-Vollmilchschokolade. Edelkakaosorten stammen aus bestimmten Anbauregionen, meist in Mittel- und Südamerika. Nicht jeder Edelkakao schmeckt edel: Bei Karina und Goutier von Netto Marken-Discount ist er aromaarm.

Immerhin halten alle Produkte die Mindestanteile für Kakao ein: 25 Prozent sind es bei Milch- und 30 Prozent bei Vollmilchschokolade. Auch die Milchanteile stimmen – mindestens 14 Prozent müssen es bei Milch-, 18 Prozent bei Vollmilchschokolade sein. Milch kommt nur als Pulver in die Schokolade. Stammt die Milch aus den Alpen oder der Alpenregion, darf damit geworben werden. ■ Anbieter Seite 256

Unser Rat

Zu teuer fürs Nudelwasser, aber effektvoll: **Flor de Sal d´Es Trenc natural** (9,90 Euro je 180 g), **Fleur de Sel** von **Le Guérandais** (5 Euro je 125 g), **Hartkorn Persisches Blausalz** (3,70 Euro je 115 g), **Erntesegen Ur-Salz** (1,99 Euro je 400 g). Beste Alltagssalze (Preise je 500 g): **Aldi Süd, Edeka, Lidl, Penny** mit Jod und Fluorid (je 19 Cent), **Rapunzel** mit Jod (2,29 Euro), **Byodo** ohne Zusätze (99 Cent).

Märchen vom Wundersalz

10/2013 Ob Fleur de Sel, Himalaya-Salz oder persisches Blausalz – vor allem die Exoten rieseln im großen Test von 36 Speisesalzen durch.

Als „wahren Jungbrunnen" preist sich das Sal de Ibiza im Handel an, als „absolut naturrein" das persische Blausalz von Galeria Kaufhof. Im ayurvedischen Zaubersalz aus Pakistan soll „ die Mystik des Kulturkreises" mitschwingen, so Anbieter Sonnentor. Bieten die Exoten so viel mehr als einfaches Haushaltssalz? Unsere Prüfung von 36 Salzen zeigt: Nein. Einige Exoten fallen gar mit mangelhaft durch, auch die drei so schwärmerisch beworbenen. Umso ärgerlicher, dass die Spezialsalze oft ein Vielfaches von einfachem Speisesalz kosten. Das gibts ab 4 Cent pro 100 Gramm. Nicht nur der Preis spricht dafür, auch das Testergebnis: 15 der 21 einfachen Siede- und Meersalze sind gut, aber nur 4 von 15 Besonderheiten.

Eigenmarken des Handels beliebt

Fast 700 Gramm Salz kauft jeder Deutsche im Schnitt im Jahr. Überwiegend entscheidet er sich für Eigenmarken des Handels. Ob Salz aus Niedersachsen, Pakistan oder dem Iran stammt – die Produkte im Test bestehen zu 93 bis 99,9 Prozent aus Natriumchlorid, Kochsalz genannt. Der Rest sind überwiegend schwer lösliche Verbindungen wie Sulfate. Naturbelassene Steinsalze und Fleur de Sel enthalten noch mehr Elemente wie Brom und Strontium, oft nur im Teilchenverhältnis von eins zu einer Million. Das ist zu wenig, um gesundheitlich zu wirken. Experten raten zu angereichertem Salz, mit Jod für die Schilddrüse und Fluorid für die Zähne. ■

Anbieter Seite 256

Die Salzsorten im Test
Das meiste Salz, das in Deutschland im Handel ist, wird aus Sole (konzentriertem Salzwasser) in Verdampfern gewonnen. Es heißt **Siedesalz**. Das **Steinsalz** bohren, sprengen oder schneiden Bergmänner aus unterirdischen Salzstollen heraus. Sonne und Wind kristallisieren **Meersalz** aus Meerwasser. Das **Fleur de Sel** bildet sich nur an heißen, windigen Tagen als zarte Kruste in Meeresbuchten.

test Besondere Speisesalze 10/2013

www.test.de	Mittlerer Preis ca. (Euro) / Inhalt (Gramm)	Sensorische Beurteilung	Chemische Qualität	Verpackung	Deklaration	test-QUALITÄTSURTEIL
Gewichtung		40 %	35 %	5 %	20 %	100 %
Fleur de Sel						
Flor de Sal d'Es Trenc natural (MHD 10/2015)	9,90 / 180	++	○	+	○	GUT (2,3)
Le Guérandais Fleur de Sel de Guérande (MHD 31/12/2017)	5,00 / 125	+	○	+	○	GUT (2,4)
Aquasale Fleur de Sel (MHD 04.04.2017)	4,00 / 125	○	○	+	+	BEFRIED. (2,8)
Le Saunier de Camargue Fleur de Sel de Camargue (K. A.)	4,00 / 125[3]	○	+	+	○	BEFRIED. (2,8)
Fuchs Fleur de Sel[4] (MHD 2017)	4,90[5] / 90	+	+	—*)6)	+	BEFRIED. (3,4)
Naturata Fleur de Sel (MHD 09.01.2017)	5,00 / 75[3]	+	○	+	⊖*)	AUSREICH. (4,0)
Sal de Ibiza Fleur de Sel (K. A.)	5,90 / 150[3]	○	+	+	—*)7)	MANGELH. (5,0)
Steinsalze						
Erntesegen Ur-Salz (K. A.)	1,99 / 400	+	+	○	+	GUT (2,3)
Hartkorn Persisches Blausalz Grob (MHD 2016)	3,70 / 115	+	+	○	+	GUT (2,3)
Lafer Kalahari-Salz Fein (K. A.)	5,80 / 290	+	○	+	○	BEFRIED. (2,7)
Kristallsalz Himalaya Gemahlen (MHD 30-03-2013[8])	1,59 / 500	○	+	+	⊖*)	AUSREICH. (4,0)
Silver Crystal Kalahari Salz Gourmetsalz Fein[9] (MHD 31/03/2019)	8,00 / 400	+	○	+	⊖*)	AUSREICH. (4,0)
Brecht Ur-Steinsalz (MHD 10.2015)	1,35 / 250[3]	—*)	+	+	+	MANGELH. (5,0)
Sonnentor Ayurvedisches Zaubersalz Fein (MHD 31.01.2018)	1,99 / 150	—*)	+	+	○	MANGELH. (5,0)
Galeria Kaufhof/Galeria Gourmet Persisches Blausalz (MHD 30.01.2017)	2,99 / 330	—	—*)1)	+	—2)	MANGELH. (5,5)

Bewertungsschlüssel der Prüfergebnisse: ++ = Sehr gut (0,5–1,5). + = Gut (1,6–2,5). ○ = Befriedigend (2,6–3,5). ⊖ = Ausreichend (3,6–4,5). — = Mangelhaft (4,6–5,5). **Bei gleichem Qualitätsurteil Reihenfolge nach Alphabet.**

***) Führt zur Abwertung.**

MHD = Mindesthaltbarkeitsdatum laut Deklaration. K. A. = Keine Angabe.

1) Hoher Eisengehalt, saurer pH-Wert und gefärbt mit blauen, unlöslichen Pigmenten (Berliner Blau). Berliner Blau ist als Farbstoff in Lebensmitteln nicht zugelassen. Das Produkt ist nicht verkehrsfähig.

2) Irreführend ausgelobt: „ohne Jod" und „ohne Trennmittel", aber Jod und Trennmittel nachgewiesen. „Absolut naturrein", aber gefärbt mit künstlichen Pigmenten (Berliner Blau).

3) Auch in anderer Packungsgröße erhältlich.

4) Auslaufartikel.

5) Von uns bezahlter Einkaufspreis.

6) Ungeeignete Verpackung für feuchtes Salz – Blechdosen korrodieren teilweise.

7) Kennzeichnung mit vielen Mängeln, unter anderem irreführend ausgelobt mit „Reich an wertvollen Mineralien und Spurenelementen".

8) Abfülldatum.

9) Laut Anbieter inzwischen Kennzeichnung geändert.

Einkauf der Prüfmuster: Mai/Juni 2013.

test Speisesalze 10/2013

www.test.de	Mittlerer Preis ca. (Euro) / Inhalt (Gramm)	Sensorische Beurteilung	Chemische Qualität	Verpackung	Deklaration	test-QUALITÄTSURTEIL
Gewichtung		40 %	35 %	5 %	20 %	100 %
Mit Jod- und Fluoridzusatz						
Aldi Süd Jodsalz mit Fluorid (MHD 10.04.2016)	0,19 / 500	+	++	+	+	GUT (1,9)
Edeka/Gut & Günstig Jod Salz mit Fluorid (MHD 07.03.2016)	0,19 / 500	+	++	○	+	GUT (2,0)
Lidl/ChanteSel Jodsalz fein + Fluorid (MHD 02.05.2016)	0,19 / 500	+	++	+	+	GUT (2,0)
Penny Jodsalz mit Fluorid (MHD 10.05.2016)	0,19 / 500	+	++	○	+	GUT (2,0)
Kaufland/K-Classic Jodsalz + Fluorid (MHD 08.04.2016)	0,19 / 500	+	++	○	○	GUT (2,1)
Aldi (Nord) Jodsalz mit Fluorid (MHD 04.04.2016)	0,19 / 500	○	++	+	○	GUT (2,4)
Rewe/Ja! Jodsalz mit Fluorid (MHD 16.04.2016)	0,19 / 500	+	+	○	○	GUT (2,4)
Bad Reichenhaller Markenjodsalz + Fluorid[1] (MHD 15.11.2015)	0,79 / 500[2]	○	+	○	○	BEFRIED. (2,6)
Real/Tip Jodsalz mit Fluor[1] (MHD 29 04 16)	0,19 / 500	+	++	○	⊖*)	BEFRIED. (3,5)
Schneekoppe Meersalz mit Jod und Fluorid[1] (MHD 19.10.2015)	1,09 / 500	+	+	○	⊖*)	BEFRIED. (3,5)
Sel mit Meersalz Jod und Fluorid (MHD 25.03.2016)	0,75 / 500	+	+	+	⊖*)	AUSREICH. (4,0)
Mit Jodzusatz						
Rapunzel Meersalz mit jodhaltigen Algen (MHD 15.04.2015)	2,29 / 500	+	++	○	○	GUT (2,0)
Alnatura Meersalz mit Jod (MHD 03.2016)	0,95 / 500	+	++	○	○	GUT (2,1)
Bad Reichenhaller Marken Jodsalz[1] (MHD 18.04.2016)	0,65 / 500[2]	+	+	○	○	GUT (2,4)
Aquasale Meersalz mit Jod fein (MHD 15.04.2016)	0,99 / 500	⊖*)	++	+	○	BEFRIED. (3,5)
Ohne Anreicherung						
Byodo Atlantik Meersalz[1] (MHD 20.02.2016)	0,99 / 500[2]	+	++	○	+	GUT (1,8)
Kaufland/K-Classic Tafelsalz (MHD 26.02.16)	0,15 / 500	+	++	○	+	GUT (2,0)
Netto Marken-Discount/Carat Tafelsalz (K. A.)	0,17 / 500	+	++	○	+	GUT (2,0)
Sonnensalz Speisesalz (K. A.)	0,20 / 500	+	++	+	○	GUT (2,0)
Edeka/Gut & Günstig Tafelsalz (K. A.)	0,17 / 500	+	++	○	○	GUT (2,1)
Bad Reichenhaller Markensalz[1] (K. A.)	0,59 / 500[2]	+	+	○	⊖*)	AUSREICH. (4,0)

Bewertungsschlüssel der Prüfergebnisse: ++ = Sehr gut (0,5–1,5). + = Gut (1,6–2,5). ○ = Befriedigend (2,6–3,5). ⊖ = Ausreichend (3,6–4,5). — = Mangelhaft (4,6–5,5). **Bei gleichem Qualitätsurteil Reihenfolge nach Alphabet.**
***) Führt zur Abwertung.** MHD = Mindesthaltbarkeitsdatum. K. A. = Keine Angabe. **1)** Laut Anbieter inzwischen Kennzeichnung geändert. **2)** Auch in anderer Packungsgröße erhältlich. **Einkauf der Prüfmuster:** Mai/Juni 2013.

Unser Rat

Das Nasi Goreng von **Frosta** überzeugte als bestes im Test. Ebenfalls gut: das preisgünstige Nasi Goreng von **Lidl/Vitasia** und das einzige Bioprodukt im Test von **Ökoland** sowie das Nasi Goreng von Heimlieferer **Bofrost.** Auch das Nasi Goreng von **Rewe** schnitt im Vergleich gut ab. Rewe hat das Produkt nach eigenen Angaben inzwischen aber durch ein Nachfolgeprodukt ersetzt.

Fernreise in der Mittagspause

4/2013 Das beste Nasi Goreng im Test kommt von Frosta: Das Gemüse ist knackig, das Fleisch zart und der Reis locker.

Das indonesische Traditionsgericht Nasi Goreng lässt sich auch ohne zeitaufwendiges Einkaufen, Gemüseschnippeln und Abschmecken der vielen Zutaten ganz einfach nach Hause holen. Die Stiftung Warentest hat zwölf fertig gewürzte, tiefgefrorene Nasi Gorengs getestet. Fünf schnitten gut ab, vier befriedigend, zwei ausreichend und eins mangelhaft.

Frosta überzeugt im Geschmack

Die Würzung der Nasi Gorengs ist an deutsche Vorlieben angepasst. Kreuzkümmel, Curry, Kurkuma, Koriander, Kardamom und Zimt in verschiedenen Variationen sorgen für einen würzigen Geschmack. Sehr gut zeigte sich in der sensorischen Prüfung aber nur das Nasi Goreng von Frosta: der Basmati-Reis locker und bissfest, das Gemüse teilweise sogar knackig, das Hähnchenfleisch zart gebraten. Das Gericht in unserem Test riecht und schmeckt ausgewogen gewürzt und aromatisch. Insgesamt überzeugen konnten auch die Reispfannen von Lidl/Vitasia, Ökoland, Bofrost, Rewe. Rewe hat das Produkt nach eigenen Angaben inzwischen aber durch ein Nachfolgeprodukt ersetzt.

Brandig, bitter und somit mangelhaft

Für wenig Genuss sorgte dagegen ausgerechnet das „Genuss pur" Nasi Goreng von Netto Supermarkt. Am Ende gab es dafür die Note mangelhaft. Inzwischen hat Netto Supermarkt das Produkt nach eigenen Angaben geändert. ■ Anbieter Seite 256

Woher kommt Nasi Goreng?

Nasi bedeutet auf Indonesisch gekochter Reis, Goreng heißt gebraten. Nasi Goreng ist die Leibspeise vieler Indonesier: mit knackigem Gemüse, zarten Fleischstreifen und gekochtem Reis. In dem südostasiatischen Inselstaat kommt es bereits zum Frühstück auf den Tisch. Auch Europäer lieben die Reispfanne. Sie bevorzugen sie jedoch in der Mittagspause oder zum Abendessen.

2 Tiefkühl-Reisgerichte

test Nasi Goreng 4/2013

www.test.de	Mittlerer Preis in Euro ca. / Inhalt in Gramm	Preis pro 400-Gramm-Portion in Euro ca.	Sensorische Beurteilung	Chemische Qualität	Ernährungsphysiologische Qualität[1]	Mikrobiologische Qualität	Verpackung	Deklaration	test-QUALITÄTSURTEIL
Gewichtung			45 %	15 %	10 %	10 %	5 %	15 %	100 %
Frosta Nasi Goreng (MHD 09/2013)	3,40 / 500	2,72	++	+	⊖	++	+	+	**GUT (1,9)**
Lidl/Vitasia Nasi Goreng (MHD 12/2013)	1,69[2] / 750	0,90	+	++	⊖	+	+	+	**GUT (2,3)**
Ökoland Nasi Goreng (MHD 08/2013) Bio	5,00 / 450	4,45	+	+	○	+	○	○	**GUT (2,3)**
Bofrost Nasi Goreng Art.-Nr. 00214 (MHD 02.01.2014)	7,45[3] / 1000	2,98	+	+	⊖	++	+	○	**GUT (2,4)**
Rewe Nasi Goreng[4] (MHD 12/2013)	1,99 / 750	1,06	+	+	⊖	+	+	○	**GUT (2,5)**
Aldi (Süd)/Primana Nasi Goreng[5] (MHD 10.2013)	1,69 / 750	0,90	○	+	○	++	+	○	**BEFRIEDIGEND (2,8)**
Aldi (Nord)/Sternberger Pfanntastico Nasi Goreng (MHD 10.2013)	2,15 / 1000	0,86	○	○	○	+	+	○	**BEFRIEDIGEND (3,0)**
Kaufland/K-Classic Nasi Goreng[5] (MHD 10/2013)	1,69[6] / 750	0,90	○	○	○	+	+	○	**BEFRIEDIGEND (3,0)**
Eismann Nasi Goreng Art-Nr. 7430[5] (MHD 09/2013)	7,45[3] / 1000	2,98	+	+	○	⊖*) 7)	+	○	**BEFRIEDIGEND (3,3)**
Edeka/Gut & Günstig Nasi Goreng[5] (MHD 10.2013)	1,65 / 750	0,88	⊖*)	○	○	⊖7)	+	○	**AUSREICHEND (4,0)**
Real Quality Nasi Goreng[5] (MHD 08/2013)	2,49 / 600	1,66	⊖*)	+	⊖	+	+	○	**AUSREICHEND (4,0)**
Netto Supermarkt/ Genuss pur Nasi Goreng[5] (MHD 10.2013)	1,59 / 750	0,85	–*)	+	○	+	+	○	**MANGELHAFT (5,0)**

Bewertungsschlüssel der Prüfergebnisse: ++ = Sehr gut (0,5–1,5). + = Gut (1,6–2,5). ○ = Befriedigend (2,6–3,5). ⊖ = Ausreichend (3,6–4,5). – = Mangelhaft (4,6–5,5). **Bei gleichem Qualitätsurteil Reihenfolge nach Alphabet.**

***) Führt zur Abwertung.** MHD = Mindesthaltbarkeitsdatum.

1) Bewertet wurde eine Portion von 400 Gramm als warme Hauptmahlzeit, zubereitet in der Pfanne.

2) Je nach Region auch 1,65 Euro.

3) Heimservice: Preis inklusive Lieferung.

4) Laut Anbieter durch Nachfolger Rewe Beste Wahl Nasi Goreng ersetzt.

5) Laut Anbieter inzwischen geändert.

6) Je nach Region auch 1,59 Euro.

7) Erhöhter Gehalt an Enterobakterien.

Einkauf der Prüfmuster: November/Dezember 2012.

Unser Rat

Kein Wasser mit Geschmack im Test ist gut. Fast alle Produkte schmeckten aromatisiert, bloß fruchtähnlich. Nur das teure **Gerolsteiner Naturell Zitrone Limette** für 1,13 Euro pro Liter – laut Anbieter inzwischen geändert – schmeckte nach Frucht. Neben Gerolsteiner schneiden nur preiswerte Handelsmarken insgesamt befriedigend ab, darunter **Lidl/Saskia Boneau Apfel Geschmack** (39 Cent).

Kunstaroma statt Frucht

5/2013 Die Anbieter werben mit Früchten, setzen aber meist Fantasiearomen ein. Drei Produkte im Test enthielten krebserzeugendes Benzol.

Natürlich und fruchtig – das Konzept von Wasser mit Fruchtgeschmack geht auf. Mittlerweile haben zahlreiche Anbieter solche Wässer in ihrem Sortiment. Die Stiftung Warentest hat 25 Wässer mit Fruchtgeschmack in acht Sorten – von Apfel bis Zitrone – untersucht, darunter Markenprodukte und Eigenmarken des Handels. Das Ergebnis: Nur 6 Produkte schnitten befriedigend ab, 6 mit mangelhaft, der Rest ausreichend. Für alle gilt: volle Frucht ist Fehlanzeige.

Fruchtabbildungen führen in die Irre

Alle Wässer mit Geschmack enthielten nur ein individuelles Kunstaroma, obwohl auf fast jedem Etikett reife, appetitliche Früchte abgebildet sind. Ist Frucht drauf, aber nicht drin, ist das Verbrauchertäuschung. Die Produkte kommen durch zugesetztes Aroma auf den Geschmack. Doch das steht erst im Kleingedruckten in der Zutatenliste.

Auch bei Volvic Apfel täuscht der Apfel auf dem Etikett. Aber nicht nur das. Im Zutatenverzeichnis steht „Apfelaroma". Doch im Labor entdeckten die Tester ein aus verschiedenen synthetischen Aromastoffen zusammengesetztes Fantasiearoma, das geschmacklich ein Apfelaroma vortäuscht.

Kaum natürlicher Fruchtgeschmack

Fast alle Wässer schmeckten aromatisiert und bloß fruchtähnlich. Dem natürlichen Fruchtgeschmack recht nah kamen dagegen die Produkte in den Geschmacksrichtungen Zitrone und Zitrone-Limette. Sensorisch ▶

Wasser einfach selber aufpeppen

Wer seinen Durstlöscher selber mixt, kann Fruchtzusatz, Süße oder Sprudelgrad je nach Vorliebe selbst bestimmen. Ungesüßter Tee hat so gut wie keine Kalorien, von Kräuter bis Frucht ist alles möglich. Fruchtstückchen oder ein Schuss Fruchtsaft verleihen Wasser einen leichten Fruchtgeschmack. Für Pfiff im Wasser sorgen auch Gurken- oder Ingwerscheibchen und Kräuter wie Minze.

2 Wässer mit Geschmack

test Wässer mit Geschmack I 5/2013

www.test.de	Mittlerer Preis ca. (Euro) / Inhalt (Liter)	Preis pro Liter ca. (Euro)	Sensorische Beurteilung	Schadstoffe	Verpackung	Deklaration, werbliche Aufmachung	test-QUALITÄTSURTEIL
Gewichtung			**45 %**	**20 %**	**10 %**	**25 %**	**100 %**
Apfel							
Lidl/Saskia Boneau Apfel Geschmack (MHD 08.05.2013)	0,59[1] / 1,5	0,39	○*)	++	○	○	**BEFRIED. (3,0)**
Aldi (Nord)/Quellbrunn plus Apfel[2] (MHD 15.04.13)	0,21 / 0,5	0,42	○	++	○	⊖*)	**BEFRIED. (3,5)**
Kaufland/K-Classic ProAqua Apfelgeschmack[3] (MHD 10.05.13)	0,49 / 1,5	0,33	○	++	○	⊖*)	**BEFRIED. (3,5)**
Aldi (Süd)/Aqua Culinaris Aqua Plus Apfel (MHD 30.04.13)	0,49 / 1,5	0,33	○	++	○	⊖*)	**AUSREICH. (4,0)**
Vitrex Apfel (MHD 21.10.13)	0,59 / 1,5	0,39	○	○	○	–*)	**AUSREICH. (4,5)**
Volvic Apfel (MHD 11 09 2013)	1,29 / 1,5	0,86	⊖	○	○	–*)	**MANGELH. (5,0)**
Zitrone / Zitrone Limette							
Gerolsteiner Naturell Zitrone Limette[4] (MHD 27.06.13)	0,85 / 0,75	1,13	+	+	○	⊖*)	**BEFRIED. (3,5)**
Apollinaris Lemon[4] (MHD 17.09.13)	0,65[5] / 1,0	0,65	○	++	○	⊖*)	**AUSREICH. (4,0)**
Rheinfels Quelle Lemon (MHD 05.10.13)	0,50 / 0,75	0,67	○	++	○	⊖*)	**AUSREICH. (4,0)**
Erdbeere							
Aldi (Nord)/Quellbrunn plus Erdbeer[6] (MHD 15.04.13)	0,21 / 0,5	0,42	○	++	○	⊖*)	**BEFRIED. (3,5)**
Aldi (Süd)/Aqua Culinaris Aqua Plus Erdbeer (MHD 29.04.13)	0,49 / 1,5	0,33	○	++	○	⊖*)	**AUSREICH. (4,0)**
Hella Erdbeere (MHD 11.06.2013)	1,09 / 1,5	0,73	○	++	○	⊖*)	**AUSREICH. (4,0)**
Lidl/Saskia Boneau Erdbeer Geschmack[7] (MHD 11.05.2013)	0,59[1] / 1,5	0,39	○	++	○	–*)	**MANGELH. (5,0)**
Himbeere							
Hella Himbeere (MHD 13.06.2013)	1,09 / 1,5	0,73	○	++	○	⊖*)	**AUSREICH. (4,0)**
Lichtenauer Fresh'n Fruity Himbeere (MHD 17.06.13)	0,99 / 1,5	0,66	○	++	○	⊖*)	**AUSREICH. (4,0)**

Bewertungsschlüssel der Prüfergebnisse: ++ = Sehr gut (0,5–1,5). + = Gut (1,6–2,5). ○ = Befriedigend (2,6–3,5). ⊖ = Ausreichend (3,6–4,5). – = Mangelhaft (4,6–5,5). **Bei gleichem Qualitätsurteil Reihenfolge nach Alphabet.**

***) Führt zur Abwertung.** MHD = Mindesthaltbarkeitsdatum.

1) Je nach Region auch 0,49 Euro.

2) Laut Anbieter Deklaration geändert und neue Bezeichnung „Quellbrunn plus Apfelgeschmack".

3) Laut Anbieter inzwischen Deklaration geändert.

4) Laut Anbieter inzwischen geändert.

5) Von uns bezahlter Einkaufspreis.

6) Laut Anbieter Deklaration geändert und neue Bezeichnung „Quellbrunn plus Erdbeergeschmack".

7) Laut Anbieter Auslaufmodell mit Nachfolger.

Einkauf der Prüfmuster: November 2012.

test Wässer mit Geschmack II — 5/2013

www.test.de	Mittlerer Preis ca. (Euro) / Inhalt (Liter)	Preis pro Liter ca. (Euro)	Sensorische Beurteilung	Schadstoffe	Verpackung	Deklaration, werbliche Aufmachung	test-QUALITÄTSURTEIL
Gewichtung			45 %	20 %	10 %	25 %	100 %
Schwarze Johannisbeere							
Netto Marken-Discount/Viva Vital schwarze Johannisbeere (MHD 11.02.2013)	0,59[1]) / 1,5	0,39	○	++	○	–*)	MANGELH. (5,0)
Vitrex schwarze Johannisbeere (MHD 26.10.13)	0,59 / 1,5	0,39	○	○	○	–*)	MANGELH. (5,0)
Orange							
Real Quality Natürliches Mineralwasser mit Orangen-Geschmack[2]) (MHD 26.07.13)	0,59 / 1,5	0,39	⊖*)	++	○	⊖*)	AUSREICH. (4,0)
Volvic Orange (MHD 28 09 2013)	1,29 / 1,5	0,86	⊖	○	○	⊖*)	AUSREICH. (4,0)
Kirsche							
Active 02 cherry (MHD Okt 13)	1,09 / 0,75	1,45	⊖	○	○	⊖	AUSREICH. (3,7)
Volvic Kirsche (MHD 10 10 2013)	1,29 / 1,5	0,86	○	○	○	⊖*)	AUSREICH. (4,0)
Penny/Elitess aqua plus Kirsch[3]) (MHD 24.05.2013)	0,49 / 1,5	0,33	⊖	⊖	○	⊖	AUSREICH. (4,1)
Vitrex Kirsche (MHD 12.08.13)	0,59 / 1,5	0,39	○	–*)	○	–	MANGELH. (4,9)
Pfirsich / Pfirsich-Maracuja							
Kaufland/K-Classic ProAqua Pfirsichgeschmack[4]) (MHD 08.05.13)	0,49 / 1,5	0,33	○	++	○	⊖*)	BEFRIED. (3,5)
Bonaqa Pfirsich-Maracuja[3]) (MHD 05/13)	0,69[5]) / 1,0	0,69	○	++	○	–*)	MANGELH. (5,0)

Bewertungsschlüssel der Prüfergebnisse: ++ = Sehr gut (0,5–1,5). + = Gut (1,6–2,5). ○ = Befriedigend (2,6–3,5). ⊖ = Ausreichend (3,6–4,5). – = Mangelhaft (4,6–5,5). **Bei gleichem Qualitätsurteil Reihenfolge nach Alphabet.**
***) Führt zur Abwertung.** MHD = Mindesthaltbarkeitsdatum.
1) Je nach Region auch 0,49 Euro. **2)** Laut Anbieter nicht mehr erhältlich.
3) Laut Anbieter inzwischen geändert. **4)** Laut Anbieter inzwischen Deklaration geändert.
5) Von uns bezahlter Einkaufspreis. **Einkauf der Prüfmuster:** November 2012.

überzeugen konnte nur Gerolsteiner Naturell Zitrone Limette. Es roch und schmeckte nicht aromatisiert, sondern kräftig fruchtig nach Zitrone-Limette. Laut Gerolsteiner ist das Produkt aber inzwischen geändert.

Benzol über Trinkwasser-Grenzwert

Besorgniserregend: In drei Wässern mit Kirschgeschmack fanden die Tester krebserzeugendes Benzol. In Vitrex Kirsche waren es bis zu 4,6 Mikrogramm (µg) Benzol pro Liter – der Trinkwasser-Grenzwert liegt bei 1 µg. Benzol hat in Lebensmitteln nichts zu suchen *(mehr dazu siehe Seite 18)*.

Eine ordentliche Portion Zucker

Am meisten Zucker enthielten die Getränke mit Erdbeergeschmack. Wer eine Flasche Hella Erdbeere oder Aqua Culinaris Aqua Plus Erdbeer von Aldi (Süd) trinkt, nimmt 70,5 Gramm Zucker auf. Das entspricht 23,5 Stück Würfelzucker. ■ Anbieter Seite 256

Unser Rat

Wer mit Sicherheit das Original besitzen will, der sollte es in einem autorisierten **Fachgeschäft oder einer autorisierten Parfümerie** kaufen und auf Spar-Angebote, etwa auf Basaren, verzichten. Kopien können gesundheitliche Risiken bergen. Wer vom Schnäppchen-Parfüm Hautreizungen bekommt, sollte das Produkt an den Hersteller schicken. Der kann sicher sagen, ob es eine Fälschung ist.

Zweifelhafte Schnäppchen

8/2013 Vorsicht: Wer Parfüms im Internet oder auf dem Basar günstig ersteht, geht gesundheitliche Risiken ein.

Reisende, die auf Basaren und Flohmärkten oder in vermeintlich seriösen Geschäften einkaufen, ergattern häufig zweifelhafte Schnäppchen: Das Angebot an gefälschten Parfüms und Körperpflegemitteln nimmt weltweit stark zu, auch im Internet. Für den Laien ist der Preis meist der einzige zuverlässige Anhaltspunkt, um eine Fälschung zu erkennen: Bei Parfüms, die Zuhause 80 Euro oder mehr kosten, und am Urlaubsort für nur 15 Euro angeboten werden, sollten die Alarmglocken läuten.

Sogar Taschentücher werden gefälscht
Unter den Fälschungen sind mittlerweile nicht nur hochwertige Kosmetika, sondern vermehrt auch Körperpflegemittel: Shampoos, Haarfärbemittel und sogar Papiertaschentücher. Auch damit lässt sich viel Geld verdienen. Meist kommt die gefälschte Ware aus Fernost, aber auch aus Russland und der Türkei. Im vergangenen Jahr beschlagnahmte der Zoll Parfüms und Kosmetikartikel im Wert von fast 23 Millionen Euro – gegenüber 2011 ein Plus von fast 900 Prozent.

Gefälschte Kosmetika bergen gesundheitliche Risiken. Minderwertige Inhaltsstoffe können Allergien oder Hautreizungen hervorrufen. Fraglich ist auch, ob die verwendeten Substanzen, wie etwa Konservierungs- und Duftstoffe, in Europa zugelassen sind. Gefälschte Kosmetikprodukte bedrohen nicht nur die eigene Gesundheit. Sie fügen auch den Herstellern der Originalware Schäden in Millionenhöhe zu. ■

Fälschungen erkennt man schwer
Manchmal weisen offensichtliche Rechtschreibfehler im Markennamen auf eine Fälschung hin. Aber die Fälscher werden immer raffinierter. So führen sie dem Interessenten beim Kauf Originalprodukte vor. In der Verpackung finden sich dann aber nur Billigflakons mit geringwertigen Flüssigkeiten oder Tiegel mit ganz anderen Cremes. Besonders dreist: Originalbehälter mit Fälschungen befüllt.

Unser Rat

Mit dem besten Färbeergebnis steht **L'Oréal Paris Excellence Creme** für 5,70 Euro vor der Konkurrenz. Knapp dahinter folgen die ebenfalls guten **Garnier Color Intense** und **Accent Intensiv-Color-Creme** von **Rossmann**. Mit 2,45 beziehungsweise 2,49 Euro sind sie die preiswertesten Haarfarben im Test. Garnier hat das Produkt nach eigenen Angaben inzwischen verändert.

Dunkelbraun statt Grau

5/2013 Dunkelbraun ist beliebt. Wir haben permanente Haarfarben mit dieser Farbnuance getestet. Gute gibt es schon für weniger als 3 Euro.

Färben beim Friseur geht ins Geld. Schnell kommen 60 oder 70 Euro zusammen. Zuhause kostet das etwa ein Zehntel. Kein Wunder, dass sich viele im Drogeriemarkt eine Coloration kaufen und selbst färben. Doch ist auf die Farben Verlass? Decken sie Grau ab? Wie ist hinterher der Zustand des Haares? Der Test zeigt: Ordentliche Produkte stehen zur Wahl. Sechs der neun geprüften Haarfarben schneiden mit dem Urteil gut ab. Sie kosten zwischen 2,45 Euro (Garnier Color Intense) und 5,70 Euro (L'Oréal Paris Excellence Creme).

Farbton manchmal zu dunkel

Mit dem besten Färbeergebnis steht L´Oréal Paris Excellence Creme ganz vorn. Knapp dahinter folgen die ebenfalls guten Garnier Color Intense und Accent Intensiv-Color-Creme von Rossmann. Nur diese drei überzeugten durch eine gute Farbgenauigkeit im Vergleich zur Farbskala auf der Verpackung. Bei den anderen im Test war der Ton ein wenig dunkler als versprochen, zum Teil sogar deutlich, Richtung Schwarz. Syoss Professional Performance erntete hier Minuspunkte. Auch Poly Palette Mousse Color konnte nicht überzeugen – das Produkt ist inzwischen nicht mehr im Handel erhältlich.

Grauabdeckung fast immer perfekt

180 Prüfpersonen hielten für den Test ihre Köpfe hin, unterstützt von zwei Friseurinnen. Untersucht wurden Produkte mit der Lieblingshaarfarbe der Deutschen: Dunkel-▶

Ohne Ammoniak stinkt es nicht

Im Geschäft stehen neben Haarfarben mit Ammoniak immer mehr ohne. Wer eine ammoniakfreie Farbe wählt, hat nur einen Vorteil: Der anfangs stechende Geruch fällt weg. Quellmittel wie Ammoniak sind wichtig, damit sich die Haarfarbe dauerhaft im Haar verankern kann. Andere statt Ammoniak eingesetzte alkalische Substanzen sind nicht immer vollwertige Alternativen.

test Haarfarben (dunkelbraun) 5/2013

www.test.de	Inhalt der Farbmischung (ml) / Mittlerer Preis ca. (Euro)	Färbeergebnis	Farberhalt	Haarzustand nach dem Färben	Anwendung	Deklaration und Werbeaussagen	test-QUALITÄTSURTEIL
Gewichtung		35 %	35 %	10 %	15 %	5 %	100 %
L´Oréal Paris Excellence Creme	120 / 5,70	+	+	+	++	+	**GUT (1,8)**
Garnier Color Intense[1]	100 / 2,45	+	+	+	+	+	**GUT (1,9)**
Rossmann/Accent Intensiv-Color-Creme	100 / 2,49	+	+	+	○	+	**GUT (2,1)**
L´Oréal Paris Sublime Mousse[2]	100 / 4,15	+	+	+	+	○	**GUT (2,2)**
Schwarzkopf Perfect Mousse[3]	70 / 5,05	+	+	+	+	○	**GUT (2,3)**
Schwarzkopf Sensual Colors[3]	120 / 5,60	+	○	+	+	○	**GUT (2,4)**
Syoss Professional Performance	100 / 3,60	○*)	○	++	○	⊖	**BEFRIEDIGEND (2,7)**
Schwarzkopf Brillance	120 / 4,95	+	○	+	⊖*)	○	**BEFRIEDIGEND (3,1)**
Poly Palette Mousse Color[4]	120 / 6,00	○	+	+	⊖*)	⊖	**AUSREICHEND (4,0)**

Bewertungsschlüssel der Prüfergebnisse: ++ = Sehr gut (0,5–1,5). **+** = Gut (1,6–2,5). **○** = Befriedigend (2,6–3,5). **⊖** = Ausreichend (3,6–4,5). **—** = Mangelhaft (4,6–5,5).

***) Führt zur Abwertung.**

1) Laut Anbieter inzwischen geändert.

2) Farbton laut Anbieter „Reines Braun".

3) Laut Anbieter ohne Ammoniak.

4) Laut Anbieter nicht mehr erhältlich.

Einkauf der Prüfmuster: Juli/August 2012.

braun der Klasse 3. Das sind permanente Haarfarben, die laut Anbieter nicht auszuwaschen sind. Sie wachsen im Lauf der Zeit heraus. Die Nutzer erwarten von ihnen neben Farbgenauigkeit auch eine gute Abdeckung grauer Haare. Im Gegensatz zur Farbgenauigkeit gab es an der Grauabdeckung im Test nichts auszusetzen, sie ist fast immer perfekt – so wie versprochen.

Schwachpunkt Lichtbeständigkeit

Nach vier bis sechs Wochen ist Nachfärben angesagt. Dann ist die natürliche Farbe – ob mit oder ohne Grau – zu einem sichtbaren Haaransatz nachgewachsen. Bis dahin sollte die Färbung sich aber in etwa gehalten haben. So auch im Test: Nach vier Wochen sah die Haarpracht noch überwiegend gut aus. Farbpigmente schwinden aber mit der Zeit, besonders stark bei Sonne. Das gilt für natürliche wie für künstliche Haarfarben und bestätigte sich auch im Test. Zusätzliche Laborprüfungen an Naturhaarsträhnen zeigten: Die Lichtbeständigkeit ist ein Schwachpunkt fast aller getesteter Farben.

Permanente Haarfarben sind hochreaktive Chemie und nicht gerade eine Wohltat für die Haare. Alle getesteten Farben bieten zusätzlich Pflegemittel, um die angegriffenen Haare wieder zu besänftigen. Das klappte auch, der Haarzustand war direkt nach dem Färben mindestens gut.

Tipp: Um Haut und Haar zu schonen, sollten Sie immer die Warnhinweise und die Gebrauchsanleitungen auf den Packungen beachten. Und vermeiden Sie beim Färben möglichst jeden unnötigen Hautkontakt mit der Farbe. ■ **Anbieter Seite 259**

Unser Rat

Die meisten der 24 Kosmetika mit der Angabe „Ohne Konservierungsstoffe“ oder „Ohne Parabene“ hatten im Test kein Problem mit Keimen. 13 Produkte ohne Parabene enthalten aber andere Konservierungsstoffe. Frei davon und mikrobiologisch sehr gut: Augen- und Gesichtscremes von **Eau Thermale, Kneipp, Lavera, Logona, Weleda** sowie Lotion und Sonnencreme von **dm** – beide laut dm geändert.

Der große Keimtest

5/2013 „Ohne Konservierungsstoffe“ oder „ohne Parabene“ – mit diesen Slogans werben viele Cremes. Sind sie trotzdem frei von Keimen?

Ob frisch geöffnet oder fast leer: Kosmetika sollten zu keiner Zeit verkeimen. Darum setzt die Kosmetikindustrie Konservierungsstoffe ein. Doch einige dieser Stoffe sind in die Kritik geraten, sie sollen etwa Allergien auslösen. Seither gibt es immer mehr Produkte, die laut Werbung „ohne Konservierungsstoffe“ oder „ohne Parabene“ auskommen. Doch halten diese Produkte im Alltag wirklich potentiell gesundheitsgefährdenden Bakterien, Hefen und Pilzen stand? Die Stiftung Warentest hat das an 24 Gesichtscremes, Augencremes, Körperlotionen und Sonnenschutzmitteln im Labor genau geprüft. 10 davon enthalten laut Angaben der Anbieter keine Konservierungsstoffe, 14 keine Parabene.

Keimstämme in Cremes gegeben

Wir setzten jedem Produkt fünf Keimstämme zu – alles potentielle Krankheitserreger wie Escherichia coli oder Staphylococcus aureus. Sie können etwa Magen-Darm-Erkrankungen auslösen oder bei geschädigter Haut zu Wundinfektionen führen. In den folgenden 28 Tagen prüften wir in bestimmten Zeitabständen, ob und wie stark die zugesetzten Mikroorganismen in den Cremes und Lotionen abgetötet wurden – oder ob sie sich vermehrten.

Das Ergebnis war positiv: Bis auf ein Produkt hielten alle der Belastung mit den Keimen stand und konnten sie auf ein akzeptables Maß senken. Gleich 21 der 24 Produkte können wir in der mikrobiologischen Qua- ▶

Parabene seit 80 Jahren im Einsatz
Zu den Konservierungsstoffen zählen rund 55 zugelassene Stoffe. Sie sind in der EU-Kosmetikverordnung aufgelistet und sollen „ausschließlich oder überwiegend die Entwicklung von Mikroorganismen hemmen“. Die meisten sind synthetisch hergestellt. Einige sind naturidentische Stoffe wie etwa Benzoesäure. Parabene werden seit den 1930er Jahren zur Konservierung von Kosmetika verwendet.

test Sonnenschutzmittel – mittlerer Schutz I 7/2013

www.test.de	Inhalt in ml / Mittlerer Preis ca. (Euro)	Preis pro 100 ml ca. in Euro	Einhaltung des Sonnenschutzfaktors (UVB)	UVA-Schutz	Feuchtigkeitsanreicherung	Anwendung	Entnahme bei 20 °C/40 °C	Mikrobiologische Qualität	Anwendungshinweise	Werbeaussagen, Verpackung	test-QUALITÄTSURTEIL
Gewichtung			30 %	10 %	20 %	10 %	10 %	5 %	10 %	5 %	100 %
Sonnenschutzfaktor 15											
Aldi (Nord)/Ombra Sun Care Sonnenmilch	500 / 3,80	0,76	+	+	++	+	++	++	++	+	GUT (1,6)
Lancaster Sun Beauty Silky Milk Sublime Tan	175 / 30,00	17,10	+	+	○	+	++	++	+	○	GUT (2,2)
Lavera Sun Sensitiv Family Sun-Spray Bio	125 / 8,95	7,15	+	+	○	+	+	++	+	+	GUT (2,2)
Biotherm Lait Solaire[1)]	200 / 21,00	10,50	+	+	○	+	○	++	○	+	GUT (2,3)
Daylong Regular Liposomale Sonnenschutz-Lotion	100 / 15,70	15,70	+	+	○	+	○	++	++	+	GUT (2,3)
Shiseido Sun Protection Spray Oil-Free	150 / 28,00	17,10	+	+	○	+	++	++	○	○	GUT (2,3)
Sonnenschutzfaktor 20											
Aldi Süd/Ombia Sun Tropical Feeling Sonnenmilch	250 / 2,95	1,18	+	+	++	+	++	++	++	+	GUT (1,6)
Edeka/Elkos Sun Sonnen Milch[2)]	250 / 2,79	1,12	+	+	++	+	++	++	++	+	GUT (1,6)
Rossmann/Sunozon Sonnenmilch	400[3)] / 1,89	0,88	+	+	++	+	++	++	++	+	GUT (1,6)
Lidl/Cien Sun Transparentes Sonnenspray Light	250 / 4,00	1,60	+	+	+	+	++	++	++	+	GUT (1,8)
dm/Sun Dance Schutz & Bräune Sonnenmilch	200 / 3,45	1,73	+	+	+	++	○	++	++	+	GUT (2,0)
Nivea Sun Protect & Bronze Sun Lotion	200 / 7,20	4,15	+	+	○	+	○	++	++	+	GUT (2,2)

Bewertungsschlüssel der Prüfergebnisse: ++ = Sehr gut (0,5–1,5). + = Gut (1,6–2,5). ○ = Befriedigend (2,6–3,5). ⊖ = Ausreichend (3,6–4,5). — = Mangelhaft (4,6–5,5). **Bei gleichem Qualitätsurteil Reihenfolge nach Alphabet.**
***) Führt zur Abwertung.**
1) Laut Anbieter Verpackung inzwischen geändert. **2)** Laut Anbieter Etikettendesign und Flaschenfarbe inzwischen geändert. **3)** Laut Anbieter Sondergröße. Nicht immer und überall erhältlich. Rezepturgleiche Standardgröße 200 ml für ca. 3,50 Euro. **Einkauf der Prüfmuster:** März bis April 2013.

test Sonnenschutzmittel – mittlerer Schutz II 7/2013

www.test.de	Inhalt in ml / Mittlerer Preis ca. (Euro)	Preis pro 100 ml ca. in Euro	Einhaltung des Sonnenschutzfaktors (UVB)	UVA-Schutz	Feuchtigkeitsanreicherung	Anwendung	Entnahme bei 20 °C/40 °C	Mikrobiologische Qualität	Anwendungshinweise	Werbeaussagen, Verpackung	test-QUALITÄTSURTEIL
Gewichtung			30 %	10 %	20 %	10 %	10 %	5 %	10 %	5 %	100 %
Sonnenschutzfaktor 20											
Annemarie Börlind Sun Care Sonnen-Spray	100 / 15,00	15,00	○[1]	+	○	+	++	++	++	○	GUT (2,3)
Clarins Sun Care Milk-Lotion Spray	150 / 27,50	18,30	+	+	○	+	++	++	⊖	○	GUT (2,4)
Piz Buin In Sun Moisturizing Sun Lotion[2]	200 / 19,50	9,75	+	+	○	+	+	++	⊖	○	GUT (2,5)
Garnier Ambre Solaire Golden Protect Schimmernde Sonnenschutz-Milch[3]	200 / 5,35	2,68	+	+	+	+	⊖*)	++	++	○	BEFRIEDIGEND (2,6)
Müller/Lavozon Sonnen-Öl Spray[4]	150 / 3,95	2,65	–*)	+	○	+	++	++[5]	++	–	MANGELHAFT (5,0)
Sonnenschutzfaktor 25											
Eucerin Sonnen Allergie Schutz Sun Creme-Gel	150 / 18,00	12,00	+	+	+	+	++	++	++	+	GUT (1,8)
Ladival Sonnenschutz Spray Normale bis Empfindliche Haut	200 / 19,00	9,50	+	+	○	+	++	++	++	○	GUT (2,1)

Bewertungsschlüssel der Prüfergebnisse: ++ = Sehr gut (0,5–1,5). + = Gut (1,6–2,5). ○ = Befriedigend (2,6–3,5). ⊖ = Ausreichend (3,6–4,5). – = Mangelhaft (4,6–5,5). **Bei gleichem Qualitätsurteil Reihenfolge nach Alphabet.**
***) Führt zur Abwertung.**
1) Ausgelobter Sonnenschutzfaktor deutlich überschritten. **2)** Laut Anbieter inzwischen geändert.
3) Laut Anbieter nicht mehr erhältlich. **4)** Laut Anbieter durch Nachfolger ersetzt. **5)** Urteil bezieht sich nur auf Gesamtkeimzahl. Konservierungsbelastungstest bei wasserfreiem Ölprodukt nicht sinnvoll.
Einkauf der Prüfmuster: März bis April 2013.

en stärkeren Schutz mit Faktoren von 30 oder gar 50. Für Kinder empfehlen sich diese hohen Lichtschutzfaktoren ohnehin.

Drei Esslöffel pro Körper

Doch ein hauttypgerechter Faktor allein reicht nicht. Die Sonnenschutzmittel müssen reichlich und mehrmals aufgetragen werden, um wie versprochen zu wirken. Für den ganzen Körper ist mit etwa drei Esslöffeln zu rechnen. Da ist die Sonnenmilchflasche schnell leer. Das kann ordentlich ins Geld gehen. Umso erfreulicher, dass die besten Mittel im Test preiswert sind. Sie kommen fast alle von Discountern oder Drogeriemarktketten. ■ Anbieter Seite 259

Unser Rat

Spitzenreiter der beiden Tests im Jahr 2013 ist die sehr gute und relativ günstige akkubetriebene Bürste **Braun Oral-B Vitality Precision Clean** für 18 Euro. Dicht darauf folgen zwei gute Akkubürsten: **Braun Oral-B Professional Care** (55 Euro) und **Philips Sonicare Diamond Clean** für stolze 137 Euro. Nur eine Batteriezahnbürste ist gut: die **Sensident Expert** von **Müller** (5,95 Euro).

Billig schlägt teuer

4 + 12/2013 Sehr gut ist nur eine elektrische Zahnbürste – eine recht preiswerte. Für mehr Komfort muss man tiefer in die Tasche greifen.

Elektrogeräte mag ich", grinst Max O. (67) auf die Frage, warum er seine Zähne nicht mehr von Hand putzt. „Mein Zahnarzt hat es mir empfohlen", erklärt Susanne M. (48). Und Iris W. (33) sagt: „Ich fand Zähneputzen langweilig und hoffte, dass es mir mit Motor mehr Spaß macht." Die drei sind nicht die einzigen Umsteiger. Immer mehr Deutsche benutzen eine elektrische Zahnbürste. Die Auswahl der Modelle ist groß.

23 Elektrobürsten im Test

Die Stiftung Warentest nimmt den Markt regelmäßig unter die Lupe. Dieses Jahr wurde gleich zwei Mal getestet, wie gut Elektrobürsten künstliche Beläge von Modellzähnen entfernen, wie einfach die Geräte sich handhaben lassen und wie lange sie halten. 23 Modelle durchliefen das Prüfprogramm. Die Preise reichen von 2,49 bis 139 Euro, die Qualitätsurteile von sehr gut bis mangelhaft. Der Spitzenreiter, die Braun Oral-B Vitality Precision Clean, ist bescheiden ausgestattet, kostet aber laut Abfrage der Stiftung Warentest auch nur 18 Euro. Es folgen sieben gute, meist deutlich teurere Modelle *(siehe Tabelle S. 67)*. Die Mehrzahl der getesteten Bürsten schneidet befriedigend und schlechter ab. Drei sind mangelhaft: Die Fuchs Battery und eine nicht mehr im Handel erhältliche Bürste von AEG säubern die Zähne nur unzureichend. Das dritte Schlusslicht im Bunde, ein Produkt von Grundig, schaffte bei der Haltbarkeitsprüfung nicht einmal die Hälfte der Testzyklen.

Ausdauer lohnt sich
Wenn sich die Zähne nach dem Putzen glatt anfühlen und dauerhaft kein Zahnfleischbluten auftritt, sind die Basisanforderungen an eine gute Zahnreinigung erfüllt. Bei einem mag das nach zwei Minuten der Fall sein, ein anderer braucht vielleicht fünf Minuten. Wie gut der Zahnbelag, die Plaque, entfernt ist, lässt sich im Zweifelsfall auch mit Plaque-Anfärbemitteln aus der Apotheke prüfen.

So nutzen Sie die Bürsten:

Zeit. Auch mit der Elektrobürste müssen Sie morgens und abends gründlich Zähne putzen. Das Minimum sind stets zwei Minuten, möglichst gerecht verteilt auf die vier Gebissviertel.

System. Achten Sie darauf, dass Sie mit der Bürste alle Zahnflächen ansteuern: Vorderseiten, Rückseiten sowie die Kauflächen. Führen Sie die Bürste nur an den Zähnen entlang. Überlassen Sie ihr die Putzarbeit.

Technik. Die genaue Putztechnik richtet sich nach dem Modell. Einen runden Bürstenkopf setzen Sie auf jeden Zahn einzeln auf – von allen Seiten. Ein länglicher Bürstenkopf erfasst mehrere Zähne auf einmal. Setzen Sie ihn ungefähr im 45-Grad-Winkel zu den Zahnflächen auf, warten Sie kurz und ziehen Sie ihn vom Zahnfleisch weg. Wie Sie richtig putzen, zeigt auch ein Video unter www.test.de/video/zahnputztechnik.

Zahnpasta. Nehmen Sie am besten fluoridhaltige Zahnpasta (siehe S. 68).

Druck. Drücken Sie die Bürste keinesfalls zu stark auf. Das kann Zahnfleisch und Zähne schädigen.

Bürstenpflege. Reinigen Sie die Elektrobürste nach jedem Gebrauch unter fließendem Wasser. Danach gut an der Luft trocknen lassen. Wechseln Sie etwa alle drei Monate den Bürstenkopf.

Zwischenräume. Reinigen Sie zusätzlich einmal täglich die Zahnzwischenräume mit Zahnseide oder Interdentalbürsten. Das ist wichtig, um Plaque zu entfernen und Karies und Parodontitis zu verhindern. Zahnbürsten gelangen nicht in alle Zahnzwischenräume.

Kontrolle. Gehen Sie zweimal jährlich zur Kontrolluntersuchung zum Zahnarzt. Zudem empfehlen Zahnärzte etwa alle sechs Monate, eine professionelle Zahnreinigung durchführen zu lassen.

Tipp: Lassen Sie sich beim Kauf nicht allein vom Preis leiten. Die Testergebnisse zeigen: Auch günstige Bürsten können gut reinigen. Prüfen Sie bei der Auswahl auf jeden Fall auch, ob die Bürste zu Ihnen passt: Liegt Sie gut in der Hand? Finden Sie ihr Geräusch und die Vibrationen okay? Auf welche Extras *(siehe S. 66)* legen Sie unbedingt Wert?

Elektrische oder Handzahnbürste?

Viele Zahnärzte sagen: „Elektrische putzen besser als Handzahnbürsten." Manche Studien stützen die Aussage. Fest steht: Putzen per Hand ist technisch anspruchsvoll. Elektrische Bürsten nehmen Nutzern die komplizierten Bewegungsabläufe ab, können also Fehler verhindern und das Gebiss schon deshalb effektiver und schonender säubern.

Mit rundem oder länglichem Kopf?

Je nach Putzverhalten lassen sich Elektro-Zahnbürsten in Gruppen einteilen. „Oszillierend-rotierende" haben runde Bürstenköpfe, die halbkreisförmig hin- und herschwingen, teils auch zusätzlich pulsieren. Ferner gibt es „schallaktive" Modelle mit länglichen Köpfen. Anders als die Bezeichnung nahelegt, reinigen sie die Zähne nicht mit Schall, sondern durch Vibrationen des Bürstenkopfs. Beide Systeme arbeiten mit blitzschnellen Bewegungen, meist mehrere tausend pro Minute, und können, wie die Testergebnisse zeigen, gute Reinigungserfolge erzielen. Eine weitere Gruppe, die Ultraschallzahnbürsten, ist noch nicht sonderlich verbreitet und lässt sich mit dem verwendeten Testdesign nicht prüfen. ▶

Tipp: Rundkopfbürsten müssen Sie an jedem einzelnen Zahn entlangführen – von allen Seiten. Schallzahnbürsten decken wegen ihres größeren Kopfes mehr Fläche auf einmal ab. Sie können daher für weniger eifrige Putzer die bessere Wahl darstellen. Grundsätzlich wichtig: Führen Sie die Bürste nur an den Zähnen entlang – und überlassen Sie ihr die eigentliche Arbeit.

Mit Akku, Batterie oder Stecker?

Elektrisches Putzen kostet Energie – aber sehr wenig. Der Stromverbrauch der getesteten Bürsten beträgt im Schnitt nicht einmal vier Euro im Jahr. Ein Modell sticht heraus: Die Broxo OraBrush hängt an einem spiraligen Stromkabel mit Stecker. Nutzer putzen quasi an der Leine – und zwar an einer ziemlich kurzen. Das erschwert die Handhabung. Wegen dieses Makels und weiterer Defizite landet die Broxo OraBrush im Test insgesamt nur im Mittelfeld – wobei sie die Zähne aber besonders gut säubert.

Die anderen geprüften Bürsten brauchen ab und zu neue Batterien oder ein paar Stunden auf der Ladestation. Wie lange eine Akkuladung hält, ist sehr unterschiedlich: im Test für 34 bis 206 Minuten Zähneputzen. Die Akkus lassen sich in der Regel nicht austauschen. Schwächeln sie, ist ein neuer Bürstenkauf fällig. Immerhin ist laut unserer Dauerprüfung zu erwarten, dass die Geräte mindestens sechs Jahre halten.

Viele Akkuzahnbürsten sind vergleichsweise teuer. Oft bieten sie dann ein spezielles Design oder diverse Extras. Die Braun Oral-B Pulsonic Slim etwa ist besonders kurz, besonders dünn, besonders leicht. Auch das Cupraprox Hydrosonic Dental Care Set wiegt wenig und enthält Beigaben wie Reisebox, Interdentalbürsten, Zahnpasta. Und die Braun Oral-B Professional Care 1000 hat als eine der wenigen im Test eine optische Druckkontrolle: Eine Lampe warnt, wenn der Nutzer zu stark aufdrückt. Das soll Schäden an Zähnen und Zahnfleisch verhindern. Übrigens verfügen die meisten getesteten Akku-Zahnbürsten über Putzzeitsignale und verschiedene Putzstärkegrade, etwa für normale und empfindliche Zähne. Das gilt auch für die gute und vergleichsweise günstige Sensident Akku-Zahnbürste Expert der Drogeriekette Müller für 12 Euro.

Batteriezahnbürsten kosten oft weniger als 10 Euro und sind spärlich ausgestattet – meist ohne Putzzeitsignale und mit nur einer Putzeinstellung. Zudem schnitten sie bei den beiden diesjährigen Tests insgesamt schlechter ab als Akkubürsten. Die einzig gute: die Sensident Batterie-Zahnbürste Expert, ebenfalls von der Drogeriekette Müller.

Erfahrungsgemäß eignen sich Batteriezahnbürsten zum Beispiel auf Reisen, weil kein Ladegerät ins Gepäck muss. Oder zum Ausprobieren, ob man mit einer Elektrischen zurechtkommt, ohne dass der Versuch viel Geld verschlingt. Die günstigste Bürste, die Medident von Woolworth, kostet ohne Batterien 2,49 Euro, ist bei Handhabung und Umwelteigenschaften nur befriedigend – sie putzt aber gut.

Welche Extras?

Wer wie viel Zubehör braucht, richtet sich nach individuellen Bedürfnissen und Vorlieben. Grundsätzlich sinnvoll: Putzzeitsignale. Meist meldet sich das Gerät alle 30 Sekunden, etwa mit einem kurzen Aussetzen, damit der Anwender jedes Gebissviertel gleich lang reinigt. Zudem zeigt es das Ende der Mindestputzdauer von zwei Minuten an. Wer die nämlich nach der inneren Uhr abschätzt, liegt laut Studien oft daneben – und putzt kürzer als empfohlen.

Tipp: Elektrische Zahnbürsten sparen gegenüber Handzahnbürsten keine Zeit. Auch der tägliche Einsatz von Zahnseide oder Interdentalbürste fällt nicht weg. Sonst können bakterielle Beläge wuchern und Karies und Parodontitis verursachen. Zum Vorbeugen brauchen Sie gründliche Mundhygiene, auch mit der Elektrischen. Lassen Sie lieber oft die Bürste summen – und möglichst selten den Bohrer. ■

Anbieter Seite 259

test Elektrische Zahnbürsten 4 + 12/2013

www.test.de	Mittlerer Preis in Euro ca.	Zahnreinigung	Handhabung	Haltbarkeit / Umwelteigenschaften	test-QUALITÄTSURTEIL
Gewichtung		60 %	30 %	10 %	100 %
Akkuzahnbürsten					
Braun Oral-B Vitality Precision Clean 3757	18,00	++	+	++	SEHR GUT (1,5)
Braun Oral-B Professional Care 1000 D20.513.1	55,00	++	+	++	GUT (1,6)
Philips Sonicare Diamond Clean HX9332/04	137,00	++	+	++	GUT (1,6)
Curaprox Hydrosonic Dental Care Set CHS 100	89,00	++	+	++	GUT (1,7)
Braun Oral-B Pulsonic Slim S15.513.2	60,00	+	+	++	GUT (1,8)
Philips Sonicare EasyClean[1] HX6511/50	55,00	+	+	++	GUT (2,1)
Müller / Sensident Akku-Zahnbürste Expert	12,00	+	○	++	GUT (2,4)
dm / Dontodent Akku	9,95	+	○*)	++	GUT (2,5)
edel + white Sonic Generation Hydro Active Class Schallzahnbürste[2] EW-SG150 100-150	89,00	○*)	+	++	BEFRIED. (2,9)
Braun Oral-B Trizone 5000[3]	107,00	○*)	+	++	BEFRIED. (3,1)
Rossmann / Perlodent med Akku- Zahnbürste mit Timer	16,00	○*)	○	++	BEFRIED. (3,1)
Carrera Dentasonic Professional[4] 9313099	32,50	⊖*)	+	++	AUSREICH. (3,7)
Elmex Omron ProClinical C600	70,00	⊖*)	○	++	AUSREICH. (3,7)
Sanitas Schallzahnbürste SZA 80	18,00	⊖*)	+	++	AUSREICH. (3,9)
Grundig Schall-Zahnbürste TB 8030	50,00	⊖	+	–*)	MANGELH. (5,0)
Batteriezahnbürsten					
Müller / Sensident Batterie-Zahnbürste Expert	5,95	+	○	○	GUT (2,4)
Syncare Batteriezahnbürste	6,20	○	○	○	BEFRIED. (2,8)
Woolworth / Medident Elektrische Zahnbürste	2,49[5]	+	○*)	○	BEFRIED. (2,8)
Incutex Dental Care Power Electromotive Brush	9,90[6]	⊖	⊖	⊖	AUSREICH. (4,2)
dm / Dontodent Batterie	5,95	⊖*)	○	+	AUSREICH. (4,3)
Fuchs Battery 494026003	7,00	–*)	○	+	MANGELH. (4,8)
AEG Elektrische Zahnbürste[4] EZ 5500	9,95	–*)	○	○	MANGELH. (4,9)
Zahnbürste mit Netzbetrieb					
Broxo OraBrush	139,00	++	⊖*)	++	BEFRIED. (3,1)

Bewertungsschlüssel der Prüfergebnisse: ++ = Sehr gut (0,5–1,5). + = Gut (1,6–2,5). ○ = Befriedigend (2,6–3,5). ⊖ = Ausreichend (3,6–4,5). – = Mangelhaft (4,6–5,5). **Bei gleichem Qualitätsurteil Reihenfolge nach Alphabet.**

1) Laut Anbieter Produktbezeichnung geändert in HX6511/22.
2) Laut Anbieter inzwischen geändert.
3) Laut Anbieter durch Nachfolger Braun Oral-B TriZone 5500 ersetzt.
4) Laut Anbieter nicht mehr erhältlich.
5) Preis ohne Batterien.
6) Von uns bezahlter Einkaufspreis.

Einkauf der Prüfmuster: September/Oktober 2012 beziehungsweise April/Mai 2013.

Unser Rat

Bei empfindlichen Zähnen empfiehlt sich eine Zahnpasta mit niedrigem Abrieb. Das Feld führen die preiswerten **Aldi Süd/Friscodent Sensitive** und **Kaufland/K-Classic Dental sensitiv** (44 Cent je 100 Milliliter) gemeinsam mit der teureren **Sensodyne Fluorid** (2,87 Euro) an. Die beste Universal-Zahncreme ist die preiswerte **Lidl/Dentalux Complex 3 Mint Fresh** (31 Cent) mit hohem Abrieb.

Die Besten für Ihre Zähne

3 + 11/2013 Sieben Zahnpasten sind mangelhaft: Sie setzen nicht auf Fluorid. Bei den Sensitiven schneidet nicht mal jede zweite gut ab.

Mindestens zweimal täglich sollte jeder eine Zahnpasta benutzen. Dabei muss eine gute Zahncreme vor allem eins: Karies vorbeugen. Und nicht jede Zahnpasta eignet sich für alle Zähne. Die Stiftung Warentest hat 39 Zahnpasten geprüft, darunter 20 Universal- und 19 Sensitiv-Produkte.

Der wichtigste Wirkstoff ist Fluorid

Entscheidend bei einer Zahnpasta ist ein Wirkstoff: Fluorid. Seine Wirksamkeit ist klar belegt. Fluorid hilft, der Zahnoberfläche Mineralien zurückzugeben. Und es macht die Zähne widerstandsfähiger gegen Säuren – so beugt es Karies vor. Sieben Produkte verzichten auf Fluorid zur Kariesprophylaxe. Das ist unzureichend und heißt mangelhaft.

Auf den Abrieb kommt es an

Jeder vierte Deutsche leidet an überempfindlichen Zähnen. Die häufigste Ursache sind freiliegende Zahnhälse. Hat sich das Zahnfleisch zurückgezogen, ist das empfindliche Zahnbein (Dentin) gänzlich ungeschützt. Dann empfiehlt sich eine Zahnpasta mit niedrigem Abrieb. Die Untersuchung zeigte: 9 der 19 sogenannten Sensitiv-Zahncremes haben einen mittleren Abrieb. Das bedeutet mangelhaft für die Werbeaussage, denn wo sensitiv drauf steht, sollte auch sensitiv drin sein. Bei den Universal-Zahnpasten schnitt die Lidl/Dentalux am besten ab. Sie hat einen hohen Abrieb und empfiehlt sich deshalb aber nur bei unempfindlichen Zähnen. ■

Anbieter Seite 259

Auf die Putztechnik kommt es an
Zahnärzte empfehlen meist die sogenannte Bass-Methode, bei der die Bürste im 45-Grad-Winkel am Zahnfleischsaum angelegt wird. Dann die Beläge mit rüttelnden Bewegungen lockern und von rot nach weiß ausfegen, also vom Zahnfleisch zur Zahnkrone. Für die Innenseite der Vorderzähne die Bürste aufrecht halten.
Mit rüttelnden Bewegungen abschließend auch die Kauflächen putzen.

test Sensitiv-Zahnpasta 11/2013

www.test.de	Mittlerer Preis ca. (Euro) / Inhalt (Milliliter)	Preis pro 100 Milliliter ca. (Euro)	Abrieb (gemessen)	Kariesprophylaxe durch Fluorid	Entfernung von Verfärbungen[1]	Mikrobiologische Qualität	Verpackung	Deklaration und Werbeaussagen	test-QUALITÄTSURTEIL
Gewichtung				50 %	25 %	5 %	5 %	15 %	100 %
Niedriger und sehr niedriger Abrieb									
Aldi Süd/Friscodent Sensitive	0,55 /125	0,44	Niedrig	++	○	++	+	+	**GUT (1,7)**
Kaufland/K-Classic Dental sensitiv	0,55 /125	0,44	Niedrig	++	○	++	+	+	**GUT (1,7)**
Sensodyne Fluorid	2,15 /75	2,87	Niedrig	++	○	++	+	+	**GUT (1,7)**
Aldi (Nord)/Eurodont Soft & Sensitive[2,3]	0,55 /125	0,44	Niedrig	++	○	++	+	○	**GUT (1,9)**
Müller/Sensident Sensitiv	0,55 /125	0,44	Niedrig	++	○	++	+	○	**GUT (1,9)**
Elmex sensitive mit Aminfluorid	3,20 /75	4,25	Sehr niedrig	++	⊖	++	+	+	**GUT (2,0)**
dm/Dontodent sensitive	0,55 /125	0,44	Sehr niedrig	++	–	++	+	○	**GUT (2,3)**
Lacalut extra sensitive[4]	3,45 /75	4,60	Sehr niedrig	++	–	++	+	+	**GUT (2,4)**
Biorepair milde Zahncreme	5,00 /75	6,65	Sehr niedrig	–*)	⊖	++	+	○	**MANGELH. (5,0)**
Dr. Hauschka Med sensitiv Zahncreme Sole	4,00 /75	5,35	Niedrig	–*)	○	++	+	⊖	**MANGELH. (5,0)**
Mittlerer Abrieb									
Lidl/Dentalux Complex 5 Sensitive Plus[2]	0,55 /125	0,44	Mittel	++	+	++	+	–*)5)	**BEFRIED. (2,9)**
Oral-B Sensitive mit Fluorid[6]	2,30 /75	3,05	Mittel	++	+	++	+	–*)5)	**BEFRIED. (2,9)**
Real Quality Zahncreme Fluor Schutz vor Schmerzempfindlichkeit[7]	0,79[8] /75	1,05	Mittel	++	+	++	+	–*)5)	**BEFRIED. (2,9)**
Rossmann/Perlodent med Sensitiv	0,55 /125	0,44	Mittel	++	+	++	+	–*)5)	**BEFRIED. (2,9)**
Colgate Total sensitive	1,69 /75	2,25	Mittel	++	+	++	+	–*)5)	**BEFRIED. (3,0)**
Edeka/Elkos Dental sensitiv	0,55 /125	0,44	Mittel	++	+	++	+	–*)5)	**BEFRIED. (3,0)**
Netto Marken-Discount/ Diadent Sensitive Fresh	0,55 /125	0,44	Mittel	++	+	++	+	–*)5)	**BEFRIED. (3,0)**
Elina dent Sensitive[9]	0,65[8] /100	0,65	Mittel	–*)	○	++	+	–*)5)	**MANGELH. (5,0)**
Lavera Basis Sensitiv[10]	1,99[8] /75	2,65	Mittel	–*)	+	++	+	–5)	**MANGELH. (5,0)**

Bewertungsschlüssel der Prüfergebnisse: ++ = Sehr gut (0,5–1,5). **+** = Gut (1,6–2,5). ○ = Befriedigend (2,6–3,5). ⊖ = Ausreichend (3,6–4,5). **–** = Mangelhaft (4,6–5,5). **Bei gleichem Qualitätsurteil Reihenfolge nach Alphabet.**
***) Führt zur Abwertung. 1)** Durch z. B. Nahrungs- und Genussmittel, Zigarettenrauchen. **2)** Laut Anbieter Rezeptur geändert. **3)** Laut Anbieter Werbeaussagen geändert. **4)** Nur für Erwachsene. Wegen des Zusatzes von Strontiumacetat wird für Kinder von dem Gebrauch abgeraten. **5)** Abrieb hoch für ein Sensitiv-Produkt. **6)** Laut Anbieter Auslaufprodukt, nur noch Restbestände im Handel. **7)** Laut Anbieter Produkt nicht mehr am Markt. **8)** Von uns bezahlter Einkaufspreis. **9)** Laut Anbieter Vertrieb eingestellt. **10)** Laut Anbieter Deklaration geändert. **Einkauf der Prüfmuster:** April bis Mai 2013.

3 Zahnpasta für normale und empfindliche Zähne

test Universal-Zahnpasta 3/2013

www.test.de	Mittlerer Preis ca. (Euro) / Inhalt (Milliliter)	Preis pro 100 ml ca. (Euro)	Abrieb (gemessen)	Kariesprophylaxe durch Fluorid	Entfernung von Verfärbungen[1]	Mikrobiologische Qualität	Verpackung	Deklaration und Werbeaussagen	test-QUALITÄTSURTEIL
Gewichtung				50 %	25 %	5 %	5 %	15 %	100 %
Hoher Abrieb									
Lidl/Dentalux Complex 3 Mint Fresh	0,39 / 125	0,31	Hoch	++	++	++	+	+	**SEHR GUT (1,4)**
Mittlerer Abrieb									
Colgate Total Original	1,69 / 75	2,20	Mittel	++	+	++	+	+	**SEHR GUT (1,5)**
Elmex Kariesschutz	2,99 / 75	4,00	Mittel	++	+	++	+	+	**SEHR GUT (1,5)**
Meridol Zahnpasta	3,20 / 75	4,25	Mittel	++	+	++	+	+	**SEHR GUT (1,5)**
Rossmann/Perlodent Med[2]	0,40 / 125	0,32	Mittel	++	++	++	+	○	**SEHR GUT (1,5)**
Dentagard Original[4]	0,60 / 75	0,80	Mittel	++	○	++	+	○	**GUT (1,8)**
Elkadent Aktiv 3[5]	0,79 / 75	1,05	Mittel	++	+	++	+	○	**GUT (1,8)**
Signal Sport Gel Extra Frisch[6]	0,65[7] / 75	0,87	Mittel	++	○	++	+	+	**GUT (1,8)**
Odol Med 3 Original[8]	1,14 / 75	1,52	Mittel	++	+	++	+	⊖*)	**GUT (2,3)**
Dr. Best Multi Aktiv[9]	0,89 / 75	1,19	Mittel	++	○	++	+	⊖*)	**GUT (2,4)**
Lavera Neutral Zahngel[2]	3,95 / 75	5,25	Mittel	–*)	+	++	+	⊖	**MANGELH. (5,0)**
Sante Dental med Zahncreme Myrrhe	3,55 / 75	4,75	Mittel	–*)	+	++	+	–[11]	**MANGELH. (5,0)**
Niedriger und sehr niedriger Abrieb									
Aldi (Nord)/Eurodont Aktiv Fresh[3]	0,39 / 125	0,31	Niedrig	++	○	++	+	+	**GUT (1,7)**
Blend-a-med complete plus extra frisch	1,19 / 75	1,53	Niedrig	++	○	++	+	+	**GUT (1,8)**
dm/Donto Dent Fluor Fresh	0,40 / 125	0,32	Niedrig	++	○	++	+	+	**GUT (1,8)**
Kaufland/K-Classic Dental Fresh	0,39 / 125	0,31	Niedrig	++	○	++	+	+	**GUT (1,9)**
Aldi (Süd)/Friscodent Multicare	0,55 / 125	0,44	Niedrig	++	⊖	++	+	+	**GUT (2,0)**
Aronal Zahnfleischschutz	2,99 / 75	4,00	Niedrig	++	⊖	++	+	○	**GUT (2,0)**
Theramed Original	1,16 / 100	1,31	Niedrig	++	⊖	++	+	+	**GUT (2,0)**
Ajona Medizinisches Zahncremekonzentrat	1,25 / 25	5,00	Sehr niedrig	–*)	○	++	⊖	–[10]	**MANGELH. (5,0)**

Bewertungsschlüssel der Prüfergebnisse: ++ = Sehr gut (0,5–1,5). + = Gut (1,6–2,5). ○ = Befriedigend (2,6–3,5). ⊖ = Ausreichend (3,6–4,5). – = Mangelhaft (4,6–5,5). **Bei gleichem Qualitätsurteil Reihenfolge nach Alphabet.**
***) Führt zur Abwertung. 1)** Durch z. B. Nahrungs- und Genussmittel, Zigarettenrauchen. **2)** Laut Anbieter Rezeptur geändert. **3)** Laut Anbieter Verpackungsdesign inzwischen geändert. **4)** Laut Anbieter wurde die 75-Milliliter-Tube inzwischen durch eine 100-Milliliter-Tube ersetzt. **5)** Laut Anbieter Verpackung geändert. **6)** Laut Anbieter durch Nachfolger Signal Sport Gel Fresh ersetzt. **7)** Von uns bezahlter Einkaufspreis. **8)** Laut Anbieter Deklaration inzwischen geändert. **9)** Laut Anbieter nicht mehr erhältlich. **10)** Als „Medizinisches Zahncremekonzentrat" ausgelobt, es wird nicht deutlich genug darauf hingewiesen, dass kein Fluorid zur Kariesvorbeugung eingesetzt wird. Zusätzlich überzogene Werbeaussagen. **11)** Fluorid nachgewiesen, obwohl das Produkt als „fluoridfrei" ausgelobt ist. Zusätzlich überzogene Werbeaussagen. **Einkauf der Prüfmuster:** Aug. bis Okt. 2012

Unser Rat

Der **Makerbot Replicator 2** (Preis: um 2 400 Euro) druckt dreidimensionale Objekte aus Plastik. Der Test zeigt: Die Technik funktioniert, leidet aber noch an Kinderkrankheiten. Erst nach einer gewissen Eingewöhnungsphase gelingen die 3D-Drucke zufriedenstellend, anfangs müssen Anwender mit Fehldrucken leben. Der Nutzen dürfte zudem für viele Privathaushalte eingeschränkt sein.

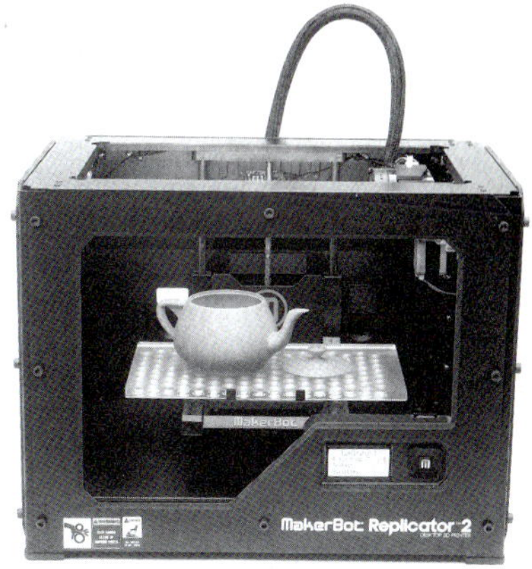

Zukunftsmusik in 3D

6/2013 Der Makerbot Replicator 2 druckt keine Fotos oder Textseiten, er druckt dreidimensionale Objekte – das klappt nicht immer.

Was für die einen eher an Science-Fiction erinnert, halten andere für die größte Revolution seit Erfindung des Internets – 3D-Drucker. Bis auf den Namen haben sie wenig gemein mit normalen Druckern, denn sie drucken dreidimensionale Objekte.

Erstmals haben wir einen 3D-Drucker getestet, der auf Privatanwender abzielt: den Makerbot Replicator 2. Das Fazit fällt gemischt aus: Grundsätzlich funktioniert die Technik. Allerdings brauchen Nutzer viel Zeit, bis sie die richtigen Einstellungen finden. Vor dem Druck müssen sie die Grundplatte kniffelig von Hand ausrichten. Von der exakten Position hängt die Qualität des Druckergebnisses ab. Ist die Platte zu weit weg vom Druckkopf, entstehen Löcher zwischen den einzelnen Plastikschichten. Der Replicator 2 produziert dann nur Plastikschrott. Ob die Ausrichtung geglückt ist, merkt der Anwender erst im Laufe des Drucks und nur daran, dass der Ausdruck die Erwartungen erfüllt. Mit zunehmender Erfahrung finden Nutzer aber die richtigen Einstellungen und der Druck klappt.

Eine weiteres Problem: Nicht immer funktionierte der Plastikeinzug reibungslos. Ab und an zog der Replicator 2 den Kunststoff nicht in den Druckkopf nach, arbeitete ohne Material weiter. Kraft und Fingerspitzengefühl sind beim Ablösen des Objekts von der Platte gefragt. Die Ausdrucke haften recht fest auf der Oberfläche. Wer zu doll zieht, riskiert, dass der schöne neue 3D-Druck beim Ablösen kaputtgeht. ■

So funktioniert der 3D-Drucker
Der Replicator 2 druckt die Objekte aus einem Kunststoff namens Polylactid (PLA). Das Plastik wird als Faden in den Druckkopf gezogen, dort geschmolzen und schließlich als sehr dünner Plastikfaden schichtweise auf eine Platte aufgetragen. Die Platte wandert während des Drucks nach unten und das Druckobjekt wächst in die Höhe. 3D-Vorlagen für Druck-Objekte finden Nutzer im Internet.

Unser Rat

Jeder PC-Nutzer sollte regelmäßig eine Datensicherung durchführen. Die beste Software dafür heißt **Acronis True Image 2013 Plus** für 50 Euro. Das in **Microsoft Windows 8** integrierte Backup sichert nur Dateien, nicht aber installierte Programme und das Betriebssystem. Apple-Mac-OS-Nutzer können dagegen auf die integrierte **Time Machine** bauen, aber nicht viel selbst einstellen.

Datenverlust vermeiden

11/2013 Backup-Programme helfen Computernutzern, ihre geliebten Daten zu sichern. Acronis True Image gelingt das am besten.

Babyfotos, elektronische Steuererklärung, E-Mails, Bachelor- oder Doktorarbeit: Der Datenschatz auf dem eigenen Computer ist für seine Besitzer wertvoll. Nicht auszudenken, wenn ein falscher Klick alle Kinderfotos für immer vernichtet. Dennoch verzichten die meisten Computernutzer auf eine Datensicherung. Backup-Programme sollen den Nutzern die lästige Arbeit abnehmen und beim Wiederherstellen der Daten helfen. Zehn dieser Programme und zwei ins Betriebssystem integrierte Sicherungslösungen haben wir getestet. Das Fazit: Bei Acronis klappen Sicherung und Wiederherstellung am besten.

Auf externe Festplatte sichern

Nutzer sollten ihr Backup am besten auf einer externen Festplatte speichern. Das schützt die Sicherung auch, wenn die Festplatte im PC kaputtgeht oder sich ein Virus einnistet. Ein Speicher ab 1 Terabyte empfiehlt sich. Kostenpunkt: ab zirka 60 Euro. Wer täglich viele wichtige E-Mails schreibt oder Fotos bearbeitet, sollte das Backup wöchentlich aktualisieren. Wer nur selten am Rechner sitzt, um einen Brief zu tippen, dem reicht monatliches Sichern. Die Programme automatisieren das Prozedere. Nutzer können zum Beispiel einstellen, dass das Programm jeden Donnerstag um 19 Uhr automatisch eine Sicherung starten soll. Am besten wählen Anwender einen Zeitpunkt, an dem der Rechner in der Regel noch läuft, sie aber nicht mehr intensiv daran

Gründe für Datenverlust

Der häufigste Grund für Datenverlust ist der falsche Klick des Nutzers. Schnell sind ganze Ordner voller Dateien gelöscht. Erst später wird dem Anwender klar, dass auch wichtige Dokumente für immer futsch sind. Datenverlust droht aber auch, wenn die Festplatte einen technischen Defekt aufweist. Auch Viren, die sich im Computer eingenistet haben, können wichtige Daten löschen.

test Backup-Programme 11/2013

www.test.de	Mittlerer Preis ca. (Euro)	Datensicherung und -wiederherstellung	Handhabung	Vielseitigkeit	test - QUALITÄTSURTEIL
Gewichtung		50 %	30 %	20 %	100 %
Programme					
Acronis True Image 2013 Plus	50	+	+	++	GUT (1,7)
Paragon Backup & Recovery 12 Home	30	○	+	+	GUT (2,3)
Nero BackItUp 12	30	○	+	+	BEFRIEDIGEND (2,7)
Ocster Backup Pro 8	40	○	+	+	BEFRIEDIGEND (2,7)
Haage & Partner R-Drive Image 5.1	40	○	○	+	BEFRIEDIGEND (2,8)
O&O Software DiskImage 7 Professional	30	○	+	+	BEFRIEDIGEND (2,8)
Genie9 Timeline Professional 2013	60	○	○	○	BEFRIEDIGEND (2,9)
Langmeier Backup 8 Advanced	50	○	+	+	BEFRIEDIGEND (2,9)
Avanquest Perfect Image 12[1]	15	○	○	○	BEFRIEDIGEND (3,1)
Abelssoft Backup 2013	20	—*)	○	⊖	MANGELHAFT (5,0)
Betriebssysteme					
AppleTime Machine		○	+	○	BEFRIEDIGEND (2,7)
Microsoft Windows 8 Backup		○	+	⊖	BEFRIEDIGEND (3,1)

Bewertungsschlüssel der Prüfergebnisse: ++ = Sehr gut (0,5–1,5). + = Gut (1,6–2,5). ○ = Befriedigend (2,6–3,5). ⊖ = Ausreichend (3,6–4,5). — = Mangelhaft (4,6–5,5). **Bei gleichem Qualitätsurteil Reihenfolge nach Alphabet.**
***) Führt zur Abwertung.**
1) Nicht mit Windows 8 kompatibel.
Einkauf der Prüfmuster: August 2013.

arbeiten. Eine Sicherung bremst den Computer aus. In allen Programmen können Nutzer zudem einstellen, dass der Computer sich nach dem Backup selbst ausschaltet. Die reine Dateisicherung funktionierte bei jeder Software im Test. Ein Vollbackup kann aber schon mal dauern. Lange fünf Stunden brauchte Genie9 im Test, um 30 Gigabyte Daten über einen USB-2.0-Anschluss zu sichern. Die beste Sicherung nutzt nichts, wenn es Probleme beim Wiederherstellen der Inhalte gibt. Die gespeicherten Dateien wiederherzustellen – das funktionierte bei allen Programmen. Besonders schnell klappt es bei Acronis. Anders sieht es aus, wenn Nutzer auch die installierten Programme und das Betriebssystem wieder aufbauen möchten. Meist verlangt die Software im Test dafür eine Rettungs-CD. Diese müssen Anwender mithilfe des Programms erstellen, solange noch alles funktioniert, sonst kommen sie später nicht weiter. Eine besondere Herausforderung für Backup-Software stellt die komplette Systemwiederherstellung auf einem neuen Rechner dar. Immerhin die Hälfte der Programme schaffte das im Test. Die Betriebssysteme Windows 8 und Mac OS bieten integrierte Sicherungslösungen. Die von Windows 8 beschränkt sich allerdings auf Dateien. Eine vollständige Sicherung aller Programme und des Betriebssystems ermöglicht sie nicht. Anders bei Apples Mac OS. Dank der im Betriebssystem verankerten Time Machine bekommen dessen Anwender alles wieder. Sie können aber nur wenig selbst einstellen, die Time Machine läuft weitestgehend automatisch und im Hintergrund. ■

Anbieter Seite 261

Unser Rat

Fast alle Online-Speicherdienste im Test sind kostenlos. Nutzern stehen zwischen 2 und 25 Gigabyte Speicherplatz zur Verfügung. Wer einen solchen Dienst nutzt, sollte sensible Daten wie Krankenakte oder die Steuererklärung vor dem Hochladen verschlüsseln. Vorn landen **Deutsche Telekom Mediencenter, Dropbox, LaCie Wuala** und **Trend Micro SafeSync** – alle befriedigend.

Nur verschlüsselt hochladen

8/2013 Online-Speicherdienste dienen als Festplatten im Netz. Die wenigsten lassen sich einfach benutzen. Probleme auch beim Datenschutz.

Online-Speicherdienste sind für alle praktisch, die zwischen Notebook, Tablet und Smartphone hin- und herjonglieren, auf allen Geräten aber stets die Einkaufsliste oder Fotos parat haben möchten. Nutzer laden ihre Daten einmal auf den Online-Speicher und können sie dann mit internetfähigen Geräten von überall einsehen.

13 Online-Speicherdienste haben wir geprüft. Besser als befriedigend schneidet im Test keiner ab, etliche sind ausreichend. Sicherheit und Datenschutz waren neben der Bedienung das wichtigste Prüfkriterium. Einen Dienst mit gutem Datenschutz fanden die Tester nicht. Sensible Daten sollten Nutzer daher selbst verschlüsseln. LaCie Wuala, ein Dienst mit Sitz in der Schweiz, ist der einzige, der die vom Nutzer hochgeladenen Daten nicht einsehen kann. Die US-Anbieter schneiden im Punkt Datenschutz und Datensicherheit allesamt ausreichend ab. Die europäischen Dienste sind nicht viel besser. Deutsche Telekom und Mozy aus Irland lassen positive Ansätze erkennen durch verständliche Datenschutzerklärungen oder die Benennung eines Datenschutzbeauftragten, genauso gut ist Strato. Die beiden 1&1 Töcher Web.de und GMX aus Deutschland reihen sich in das schlechte Bild der US-Amerikaner ein. Bei der iOS-App von Microsoft ist der Übertragungsweg vom Nutzer zum Online-Speicher unsicher. Das heißt, alle Daten, die er in die Cloud lädt, könnten Dritte abfangen. Die Stiftung Warentest bewertet das als „sehr kritisch".

So verschlüsseln Sie richtig
Nutzer, die sensible Daten wie die Steuererklärung oder die Krankenakte in die Cloud laden wollen, sollten diese Daten verschlüsseln. Zwei Programme eignen sich dafür: Cloudfogger und Boxcryptor. Beide funktionieren mit Hilfe einer App, auch auf Smartphones und Tablets. Boxcryptor lässt sich intuitiver bedienen. Cloudfogger unterstützt dafür nahezu jeden Online-Speicher.

test Online-Speicherdienste 8/2013

www.test.de	Vielseitigkeit	Benutzung	Sicherheit und Datenschutz	Datenschutz Android-App 1)	Datenschutz iOS-App 1)	test-QUALITÄTSURTEIL
Gewichtung	20%	40%	40%	0%	0%	100%
Deutsche Telekom Mediencenter	○	○	○	kritisch	kritisch	BEFRIED. (3,2)
Dropbox	+	+	⊖*)	unkritisch	unkritisch	BEFRIED. (3,2)
LaCie Wuala	○	○	○	unkritisch	kritisch	BEFRIED. (3,2)
Trend Micro SafeSync	⊖	○	⊖	unkritisch	unkritisch	BEFRIED. (3,2)
GMX MediaCenter	⊖	○	⊖	unkritisch	kritisch	BEFRIED. (3,5)
Strato HiDrive Free	○	○	○	unkritisch	unkritisch	BEFRIED. (3,5)
Web.de Online-Speicher	⊖	○	⊖	kritisch	kritisch	BEFRIED. (3,5)
Box	○	○	⊖*)	kritisch	unkritisch	AUSREICH. (3,7)
Mozy MozyHome	⊖	⊖	○	unkritisch	unkritisch	AUSREICH. (3,8)
Google Drive	+	○	–*)	unkritisch	unkritisch	AUSREICH. (4,1)
Pro Softnet IDrive 2)	○	○	–*)	unkritisch	unkritisch	AUSREICH. (4,1)
SugarSync	○	○	–*)	kritisch	kritisch	AUSREICH. (4,2)
Microsoft SkyDrive	+	○	⊖	unkritisch	sehr kritisch*)	AUSREICH. (4,3)

Bewertungsschlüssel der Prüfergebnisse: ++ = Sehr gut (0,5–1,5). + = Gut (1,6–2,5). ○ = Befriedigend (2,6–3,5). ⊖ = Ausreichend (3,6–4,5). – = Mangelhaft (4,6–5,5). **Bei gleichem Qualitätsurteil Reihenfolge nach Alphabet.**

***) Führt zur Abwertung.**

Datenschutz: unkritisch, kritisch, sehr kritisch.

1) Urteil bezieht sich auf die im gesendeten Datenstrom identifizierten Daten.

2) Inzwischen nur noch englischsprachiges Produkt verfügbar.

Erhebungszeitraum: April bis Juni 2013

Zwischen 2 und 25 Gigabyte Speicher

Alle Speicherdienste können Nutzer auf einem Windows-Rechner und jeweils per App auf einem Android- und einem iOS-Gerät anwenden. Möglich ist auch der Zuganüber die Internetseite des Anbieters. Außer bei Trend Micro stehen 2 bis 25 Gigabyte Speicherplatz kostenlos zur Verfügung. Die Bedienung könnte bei allen Diensten besser sein. Insgesamt am besten schneidet hier Dropbox ab. Wenig schlechter sind Google Drive und Trend Micro SafeSync. Bei Dropbox überzeugt die aufgeräumte Benutzeroberfläche auf allen Zugangswegen. Die beste Windows-Software bietet LaCie Wuala. Deutlich schlechter funktioniert MozyHome. Über die Apps können Nutzer Dateien nur ansehen, aber nicht hochladen. Außerdem dauert es bei Mozy mit Abstand am längsten, eine Datei hoch- und herunterzuladen. Zur Datensicherung sind die Clouddienste eher unpraktisch. Die große Datenmenge einer kompletten Systemabsicherung auf einen Speicher im Internet hoch- und herunterzuladen, würde bei den meisten Nutzern Tage dauern. Außerdem dürften die wenigsten Nutzer mit den Gratisangeboten der Clouddienste hinkommen. Wer den Speicher auf 100 Gigabyte aufstocken will, zahlt beim günstigsten Anbieter, bei Microsoft SkyDrive, jährlich 37 Euro. Dafür können Nutzer schon eine externe Festplatte mit wesentlich mehr Speicherplatz kaufen. ■

Anbieter Seite 261

Unser Rat

Die beste Fax-Tintenstrahl-Kombi ist die **HP Officejet Pro 276dw** (305 Euro), ohne Fax empfehlen sich **Canon MG5450** (130 Euro) und **6350** (178 Euro). Die beste Fax-Laser-Kombi ist die **Samsung CLX-4195FW** (435 Euro). Bei reinen Druckern siegen **Samsung CLP-415NW** (Laser, 248 Euro), **Canon Pixma iP7250** (Tinte, 81 Euro) und **Epson Workforce WF-3010SW** (Tinte, 114 Euro).

Viele drucken gut

4+10/2013 Die Auswahl an Geräten und Funktionen ist groß. Eins haben fast alle Geräte gemeinsam: Beim Drucken gibt es kaum Probleme.

Wer einen Drucker kaufen will, muss sich viele Fragen stellen: Reicht ein einfacher Drucker oder soll das Gerät auch kopieren, scannen oder sogar faxen? Ist ein Laserdrucker oder ein Tintenstrahldrucker die bessere Wahl? Reicht ein Schwarz-Weiß-Gerät oder soll auch farbig gedruckt werden. Die Produktpalette ist vielfältig, umso schwieriger haben es Kaufinteressenten, das richtige Gerät für ihre Ansprüche zu finden. Im letzten Jahr haben wir insgesamt 31 Geräte getestet, 24 davon waren Kombi-Geräte mit mehreren Funktionen. Außerdem waren im Testlabor ebenfalls drei reine Tintenstrahldrucker und vier Farblaserdrucker.

Laser oder Tintenstrahler?

Tintenstrahlgeräte sind in der Anschaffung meist günstiger. Zudem drucken sie Fotos in der Regel besser als Farblaser-Drucker. Auch können die Tintenstrahler randlos und auf Spezialfolien zum Aufbügeln auf T-Shirts oder auf speziellen CDs drucken. Insgesamt am besten hat in diesem Jahr der HP Officejet Pro 276dw abgeschnitten. Laserdrucker punkten hingegen an anderer Stelle: Sie sind oft etwas schneller und drucken Text gestochen scharf. Wer also überwiegend Text und noch dazu nur schwarzweiß drucken will, trifft mit einem Schwarzweiß-Laserdrucker eine gute Wahl. Bei den Fotos können auch Farblaserdrucker noch nicht mit den Tintenstrahlgeräten mithalten, doch verbessert sich die Bildqualität stetig. Ein paar Drucker schaffen immerhin einen

Tinte günstiger als Toner

Neben der Druckqualität ist beim Druckerkauf besonders wichtig, wie teuer die Ausdrucke sind. Bei den Tinten- und Tonerkosten zeigte sich im vergangenen Test ein erstaunliches Ergebnis: Erstmals war die gedruckte Textseite bei den geprüften Tintengeräten im Schnitt ein halbes Cent günstiger als bei den Laserdruckern. Ähnliches gilt auch für das gedruckte A4-Foto.

test Drucker 4 + 10/2013

www.test.de	Mittlerer Preis in Euro ca.	Drucken	Tinten-kosten	Hand-ha-bung	Vielsei-tigkeit	Umwelt-eigen-schaften	test-QUALITÄTS-URTEIL
Gewichtung		45 %	20 %	15 %	15 %	5 %	100 %
Farblaserdrucker							
Samsung CLP-415NW	248	++	○	○	+	+	**GUT (2,1)**
HP Laserjet Pro 200 M251nw	268	+	○	+	+	○	**GUT (2,3)**
Brother HL-3170CDW	255	+	○	○	+	○	**BEFRIED. (2,6)**
Canon i-Sensys LBP7110Cw	225	+	○	+	○	+	**BEFRIED. (2,6)**
Farbtintendrucker							
Canon Pixma iP7250	81	+	○	+	+	+	**GUT (2,1)**
Epson Workforce WF-3010DW	114	+	○	+	+	++	**GUT (2,1)**
HP Officejet Pro 6100 ePrinter	79	+	+	+	○	+	**GUT (2,3)**

Bewertungsschlüssel der Prüfergebnisse: ++ = Sehr gut (0,5–1,5). + = Gut (1,6–2,5). ○ = Befriedigend (2,6–3,5). ⊖ = Ausreichend (3,6–4,5). — = Mangelhaft (4,6–5,5). **Bei gleichem Qualitätsurteil Reihenfolge nach Alphabet.**
Einkauf der Prüfmuster: November/Dezember 2012 und Mai 2013.

guten Fotodruck. Darunter zum Beispiel Geräte von HP und Samsung. HP setzt dabei auf ein Spezialpapier, das etwas dicker ist und seidenmatt glänzt. Die Hochglanzoptik von Fotopapier für Tintenstrahldrucker können Laser aber nicht nachahmen. Das liegt auch am Toner. Laserdrucker „bügeln" ihn auf das Papier. Bei Tintenstrahldruckern zieht die Tinte hingegen in das Papier ein. Zudem ist die Laser-Technik etwas robuster: Da sie nicht mit Tinte, sondern mit Toner druckt, kann die Tinte nicht eintrocknen und die Düsen verstopfen nicht.

Druckqualität selten ein Problem

Eines haben fast alle Geräte gemeinsam: Selten gibt es Probleme beim Drucken selbst. Ganz gleich ob Tintenstrahler oder Laserdrucker, ob einfacher Drucker oder Kombigerät: Fast alle Geräte schneiden im Prüfpunkt Drucken mit gut oder sogar sehr gut ab. Nur der Epson Expression Home XP-402 und der Brother DCP-J140W drucken befriedigend. Anders sieht das hingegen bei den Tinten- und Tonerkosten aus. Nur sieben der getesteten Drucker schneiden hier gut ab. Bei allen anderen sind die Folgekosten nur befriedigend. Allerdings zeigte sich dieses Jahr ein neuer Trend: Erstmals haben die Tintendrucker im Test im Durchschnitt günstiger gedruckt als die Laserdrucker *(siehe Kasten links)*.

Netzwerkdrucker für mehrere Nutzer

Die Mehrzahl der Drucker im Test sind netzwerkfähig. Das heißt, sie können entweder per Lankabel oder zum Teil auch kabellos über WLan ins Heimnetzwerk eingebunden werden. Das ist praktisch für Familien, die sich einen Drucker teilen, aber mehrere Computer einsetzen. Auch in kleinen Bürogemeinschaften sind netzwerkfähige Drucker hoch willkommen. Wer von seinem Smartphone oder einem Tablet-Computer drucken will, sollte darauf achten, dass der Drucker diese Funktion ebenfalls anbietet. Für Applegeräte mit dem iOS-Betriebssystem gibt es dafür die so genannte „Airprint"-Funktion, die mittlerweile von vielen Druckern unterstützt wird. Viele der Geräte im Testfeld beherrschen auch das Drucken über das Internet. ■ Anbieter Seite 261

4 Drucker und Drucker-Scanner-Kombis

test Drucker-Scanner-Kombigeräte 4 + 10/2013

www.test.de	Mittlerer Preis in Euro ca.	Drucken	Scannen	Kopieren	Fax	Tintenkosten	Handhabung	Vielseitigkeit	Umwelteigenschaften	test-QUALITÄTSURTEIL
Gewichtung		20 %	10 %	15 %	0 %	20 %	15 %	15 %	5 %	100 %
Tintenstrahl-Multifunktionsdrucker										
Canon Pixma MG5450 1)	130	+	+	+	Entfällt	○	+	+	+	GUT (2,1)
Canon Pixma MG6350 1)	178	+	+	+		○	+	+	+	GUT (2,1)
Canon Pixma MG4250	88	+	+	○		○	○	○	+	BEFRIED. (2,6)
Epson Expression Home XP-402	93	○	○	+		○	+	○	○	BEFRIED. (2,7)
HP Deskjet 3520 e-All-in-One	79	+	+	○		○	+	⊖	+	BEFRIED. (2,8)
Brother DCP-J140W 1)	82	○	+	○		○	○	⊖	+	BEFRIED. (3,2)
Tintenstrahl-Multifunktionsdrucker mit Fax										
Gewichtung		20 %	10 %	10 %	5 %	20 %	15 %	15 %	5 %	100 %
HP Officejet Pro 276dw	305	+	+	+	+	+	+	+	++	GUT (1,9)
Canon Pixma MX925	170	+	+	+	+	+	+	++	+	GUT (2,0)
Epson Workforce WF-3520DWF	128	+	+	+	+	○	+	++	++	GUT (2,0)
Epson Expression Premium XP-800	193	+	+	+	+	○	+	++	+	GUT (2,1)
Epson Workforce WF-3540DTWF	182	+	+	+	+	○	+	+	+	GUT (2,2)
Brother MFC-J4510DW	213	+	+	○	+	+	○	++	+	GUT (2,3)
Brother MFC-J4710DW	244	+	+	○	+	○	○	++	+	GUT (2,3)
Canon Pixma MX525	103	+	+	+	+	○	+	+	+	GUT (2,3)
HP Officejet 6700 Premium e-All-in-One	145	+	+	○	+	+	○	+	+	GUT (2,3)
HP Photosmart 7520 e-All-in-One	171	+	++	○	+	○	+	○	+	GUT (2,4)
Epson Workforce WF-2540WF	96	+	+	○	+	○	+	+	+	GUT (2,5)
Tintenstrahl-Multifunktionsdrucker mit Fax (Druckkopf in Seitenbreite)										
HP Officejet Pro X476dw	605	+	+	○	+	+	+	+	++	GUT (2,1)
Farblaser-Multifunktionsdrucker mit Fax										
Samsung CLX-4195FW	435	++	++	++	+	+	○	+	○	GUT (2,1)
Canon i-Sensys MF8280Cw	365	+	++	+	+	+	+	○	+	GUT (2,3)
HP Laserjet Pro 200 M276nw	365	+	+	+	+	○	+	○	○	GUT (2,3)
Brother MFC-9330CDW	465	+	+	○	+	○	○	+	○	BEFRIED. (2,6)
Xerox Workcentre 6015 NI	365	+	+	○	+	○	○	⊖	○	BEFRIED. (2,8)
Oki MC342dnw	460	+	++	+	+	○	⊖*)	○	○	BEFRIED. (3,0)

Bewertungsschlüssel der Prüfergebnisse: ++ = Sehr gut (0,5–1,5). + = Gut (1,6–2,5). ○ = Befriedigend (2,6–3,5). ⊖ = Ausreichend (3,6–4,5). — = Mangelhaft (4,6–5,5). **Bei gleichem Qualitätsurteil Reihenfolge nach Alphabet.**
1) Laut Anbieter durch Nachfolger ersetzt. **Einkauf der Prüfmuster:** November/Dezember 2012 und Mai 2013.

Unser Rat

Marktführer **Amazon** bietet ein breites Buchsortiment und den meisten Komfort bei Einkauf und Nutzung. Mängel in den AGB kosten ihn den Testsieg. Stattdessen teilen sich die deutschen Anbieter **Buecher.de** und **eBook.de** den ersten Platz. Buecher.de bietet eine bessere Synchronisation zwischen Lesegeräten. Dafür senden die Lese-Apps von eBook.de keine unnötigen Nutzerdaten.

Bücher aus Bits und Bytes

10/2013 Kein Anbieter überzeugt rundum. Marktführer Amazon bringt sich mit Mängeln in den Geschäftsbedingungen um den Testsieg.

Zehn E-Book-Portale treten im Vergleichstest an. Keines schneidet gut ab. Marktführer Amazon punktet mit großem Sortiment und komfortablen Einkaufs- und Nutzungsmöglichkeiten, bringt sich aber mit Mängeln in den Allgemeinen Geschäftsbedingungen um den Testsieg. Andere zeigen Schwächen bei der Auswahl an Büchern. Alle nerven mit Kopierschutz, keiner überzeugt beim Umgang mit den Nutzerdaten.

Das breiteste Sortiment führen Apple und Amazon. Am schmalsten ist das von Google und Kobo. Preisunterschiede gibt es nicht: Händler und Verlage wenden die Buchpreisbindung auch auf E-Books an.

E-Book ist nicht gleich E-Book

Anders als bei gedruckten Büchern variieren die Nutzungsmöglichkeiten digitaler Bücher je nach Anbieter. So lassen sich E-Books von Apple ausschließlich auf iPad, iPhone und iPod Touch darstellen. Auch Amazon setzt auf ein geschlossenes System mit eigenem Kopierschutz. Doch ist der goldene Käfig hier geräumiger: Amazon hat mit dem Kindle Paperwhite den besten E-Book-Reader *(siehe Seite 81)* und bietet Lesesoftware für PC, Tablets und Smartphones der gängigsten Betriebssysteme. Bei keinem anderen klappen Verwaltung und Synchronisation mehrerer Lesegeräte so bequem wie bei Amazon.

Alle übrigen Anbieter nutzen den Kopierschutz von Adobe. So können ihre Nutzer flexibler zwischen Anbietern wechseln ▶

Ärger mit dem Kopierschutz

Alle Anbieter versehen ihre E-Books mit einem Kopierschutz. Es konkurrieren verschiedene Systeme. Kein Lesegerät unterstützt alle. Mit der Wahl des Lesegeräts schränkt der Nutzer so die Auswahl an E-Book-Portalen ein und umgekehrt. Apple und Amazon haben eigene Insellösungen. Die anderen nutzen einen Kopierschutz von Adobe, der von zahlreichen Apps und Lesegeräten unterstützt wird.

test E-Book-Portale 10/2013

www.test.de	Sortiment	Einkaufen und Nutzung	Informationen und Verträge	Datenschutz der Android-App 1)	Datenschutz der iOS-App 2)	Mängel in den AGB	test-QUALITÄTSURTEIL
Gewichtung	30 %	50 %	20 %	0 %	0 %	0 %	100 %
Buecher.de	O	+	O	kritisch	kritisch	keine	BEFRIED. (2,7)
eBook.de	O	O	O	unkritisch	unkritisch	keine	BEFRIED. (2,7)
Weltbild.de	O	O	O	kritisch	kritisch	sehr gering	BEFRIED. (2,8)
Thalia.de	O	O	⊖	unkritisch	kritisch	gering	BEFRIED. (2,9)
Deutsche Telekom PagePlace	O	O	O	kritisch	kritisch	sehr gering	BEFRIED. (3,1)
Amazon Kindle Shop	+	+	O	kritisch	unkritisch	sehr deutlich*)	BEFRIED. (3,5)
Apple iBookstore	+	⊖	⊖	Entfällt	unkritisch	deutlich*)	AUSREICH. (3,8)
Google Play	⊖	O	⊖	kritisch	unkritisch	sehr gering	AUSREICH. (3,8)
Sony Reader Store	O	⊖	O	unkritisch	Entfällt	sehr deutlich*)	AUSREICH. (4,4)
Kobo	⊖	O	⊖	kritisch	kritisch	sehr deutlich*)	MANGELH. (4,7)

Bewertungsschlüssel der Prüfergebnisse: ++ = Sehr gut (0,5–1,5). + = Gut (1,6–2,5). O = Befriedigend (2,6–3,5). ⊖ = Ausreichend (3,6–4,5). — = Mangelhaft (4,6–5,5). **Bei gleichem Qualitätsurteil Reihenfolge nach Alphabet.**
Datenschutz der Apps: unkritisch, kritisch, sehr kritisch.
Mängel in den AGB (allgemeinen Geschäftsbedingungen): keine, sehr gering, gering, deutlich, sehr deutlich.
***) Führt zur Abwertung.**
1) Urteil bezieht sich auf die im gesendeten Datenstrom identifizierten Daten. Geprüft wurde auf einem Google Nexus 7 mit Android 4.2.1.
2) Urteil bezieht sich auf die im gesendeten Datenstrom identifizierten Daten. Geprüft wurde auf einem Apple iPad Mini mit iOS 6.1.3.
Erhebungszeitraum: Juli bis September 2013.

oder Bücher aus unterschiedlichen Portalen auf einem Gerät lesen. Doch dieser Vorteil verliert an Bedeutung, sobald der Nutzer Komfortfunktionen wie die Synchronisation des Lesestandes zwischen verschiedenen Geräten verwenden will – sie funktionieren auch hier nur zwischen den Apps und Readern des jeweiligen Portals.

Unklarheiten beim Datenschutz

Ein trauriges Bild geben die Portale beim Umgang mit den Nutzerdaten ab. Die Datenschutzerklärungen sind wortreich, aber oft schwer verständlich. Ihr Inhalt ist bei keinem wirklich befriedigend. So schließt hier kein Anbieter eindeutig aus, Nutzerdaten für Werbung und andere Zwecke zu verwenden oder an Dritte weiterzugeben.

Bei den Allgemeinen Geschäftsbedingungen zeigt sich eine interessante Trennung: Die Portale mit Sitz in Deutschland haben hier allenfalls geringe Mängel. Unter den internationalen Anbietern leistet sich dagegen nur Google Geschäftsbedingungen, die deutschen Rechtsnormen weitestgehend entsprechen. Die AGB von Amazon, Apple, Kobo und Sony weisen dagegen deutliche oder sehr deutliche Mängel auf. Marktführer Amazon bringt sich damit um den klaren Testsieg. ■ Anbieter Seite 261

Unser Rat

Die besten E-Book-Reader sind der **Kindle Paperwhite** (129 Euro) und der **Kindle Paperwhite 3G** mit Mobilfunk (189 Euro) von Amazon. Sie überzeugen mit tadelloser Displayqualität und sind sehr bedienfreundlich. Nutzer können ihre E-Books aber nur bei Amazon kaufen. Eine gute Alternative ist der **Tolino Shine** (100 Euro), der preiswerteste Reader mit Touchscreen und Beleuchtung.

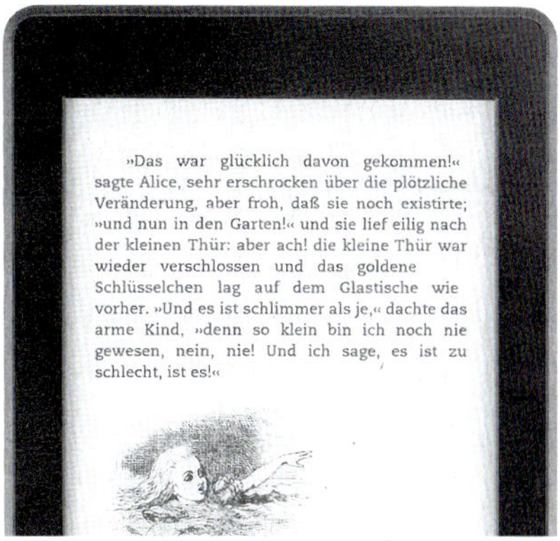

Elektronische Bestseller

6/2013 Der E-Book-Reader Tolino Shine gilt als deutsche Antwort auf Amazons Kindle. Angreifer und Testsieger liegen nicht weit auseinander.

Argwöhnisch wird die neue Alternative zum Papierbuch von vielen Leseratten beäugt. E-Book-Reader riechen weder nach Druckerschwärze, noch rascheln ihre Seiten beim Umblättern. Die meisten elektronischen Lesegeräte im Test bestechen jedoch durch einfache Handhabung und bieten viel Komfort. Sie sind leicht und fassen trotzdem hunderte Bücher.

16 E-Book-Reader hat die Stiftung Warentest geprüft. Zusätzlich bewerteten die Tester die Lesefunktionen von vier Tablet-PCs. Testsieger sind der E-Book-Reader Kindle Paperwhite von Amazon und der Kindle Paperwhite 3G mit Mobilfunk. Kein anderer ist so leicht zu bedienen oder kann es mit ihrer hochwertigen Displaytechnik aufnehmen.

Deutsche Buchhändler kämpfen

Dicht auf den Fersen ist ihnen der zweitplatzierte Tolino Shine. Das gemeinsame Produkt deutscher Buchhändler wie Thalia und Weltbild gilt als Kampfansage an den amerikanischen Versandhändler und Marktführer Amazon. Der Tolino schneidet wie der Kindle Paperwhite gut ab, ebenso acht weitere E-Book-Reader. Fünf überzeugten weniger: der Icarus Reader, die zwei Lesegeräte der Firma Trekstor, der Thalia eBook Reader 4Ink sowie der Weltbild eBook Reader 4.

Akkus halten wochenlang

Zusatzfunktionen erhöhen den Lesespaß. Dazu zählen: ein berührungsempfindliches Display, eine Hintergrundbeleuchtung oder ▶

Taugen Tablets als E-Book-Reader?
Nach denselben Kriterien wie die E-Book-Reader haben wir die Tablet-PCs Amazon Kindle Fire HD, Apple iPad Mini, Kobo Arc und Samsung Galaxy Tab 2 getestet. Fazit: Vielleser ist ein E-Book-Reader zu empfehlen. Im Sonnenlicht ist der Text auf den Tablets kaum zu erkennen und ihre Akkulaufzeit ist viel kürzer. Außerdem sind sie deutlich schwerer und unhandlicher als die Reader.

test E-Book-Reader 6/2013

www.test.de	Mittlerer Preis ca. (Euro)	Bildqualität	Bücher Laden	Handhabung	Vielseitigkeit	Konstruktion	Akku	test-QUALITÄTSURTEIL
Gewichtung		40%	10%	20%	10%	15%	5%	100%
E-Book-Reader								
Amazon Kindle Paperwhite[1]	129	++	○	+	+	+	++	**GUT (1,6)**
Amazon Kindle Paperwhite 3G[1)2]	189	Ist bauähnlich mit Amazon Kindle Paperwhite						**GUT (1,6)**
Tolino Shine[1)3]	100	+	+	+	+	+	++	**GUT (1,9)**
Kobo Glo	130	+	○	+	+	+	++	**GUT (2,0)**
Bookeen HD Frontlight[4]	129	++	+	+	+	○	++	**GUT (2,1)**
Sony PRS-T2[5]	119	+	+	+	+	+	++	**GUT (2,1)**
Amazon Kindle	49	+	○	+	⊖	+	++	**GUT (2,2)**
Pocketbook Touch 622[6]	99	+	○	+	++	+	++	**GUT (2,2)**
Kobo Mini	80	○	○	○	+	+	++	**GUT (2,4)**
Pocketbook Basic 613 New[5]	69	○	○	+	+	+	++	**GUT (2,4)**
Bookeen Cybook Odyssey[4]	59	○	+	+	+	○	++	**GUT (2,5)**
Icarus Reader Pocket (E 601)[7]	110	○	○	○	++	+	+	**BEFRIED. (2,8)**
Trekstor Pyrus mini	40	○	○	+	⊖	○	++	**BEFRIED. (2,9)**
Trekstor Pyrus[9]	70	○	○	+	⊖	+	+	**BEFRIED. (3,0)**
Thalia eBook Reader 4Ink[8]	35	Sind bauähnlich mit Trekstor Pyrus						**BEFRIED. (3,0)**
Weltbild eBook Reader 4[10]	60							**BEFRIED. (3,0)**
Tablets mit Lese-Apps								
Amazon Kindle Fire HD 32 GB[11]	249	+	○	+	Nicht bewertet		⊖	**Nicht vergeben** (Nur in Teilfunktionen als E-Book-Reader geprüft)
Apple iPad Mini WiFi 16 GB[12]	330	+	+	+			⊖	
Kobo Arc[1)13]	250	○	+	+			⊖	
Samsung Galaxy Tab 2 7.0 P-3100[14]	330	○	○	+			⊖	

Bewertungsschlüssel der Prüfergebnisse: ++ = Sehr gut (0,5–1,5). + = Gut (1,6–2,5). ○ = Befriedigend (2,6–3,5). ⊖ = Ausreichend (3,6–4,5). — = Mangelhaft (4,6–5,5). **Bei gleichem Qualitätsurteil Reihenfolge nach Alphabet.**
1) Laut Anbieter inzwischen geändert. **2)** Über Mobilfunk können Bücher von Amazon ohne zusätzliche Kosten für Datentransfer geladen werden. **3)** Erhältlich bei: Deutsche Telekom, Club Bertelsmann, Hugendubel, Thalia, Weltbild. **4)** Erhältlich bei Thalia. **5)** Laut Anbieter durch Nachfolger ersetzt. **6)** Laut Anbieter durch Nachfolger Pocketbook Touch Lux ersetzt. **7)** Laut Anbieter durch Nachfolger ICARUS Illumina HD ersetzt. **8)** Mit 2 GB internem Speicher, Thalia Gebrauchsanleitung. **9)** Mit 4 GB internem Speicher. **10)** Mit 2 GB internem Speicher, Weltbild Gebrauchsanleitung. **11)** Geprüft mit KindleApp Version 6.6_11755651. **12)** Geprüft mit ibooks Version 3.0.2. **13)** Geprüft mit Kobo App Version 4.8.9571. **14)** Geprüft mit Readers Hub Version 12.3.13.1. **Einkauf der Prüfmuster:** Februar und März 2013.

auch die Möglichkeit, Textstellen zu markieren, Notizen zu machen, ein Wörterbuch zu konsultieren, den Text querzulegen oder den Zeilenabstand zu verändern. Die meisten Extras bietet der Pocketbook Touch 622, spärlich sind sie bei den Trekstor-Geräten. Sehen lassen kann sich die Akkulaufzeit. Auf fast allen Readern können Leser mit einer einzigen Akkuladung mehrere Wochen schmökern. Der Akku der Testsieger hielt im Prüfinstitut 31 Tage durch, der des Sony-Readers ganze 91 Tage. ■ **Anbieter Seite 261**

Unser Rat

Eset (35 Euro) bietet guten Virenschutz, eine der besten Firewalls und belastet den Rechner kaum. Am schnellsten reagiert **G-Data** (35 Euro) auf neue Bedrohungen, belastet den Rechner aber stärker. Das kostenlose **Avira** zusammen mit der Windows-Firewall schützt ähnlich gut wie die Kaufversion. Allerdings fordert die kostenlose Version regelmäßig zum Kauf des Sicherheitspakets auf.

Angriffe abwehren

4/2013 Schädlinge verbreiten und verändern sich rasend schnell. Das erschwert Schutzprogrammen die Arbeit. Nur jedes zweite schützt gut.

Schadprogramme lauern auf seriösen Internet-Seiten, in sozialen Netzwerken oder in E-Mail-Anhängen. Sie spionieren Passwörter und Bankdaten der Nutzer aus oder nehmen den Rechner als Geisel. Schädlinge verändern sich rasend schnell. Eine große Herausforderung für Sicherheitsprogramme. Nur wenige Programme erkennen neue Schädlinge rechtzeitig und schalten sie aus. Den besten Virenschutz bietet G-Data Internet Security 2013.

Wächter und Scanner

Wichtig beim Surfen sind die Wächter. Sie laufen permanent im Hintergrund. Entdecken sie verdächtige Vorgänge, schlagen sie Alarm. Im besten Fall löschen Schutzprogramme den Schädling. Schaffen sie das nicht, verschieben sie ihn in Quarantäne. Dort ist der Schädling noch vorhanden, kann aber keinen Schaden anrichten. Den verlässlichsten Wächter hat Kaspersky. Das Programm wehrte fast alle Schädlinge ab. Microsoft Security Essentials dagegen erkannte nur jeden dritten.

Ein guter Wächter an der Eingangstür nützt jedoch wenig, wenn der Feind längst im Inneren sitzt. Deshalb durchforstet der Dateiscanner regelmäßig die Festplatte nach Schädlingen. Im Test sollte jedes Programm rund 13 000 Schädlinge aufspüren. Die meisten Scanner fanden mehr als 90 Prozent der Schädlinge. Bei BullGuard, McAfee, Norton, Panda und Trend Micro allerdings brach die Erkennungsrate ohne Internetzugang ▸

Sicherer Surfen im Sandkasten

Vier Sicherheitspakete im Test bieten virtuelle Sandkästen (Sandboxes): Avast, Bitdefender, Kaspersky, Panda. Sandboxen haben beim Surfen keine Verbindung zum restlichen System. Sie gewähren mehr Sicherheit, schränken aber die Handhabung ein. Nützlich sind sie sowohl für den Besuch gefährlicher als auch besonders schutzbedürftiger Webseiten, etwa für Bezahldienste und Bankgeschäfte.

test Internet-Sicherheitssoftware 4/2013

www.test.de	Download-Preis für einjährige Einzelplatzlizenz in Euro ca.	Virenschutz	Firewall	Handhabung	Rechnerbelastung	test-QUALITÄTSURTEIL
Gewichtung		40 %	10 %	30 %	20 %	100 %
Sicherheitspakete						
Eset Smart Security 5[1)]	35	+	+	+	+	GUT (2,1)
G Data InternetSecurity 2013[2)]	35	+	○	+	○	GUT (2,2)
Avira Internet Security 2013	40	+	○	+	○	GUT (2,3)
Avast! Internet Security 7	50	+	+	+	○	GUT (2,4)
F-Secure Internet Security 2013[3)]	33	+	+	+	○	GUT (2,4)
Kaspersky Internet Security 2013	40	+	○	+	○	GUT (2,5)
AVG Internet Security 2013	40	○	○	+	○	BEFRIED. (2,7)
Bitdefender Internet Security 2013	50	+	○	○	○	BEFRIED. (2,8)
BullGuard Internet Security 2013	50	○	○	○	○	BEFRIED. (2,8)
McAfee Internet Security 2013[4)]	60	○	⊖	+	○	BEFRIED. (2,9)
Zone Alarm (by Check Point) Free Antivirus + Firewall	Kostenlos	○	⊖	+	○	BEFRIED. (3,0)
Trend Micro Titanium Internet Security 2013	60[5)]	⊖*)	+	○	○	AUSREICH. (3,7)
Norton by Symantec Internet Security[3)]	40	⊖*)	⊖	○	+	AUSREICH. (3,9)
Panda Security Internet Security 2013[6)]	40	⊖*)	○	○	○	AUSREICH. (4,0)
Virenschutzprogramme						
Avira Free Antivirus	Kostenlos	+	Entfällt	+	+	GUT (2,1)
Avast! Free Antivirus	Kostenlos	+	Entfällt	+	○	GUT (2,4)
AVG AntiVirus Free 2013	Kostenlos	○	Entfällt	+	○	BEFRIED. (2,7)
Microsoft Security Essentials	Kostenlos	⊖*)	Entfällt	○	+	AUSREICH. (3,8)

Bewertungsschlüssel der Prüfergebnisse: ++ = Sehr gut (0,5–1,5). + = Gut (1,6–2,5). ○ = Befriedigend (2,6–3,5). ⊖ = Ausreichend (3,6–4,5). — = Mangelhaft (4,6–5,5). **Bei gleichem Qualitätsurteil Reihenfolge nach Alphabet.**

***) Führt zur Abwertung.**

1) Laut Anbieter durch Nachfolger Eset Smart Security 7 ersetzt. **2)** Laut Anbieter durch Nachfolger G Data InternetSecurity 2014 ersetzt. **3)** Laut Anbieter inzwischen geändert. **4)** Laut Anbieter durch Nachfolger McAfee Internet Security 2014 ersetzt. **5)** Für 3 Lizenzen. **6)** Laut Anbieter durch Nachfolger Panda Internet Security 2014 ersetzt.

Einkauf und Download der Prüfmuster: Oktober 2012.

deutlich ein. Hintergrund: Diese Anbieter lagern die aktuellsten Signaturlisten von Schadprogrammen auf Cloudservern im Internet. Ohne Internetverbindung kann der Dateiscanner nicht mehr den Inhalt der Festplatte mit den Datenbanken bekannter Schadprogramme vergleichen. Das bewerten wir kritisch.

Ein guter Virenschutz sollte auch ohne Internetverbindung gegeben sein. Das Internet ist zwar die Hauptgefahrenquelle, aber nicht die einzige. Nicht immer ist ein Rechner online. Wer im Flugzeug den verseuchten USB-Stick eines Kollegen in den Rechner steckt, geht bei diesen Programmen ein größeres Risiko ein. ■ Anbieter Seite 261

Unser Rat

Bei den Windows-Notebooks belegt das **Samsung NP350V5C-S0DDE** für 650 Euro Platz eins. Bei den leichteren Ultrabooks liegen **Samsung NP730U3E-S03DE** für 1000 und **Toshiba Satellite Z930–16K** für 870 Euro Kopf an Kopf – Toshiba mit besserem Akku, Samsung mit etwas besserem Display. Außer Konkurrenz läuft das noch bessere, mit 1 500 Euro weit teurere **Apple MacBook Pro**.

Daheim oder unterwegs

7/2013 Dicke Notebooks für den heimischen Schreibtisch, schlanke, ausdauernde Ultrabooks für unterwegs: insgesamt 18 Geräte im Test.

Smartphones und Tablets mögen die Hosentaschen und Sofas der Welt erobern. Doch für manche Aufgaben braucht es noch richtige Rechner mit richtiger Tastatur, kräftigem Prozessor und mächtigem PC-Betriebssystem. Wir haben elf leistungsstarke Mittelklasse-Notebooks um 650 Euro und fünf schlanke Ultrabooks um 1000 Euro geprüft. Außerdem im Test: Ein Ultrabook von Lenovo mit Touchscreen, das sich auch als Tablet nutzen lässt. Und das 1500 Euro teure MacBook Pro von Apple.

Schwere Notebooks für daheim

Mit fast 40 Zentimeter Bildschirmdiagonale und einem Gewicht um zweieinhalb Kilogramm werden die Notebooks den heimischen Schreibtisch wohl nur gelegentlich verlassen. Dafür bieten sie reichlich Anschlüsse und ein DVD-Laufwerk. Alle haben neben dem schnellen Hauptprozessor auch einen leistungsfähigen Grafikprozessor mit eigenem Grafikspeicher. So eignen sie sich auch für flotte 3D-Spiele. Im Test liegt ein Samsung-Notebook vorn.

Für den Einsatz unterwegs eignen sich die kleineren Ultrabooks besser als die dicken Notebooks: Sie sind flacher und kompakter und mit ein bis eineinhalb Kilo auch deutlich leichter. Die Leistung ihrer Hauptprozessoren steht der der Notebooks kaum nach. Doch haben sie keine schnellen Grafikprozessoren – Ultrabooks sind vor allem zum Arbeiten da, nicht zum Spielen. Statt Festplatten haben Ultrabooks SSD-Lauf- ▶

Halb Ultrabook, halb Tablet
Eine interessante Hybridlösung ist das **Lenovo IdeaPad Yoga 13:** Das Ultrabook hat einen berührempfindlichen Bildschirm, der sich um 360 Grad nach hinten klappen lässt. So funktioniert es auch als Windows-8-Tablet. Dafür ist es mit eineinhalb Kilogramm allerdings ziemlich schwer. Und für den Preis von 1 280 Euro könnte der Nutzer auch einfach ein Notebook und dazu ein Tablet kaufen.

test Notebooks und Ultrabooks 7/2013

www.test.de	Preis in Euro ca.	Rechen-leistung	Hand-habung	Display	Akku	Umwelt-eigen-schaften	Vielsei-tigkeit	test -QUALITÄTS-URTEIL
Gewichtung		30%	20%	15%	15%	10%	10%	100%
Notebooks mit 39,6 cm (15,6 Zoll) Bildschirmdiagonale und Windows 8								
Samsung NP350V5C-S0DDE[1)]	650	+	+	+	+	+	○	**GUT (2,2)**
HP Pavilion g6-2301sg	490	+	+	○	+	○	○	**GUT (2,3)**
Medion Akoya P6637 (MD98293)[2)]	605	+	+	+	○	○	+	**GUT (2,3)**
Acer Aspire V3-571G-53238G1TMaii	650	+	+	○	○	○	○	**GUT (2,4)**
Dell Inspiron 15R-5521	480	+	○	○	+	+	○	**GUT (2,4)**
Fujitsu Lifebook AH532 M35C2DE[2)]	700	+	+	○	○	+	○	**GUT (2,4)**
MSI CX61-i573M281	600	+	+	○	○	○	○	**GUT (2,4)**
Packard Bell EasyNote TV11HC-53214G50Mnks	530	+	+	○	+	+	○	**GUT (2,4)**
Toshiba Satellite L855-151[1)]	650	+	+	+	○	+	○	**GUT (2,4)**
Asus K55VJ-SX006H	640	+	+	○	○	○	○	**BEFRIED. (2,6)**
Sony Vaio SV-E1513U1ESI[1)]	700	+	○	○	○	○	○	**BEFRIED. (2,6)**
Ultrabooks mit 33,7 cm (13,3 Zoll) Bildschirmdiagonale und Windows 8								
Samsung NP730U3E-S03DE[1)]	1000	+	+	+	+	+	○	**GUT (2,1)**
Toshiba Satellite Z930-16K	870	+	+	+	+	+	○	**GUT (2,1)**
HP Spectre XT 13-2100eg[1)]	890	+	+	○	○	+	○	**GUT (2,4)**
Asus Zenbook UX31A-R4005H	1050	+	○	+	+	+	⊖	**GUT (2,5)**
Dell XPS 13-L322X	1150	+	○	+	○	+	⊖	**GUT (2,5)**
Touchscreen-Ultrabook mit 33,7 cm (13,3 Zoll) Bildschirmdiagonale und Windows 8								
Lenovo IdeaPad Yoga 13 2191	1280	+	+	○	+	+	⊖	**GUT (2,5)**
MacBook mit 33,7 cm (13,3 Zoll) Bildschirmdiagonale und Mac OS X 10.8								
Apple MacBook Pro Art.-Nr. A1425	1500	+	+	+	++	++	○	**GUT (2,0)**

Bewertungsschlüssel der Prüfergebnisse: ++ = Sehr gut (0,5–1,5). + = Gut (1,6–2,5). ○ = Befriedigend (2,6–3,5). ⊖ = Ausreichend (3,6–4,5). — = Mangelhaft (4,6–5,5). **Bei gleichem Qualitätsurteil Reihenfolge nach Alphabet.**
***) Führt zur Abwertung. 1)** Laut Anbieter Auslaufmodell. **2)** Laut Anbieter nicht mehr erhältlich.
Einkauf der Prüfmuster: April 2013.

werke. Vorteil: SSD-Laufwerke arbeiten lautlos und wesentlich schneller als Festplatten. Nachteil: Sie sind teurer und bieten deutlich weniger Speicherplatz.

Insgesamt schneidet im Test ein Außenseiter am Besten ab: Das Apple MacBook Pro liegt noch ein wenig vor den beiden besten Ultrabooks von Samsung und Toshiba. Besonders bei der Akkuleistung ist das MacBook spitze. Mit stattlichen 1500 Euro gehört es freilich auch in eine ganz andere Preisklasse. ■ Anbieter Seite 261

Unser Rat

Unter den kleineren Tablets lag das Android-Tablet **Samsung Galaxy Note 8.0** (415 Euro) an der Spitze. Den zweiten Platz teilten sich das **Apple iPad Mini** für 600 und das **Asus / Google Nexus 7 (2013)** für 350 Euro. Bei den Großen lag das **Apple iPad 4** (770 Euro) vorn, das Ende 2013 durch den Nachfolger iPad Air ersetzt wurde. An zweiter Stelle stand das **Toshiba Excite Write** (700 Euro).

Surfen, spielen. Arbeiten?

1 + 12/2013 Im Web surfen und Videos spielen können sie alle. Als Notebook-Ersatz taugen Tablets dagegen nur bedingt.

Auf dem Sofa, im Café, in der Bahn: Tablet-Rechner erobern die Welt. Während der Absatz klassischer PCs und Notebooks sinkt, explodieren die Tablet-Verkäufe. Kein Wunder: Ein Notebook haben die meisten Menschen schon auf dem Schreibtisch stehen. Das Tablet lockt als Zweitgerät zum Spielen im Wohnzimmer oder zum Surfen unterwegs. Und manch einer, der es sonst mit Technik nicht so hat, entdeckt dank der leicht zu bedienenden Touchscreen-Rechner den Spaß am Internet.

Android und iOS dominieren

Die allermeisten Tablets laufen mit einem der beiden wichtigsten mobilen Betriebssysteme: Android von Google oder iOS von Apple. Beide kommen ursprünglich vom Smartphone und sind für Unterhaltung und Information, die typischen Anwendungen von Tablets, bestens gerüstet. Dagegen versucht Microsoft sein Glück mit dem PC-Betriebssystem Windows 8, das auch auf Tablet-Rechnern läuft – bislang allerdings mit mäßigem Markterfolg.

Wer ein Smartphone besitzt, hat damit schon eine Vorentscheidung für die Wahl des Tablets getroffen: iPhone-Jünger werden eher zum iPad greifen, Android-Nutzer dürften auch beim Tablet eher auf Android setzen. Die jeweilige Bedienlogik ist vom Handy her vertraut. Und: Wer schon Geld für iPhone-Apps ausgegeben hat, kann diese auch auf einem iPad nutzen, nicht jedoch auf einem Android-Tablet – und umgekehrt. ▶

Nachfolger im Test
Zu spät für test 12/2013 kamen das große **Apple iPad Air** und das kleine **Apple iPad Mini mit Retina Display** auf den Markt. Auch Microsoft präsentierte im Herbst 2013 ein neues Windows-Tablet, das **Microsoft Surface Pro 2**. Sobald Testergebnisse vorliegen, erscheinen sie zusammen mit denen zu allen Tablets, die wir seit 2012 geprüft haben, im Online-Produktfinder: www.test.de/tablets

Die Entscheidung zwischen Android oder iOS ist auch Geschmackssache. Beide Systeme funktionieren gut. Nutzer finden für beide ein enormes Software-Angebot, das typische Alltagsanwendungen abdeckt. In einigen Nischen, etwa bei Apps zum Musikmachen, hat iOS mehr zu bieten. Dafür ist Android offener und erlaubt es Nutzern zum Beispiel, den internen Speicher mit Speicherkarten zu erweitern.

Billig-Tablets mit wenig Leistung

Außerdem können Android-Nutzer unter mehr Geräten wählen. Auch die Preisspanne ist folglich größer: Die billigsten Android-Tablets im Test gibt es schon ab 142 Euro. Selbst das einfachste iPad Mini kostet dagegen 289 Euro. Der Test zeigt aber auch, dass preisbewusste Käufer Kompromisse eingehen müssen: So hält der Akku des Trekstor beim Surfen nicht einmal drei Stunden durch. Auch in puncto Rechenleistung hinken Billig-Tablets meist deutlich hinterher.

In Sachen Display-Größe konkurrieren zwei Gruppen: Große Modelle mit rund zehn Zoll (25,5 Zentimetern) Diagonale bieten mehr Bildfläche, was beim Surfen und Schauen von Videos von Vorteil ist. Die Kleineren mit sieben bis acht Zoll (17 bis 20 Zentimeter) sind dagegen leichter, handlicher und so vor allem unterwegs komfortabler. Qualitativ haben die kleinen Tablets im Laufe des Jahres aufgeholt: Das Samsung Note mit 8-Zoll-Bildschirm aus dem Dezembertest, schlägt sich so gut wie das große iPad 4 aus dem Januartest.

Funkmodem eventuell verzichtbar

Sofern verfügbar, haben wir die Tablets in der Modellvariante mit eingebautem Mobilfunkmodem geprüft. Nutzer können damit nicht nur über lokale WLan-Netzwerke, sondern auch per Handynetz surfen. Diese Modelle sind für all jene geeignet, die auch unterwegs überall ins Netz wollen. Wer dagegen nur an Orten surfen will, die über ein WLan-Netz verfügen, etwa daheim, im Café, im Hotel oder am Flughafen, kann auf die Version ohne UMTS-Modem setzen – und spart je nach Modell um die 100 Euro.

Tippen besser mit richtigen Tasten

Mit ihren berührungsempfindlichen Displays eignen sich Tablets besonders gut, um per Fingerstreich Medien und Informationen zu konsumieren. Texte einzugeben, ist dagegen auf den virtuellen Bildschirmtastaturen eher mühsam. Das 700 Euro teure Toshiba bringt eine Schutzhülle mit eingebauter Bluetooth-Tastatur mit. Damit lassen sich längere Texte viel bequemer eintippen. Die meisten anderen Tablets können sich per Funk mit handelsüblichen Bluetooth-Tastaturen koppeln.

Kaum Apps für Arbeits-Tablets

Mit einem vollwertigen PC-Betriebssystem treten die Windows-Tablets an. Vom Büropaket über Bildbearbeitung bis zum Videoschnitt können Nutzer aus einem Riesenangebot an Windows-Software wählen. Das Problem: Die allermeisten Programme sind kaum bis gar nicht für die Bedienung mittels Touchscreen geeignet – und das Angebot an dafür optimierten Windows-Apps ist vergleichsweise klein.

Windows-Geräte noch mit Defiziten

Hinzu kommt: Windows braucht starke Prozessoren, um flüssig zu arbeiten. Deshalb ist ein leistungsfähiges Windows-Tablet wie das Surface Pro von Microsoft unhandlich und fast ein Kilogramm schwer. Umgekehrt bringt ein kleines, leichteres Windows-Modell wie das Acer Iconia W3 deutlich weniger Rechenleistung. So erscheinen diese Geräte als etwas ungelenker Kompromiss für Anwender, die unbedingt die Eigenschaften von PC und Tablet vereint sehen wollen. Für die meisten funktioniert dagegen wohl weiterhin die bisherige Arbeitsteilung am besten: ein PC oder Notebook zum Arbeiten und ein Android- oder iOS-Tablet zum Surfen und Spielen. ■ **Anbieter Seite 261**

test Tablets 1 + 12/2013

www.test.de	Geprüft mit Betriebs-system	Mittlerer Preis ca. (Euro)	Funk-tionen	Hand-ha-bung	Dis-play	Akku	Viel-seitig-keit	test-QUALITÄTS-URTEIL
Gewichtung			25 %	25 %	20 %	20 %	10 %	100 %
Mit Android oder iOS und 23,3 bis 25,5 cm (9,2 bis 10,0 Zoll) Bildschirmdiagonale								
Apple iPad 4 WiFi Cellular (64 GB)	iOS 6.0.1	770	+	+	+	+	+	GUT (1,9)
Toshiba Excite Write AT10PE-A-106	Android 4.2.1	700 1)	+	+	+	○	+	GUT (2,1)
Asus Memo Pad FHD 10 WiFi (32 GB)	Android 4.2.2	340	+	+	○	+	+	GUT (2,2)
Samsung Galaxy Tab 3 10.1 3G (GT-P5200)	Android 4.2.2	445	+	+	○	+	+	GUT (2,2)
Sony Xperia Tablet Z (16 GB) (SGP321DE)	Android 4.2.2	595	+	+	+	○	+	GUT (2,2)
Medion LifeTab E10311 (MD 99192)	Android 4.1.1	187	○	+	○	○	○	BEFRIED. (2,6)
TechniSat TechniPad 10G	Android 4.1.1	289	○	+	○	○	+	BEFRIED. (2,7)
Odys Prime	Android 4.2.2	229	○	○	○	+	○	BEFRIED. (2,8)
Mit Android oder iOS und 17,4 bis 20,3 cm (6,9 bis 8,0 Zoll) Bildschirmdiagonale								
Samsung Galaxy Note 8.0 (GT-N5100)	Android 4.2.2	415	+	+	+	+	+	GUT (1,9)
Apple iPad Mini WiFi Cellular (64 GB)	iOS 6.0.1	600	+	+	○	++	+	GUT (2,1)
Asus / Google Nexus 7 4G (2013) (32 GB)	Android 4.3	350	+	+	+	+	+	GUT (2,1)
Acer Iconia A1-811 (16 GB)	Android 4.2.2	236	○	+	⊖ *)	+	+	BEFRIED. (2,7)
Lenovo IdeaTab A3000-H	Android 4.2.2	194	○	+	○	○	+	BEFRIED. (2,7)
Intenso 8" Tab 824	Android 4.1.1	142	○	○	○	○	⊖	BEFRIED. (3,1)
Trekstor SurfTab ventos 7.0 HD (16 GB)	Android 4.1.1	142	○	+	○	⊖ *)	○	BEFRIED. (3,1)
Mit Windows und 26,8 cm (10,6 Zoll) Bildschirmdiagonale								
Microsoft Surface Pro (64 GB) 2)3)	Windows 8.0 Pro	700 1)	+	+	+	○	+	GUT (2,3)
Mit Windows und 20,4 cm (8,0 Zoll) Bildschirmdiagonale								
Acer Iconia W3-810 (64 GB) (NT.L1JEG.002)	Windows 8.0	350	○	+	⊖ *)	+	+	BEFRIED. (2,8)

Bewertungsschlüssel der Prüfergebnisse: ++ = Sehr gut (0,5–1,5). + = Gut (1,6–2,5). ○ = Befriedigend (2,6–3,5). ⊖ = Ausreichend (3,6–4,5). — = Mangelhaft (4,6–5,5). **Bei gleichem Qualitätsurteil Reihenfolge nach Alphabet.**

***) Führt zur Abwertung.**

1) Preis laut Anbieter-Website.

2) Laut Anbieter Auslaufmodell.

3) Laut Anbieter Software-Update verfügbar.

Einkauf der Prüfmuster: April 2013.

Unser Rat

Auf **Microsoft Windows 8** für PCs umzusteigen, dürfte sich für viele kaum lohnen. Auf PC oder Notebook zeigen sich wenig Vorteile im Vergleich zu Windows 7, sieht man vom schnelleren Systemstart ab. Auf dem Tablet kann es nicht mit den etablierten Systemen Android und iOS mithalten. Das Bedienkonzept mit zwei verschiedenen Oberflächen ist für Nutzer verwirrend.

Kacheln ohne Vorteile

3/2013 Mit Windows 8 und Windows RT präsentiert Microsoft ein Betriebssystem für Tablets und Computer. Es bietet nur wenig Vorteile.

Mit Windows 8 und RT präsentiert Microsoft sein erstes Betriebssystem für Tablets. Der Konzern hofft, der Dominanz von Googles Android und Apples Betriebssystem iOS ein Ende zu setzen. Bisher waren Windows-Systeme nicht für die Bedienung per Fingerzeig optimiert. Die neue Kacheloberfläche soll das ändern. Gleichzeitig soll Windows 8 auf Notebooks und PCs ältere Windows-Versionen ablösen. Im Test überzeugte das neue System nicht. Der Umstieg von Windows 7 dürfte sich für die wenigsten Nutzer lohnen. Die Windows-RT-Variante kann als Tablet-System nicht mit der Vielfalt an Anwendungen der etablierten Platzhirsche Android und iOS mithalten.

Gleich zwei verschiedene Arbeitsoberflächen bietet Windows 8: eine in Kacheloptik, die andere in bekannter Desktop-Form. Die Kacheln auf der neuen Startseite laden zur Bedienung mit den Fingern ein. Sie zeigen Live-Dienste wie Wetter oder Nachrichten an oder bieten Zugang zu Programmen wie E-Mail oder Adressbuch. Die zwei verschiedenen Arbeitsumgebungen sind verwirrend. Das zeigt sich besonders beim Internet Explorer. So befindet sich die Zeile zum Eingeben der Internetadresse einmal oben und einmal unten.

Windows 8 startet dafür deutlich schneller als sein Vorgänger. Abgesehen davon bietet Microsofts Neuling aber kaum Vorteile. Wer ein stabiles Betriebssystem wie Windows 7 nutzt, dürfte wenig Grund haben, umzusteigen ■

Abgespeckte Windows RT-Version
Windows-RT ist eine abgespeckte Variante von Windows 8 für Geräte mit stromsparenden ARM-Prozessoren. Größter Unterschied zur Windows-8-Komplettversion: Nutzer können ihre Programme bei Windows RT nur aus dem Windows Store herunterladen. Außerdem können RT-Nutzer ihre bereits gekauften Windows-Programme, zum Beispiel das Office-Paket, nicht installieren.

Unser Rat

Wer mit hohem statt mit sehr hohem Surftempo leben kann, spart am meisten. Prüfen Sie das Kleingedruckte. Oft verteuern Leistungen, die nicht jeder braucht, den Vertrag. Teils können Sie solche Schnupperangebote vor Vertragsabschluss abwählen, teils kurz danach kündigen. Die Angebote ähneln sich. Doch nur bei Vodafone fanden wir keine Mängel in den allgemeinen Geschäftsbedingungen.

Kostenfalle Kleingedrucktes

9/2013 Neue Tarife können den Geldbeutel schonen – oder ins Geld gehen. Erst unzählige Fußnoten verraten den tatsächlichen Preis.

Wer den Telefonanbieter wechselt, erlebt Geschichten. Zum Beispiel die vom Kampfpreis, der keiner ist. Anbieter 1&1 wirbt mit einem monatlichen Preis von 24,99 Euro für den Tarif Doppel-Flat 6 000. Festnetztelefonate sind inklusive, Internetsurfen ebenso. Inklusive sind allerdings auch einige Überraschungen. So zahlen Kunden, die nicht im „1&1-Ausbaugebiet" wohnen, monatlich 4,99 Euro zusätzlich. Außerdem: Wer nicht rechtzeitig vor Ablauf der Mindestvertragslaufzeit kündigt, zahlt ab dem 25. Monat eine höhere Grundgebühr von 29,99 Euro, insgesamt also 34,98 Euro.

Das Tempo bestimmt den Preis

Unser Vergleich der Pauschalpakete für Internet und Gespräche ins Festnetz zeigt Grundpreise von knapp 20 Euro bis 50 Euro pro Monat – letzteres für High-Speed-Internet. Wir prüften die überregionalen Telefongesellschaften 1&1, Congstar, O_2, Tele2, Telekom und Vodafone sowie die vier regionalen Kabelanbieter Kabel BW, Kabel Deutschland, Tele Columbus und Unitymedia. Das Fazit: Kabelanbieter sind tendenziell etwas günstiger als die Telefongesellschaften. Außerdem: Wer nur im Internet surft und keine Filme herunterlädt, kann auf die Höchstgeschwindigkeit verzichten. Das spart über 24 Monate Vertragslaufzeit hunderte Euro.

Achtung Kleingedrucktes: Es steckt voller Überraschungen wie Regiozuschläge, kostenpflichtige Extras und Routerzwang – die Liste ist lang. ■

AGB – Mutter des Kleingedruckten
Allgemeine Geschäftsbedingungen (AGB) sind nicht vorgeschrieben – bei Unternehmen aber sehr beliebt, um Kundenrechte einzuschränken. Alle geprüften Anbieter arbeiten mit allgemeinen Geschäftsbedingungen. Bei 1&1 fanden wir mehr als ein Dutzend unwirksame Klauseln. Auch die AGB von Tele2 enthalten „sehr deutliche" Mängel. Die AGB der vier Kabelanbieter wiesen „deutliche" Mängel auf.

Unser Rat

Das **Panasonic KX-TU327** für 85 Euro bietet den besten Akku. Seine sehr gute Tastatur und sein sehr gutes Display kommen Nutzern mit Seh- und Motorikschwäche entgegen. Für sie ebenso wie für Nutzer mit Hörschwäche empfehlen sich auch das **Doro PhoneEasy 612** für 95, das **Doro PhoneEasy 515** für 101, **Tiptel Ergophone 6020+** für 99 und **Amplicomms PowerTel M7000** für 100 Euro.

Einfach telefonieren

2/2013 Panasonic liegt knapp vor dem schwedischen Spezialanbieter Doro. Einige Geräte im Test patzen bei Handhabung und Stabilität.

Seniorenhandys werden immer besser. Stand im Vortest vor knapp drei Jahren der Testsieger als einziger gut da, schneiden im aktuellen Test immerhin 8 von 15 Seniorenhandys gut ab. Testsieger ist ein Gerät des japanischen Panasonic-Konzerns, gefolgt von zweien des schwedischen Spezialanbieters Doro. Einige andere patzen dagegen mit unbefriedigenden Anleitungen, schwachen Displays oder Tastaturen. Zwei halten den Stabilitätstests nicht stand.

Senioren machen den Praxistest

Unterwegs erreichbar sein – das wollen ältere Leute genauso wie junge. Doch wenn irgendwann Augen, Gehör oder Motorik nachlassen, können reguläre Handys zur Herausforderung werden. Hier sollen spezielle, besonders leicht zu bedienende Seniorenhandys helfen. Neben den üblichen Prüfungen zu Telefonfunktion, Handhabung, Stabilität und Akku durchlaufen sie zusätzlich einen aufwendigen Praxistest: Je drei ältere Probanden mit Einschränkungen beim Sehen, beim Hören und bei der Motorik bewerten dabei, wie gut die Geräte sich für ihre besonderen Bedürfnisse eignen.

Nutzer mit Sehschwäche profitieren von hellen, kontraststarken Displays und großen, gut beschrifteten Tasten. Auch kann es helfen, wenn das Handy beim Wählen die Ziffern ansagt. Der Testsieger von Panasonic bietet all das. Noch besser kommen bei den Testpersonen mit Sehschwäche nur die beiden von Tiptel und Amplicomms an.

Smartphones bedingt geeignet

Neben den 15 Seniorenhandys durchliefen auch zwei aktuelle Smartphones, das Apple iPhone 5 und das Samsung Galaxy S III, den Test. Ergebnis: Beide kamen bei den Test-Senioren nicht besonders an. Besonders für Nutzer mit Motorikschwäche eignen sich ihre Touchscreens kaum. Für Blinde und Sehbehinderte bietet das iPhone 5 noch deutlich bessere Hilfen als das Android-Handy von Samsung.

test Seniorenhandys 2/2013

www.test.de	Mittlerer Preis in Euro ca.	Telefonfunktion	Handhabung	Stabilität	Akku	Vielseitigkeit	test-QUALITÄTSURTEIL
Gewichtung		20 %	40 %	10 %	20 %	10 %	100 %
Panasonic KX-TU327	85	+	+	+	++	○	GUT (1,9)
Doro PhoneEasy 612	95	+	+	+	+	+	GUT (2,0)
Doro PhoneEasy 515[1)]	101	+	+	+	+	+	GUT (2,2)
Tiptel Ergophone 6020+	99	+	+	+	+	+	GUT (2,2)
Amplicomms PowerTel M7000[2)]	100	+	+	+	○	+	GUT (2,3)
Pearl/Simvalley Mobile XL-937	60	+	+	+	+	+	GUT (2,3)
Bea-fon SL 550[2)]	79	+	○	+	+	+	GUT (2,4)
Swissvoice MP33	75	+	○	+	+	+	GUT (2,5)
Emporia Elegance plus GPS[2)]	110	○	○	+	○	+	BEFRIEDIGEND (2,6)
Emporia Click[2)]	100	○	○	+	○	+	BEFRIEDIGEND (2,7)
Swissvoice MP50	90	○	○	+	○	+	BEFRIEDIGEND (2,9)
Saturn/OK. OMP 100	55[3)]	○	○	+	○	○	BEFRIEDIGEND (3,1)
Alcatel One Touch 536	63	+	⊖*)	+	+	+	BEFRIEDIGEND (3,2)
Olympia Chic[1)]	55	○	⊖	⊖*)	○	○	AUSREICHEND (4,0)
Auro C2030	85	○	○	–*)	○	○	AUSREICHEND (4,2)

Bewertungsschlüssel der Prüfergebnisse: ++ = Sehr gut (0,5–1,5). + = Gut (1,6–2,5). ○ = Befriedigend (2,6–3,5). ⊖ = Ausreichend (3,6–4,5). – = Mangelhaft (4,6–5,5). **Bei gleichem Qualitätsurteil Reihenfolge nach Alphabet.**

***) Führt zur Abwertung.**

1) Laut Anbieter nicht mehr erhältlich.

2) Laut Anbieter inzwischen geändert.

3) Preis laut Anbieter.

Einkauf der Prüfmuster: Oktober 2012.

Beim Praxistest der Telefone mit Hörgeräteträgern gab es mit keinem der geprüften Telefone größere Probleme. Allerdings bieten längst nicht alle eine Induktionsschleife für Hörgeräte. Wer sein Hörgerät beim Telefonieren auf induktives Hören umschalten will, muss auf ein entsprechend ausgestattetes Handy achten.

Griffiger dank Gummierung

Bei Einschränkungen in der Motorik helfen große Tasten mit klarem Druckpunkt. Eine gummierte Oberfläche wie die des Doro PhoneEasy 612 kann zudem das ganze Gerät griffiger machen. Schwächen zeigen hier zum Beispiel das Emporia Click, dessen Tasten teilweise doppelte Druckpunkte haben, und das Olympia Chic mit kleinen Menütasten und fummeliger Tastensperre.

Alle Handys im Test verfügen auch über eine Notruffunktion. Wird der Notrufknopf gedrückt, rufen sie nacheinander eine Reihe vorher einprogrammierter Rufnummern an, bis ein Helfer erreicht wurde. In der Regel wird das ein Angehöriger in der Nähe sein, der dann je nach Notlage selbst helfen oder einen Rettungsdienst verständigen kann.

Bei einigen Telefonen kann dieser Notrufmechanismus allerdings durch einen Anrufbeantworter bei der Gegenstelle unterbrochen werden. Andere Geräte versuchen, ein solches Aushebeln des Notrufs durch mehr oder minder geschickte Mechanismen zu verhindern. ■

Anbieter Seite 262

Unser Rat

Bestes Smartphone ist das **Samsung Galaxy S4** für 600 Euro. Den besten Akku hat das riesige **Samsung Galaxy Note II LTE** für 525 Euro. Die beste Kamera bietet das **Samsung Galaxy S4 Zoom** mit einem optischen 10-fach Zoom für 455 Euro. Günstiger und ebenfalls gut sind **Samsung Galaxy S III Mini** für 279, **Huawei Ascend P1** für 260 und **LG P760 Optimus L9** für 232 Euro.

Der Platzhirsch und andere

1+3+5+9+11/2013 Samsung und Android dominieren den Smartphonemarkt. Andere Anbieter und Systeme geraten ins Hintertreffen.

Ein Betriebssystem beherrscht souverän den Smartphone-Markt: Auf knapp 80 Prozent der schlauen Handys, die im zweiten Quartal 2013 weltweit ausgeliefert wurden, lief laut den Marktforschern von Gartner, das Google-System Android. Und ein Anbieter dominiert wiederum den Markt für Android-Handys: Auf Samsung entfielen fast 32 Prozent der verkaufen Smartphones.

Samsung oft mit gutem Akku

Samsung-Handys beherrschen auch die Testergebnisse. Etliche davon rangieren vor Flaggschiffen der Konkurrenz wie dem LG Optimus G, dem HTC One oder dem Sony Xperia Z. Ein Grund: Besser als viele andere hat Samsung das Problem mit den Akkulaufzeiten im Griff. Doch ist nicht alles von Samsung toll. Auch unter den Schlechtesten platzieren die Koreaner mehrere Modelle.

Eine Hauptattraktion von Android ist die enorme Vielfalt an Geräten. Unter Apples iOS-System (Marktanteil laut Gartner: 14 Prozent) läuft dagegen nur eine Handvoll iPhone-Modelle. Die beiden neuen iPhones 5C und 5S schaffen es in den vorderen Teil der Tabelle, aber nicht an die Spitze.

Mit Marktanteilen im einstelligen Bereich folgen Microsoft Windows Phone und das System des kriselnden Anbieters Blackberry. Windows Phone ist eine Domäne von Nokia, dessen Handysparte von Microsoft übernommen wurde. Doch das beste Windows-Handy im Test ist mit dem Ativ S wiederum ein Samsung. ■ **Anbieter Seite 262**

Für zwei Sim-Karten

Einer dienstlich, einer privat; einer fürs Ausland, einer für daheim: Manchmal braucht es zwei Mobilfunkanschlüsse. Die **Dual-Sim-Handys** Samsung Galaxy Ace Duos, Samsung Galaxy S Duos und Sony Xperia Tipo Dual aus test 5/2013 haben Steckplätze für zwei Sim-Karten. Alle drei sind eher einfach ausgestattet, am besten ist noch das **Samsung Galaxy S Duos** für 236 Euro.

test Smartphones I 1+3+5+9+11/2013

www.test.de	Geprüft mit Betriebssystem	Mittlerer Preis in Euro ca.	Telefon	Kamera	Musikspieler	Internet und PC	GPS und Navigation	Handhabung	Stabilität	Akku	test-QUALITÄTSURTEIL
Gewichtung			15 %	10 %	10 %	15 %	10 %	20 %	5 %	15 %	100 %
Samsung Galaxy S4 (I9505)	Android 4.2.2	600	+	+	+	++	+	++	+	+	GUT (1,7)
Samsung Galaxy Note II (N7100)	Android 4.1.1	480	+	+	+	++	+	+	++	++	GUT (1,8)
Samsung Galaxy Note II LTE (N7105)	Android 4.1.2	525	○	+	+	++	+	+	++	++	GUT (1,8)
Samsung Galaxy S4 Mini (I9195)	Android 4.2.2	460	+	○	+	++	+	+	+	+	GUT (1,9)
Samsung Galaxy S III LTE (I9305)	Android 4.1.2	485	○	+	+	++	+	+	+	+	GUT (1,9)
Apple iPhone 5s (16GB)	iOS 7.0.1	700[1)]	○	+	+	++	+	+	+	○	GUT (2,0)
HTC One X+	Android 4.1.1	580	+	○	+	++	+	+	++	+	GUT (2,0)
LG E975 Optimus G	Android 4.1.2	430	+	○	+	++	+	+	+	+	GUT (2,0)
Samsung Galaxy S4 Zoom (SM-C101)	Android 4.2.2	455	○	++	+	+	+	+	+	++	GUT (2,0)
Samsung Galaxy S III Mini (I8190)	Android 4.1.1	279	+	○	+	++	+	+	+	+	GUT (2,0)
Apple iPhone 5c (16GB)	iOS 7.0.1	600[1)]	+	+	+	++	+	+	+	○	GUT (2,1)
HTC One	Android 4.1.2	580	+	○	+	++	○	+	+	○	GUT (2,1)
LG P880 Optimus 4x HD[2)]	Android 4.0.3	272	+	○	+	++	○	+	++	+	GUT (2,1)
Samsung Ativ S (I8750)	Windows Phone 8.0	440	○	○	+	+	+	+	+	+	GUT (2,1)
Samsung Galaxy Beam (I8530)	Android 2.3.6	252	+	○	+	+	+	+	++	+	GUT (2,1)
Huawei Ascend P1	Android 4.0.3	260	+	○	○	++	○	+	+	+	GUT (2,2)
LG P760 Optimus L9	Android 4.0.4	232	+	○	○	++	+	+	++	+	GUT (2,2)
Motorola Razr i	Android 4.0.4	335	+	○	○	+	+	+	+	+	GUT (2,2)
Samsung Galaxy Ace 2 (I8160)	Android 2.3.6	204	+	○	+	+	○	+	++	+	GUT (2,2)
Sony Xperia Z	Android 4.1.2	530	+	○	+	++	+	+	+	○	GUT (2,2)

Bewertungsschlüssel der Prüfergebnisse: ++ = Sehr gut (0,5–1,5). + = Gut (1,6–2,5). ○ = Befriedigend (2,6–3,5). ⊖ = Ausreichend (3,6–4,5). — = Mangelhaft (4,6–5,5). **Bei gleichem Qualitätsurteil Reihenfolge nach Alphabet.**

1) Preis im Apple Store.
2) Laut Anbieter Software inzwischen geändert.

Einkauf der Prüfmuster: Bis September 2013.

test Smartphones II 1+3+5+9+11/2013

www.test.de	Geprüft mit Betriebssystem	Mittlerer Preis in Euro ca.	Telefon	Kamera	Musikspieler	Internet und PC	GPS und Navigation	Handhabung	Stabilität	Akku	test-QUALITÄTSURTEIL
Gewichtung			15 %	10 %	10 %	15 %	10 %	20 %	5 %	15 %	100 %
Blackberry Q10	Blackberry OS 10	585	+	○	+	+	○	+	++	+	**GUT (2,3)**
HTC One XL	Android 4.0.4	490	+	○	+	++	+	+	+	⊖*)	**GUT (2,3)**
HTC Windows Phone 8X	Windows Phone 8.0	375	+	○	+	+	+	+	++	○	**GUT (2,3)**
LG E960 Google Nexus 4	Android 4.2.2	330	+	○	○2)	+	+	+	++	+	**GUT (2,3)**
LG P700 Optimus L71)	Android 4.0.3	170	+	○	+	+	○	+	++	+	**GUT (2,3)**
Sony Xperia T	Android 4.0.4	345	+	○	+	++	+	+	+	○	**GUT (2,3)**
Sony Xperia V	Android 4.1.2	350	+	○	+	++	○	+	+	○	**GUT (2,3)**
Blackberry Z10	Blackberry OS 10	490	+	○	+	++	○	+	++	⊖*)	**GUT (2,4)**
HTC One SV	Android 4.0.4	340	○	⊖*)	+	++	○	+	++	○	**GUT (2,4)**
HTC Windows Phone 8S	Windows Phone 8.0	229	+	○	+	+	○	+	+	+	**GUT (2,4)**
Motorola Motoluxe	Android 2.3.7	190	+	○	○	+	○	+	++	+	**GUT (2,4)**
Nokia 603	Symbian 3 Version Belle	215	+	⊖*)	+	+	+	+	++	+	**GUT (2,4)**
Nokia 808 PureView	Symbian 3 Version Belle	325	+	+	+	+	○	○	+	○	**GUT (2,4)**
Nokia Lumia 920	Windows Phone 8.0	490	○	○	+	+	+	+	+	○	**GUT (2,4)**
Sony Xperia Acro S	Android 4.0.4	330	+	○	+	+	+	+	+	○	**GUT (2,4)**
Huawei Ascend Y300	Android 4.1.1	131	+	○	○	+	○	○	+	+	**GUT (2,5)**
LG E610 Optimus L51)	Android 4.0.3	142	+	○	+	+	○	+	+	+	**GUT (2,5)**
Nokia Lumia 520	Windows Phone 8.0	172	+	○	○	+	+	+	+	○	**GUT (2,5)**
Nokia Lumia 620	Windows Phone 8.0	249	+	○	○	+	○	+	+	○	**GUT (2,5)**
Nokia Lumia 9001)	Windows Phone 7.5	260	+	○	○	+	+	+	++	○	**GUT (2,5)**
Samsung Galaxy S Duos (S7562)	Android 4.0.4	236	○	○	○2)	+	+	+	++	○	**GUT (2,5)**

Bewertungsschlüssel der Prüfergebnisse: ++ = Sehr gut (0,5–1,5). + = Gut (1,6–2,5). ○ = Befriedigend (2,6–3,5). ⊖ = Ausreichend (3,6–4,5). — = Mangelhaft (4,6–5,5). **Bei gleichem Qualitätsurteil Reihenfolge nach Alphabet.**
***) Führt zur Abwertung.**
1) Laut Anbieter Software inzwischen geändert.
2) Kein Kopfhörer mitgeliefert. Dies floss negativ in die Bewertung ein. **Einkauf der Prüfmuster:** Bis September 2013.

test Smartphones III 1+3+5+9+11/2013

www.test.de	Geprüft mit Betriebssystem	Mittlerer Preis in Euro ca.	Telefon	Kamera	Musikspieler	Internet und PC	GPS und Navigation	Handhabung	Stabilität	Akku	test-QUALITÄTSURTEIL
Gewichtung			15 %	10 %	10 %	15 %	10 %	20 %	5 %	15 %	100 %
HTC Desire X	Android 4.0.4	247	+	⊖	+	+	○	+	⊖*)	○	**BEFRIED. (2,6)**
Samsung Galaxy Express (I8730)	Android 4.1.2	385	+	⊖*)	+	++	+	+	+	+	**BEFRIED. (2,6)**
Sony Xperia Go	Android 2.3.7	222	+	⊖*)	○	+	○	○	++	+	**BEFRIED. (2,6)**
Sony Xperia J	Android 4.0.4	210	+	⊖*)	+	+	○	+	++	+	**BEFRIED. (2,6)**
HTC Desire C	Android 4.0.3	143	+	⊖*)	+	+	○	+	+	+	**BEFRIED. (2,8)**
Sony Xperia E1)	Android 4.1.1	140	+	⊖*)	+	+	○	○	+	+	**BEFRIED. (2,8)**
Sony Xperia Ion	Android 4.0.4	305	+	○	+	+	○	○	○	⊖*)	**BEFRIED. (2,8)**
Sony Xperia Tipo	Android 4.0.4	126	○	⊖*)	○2)	+	○	○	+	+	**BEFRIED. (2,8)**
Blackberry Curve 9360	Blackberry OS 7.0	273	○	○	+	+	○	○	+	⊖*)	**BEFRIED. (2,9)**
Huawei Ascend G3001)	Android 2.3.6	182	+	⊖*)	○	+	○	○	+	○	**BEFRIED. (2,9)**
Nokia Lumia 820	Windows Phone 8.0	350	+	○	+	+	+	+	++	⊖*)	**BEFRIED. (2,9)**
Sony Xperia Tipo Dual	Android 4.0.4	147	○	⊖*)	○2)	○	○	○	+	○	**BEFRIED. (3,0)**
Samsung Galaxy Ace Duos (S6802)	Android 2.3.6	155	+	⊖*)	⊖2)	○	○	○	++	○	**BEFRIED. (3,1)**
Samsung Galaxy Young (S6310)	Android 4.1.2	137	+	⊖*)	○2)	○	○	+	+	○	**BEFRIED. (3,1)**
Sony Xperia Miro	Android 4.0.4	179	+	–*)	○2)	+	○	+	++	+	**BEFRIED. (3,1)**
Samsung Galaxy Pocket (S5300)	Android 2.3.6	94	+	⊖*)	⊖2)	○	○	○	+	+	**BEFRIED. (3,2)**
LG E430 Optimus L3 II	Android 4.1.2	100	+	⊖*)	○2)	○	⊖	○	+	+	**BEFRIED. (3,3)**
Nokia Lumia 720	Windows Phone 8.0	310	+	○	○	+	+	+	–*)	+	**BEFRIED. (3,4)**
Samsung Galaxy Fit (S5670)	Android 2.3.4	140	+	–*)	○	+	+	○	+	○	**BEFRIED. (3,4)**
Vodafone Smart II Glam Collection	Android 2.3.7	82	+	–*)	○	○	○	○	+	+	**BEFRIED. (3,4)**

Bewertungsschlüssel der Prüfergebnisse: ++ = Sehr gut (0,5–1,5). + = Gut (1,6–2,5). ○ = Befriedigend (2,6–3,5). ⊖ = Ausreichend (3,6–4,5). – = Mangelhaft (4,6–5,5). **Bei gleichem Qualitätsurteil Reihenfolge nach Alphabet.**

***) Führt zur Abwertung.**

1) Laut Anbieter Software inzwischen geändert.

2) Kein Kopfhörer mitgeliefert. Dies floss negativ in die Bewertung ein. **Einkauf der Prüfmuster:** Bis September 2013.

Unser Rat

Seit der Version **Apple iOS 6** ist der Datenschutz für Apps transparent und flexibel anzupassen. Mehr Sicherheit bieten auch **Google Android** und **Microsoft Windows Phone** mit diesen Tipps: Schützen Sie das Handy etwa durch eine Pin vor fremdem Zugriff. Installieren Sie Updates. Sichern Sie Ihre Daten, gegebenenfalls mit Apps, auf einem lokalen Rechner statt in der Cloud.

Apple machts vor

6/2013 Sicher, verschwiegen, komfortabel: So sollte ein Smartphone sein. Ein Betriebssystem ist bereits auf dem Weg dahin.

Wir wissen, wo du bist. Wir wissen, wo du warst. Wir wissen etwa, worüber du nachdenkst." Das sagt Eric Schmidt, Berater des US-Präsidenten Obama und Executive Chairman der Firma Google. Welche Daten Apps – und nicht nur die von Google – senden, hängt auch vom Betriebssystem des Smartphones ab. Wir prüften Apple iOS 6.1.3, Google Android in der Version 4.2.2 und Microsoft Windows Phone 8.0. Bei Apple stehen die Zeichen schon auf Umbruch.

Transparent

Bei Apple zeigen die mobilen Geräte seit Version iOS 6, welche Apps auf vertrauliche Daten zugreifen. Der Nutzer kann diese Rechte beliebig entziehen oder zulassen. Anders Google und Microsoft: Sie bieten Apps nach der Devise „Friss oder stirb". Wer eine App zu neugierig findet, muss sie löschen oder darf sie gar nicht erst installieren.

Apple ist der Konkurrenz in einem weiteren Punkt voraus: Die Firma ermöglicht die Datensicherung, das Backup, auch auf einem lokalen Rechner. Google Android in seiner Reinform auf Nexus-Smartphones sichert Daten ausschließlich im Internet, in der Cloud, Microsoft Phone 8 ebenso. Generell muss jeder Nutzer zwischen Komfort und Sicherheitsbedenken abwägen. Apple und Google speichern zum Beispiel Passwörter für WLan-Funknetze im Backup. Wer sie nicht dem Internet und seinen angreifbaren Übertragungswegen anvertrauen will, muss lokal sichern. ■

Geschäftsmodell Datenhandel
Im Test zeigten sich die unterschiedlichen Firmenphilosophien. Apple erhebt über teure Hardware quasi einen Mitgliedsbeitrag für den Apple-Club, betreibt Datenschutz aber recht transparent. Microsoft schiebt mit Windows Phone 8 dem Geschäft mit Nutzerdaten und -profilen bei Apps keinen Riegel vor. Google verschenkt sein Android-Betriebssystem, schlägt jedoch Profit aus Nutzerprofilen.

Unser Rat

Wer Wert auf viele Gestaltungsmöglichkeiten legt, muss bei Camcordern Geld in die Hand nehmen. Der Testsieger **Sony HDR-PJ780VE** für 1 240 Euro bietet üppige Zusatzfunktionen. Als Einziger liefert er eine sehr gute Videoqualität, Ton und Fotos überzeugen. Videofilmern mit kleinem Budget ist der **Panasonic HC-V210** zu empfehlen. Für 238 Euro filmt und fotografiert er gut, hat aber kaum Extras.

Absolut filmreif

10/2013 Gute Videos liefern die meisten Camcorder. Den Wow-Effekt nur wenige. Die besten Geräte haben einen stolzen Preis.

Das Ja-Wort am Altar, der erste Geburtstag des Nachwuchses oder ein Abenteuerurlaub: Grandiose Momente filmen mittlerweile viele Camcorder in toller Qualität. 21 Modelle und 11 bauähnliche Geräte haben die Tester geprüft. Auf den ersten Blick weichen die meisten Testergebnisse nicht stark voneinander ab. 18 Camcorder erreichen das Qualitätsurteil gut, 13 ein befriedigend, der Toshiba Camileo X150 schafft mit schwachen Videos und schlechtem Ton nur ein Ausreichend. Bis auf den Samsung HMX-F90 zeichnen alle in hoher Auflösung (Full HD) auf.

Vielseitige Ausstattung kostet

Der zweite Blick bleibt am Preis hängen. Stolze 1240 Euro kostet der Testsieger HDR-PJ780VE von Sony, bezahlbare 238 Euro der ebenfalls gute HC-V210 von Panasonic. Die 1000 Euro Differenz kann sparen, wer auf vielseitige Ausstattung verzichtet und bei der Qualität mancher Aufnahme kleine Abstriche macht. Technische Details erweisen sich in der Praxis jedoch schnell als relevant. Einen guten Ton und einen Sucher zur exakten Motivwahl besitzen ausschließlich die kostspieligen Camcorder. Sehr gute Fotos brachten im Test ebenfalls nur die teuren Modelle zustande. Sie sind zudem mit den meisten Zusatzfunktionen ausgestattet: z. B. Fernbedienung, GPS, WLan, Mikrofoneingang, Blitz oder Videoleuchte. Kein preiswerter Camcorder schneidet bei der Vielseitigkeit gut ab. ■ Anbieter Seite 263

Filme für die Ewigkeit

Unvergessliche Erlebnisse überdauern die Zeit. Bei Videos ist das nicht selbstverständlich. Damit die ersten Schritte des Stammhalters auch in 20 Jahren noch abgespielt werden können, sollten die Eltern sie in einem Standardformat wie AVCHD aufzeichnen. Die Anbieter Canon, Panasonic und Sony verwenden es. Samsung und Toshiba setzen auf weniger verbreitete Formate.

test Camcorder 10/2013

www.test.de	Mittlerer Preis ca. (Euro)	Video	Foto	Ton	Handhabung	Betriebsdauer	Vielseitigkeit	test-QUALITÄTSURTEIL
Gewichtung		40 %	5 %	15 %	25 %	5 %	10 %	100 %
Sony HDR-PJ780VE	1240	++	++	+	+	○	+	**GUT (1,8)**
Canon Legria HF G30	1390	+	+	○	+	++	+	**GUT (2,0)**
Sony HDR-PJ650VE	795	+	++	+	○	+	+	**GUT (2,0)**
Panasonic HC-X929	870	+	++	○	+	⊖	+	**GUT (2,1)**
Canon Legria HF G25	940	+	○	○	+	○	+	**GUT (2,2)**
Panasonic HC-V510	315	+	○	○	+	+	○	**GUT (2,2)**
Panasonic HC-V520	340	+	○	○	+	○	○	**GUT (2,2)**
Panasonic HC-V727	420	+	+	○	+	⊖	○	**GUT (2,2)**
Panasonic HC-X810	640	+	++	○	+	○	○	**GUT (2,2)**
Sony HDR-CX410VE	450	+	+	○	+	++	○	**GUT (2,2)**
Sony HDR-PJ320E	440	+	+	○	+	++	○	**GUT (2,3)**
Sony HDR-PJ420VE	630	+	+	○	+	+	○	**GUT (2,3)**
Panasonic HC-V210	238	+	+	○	+	+	⊖	**GUT (2,4)**
Sony HDR-CX280E	254	+	+	○	+	○	⊖	**GUT (2,4)**
Canon Legria HF R46	315	+	○	○	○	○	○	**GUT (2,5)**
Canon Legria HF R48	395	+	○	○	○	○	○	**GUT (2,5)**
Sony HDR-CX220E	214	+	○	○	+	○	⊖	**GUT (2,5)**
Sony HDR-CX320E	345	+	+	○	+	○	○	**GUT (2,5)**
Canon Legria HF R406	247	+	○	○	○	○	○	**BEFRIEDIGEND (2,6)**
JVC Everio GC-PX100	980	○	++	+	○	+	+	**BEFRIEDIGEND (2,6)**
JVC Everio GZ-EX510	360	+	+	○	○	+	○	**BEFRIEDIGEND (2,6)**
JVC Everio GZ-EX515	360	+	+	○	○	+	○	**BEFRIEDIGEND (2,6)**
JVC Everio GZ-EX315	288	+	○	○	○	○	○	**BEFRIEDIGEND (2,8)**
Panasonic HC-V110	192	+	+	○	○	⊖	⊖	**BEFRIEDIGEND (2,8)**
JVC Everio GZ-E100	200	+	Entfällt	○	○	⊖	⊖	**BEFRIEDIGEND (2,9)**
JVC Everio GZ-E105	195	+	Entfällt	○	○	⊖	⊖	**BEFRIEDIGEND (2,9)**
JVC Everio GZ-E305	235	+	○	○	○	⊖	○	**BEFRIEDIGEND (2,9)**
JVC Everio GZ-EX310	299	+	○	○	○	○	⊖	**BEFRIEDIGEND (2,9)**
JVC Everio GZ-E300	239	+	○	○	○	⊖	⊖	**BEFRIEDIGEND (3,0)**
Samsung HMX-F90	158	○	○	⊖	○	○	⊖	**BEFRIEDIGEND (3,2)**
Samsung HMX-QF30	281	○	⊖	⊖	○	○	⊖	**BEFRIEDIGEND (3,2)**
Toshiba Camileo X150	117	⊖*)	+	–*)	○	○	⊖	**AUSREICHEND (4,0)**

Bewertungsschlüssel der Prüfergebnisse: ++ = Sehr gut (0,5–1,5). **+** = Gut (1,6–2,5). **○** = Befriedigend (2,6–3,5). **⊖** = Ausreichend (3,6–4,5). **–** = Mangelhaft (4,6–5,5). **Bei gleichem Qualitätsurteil Reihenfolge nach Alphabet.**
***) Führt zur Abwertung.** **Einkauf der Prüfmuster:** November 2012 bis Juli 2013.

Unser Rat

Die besten Videos liefert die **GoPro Hero3 Black Edition** (390 Euro), Unterwassergehäuse wird mitgeliefert. Die **Drift Innovation HD Ghost** (350 Euro) punktet mit passablen Videos, guten Fotos und starkem Akku. Für die **Rollei Bullet 5S WiFi** (335 Euro) sprechen ihr starker Akku und der abnehmbare Monitor, die **Panasonic HX-A100** (243 Euro) überzeugt durch ihre einfache Handhabung.

Wacklig, mit Wow-Effekt

11/2013 Action-Camcorder liefern atemberaubende Bilder aus der Sicht des Akteurs. Perfekt für Skifahrer, Mountainbiker und Surfer.

Sie sind kaum größer als eine Streichholzschachtel und filmen jedes Abenteuer: Action-Camcorder für Skifahrer, Biker und Abenteurer. Die typische Minikamera wiegt rund 120 Gramm. Sie lässt sich an Skihelm, Fahrradlenker oder Schienbein befestigen. Die etwas wackligen Videos sind ein Heidenspaß im Netz auf Youtube und Co.

Zittrige, authentische Bilder

Die Anbieter versprechen HD-Videos in höchster Qualität. So gut sind die kleinen Action-Cams nicht. HD steht nur für hohe Auflösung, nicht für höchsten Bildgenuss. Wir haben 14 Action-Cams für 115 bis 390 Euro anonym im Handel gekauft und ausführlich getestet. Ergebnis: sie liefern zittrige, authentische Bilder mitten aus dem Geschehen. Bildruhe und Feinheiten sind ihre Sache nicht. Neben der Videoqualität zählen auch Fotos, Handhabung und Akkuleistung.

Die insgesamt besten Actionvideos liefert die GoPro Hero3 Black Edition. Mit ihrer hohen Datenrate von 30 Megabit pro Sekunde fängt sie Action-Szenen ansehnlich ein. Topqualität erreicht aber auch die GoPro nur bei Motiven, die stillhalten. Solche Motive haben Sportler selten im Blick. Im direkten Vergleich mit einem hochwertigen Camcorder zeigt auch die Hero3 keine heldenhaften Bilder. Ihre kurze Laufzeit und die umständliche Handhabung vermasseln ihr den Testsieg. Den schafft die Drift Innovation HD Ghost. Zu ihren Stärken zählen passable Videos, gute Fotos und ein starker Akku. ▸

Was bringt die Action-Cam? Einfache Videos mit viel Live-Atmosphäre aus der Sicht des Sportlers. Starke Weitwinkelwirkung, Bewegungsunschärfe, feste Brennweite, kein Zoom. Etwas wacklige Bilder.
Wie lange hält der Akku? Je nach Modell bis zu drei Stunden.
Videos schneiden? Mit einem passenden Schnittprogramm lassen sich die Clips am Computer nachvertonen, aufhübschen und schneiden.

6 Camcorder für Aktive (Actions-Cams)

test Action-Camcorder 11/2013

www.test.de	Mittlerer Preis in Euro ca.	Video	Foto	Ton	Handhabung	Betriebsdauer	Vielseitigkeit	Härtetest	test-QUALITÄTSURTEIL
Gewichtung		40 %	5 %	5 %	30 %	10 %	10 %	0 %	100 %
Drift Innovation HD Ghost	350	○	+	–	○	++	○	bestanden	BEFRIED. (3,1)
Panasonic HX-A100	243	○	⊖	⊖	+	○	○	bestanden	BEFRIED. (3,1)
Rollei Bullet 5S WiFi outdoor edition[1]	335	○	⊖	–	⊖	++	○	bestanden	BEFRIED. (3,2)
GoPro Hero3 Black Edition[1]	390	○	○	–	⊖	⊖	○	bestanden	BEFRIED. (3,3)
GoPro Hero3 Silver Edition[1]	290	○	○	–	⊖	○	○	bestanden	BEFRIED. (3,3)
GoPro Hero3 White Edition[1]	224	○	○	–	⊖	+	○	bestanden	BEFRIED. (3,3)
Contour +2[1]	345	○	○	–	○	⊖	+	bestanden	BEFRIED. (3,4)
Contour ROAM2	226	○	○	–	○	++	⊖	bestanden	BEFRIED. (3,4)
JVC GC-XA1 ADIXXION	151	○	⊖	–	○	⊖	○	bestanden	BEFRIED. (3,4)
Sony HDR-AS15[1]	221	○	⊖	⊖	⊖	+	⊖	bestanden	BEFRIED. (3,4)
Polaroid XS100	145	○	○	–	⊖	++	⊖	bestanden	AUSREICH. (3,7)
Polaroid XS80	115	○	○	–	⊖	+	⊖	bestanden	AUSREICH. (3,7)
Liquid Image Model 727 EGO	156	⊖	○	–	⊖	○	⊖	bestanden	AUSREICH. (3,9)
Oregon Scientific ATC Chameleon	199	⊖*)	Entfällt	⊖	–	+	–	bestanden	AUSREICH. (4,3)

Bewertungsschlüssel der Prüfergebnisse: ++ = Sehr gut (0,5–1,5). + = Gut (1,6–2,5). ○ = Befriedigend (2,6–3,5). ⊖ = Ausreichend (3,6–4,5). – = Mangelhaft (4,6–5,5). **Bei gleichem Qualitätsurteil Reihenfolge nach Alphabet.**

***) Führt zur Abwertung.**

1) Unterwassergehäuse mitgeliefert.

Einkauf der Prüfmuster: März bis Juli 2013.

Unbedingt nachvertonen

Alle geprüften Action-Camcorder haben Probleme mit dem Ton. Die eingebauten Mikrofone sind fipsig und windempfindlich. Der Ton rauscht, klingt hell, spitz und dünn. So wird die Abfahrt im Test von scharfen Windgeräuschen begleitet. Wer mit seinen Heldentaten beeindrucken will, sollte die Videos unbedingt nachvertonen. Das funktioniert am PC mit einem passenden Schnittprogramm. Ein paar fette Beats und die Videos machen mehr Spaß.

Der Weg zum eigenen Actionvideo beginnt allerdings recht steinig. Nur eine von 14 Action-Cams lässt sich einfach bedienen: die Panasonic HX-A100. Die kleine Kamera am Ohrbügel ist per Kabel mit ihrer Aufnahmeeinheit verbunden. Ein Druck auf die Starttaste, schnell noch die Aufnahmeeinheit verstaut und die Fahrt kann beginnen. Einen Monitor hat die Panasonic allerdings nicht. Das Smartphone muss einspringen; es bekommt das Videosignal via WLan geliefert. So funktioniert die Vorschau bei den meisten Action-Cams. Die Rollei Bullet 5S WiFi ist dagegen mit einem abnehmbaren Monitor ausgestattet. Der funktioniert auch in der Hand, während die Kamera schon am Fahrradlenker oder auf dem Skihelm sitzt. Eine gute Idee. ■

Anbieter Seite 263

Unser Rat

Wir empfehlen eine Kompaktkamera für alle, die einfach fotografieren wollen. Testsieger: **Canon Ixus 255 HS**. Eine Edelkompakte für kreative Fotografen, mit manuellen Funktionen: **Nikon Coolpix A** und **Sony RX 100** (ab 695 Euro). Und die Systemkamera mit Wechselobjektiven und Zubehör für Anspruchsvolle: **Panasonic GX7K** (spiegellos, 1080 Euro) und **Canon EOS 700D** (695 Euro).

Besser als das Smartphone

2013 Die Digitalkamera-Datenbank der Stiftung Warentest zeigt stets die neuesten Testergebnisse. Hier sind die besten Kameras aus 2013.

Im Zeitalter des Smartphones hat es die kleine Digitalkamera schwer. Wozu noch eine Kamera kaufen, wenn das Smartphone tolle Fotos macht? Für die Digitalkamera spricht vor allem ihr Objektiv. Das Zoomobjektiv der Kamera ist der kleinen Linse eines Smartphones meist überlegen. Die Kamera fängt damit mehr Licht ein. Das gibt die Reserve für gute Innenaufnahmen bei Dämmerlicht. Außerdem kann das optische Zoom Motive heranholen (Tele) oder für Panoramaaufnahmen auf Distanz gehen (Weitwinkel). Das funktioniert rein optisch, ohne Qualitätsverlust, nicht digital wie beim Smartphone. Schon kleine Kompaktkameras für die Jackentasche haben ordentliche Zoomobjektive, die größeren Modelle punkten mit Superzooms. Damit ist alles drin: vom atemberaubenden Panorama bis zum perfekten Tierfoto auf große Distanz. Die Tabelle auf der nächsten Seite zeigt die besten Kompaktkameras 2013. Die kleinsten Modelle sind kaum zwei Zentimeter dick. Die stärksten Zooms können den Bildausschnitt mehr als 30fach vergrößern.

Kameras für Anspruchsvolle

Für kreative Fotografen gibt es Edelkompakte mit manuellen Funktionen. Blende, Belichtung und Schärfe lassen sich hier von Hand einstellen. Ein Vorteil – etwa für stimmungsvolle Porträts mit unscharfem Hintergrund. Wer nur das Beste will, schaut in die Tabellen mit Systemkameras. Ihre Stärken: große Bildsensoren, Wechselobjektive und viel Zubehör. ■ Anbieter Seite 263

Welche Systemkamera passt?
Spiegelreflexkamera: Mit optischem Sucher, viele traditionelle Fotografen bevorzugen ihn. Schnelles Scharfstellen über den Autofokussensor. Abwandlung: Spezialspiegel von Sony.
Systemkamera ohne Spiegel: Kleiner und handlicher. Perfekte Bildvorschau im elektronischen Sucher, auch bei wenig Licht. Kamera führt alle Messungen auf dem Bildsensor durch, das verbessert die Schärfe.

test Beste Edelkompakte und Universalkameras 2013

www.test.de	Mittlerer Preis in Euro ca.	Zoomfaktor (gemessen)	Bild	Video	Blitz	Sucher	Monitor	Handhabung	test-QUALITÄTS-URTEIL
Gewichtung			40 %	10 %	5 %	5 %	10 %	30 %	100 %
Nikon Coolpix A	810	Fest[6]	+	+	+	Entfällt	++	+	GUT (2,0)
Nikon Coolpix A mit DF-CP1[1]	1 110	Fest[6]	+	+	+	+	++	+	GUT (2,0)
Sony Cyber-shot RX 100 II	695	3,4	+	+	+	Entfällt	+	+	GUT (2,0)
Sony Cyber-shot RX 100 II mit FDA-EV1MK[2]	1 140	3,4	+	+	+	++	+	+	GUT (2,0)
Fujifilm X100S	1 220	Fest[6]	+	+	+	++	+	+	GUT (2,1)
Ricoh GR	750	Fest[6]	+	○	○	Entfällt	+	+	GUT (2,1)
Sony Cyber-shot RX1R	3 100	Fest[6]	+	+	+	Entfällt	++	○	GUT (2,1)
Canon PowerShot G16	Nicht erhoben.	4,8	+	+	+	○	+	+	GUT (2,2)
Panasonic Lumix LF1	385	7,0	+	+	+	+	++	○	GUT (2,2)
Ricoh GR mit GV-2[3]	920	Fest[6]	+	○	○	+	+	+	GUT (2,2)
Fujifilm X20	505	3,4	+	○	+	++	+	+	GUT (2,3)
Leica X Vario mit EVF 2[4][5]	2 950	2,1	+	○	+	++	++	○	GUT (2,3)
Nikon Coolpix P7800	Nicht erhoben.	6,7	+	+	+	+	+	○	GUT (2,3)
Pentax MX-1	430	4,0	○	+	+	Entfällt	++	+	GUT (2,3)
Leica X Vario[5]	2 550	2,1	+	○	+	Entfällt	++	○	GUT (2,4)
Panasonic Lumix FZ72	Nicht erhoben.	57,5	○	+	○	+	+	+	GUT (2,4)
Canon PowerShot S120	Nicht erhoben.	4,6	+	○	○	Entfällt	+	○	GUT (2,5)
Nikon Coolpix P330	298	3,9	+	+	+	Entfällt	+	○	GUT (2,5)
Fujifilm FinePix HS50EXR	435	30,9	○	⊖	○	+	+	+	BEFRIEDIGEND (2,9)

Bewertungsschlüssel der Prüfergebnisse: ++ = Sehr gut (0,5–1,5). + = Gut (1,6–2,5). ○ = Befriedigend (2,6–3,5). ⊖ = Ausreichend (3,6–4,5). — = Mangelhaft (4,6–5,5). **Bei gleichem Qualitätsurteil Reihenfolge nach Alphabet.**

1) Mit Sucher DF-CP1. **2)** Mit elektronischem Sucher FDA-EV1MK. **3)** Mit Sucher GV-2. **4)** Mit Sucher EVF 2.
5) Inklusive Lizenz für Adobe Photoshop Lightroom (nach Registrierung der Kamera zum Herunterladen).
6) Feste Brennweite, kein Zoom.

Einkauf der Prüfmuster: 2013.

test – Die besten Systemkameras 2013

www.test.de		Mittlerer Preis in Euro ca.	Bild	Video	Blitz	Sucher	Monitor	Handhabung	test-QUALITÄTSURTEIL
Gewichtung			40 %	10 %	5 %	5 %	10 %	30 %	100 %
Mit Sucher	**Spiegellos**								
	Panasonic Lumix GX7K[1]	1080	+	+	+	++	++	+	GUT (1,8)
	Panasonic Lumix G6X[2]	600	+	+	+	++	++	+	GUT (2,0)
	Panasonic Lumix G6K[3]	610	+	+	+	++	++	+	GUT (2,1)
	Samsung Galaxy NX EK-GN120 + 18-55 III OIS	1500	+	+	+	++	+	+	GUT (2,1)
	Olympus Pen E-P5 + 14-42 mit VF4	1400	+	○	+	++	+	+	GUT (2,3)
	Spiegelreflex								
	Canon EOS 700D + EF-S 18-55 IS STM	695	+	+	+	+	+	+	GUT (1,9)
	Canon EOS 100D + EF-S 18-55 IS STM	550	+	+	+	+	+	+	GUT (2,0)
	Canon EOS 70D + EF-S 18-55 IS STM	1100	+	+	+	++	+	+	GUT (2,0)
	Nikon D7100 + AF-S G 18-105 VR	1090	+	++	++	++	+	+	GUT (2,0)
	Nikon D5200 + AF-S G 18-55 VR	650	+	○	+	++	+	+	GUT (2,3)
	Pentax K-500 + DA L 18-55 WR	465	○	○	+	++	+	+	GUT (2,4)
	Pentax K-50 + DA L 18-55 WR	650	+	○	+	++	+	+	GUT (2,4)
	Spezialspiegel								
	Sony SLT-A58K[4]	465	○	○	○	++	○	+	GUT (2,4)
Ohne Sucher	**Spiegellos**								
	Panasonic Lumix DMC-GF6X[5]	630	+	+	+	Entfällt	+	+	GUT (2,0)
	Samsung NX300 + 18-55 III OIS	555	+	+	++	Entfällt	++	+	GUT (2,1)
	Panasonic Lumix GF6K[6]	480	○	+	+	Entfällt	+	+	GUT (2,2)
	Sony NEX-3NL[7]	405	+	+	○	Entfällt	+	+	GUT (2,2)
	Fujifilm FinePix X-M1 + XC 16-50 OIS	800	+	○	+	Entfällt	+	+	GUT (2,3)
	Olympus Pen E-P5 + 14-42	1100	+	○	+	Entfällt	+	+	GUT (2,3)
	Samsung NX2030[8]	500	+	⊖	+	Entfällt	+	+	GUT (2,3)
	Sony NEX-5TL mit HVL-F7S[9]	640	+	+	+	Entfällt	+	○	GUT (2,3)
	Pentax Q7 + 02 5-15 ED AL IF	500	○	+	○	Entfällt	++	○	GUT (2,4)
	Samsung NX1100 + 20-50 II ED	370	+	○	○	Entfällt	+	○	GUT (2,4)
	Samsung NX2020	495	+	⊖	+	Entfällt	+	+	GUT (2,5)

Bewertungsschlüssel der Prüfergebnisse: ++ = Sehr gut (0,5–1,5). + = Gut (1,6–2,5). ○ = Befriedigend (2,6–3,5). ⊖ = Ausreichend (3,6–4,5). — = Mangelhaft (4,6–5,5). **Bei gleichem Qualitätsurteil Reihenfolge nach Alphabet.**

1) Mit Objektiv Lumix G Vario 14-42 F3.5-5.6 II Asph. Mega O.I.S.
2) Mit Objektiv Lumix G X Vario PZ 14-42.
3) Mit Objektiv Lumix G Vario 14-42. **4)** Mit Objektiv SAL1855-2.
5) Mit Objektiv Lumix G X Vario PZ 14-42 II.
6) Mit Objektiv Lumix G Vario 14-42 II. **7)** Mit Objektiv SELP1650 OSS.
8) Mit Objektiv 18-55 III OIS.
9) Mit Objektiv 20-50 II.

Einkauf der Prüfmuster: 2013.

Unser Rat

Im insgesamt starken Testfeld liegenfast immer **Samsung**-Geräte vorn: Sie bieten in ihrer jeweiligen Gruppe die beste Bildqualität, kosten aber auch recht viel. Nur knapp dahinter folgen die Konkurrenten LG und Philips. Der **LG 42LA7408** für 830 Euro punktet mit seinem recht niedrigen Preis. Der **Philips 46PFL8008S** überzeugt mit dem besten Klang (1 490 Euro).

Nicht nur die Größe zählt

2 + 8 + 12/2013 Ob Cineast oder Fußballfan: Je nach Vorliebe sollte jeder beim Kauf eines Fernsehers auf bestimmte Merkmale achten.

Reden wir über Kauflust. Selbst Besitzer eines zwei, drei Jahre alten Fernsehers spüren sie beim Blick auf aktuelle Modelle. Die meisten neuen bieten Zugriff auf die Mediatheken der Sender, halten Kontakt mit Smartphone oder Tablet-PC, versprechen detailreichere Bilder oder heben sich mit geschwungenem Rahmen vom flachen Einerlei ab. Wer nicht stark genug ist, schickt seinen alten Flachfernseher vorschnell aufs Altenteil. Die Anbieter jubeln: Bildqualität und Funktionsfülle lassen Käufer immer früher schwach werden. Röhrenfernseher wurden nach 10 bis 15 Jahren ersetzt. Flachfernseher oft schon nach sechs bis sieben Jahren. Dabei funktionieren viele da noch wie am ersten Tag.

Neues muss erst reifen

Gründe für den Ersatz des Fernsehers gibt es viele: etwa beeindruckende Präsentationen im Verkaufsraum und schier endlose Listen mit Funktionen. Sie verstellen aber den Blick auf das Wesentliche: die Bildqualität beim Fernsehen. Überzeugende 3D-Effekte oder ein ruckelfreies Bild sind bei Film und Sport wichtig. Hierbei hängen Exoten, geschwungene Fernseher und Modelle mit acht Millionen Bildpunkten bisherige Spitzenmodelle keinesfalls ab. Die neuen Techniken haben Potential, schöpfen es derzeit aber nicht aus. Die in den drei Tests des Jahres 2013 vorgestellten 53 Fernseher sind bodenständig. Tendenziell schneiden sie besser als 2012er Modelle ab – große Modelle eher als kleine.

Internet
Es lohnt, den Fernseher ans Internet anzuschließen. Nicht fürs Surfen – das klappt mit Notebook oder Tablet-PC besser. Wohl aber für interaktives Fernsehen (HbbTV) mit Zugriff auf die Mediatheken. Das ist einfach und sehr beliebt, zeigte unsere Umfrage Fernseher 2013. Außerdem muss die Betriebssoftware neuer Fernseher oft gleich nach dem Kauf ersetzt werden: Das klappt übers Internet am besten.

test Fernseher 2+8+12/2013

www.test.de	Mittlerer Preis ca. (Euro)	Bild	Ton	Handhabung	Vielseitigkeit	Umwelteigenschaften	test-QUALITÄTSURTEIL
Gewichtung		40 %	20 %	20 %	10 %	10 %	100 %
Bilddiagonale zirka 55 Zentimeter							
Aldi (Nord) / Medion Life P12095 (MD 20255) A	239	○	○*)	○	○	+	BEFRIED. (3,0)
Sony KDL-22EX555	296	○	⊖*)	+	+	+	BEFRIED. (3,0)
Grundig 22 VLE 7220 BF	226	○	○*)	○	⊖	+	BEFRIED. (3,2)
Technisat Technivision 22 Isio	650	○	○*)	○	+	○	BEFRIED. (3,2)
Philips 22PFL3507H	229	○	⊖*)	○	○	+	BEFRIED. (3,4)
SEG Hobart	257	○	⊖*)	○	○	+	AUSREICH. (3,7)
Orion 22LB122S	212	○	–*)	○	○	+	AUSREICH. (3,8)
SEG Calgary	224	○	–*)	○	○	+	AUSREICH. (4,0)
Bilddiagonale 56 bis 66 Zentimeter							
Samsung UE26EH4500	310	○	○	+	○	+	BEFRIED. (2,6)
Loewe Connect 26 SL	625	○	○	○	+	○	BEFRIED. (2,7)
Philips 26PFL4007K	345	○	○*)	○	+	+	BEFRIED. (2,7)
Grundig 26 VLE 8200 BL 1)	320	○	○*)	○	+	+	BEFRIED. (2,9)
Technisat Technivision 26 Isio	800	○	○	○	+	⊖*)	BEFRIED. (3,0)
Grundig 26 VLE 7201 BH 1)	270	○	○*)	○	○	+	BEFRIED. (3,1)
Sony KDL-26EX555	365	+	⊖*)	+	+	+	BEFRIED. (3,1)
Bilddiagonale 80 Zentimeter							
Samsung UE32F6890	575	+	⊖*)	+	++	○	GUT (2,5)
Samsung UE32F5070	360	○	○*)	+	○	○	BEFRIED. (2,9)
Sony KDL-32R420A	375	○	○*)	○	⊖	+	BEFRIED. (3,1)
Panasonic TX-L32EW6	295	○	⊖*)	+	+	○	BEFRIED. (3,3)
Philips 32PFL4508K	420	○	⊖*)	○	+	+	BEFRIED. (3,4)
Toshiba 32L2333DG	305	○	–*)	⊖	⊖	+	AUSREICH. (4,1)

Bewertungsschlüssel der Prüfergebnisse: ++ = Sehr gut (0,5–1,5). + = Gut (1,6–2,5). ○ = Befriedigend (2,6–3,5). ⊖ = Ausreichend (3,6–4,5). – = Mangelhaft (4,6–5,5). **Bei gleichem Qualitätsurteil Reihenfolge nach Alphabet.**
***) Führt zur Abwertung.** A = Aktionsware.
1) Laut Anbieter Software inzwischen geändert.
Einkauf der Prüfmuster: April 2012 bis August 2013.

Anleitung zum Sparen

Kleine Fernseher sind billiger als große. Das Wissen um den tendenziell geringeren Preis kleiner Fernseher hilft aber nicht, wenn diese beim Bild nicht überzeugen. Ein Grund: Die Hersteller behandeln Modelle bis zu 80 Zentimeter Bilddiagonale zuweilen stiefmütterlich. Bei Bild, Ton und Funktionsumfang bleiben sie hinter größeren Modellen zurück: Nur eins der sechs Modelle mit 80er Diagonale zeigt über alle Prüfungen hinweg ein gutes Bild.

Rechnen wir kurz, ob ein größerer Fernseher passt, und nehmen wir das Maß von einem Meter Schrank- oder Regalbreite. Da stand früher eine Röhre mit 70 Zentimeter- ▸

test Fernseher 2+8+12/2013

www.test.de	Mittlerer Preis ca. (Euro)	Bild	Ton	Handhabung	Vielseitigkeit	Umwelteigenschaften	test-QUALITÄTSURTEIL
Gewichtung		40 %	20 %	20 %	10 %	10 %	100 %
Bilddiagonale 98 bis 127 Zentimeter							
Samsung UE40F7090	1080	+	+	+	++	○	GUT (1,8)
Samsung UE46F7090	1530	+	+	+	++	+	GUT (1,8)
Samsung UE46F8090	1700	+	+	+	++	+	GUT (1,8)
LG 42LA7408	830	+	+	+	++	+	GUT (2,1)
Samsung UE40F6890	820	+	○	+	++	○	GUT (2,1)
LG 47LA7909	1240	+	+	+	++	+	GUT (2,2)
Philips 42PFL7008K	1030	+	+	○	++	+	GUT (2,2)
Philips 46PFL8008S	1490	+	+	○	++	○	GUT (2,2)
Philips 47PFL6008K	985	+	+	○	++	+	GUT (2,2)
Sony KDL-46W905A	1630	+	○	○	++	+	GUT (2,3)
Loewe Individual 40 Slim Frame[1)]	4330	+	+	○	++	○	GUT (2,4)
Panasonic TX-L47WTW60	1960	+	○	+	++	○	GUT (2,4)
Grundig 47 VLE 9372 BL	810	○	○	○	++	+	GUT (2,5)
LG 42LA6208	655	+	○*)	+	++	+	GUT (2,5)
LG 47LN5778	800	+	○	○	+	+	GUT (2,5)
Technisat TechniPlus 42 ISIO	1260	○	○	○	+	+	BEFRIED. (2,6)
Metz Merio 47 LED Media	1670	+	○	○	+	+	BEFRIED. (2,7)
Panasonic TX-L47ETW60	915	+	⊖*)	+	+	+	BEFRIED. (2,7)
Panasonic TX-L42ETW60	785	+	⊖*)	+	+	+	BEFRIED. (2,8)
Sony KDL-40R470A	505	○	○*)	○	⊖	+	BEFRIED. (3,0)
Sony KDL-46R470A	395	○	○*)	○	⊖	+	BEFRIED. (3,0)
Toshiba 50M8365DG	1020	+	⊖*)	⊖	++	+	BEFRIED. (3,2)
Philips 40PFL4508K	525	○	⊖*)	○	+	+	BEFRIED. (3,4)
Toshiba 40M6363DG	645	○	⊖*)	⊖	+	+	BEFRIED. (3,5)
Bilddiagonale zirka 138 Zentimeter							
Samsung UE55F7090	2180	+	+	+	++	+	GUT (1,8)
Samsung UE55F8090	2270	+	+	+	++	+	GUT (1,8)
Philips 55PFL7008K	1530	+	+	○	++	+	GUT (2,2)
Philips 55PFL8008S	1870	+	+	○	++	+	GUT (2,2)
LG 55LA8609	2110	+	○	+	++	+	GUT (2,3)
Sony KDL-55W905A	2410	+	○	○	++	+	GUT (2,3)
Sony KDL-55W805A	1580	+	⊖*)	○	++	+	GUT (2,5)
Panasonic TX-L55DTW60	2080	+	⊖*)	+	++	+	BEFRIED. (2,7)

Bewertungsschlüssel der Prüfergebnisse: ++ = Sehr gut (0,5–1,5). + = Gut (1,6–2,5). ○ = Befriedigend (2,6–3,5). ⊖ = Ausreichend (3,6–4,5). — = Mangelhaft (4,6–5,5). **Bei gleichem Qualitätsurteil Reihenfolge nach Alphabet.**

***) Führt zur Abwertung.**

1) Laut Anbieter Software inzwischen geändert. **Einkauf der Prüfmuster:** April 2012 bis August 2013.

bild. Heute passt ein rahmenloser Flachfernseher mit 107 Zentimeter Bilddiagonale hinein. Bei hochauflösendem Bildmaterial, beispielsweise von der Blu-ray-Disc, können Nutzer solch einem Fernseher etwa auf zwei Meter nahe kommen. Sendungen in schlechterer Qualität (PAL-Qualität, analoger Kabelanschluss) zwingen zu fünf bis sechs Metern Sitzabstand.

Tipp: Wählen Sie bei guter TV-Signalqualität (HD) lieber einen großen statt eines kleinen Fernsehers für Ihr Wohnzimmer.

Kleine Makel willkommen

Nicht jeder will mehr als 80 Zentimeter Bild. Reden wir also über Ansprüche: Ein bei jedem Signal und Anschluss nahezu makelloser Fernseher findet sich schnell. Unter den Modellen mit 80er Diagonale ist das zum Beispiel der Samsung UE32F6890, 575 Euro. Die billigeren Konkurrenten sind in vielen Prüfpunkten vergleichbar. Ihr Makel: Sie neigen zu Bildrucklern. Die zeigt der teure Samsung nicht. Bei Nachrichten stört das nicht, bei Sportübertragungen schon.

Tipp: Sind kleine Makel tolerabel, genügt auch ein billigerer Fernseher.

Mehr Sparpotenzial bieten die großen Fernseher. Beispiel Samsung UE55F7090. Er punktet mit Note 1,8 fürs Bild und kostet 2180 Euro bei 138 Zentimeter Diagonale. Kaufen? Nicht ohne Blick auf den ebenfalls geprüften Philips 55PFL7008K für 1530 Euro. Er leistet sich keine echte Schwäche, nur ist sein Bild in Standardeinstellungen gerade mal ausreichend. Es nachzuregeln fällt aber leicht.

Hand anlegen lohnt

Komfortverzicht hilft beim Sparen. Von den 53 hier genannten Fernsehern zeigen 11 bereits in den Grundeinstellungen ein gutes Bild. Außer der Sendersuche ist nach dem Kauf nichts nötig. Das beste Bild hat der Samsung UE40F7090 für 1080 Euro. Der Philips 42PFL7008K für 1030 Euro ist in den Standardeinstellungen sichtbar dunkler, Note 3,7. Ein kleiner Dreh an den Grundeinstellungen verbessert sein Bild deutlich auf Note 1,8. Das mag unkomfortabel sein, spart im Vergleich zum genannten Fernsher von Samsung aber 50 Euro – das ist ein guter Lohn für die kleine Mühe.

Für alle, die mit dem Bild ihres Fernsehers bei Werkseinstellungen unzufrieden sind, gibt es im Internet unter www.test.de/tv-einstellen unsere Einstell-Tipps für die Marken LG, Panasonic, Philips, Samsung, Sony und Technisat. Einmal ausgeführt, muss dieser Schritt nie wiederholt werden. Das lohnt sich in der Praxis sehr: Einstellungen wie Kontrast „74“ oder Helligkeit „53“ verhelfen weiteren 27 Modellen aus dem Test zu einem guten oder sogar sehr guten Bild.

Mehr Pixel mit UHDTV

Hochauflösung (HD) war gestern, heute dreht sich alles um Ultra-Hochauflösung (UHD). Der neue Fernsehstandard bietet rund 8,3 Millionen Pixel, viermal so viel wie HD. Die neue Technologie soll mehr Farbabstufungen und kontrastreichere Bilder zeigen. Dafür prägten die Anbieter den Slogan „Nicht nur mehr, sondern auch bessere Pixel“. Aktuell gibt es nur Fernseher mit mehr, doch keine mit besseren Pixeln. In einem Schnelltest prüften wir den Samsung UE55F9090SL und den KD-55X9005A von Sony. Ihre Leistung ist vergleichbar mit hochklassigen Full-HD-Modellen, ihr Preis liegt deutlich darüber.

Mangels UHD-Quellen profitiert der Nutzer vorerst nur von der hohen Auflösung, wenn er sich Fotos über USB ansieht. Das ist beeindruckend, keine Frage. Filme oder Fernsehsendungen mit solch hoher Auflösung sind derzeit nicht in Sicht. Zuerst werden UHD-Inhalte deshalb vielleicht als spezielles Bezahl-Fernsehen, auf jeden Fall aber per Streaming via Internet zum Zuschauer kommen. Das setzt einen schnellen Internetzugang voraus. Ganz knapp könnte dafür vielleicht ein 16 000er Anschluss genügen. ■ **Anbieter Seite 263**

Unser Rat

Im Test erzielen das **Canon EF-S 18–200 IS** für 490 Euro, das **Nikon AF-S DX Nikkor 18–200 G ED VR II** für 715 Euro und das **Sony 18–135 DT SAM SAL 18135** für 440 Euro die jeweils besten Noten.
Deutlich billiger und doch kaum schlechter sind die Objektive der unabhängigen Hersteller – beispielsweise für 230 bis 240 Euro das **Sigma 18–200 II DC OS HSM**.

Sichtbar mehr

3/2013 Super- und Telezooms für Kameras von Canon, Nikon und Sony ermöglichen bessere Bilder und größere Brennweitenbereiche.

Der Einstieg in die Oberklasse fällt Fotografen leicht: Kameragehäuse und Wechselobjektiv gibt es im „Kit“ schon für weniger als 500 Euro. Bessere Fotos als die abgelegte Kompaktknipse liefern sie allemal. Doch Wünsche bleiben.

Auf Reisen ist ein Superzoom praktisch: Es wechselt mit einem Dreh am Zoomring vom Übersichtsfoto zur Detailaufnahme. Das ist gut für den Alltag, beispielsweise für Städtereisen und Familienfeiern. Der Objektivwechsel zwischen Weitwinkel und Tele entfällt. Auf Reisen wiegt ein weiterer Vorteil: Das Fotogepäck ist ohne Wechselobjektive leichter. Für Tierfotografie empfiehlt sich aber doch ein Spezialobjektiv, etwa eines der hier geprüften Telezooms. Das holt scheue Tiere wie mit einem Fernglas nah heran. Da lohnt der Objektivwechsel.

Praktisch sind sie

Wir prüften 19 Objektive an den Systemkameras Canon EOS 60D, Nikon D7000 und Sony alpha 77V. Die Objektive eignen sich auch für andere Systemkameras, aber nicht für Modelle mit einem sogenannten Vollformatsensor (entspricht dem Format des Kleinbildfilms 24 x 36 Millimeter). Der Brennweitenbereich der Superzooms ist teilweise riesig. Ihr Weitwinkel ermöglicht Gruppenaufnahmen und Fotos von Häuserfassaden. Mit Telebrennweite holen sie Entferntes nah heran. Das ist praktisch.

Ein weiteres Testergebnis: Die unabhängigen Hersteller Sigma und Tamron halten

Über Grenzen hinaus

Der Test zeigt gute Super- und Telezooms. Doch auch mit den besten bleibt die Makrofotografie beispielsweise von Blüten und Insekten auf der Strecke. Hierfür empfehlen sich Spezialobjektive. Das Gleiche gilt für die Porträtfotografie. Hier ermöglichen lichtstarke Objektive besonders eindrucksvolle Bilder. Da ist zwar ein Objektivwechsel angesagt. Doch der lohnt die Mühe.

mit den Kameraproduzenten mit. Ein gutes Qualitätsurteil gibt es aber nicht für kleines Geld. Das billigste Objektiv im Test kostet 169 Euro (Tamron AF 18–200). An der Canon reicht es nur zur Note 2,5 beim Bild, an der Nikon schneidet dieses Tamron gar mit 2,9 im Bild ab. Für ein gutes Superzoom sind mindestens 230 Euro fällig. So viel kostet ein Sigma für Nikon (Bildnote 2,1).

Aber klare Bilder liefern nicht alle

Das Objektiv mit der höchsten Auflösung im Test kommt von Canon (EF-S 18–200 IS). Selbst Laien sehen den Unterschied zu Bildern vieler Kit-Objektive. Die unterschlagen oft feine Strukturen und Helligkeitsabstufungen, bilden also nicht alle im Motiv vorkommenden Details ab. Außerdem liefern sie milchig aufgehellte Bilder (Falschlicht). Bei den durchgeführten Prüfungen bewährt sich das Canon EF-S 18–200. Es liefert mehr von allem: mehr Komfort und eine bessere Bildqualität. Das hat seinen Preis: 490 Euro. Er resultiert aus hochwertigen Linsen und präziser Verarbeitung. Dazu kommt noch die etwas größere Lichtausbeute in Telestellung. Das Canon Objektiv öffnet rund eine halbe Blendenstufe weiter als beispielsweise das billig Tamron für 169 Euro.

Die Kehrseite der besseren Lichtausbeute: größere Linsen mit höherem Gewicht. Der Unterschied zwischen lichtstärkeren und lichtschwächeren Objektiven beträgt im Test um die 100 Gramm, im Einzelfall sogar 200 Gramm. Das entspricht einer großen Tafel Schokolade und kann bei einem Tagesausflug schwerer wiegen als der marginale Unterschied in der Lichtstärke.

Eigenmarke versus Fremdobjektiv

Im Test haben Objektive der Kamerahersteller die Nase vorn, wenn es auf das allerletzte Quäntchen Bildqualität ankommt. Ein Plus der Originalobjektive: Inzwischen korrigieren viele Kameras Abbildungsfehler des Objektivs gleich beim Speichern der Bilddaten – häufig aber nur, wenn das Objektiv vom Kamerahersteller kommt. Fehler wie Farbsäume (an kontrastreichen Kanten), Verzeichnung (gerade Linien erscheinen durchgebogen) und Randlichtabfall (dunkle Bildecken) werden automatisch reduziert.

Für „Fremdobjektive" von Sigma und Tamron spricht der Preis. Im Vergleich zu Objektiven der Kamerahersteller sind sie bei identischer Brennweite und vergleichbarer Blendenöffnung billiger. Zaubern können aber auch sie nicht. Tamron liefert ein Beispiel: Das für Canon und Nikon angebotene, nur 169 Euro teure AF 18–200 XR Di II LD Asph. IF Macro kostet weniger als alle anderen Objektive im Test; das teure Tamron AF 18–270 Di II VC PZD dagegen kostet 380 Euro. Im Gegensatz zum billigen Tamron ist die Bildqualität des teuren aber auch an Nikon-Kameras gut. Teuer schlägt billig, die Aussage gilt – aber nicht für Sony: Im Testfeld war keine Optik im Bild besser als befriedigend. Canon- und Nikon-Besitzer haben sichtbar Besseres zur Auswahl.

Neues aus der Datenbank

Die hier vorgestellten 19 Objektive sind nur eine kleine Auswahl aus unseren Prüfergebnissen zur Bildqualität von mehr als 100 Objektiven: darunter Standardzooms und Festbrennweiten sowie Objektive für andere aktuelle Systemkameras wie Fujifilm X, Nikon 1, Canon M, Olympus und Panasonic (MFT – Micro Four Thirds), Pentax K und Q, Samsung und Sony E. Das Wichtigste aus unserer Testarbeit in Kürze:

- Nur Nikon baut mit dem AF-S G 18–55 VR ein gutes Kit-Objektiv mit Standardbrennweite. Die der anderen Hersteller sind schlechter. Aus Qualitätsgründen müssen Nikon-Fotografen also kein anderes Standardzoom kaufen.
- Nachfolgemodelle mit Kürzeln wie „II" (Canon) oder „HD" (Panasonic) liefern oft sichtbar bessere Bilder als ihre Vorgänger. Wer kann, sollte zu diesen greifen.
- Lichtstarke Objektive kosten und wiegen viel. Ein Beispiel aus der Datenbank: Das ▶

test Objektive für Systemkameras (kein Vollformat) 3/2013

www.test.de	Mittlerer Online-preis in Euro ca.[1]	Brennwei-tenbereich in mm	Größte Blen-denöffnung bei kürzester / längster Brennweite	Bild-qua-lität	Hand-ha-bung	test-QUALITÄTS-URTEIL
Gewichtung				80 %	20 %	100 %
Canon EF – Superzoom (geprüft mit Canon EOS 60D)						
Canon EF-S 18-200 IS	490	18 bis 200	3,5 / 5,6	+	+	GUT (1,8)
Canon EF-S 18-135 IS STM	420	18 bis 135	3,5 / 5,6	+	++	GUT (1,9)
Sigma 18-200 II DC OS HSM	240	18 bis 200	3,5 / 6,3	+	+	GUT (2,0)
Sigma 18-250 DC Macro OS HSM	380	18 bis 250	3,5 / 6,3	+	+	GUT (2,0)
Tamron AF 18-270 Di II VC PZD	380	18 bis 270	3,5 / 6,3	+	+	GUT (2,0)
Tamron AF 18-200 XR Di II LD Asph. IF Macro	169	18 bis 200	3,5 / 6,3	+	○	BEFRIED. (2,6)
Canon EF – Telezoom (geprüft mit Canon EOS 60D)						
Canon EF-S 55-250 IS II	199	55 bis 250	4,0 / 5,6	+	+	GUT (2,0)
Nikon F – Superzoom (gerüft mit Nikon D7000)						
Nikon AF-S DX Nikkor 18-200 G ED VR II	715	18 bis 200	3,5 / 5,6	+	+	GUT (1,8)
Sigma 18-250 DC Macro OS HSM	380	18 bis 250	3,5 / 6,3	+	+	GUT (1,9)
Nikon AF-S DX Nikkor 18-300 G ED VR	800	18 bis 300	3,5 / 5,6	+	+	GUT (2,0)
Sigma 18-200 II DC OS HSM	230	18 bis 200	3,5 / 6,3	+	+	GUT (2,1)
Tamron AF 18-270 Di II VC PZD	380	18 bis 270	3,5 / 6,3	+	+	GUT (2,2)
Tamron AF 18-200 XR Di II LD Asph. IF Macro	165	18 bis 200	3,5 / 6,3	○	+	BEFRIED. (2,7)
Nikon F – Telezoom (gerüft mit Nikon D7000)						
Nikon AF-S DX Nikkor 55-300 G ED VR	280	55 bis 300	4,5 / 5,6	+	○	GUT (1,9)
Nikon AF-S DX Nikkor 55-200 G IF-ED VR	229	55 bis 200	4,0 / 5,6	+	+	GUT (2,2)
Sony A – Superzoom (geprüft mit Sony alpha 77V)						
Sony 18-135 DT SAM SAL18135	440	18 bis 135	3,5 / 5,6	○	++	GUT (2,5)
Sony 18-250 DT SAL18250	550	18 bis 250	3,5 / 6,3	○	+	BEFRIED. (2,6)
Tamron AF 18-270 Di II VC PZD	380	18 bis 270	3,5 / 6,3	○	+	BEFRIED. (2,8)
Sony A – Telezoom (geprüft mit Sony alpha 77V)						
Sony 55-300 DT SAM SAL55300	340	55 bis 300	4,5 / 5,6	○	+	GUT (2,5)

Bewertungsschlüssel der Prüfergebnisse: ++ = Sehr gut (0,5–1,5). + = Gut (1,6–2,5). ○ = Befriedigend (2,6–3,5). ⊖ = Ausreichend (3,6–4,5). — = Mangelhaft (4,6–5,5).
Bei gleichem Qualitätsurteil Reihenfolge nach Alphabet
1) Stand 9. Oktober 2013.
Einkauf der Prüfmuster: Mai 2011 bis September 2012.

Canon EF-S 17–55 IS USM hat eine große Offenblende (2,8), wiegt 645 Gramm und kostet online rund 770 Euro. Das EF-S 18-55 IS II ist lichtschwächer (Offenblende 3,5–5,6), wiegt gerade mal 200 Gramm und kostet nur rund 170 Euro. ■

Anbieter Seite 263

Unser Rat

Alle geprüften Sat-Empfänger sorgen für gutes Bild. Wer nur fernsehen möchte, kauft einen Single-Tuner, zum Beispiel **Telestar Teledigi 4 HD** (122 Euro) oder **Smart CX01 PVR ready** (90 Euro). Wer Wert legt auf Komfort, Funktionen und eingebaute Festplatte, investiert in einen Twin-Tuner: 465 Euro für **Kathrein UFS 925/500GB/HD+** oder 530 Euro für **Technisat Digicorder Isio S 500 GB**.

Economy oder Luxusklasse

3/2013 Sat-Empfänger holen ab etwa 90 Euro Digital-TV ins Haus. Komfort und Aufnahmen auf Festplatte kosten jedoch ein Vielfaches.

Satelliten von Astra übertragen fast 1900 Sender allein für Deutschland, davon 546 frei empfangbar und 51 in hoher Auflösung (HD). Solche Vielfalt bekommen nur Zuschauer mit Sat-Empfänger. Zum Vergleich: Kabel Deutschland überträgt je nach Wohnort bis zu 126 Sender digital, davon 16 in HD. Preis pro Monat: 18,90 Euro.

Wer Satellitenfernsehen nutzen möchte, braucht einen Sat-Empfänger. Bei neueren Fernsehern steckt solch ein Empfänger meist im Gerät. Ältere brauchen zusätzliche Sat-Empfänger. Gute Geräte kosten zwischen 90 und 530 Euro. In Bild und Ton sind alle zwölf Empfänger gut oder sehr gut. Den Unterschied macht die Ausstattung. Wer nur fernsehen und gelegentlich Sendungen aufnehmen möchte, kommt mit einem Einfach-Empfänger (Single-Tuner) plus externer Festplatte zurecht. Wer dagegen fernsehen und parallel ein beliebiges Programm aufnehmen möchte, braucht einen Doppel-Empfänger (Twin-Tuner). Der rettet den Haussegen, wenn Fußball und die Lieblingsserie zeitgleich laufen.

Accurate Recording ersetzt VPS

Aufnahmen lassen sich bequem über den elektronischen Programmführer (EPG) planen. Dieser listet alle Sendungen der nächsten sieben Tage. Einfach die Sendung markieren und mit der OK-Taste bestätigen. Brenzlig wird es allerdings, wenn sich Sendungen verschieben. Das EPG aktualisiert sich meist erst später. Im analogen Zeitalter übertrugen einige Sender das VPS-Signal ▸

HD+ schränkt Aufnahmen ein

Die ProSiebenSat.1- sowie die RTL-Gruppe verschlüsseln ihre hochaufgelösten Programme. Wer die Sendungen sehen möchte, braucht eine HD+-Entschlüsselungskarte. Blaupunkt, Kathrein, Technisat und Vantage enthalten HD+-Karten. Die Kosten für zwölf Monate sind im Gerätepreis enthalten. Danach kostet die Karte jährlich 50 Euro. Nachteil: HD+ erlaubt kein Vorspulen von Aufnahmen.

test HD-Sat-Empfänger 3/2013

www.test.de	Mittlerer Ladenpreis in Euro ca.	Bild	Empfindlichkeit beim Empfang	Ton	Handhabung	Vielseitigkeit	Umwelteigenschaften	test-QUALITÄTSURTEIL
Gewichtung		20 %	10 %	5 %	40 %	15 %	10 %	100 %
Single-Tuner								
Telestar Teledigi 4 HD[1]	122	+	+	++	+	○	+	GUT (2,2)
Technisat Technibox S1+	167	+	+	+	○	○	+	GUT (2,4)
Smart CX01 PVR ready[2]	90	+	+	+	○	⊖	+	GUT (2,5)
Zehnder HX7133 PVR	78	+	+	+	○	⊖	+	BEFRIED. (2,7)
Twin-Tuner								
Kathrein UFS 925/500GB/HD+	465	+	○	++	+	++	+	GUT (2,0)
Technisat Digicorder Isio S 500 GB[3]	530	+	○	++	+	++	+	GUT (2,0)
Blaupunkt S1	325	+	○	+	+	+	○	GUT (2,1)
Logisat 4600 HD PVR CI+ 500 GB[4]	300	+	+	++	○	○	+	GUT (2,3)
Comag Twin HD/CI+ 500 GB[5]	199	+	+	+	○	○	+	GUT (2,5)
Vantage VT-100 HD+[4]	385	+	++	++	○	+	+	GUT (2,5)
Easyone HX 44 Twin CI+	160[6]	+	+	+	○	○	+	BEFRIED. (2,6)
Xoro HRS 9200 CI+	99[6]	+	+	+	○	○	+	BEFRIED. (2,6)

Bewertungsschlüssel der Prüfergebnisse: ++ = Sehr gut (0,5–1,5). + = Gut (1,6–2,5). ○ = Befriedigend (2,6–3,5). ⊖ = Ausreichend (3,6–4,5). — = Mangelhaft (4,6–5,5). **Bei gleichem Qualitätsurteil Reihenfolge nach Alphabet.**

1) Laut Anbieter durch Nachfolger Teledigi 4HD+ ersetzt.
2) Laut Anbieter Softwareupdate und Geräteversion V2 verfügbar.
3) Laut Anbieter Software inzwischen geändert.
4) Laut Anbieter Softwareupdate verfügbar.
5) Laut Anbieter inzwischen geändert.
6) Preis laut Anbieter.

Einkauf der Prüfmuster: Oktober und November 2012.

als Start- und Endzeichen für den Videorekorder. Doch das alte VPS-Signal gibt es beim digitalen Fernsehen nicht mehr. Nachfolger ist Accurate Recording. Es ermöglicht ebenfalls sendungsgenaue Mitschnitte. Bisher senden nur Öffentlich-Rechtliche das Accurate Recording-Signal.

Einige Empfänger taugen als Medienserver. Ihre Aufnahmen stehen im Heimnetzwerk zur Verfügung. Das lohnt sich für alle, die Filme am PC bearbeiten. Übers Netzwerk gelangen diese Empfänger auch ins Internet. Dort können sie Videos laden oder Mediatheken nutzen. Doch Seiten laden langsam, Menüs sind unübersichtlicher. An die Geschmeidigkeit moderner Notebooks und Tablets reichen sie nicht heran.

Wichtig für Interessenten von Doppel-Empfängern: Fernsehen und paralleles Aufnehmen eines zweiten Programms funktionieren nur, wenn zwei Leitungen von der Sat-Schüssel in die Wohnung führen – als separate Leitungen oder als Einkabelsystem. Alle Geräte im Test lassen sich über das sogenannte Unicable betreiben. Doch Unicable gibt es meist nur in modernen Sat-Empfangsanlagen. Für ältere Anlagen entstehen Umbaukosten. ■ Anbieter Seite 263

Unser Rat

Den Fernseher schwenken, neigen, ausziehen kann **G&BL 6437** für 149 Euro. Die einarmige Halterung fährt bis zu 68 Zentimeter aus und reicht um Ecken herum. Die Montage ist problemlos. Etwas schwieriger gestaltet sich der Aufbau der schweren **Titan MP 4735** (129 Euro). Wer den Fernseher nur kippen möchte, kaufe **Isy IWH 3000**. Sie kostet 34 Euro, lässt sich aber nur auf 8 Grad stellen.

Aufhänger für Profis

5/2013 Fernseher an der Wand fallen jedem Besucher ins Auge. Doch die Montage erfordert Fachkenntnisse. Verletzungen sind möglich.

Von 15 TV-Wandhalterungen lassen sich nur zwei einfach anbringen: One for all und G&BL. Besonders schwer macht Vogel's den Aufbau der Wall 1245: Ohne Spezialwerkzeug sind die Schrauben an der Wandbefestigung schwer erreichbar, Gewinde sind schlecht geschnitten. Schnell zerkratzt die Halterung. Hinzu kommt: Die Schwenkarme weisen scharfe Scherstellen auf. Sie können Finger quetschen oder Kabel beschädigen. test-Qualitätsurteil: mangelhaft. Auch die übrigen Halterungen sind knifflig bei der Montage. Teilweise enthält die Packung ungeeignete Dübel, oder die Halterungen lassen sich nicht ausrichten. Nur erfahrene Handwerker kommen damit zurecht. Die meisten Hersteller empfehlen daher die Montage durch einen Fachmann. Die gute Info: Hängen sie erst einmal an der Wand, halten sie den Fernseher sicher. Keine stürzte ab oder brach im Belastungstest.

Starr, neigbar oder vollbeweglich

Wer den Fernseher nur gemäldeartig anbringen will, kommt mit einer starren Halterung aus. Manche dieser Modelle lassen sich sehr einfach montieren. Der Fernseher hängt flach an der Wand. Nachteil: Er lässt sich nicht neigen und muss daher niedrig hängen. Die Mitte des Fernsehers sollte sich beim Sitzen auf Augenhöhe befinden. Sonst schwindet der Kontrast. Mit einer neigbaren Halterung lässt sich der Fernseher kippen. Er kann höher hängen. Zuschauer sollten den Kopf jedoch nicht in den Nacken legen ▶

Starre Wandhalterungen
Exemplarisch haben wir starre Wandhalterungen geprüft. Sie bieten keinen Bewegungsspielraum, beeindrucken aber mit einfacher Montage. **Samsung WMN250M** (80 Euro): Zwei Löcher bohren, Dübel einsetzen, Halterung anschrauben, vier Stecker am Fernseher befestigen, aufhängen, fertig. **Schwaiger LWH3255** (70 Euro). Fernseher hängt am Stahlseil. Das gleicht schrägsitzende Bohrungen aus.

test TV-Wandhalterungen 5/2013

www.test.de	Mittlerer Preis ca. (Euro)	Montage	Funktion und Handhabung	Verarbeitung	Sicherheit	test-QUALITÄTSURTEIL
Gewichtung		30%	50%	10%	10%	100%
Neigbare						
Isy IWH 3000 TV Wandhalterung L	34	○	○	+	+	BEFRIEDIGEND (3,0)
e+p Elektrik WHS 15	75	○	○	○	+	BEFRIEDIGEND (3,2)
One for all SV 3510	40	+	⊖	+	⊖*)	BEFRIEDIGEND (3,2)
Vivanco WT4035	30	○	⊖	+	○	BEFRIEDIGEND (3,3)
Vogel's Wall 1215	60	○	⊖	○	⊖*)	BEFRIEDIGEND (3,4)
Hama 00084426	40	○	⊖	○	+	AUSREICHEND (3,6)
Vollbewegliche						
G&BL 6437	149	+	+	+	+	GUT (2,3)
Titan MP 4735 (26938)	129	○	○	+	+	GUT (2,5)
Sanus VMF322	200	○	+	+	+	BEFRIEDIGEND (2,7)
Physics PHW 400 L	190	○	○	+	+	BEFRIEDIGEND (2,8)
Schwaiger LWH603D 011	169	○	○	+	○	BEFRIEDIGEND (2,9)
Hama 108756	129	○	○	○	+	BEFRIEDIGEND (3,0)
Thomson WAB446	139	○	○	⊖*)	+	AUSREICHEND (3,6)
TecTake 400195	82	○	○	−*)	+	AUSREICHEND (3,9)
Vogel's Wall 1245 silber[1]	150	⊖	○	○	−*)	MANGELHAFT (5,0)

Bewertungsschlüssel der Prüfergebnisse: ++ = Sehr gut (0,5–1,5). + = Gut (1,6–2,5). ○ = Befriedigend (2,6–3,5). ⊖ = Ausreichend (3,6–4,5). — = Mangelhaft (4,6–5,5). **Bei gleichem Qualitätsurteil Reihenfolge nach Alphabet.**
***) Führt zur Abwertung.**
1) Laut Anbieter durch Nachfolger WALL 2245 schwarz ersetzt. **Einkauf der Prüfmuster:** Dezember 2012 bis Januar 2013.

müssen. Für neigbare Halterungen müssen Monteure genau auf Linie bohren. Die Halterungen lassen sich nämlich nicht vertikal ausrichten. Am Ende hängt der Fernseher womöglich schief. Hinzu kommt: Neigbare Halterungen bieten keine Kabelführung.

Vollbewegliche Halterungen lassen sich schwenken, neigen, ausziehen. Sie lohnen sich, wenn der Fernseher in verschiedenste Richtungen drehen oder um eine Ecke reichen soll. G&BL lässt sich bis zu 68 Zentimeter abziehen. Nachteil der ein- wie der zweiarmigen Halterungen: Selbst im zusam- mengeklappten Zustand steht der Fernseher von der Wand ab – bei TecTake 14 Zentimeter. Die Montage ist aufwendig.

Zwei Millimeter zu wenig

Alle Halterungen passen zu Fernsehern, die an der Rückwand Gewindelöcher in genormten Abständen haben. Diese Vesa-Standards stehen auf der Verpackung. Auch bei Hama 84426: für Fernseher bis 400 Millimeter Abstand. Die Löcher lassen nur 398 Millimeter Abstand. 2 Millimeter zu wenig.

Manche Halterungen verdecken Lautsprecher auf der Rückseite des Fernsehers. Doch selbst mit perfekter Halterung und seitlichen Lautsprechern klingen hängende Fernseher anders als stehende. Tiefe Frequenzen dröhnen stärker. Viele TV-Geräte lassen sich auf Wandmontage einstellen. Das verbessert den Klang etwas. ■ Anbieter Seite 263

Unser Rat

Testsieger ist der 7-Kanal-Receiver **Yamaha RX-V675** für 545 Euro. Mehr HDMI-Anschlüsse und mehr Reserven bei der Ausgangsleistung für weniger Geld bietet der **Pioneer VSX-923** für 450 Euro. Er wird im Betrieb allerdings fast 70 Grad heiß. Unter den 5-Kanal-Receivern liegen der **Denon AVR-X1000** für 345 Euro und der **Yamaha RX-V475** für 320 Euro gleichauf auf dem ersten Platz.

Jetzt mit Netz

11/2013 Die neueste Receiver-Generation lockt mit Netzanschluss. Unterschiede bei Hörtests, Ausgangsleistung und Stromverbrauch.

Anschlussfreudig waren sie schon immer, die AV-Receiver. Als Herzstück des Heimkinos müssen sie das auch sein. Bei der neuen Generation von Receivern kommt nun noch ein Netzwerkanschluss hinzu. 17 AV-Receiver haben wir geprüft, sechs mit fünf Kanal-Verstärkern und elf mit sieben Kanälen. Alle bis auf den 5-Kanal-Sony haben einen Netzwerkanschluss.

Musik übers Netzwerk

Das öffnet neue Quellen für den Musikgenuss: Im lokalen Netzwerk können netzwerkfähige Receiver Musik vom PC oder von einem Medien-Server spielen. Und über das Internet empfangen sie tausende kostenloser Internetradio-Programme. Zudem lassen sich die Geräte übers Heimnetz per Smartphone oder Tablet-Rechner steuern. Insgesamt klappt die Integration ins Netzwerk am besten mit den Geräten von Denon und Marantz. Die beste Tablet-App zur Receiver-Steuerung bietet Yamaha.

Bei den Hörtests zeigen Denon, Marantz, Harman/Kardon und Onkyo Schwächen. Das liegt nicht an den verbauten Verstärkern: Korrekt eingestellt klingen alle einwandfrei. Doch kommen etliche Geräte mit ungünstigen Voreinstellungen aus dem automatischen Einmessvorgang. Bei vielen ist der Baßpegel für den Subwoofer zu hoch eingestellt. Denon und Marantz aktivieren zudem eine Dynamikkompression, die besonders bei klassischer Musik stört. Hier müssen Musikfreunde von Hand nachregeln. Pioneer ▶

Ins Netz per Kabel und Funk
Alle im Test bis auf den kleinen Sony bieten eine **Lan**-Buchse zum Anschluss an einen Netzwerk-Router. Solche Kabelverbindungen sind schneller und stabiler, aber weniger flexibel als Funkverbindungen. Nur die 7-Kanal-Receiver von Onkyo und Sony und der Harman/Kardon AVR-370 können ab Werk auch drahtlos per **WLan** ins Netz. Bei einigen anderen lässt sich WLan nachrüsten.

test AV-Receiver 11/2013

www.test.de	Mittlerer Preis ca. (Euro)	Verstärker	UKW-Radio	Internetradio	Video	Handhabung	Umwelteigenschaften	Vielseitigkeit	test-QUALITÄTSURTEIL
Gewichtung		25 %	10 %	10 %	10 %	25 %	10 %	10 %	100 %
Mit 7-Kanal-Verstärker									
Yamaha RX-V675	545	+	++	⊖	++	+	+	++	GUT (2,0)
Marantz NR 1604	645	+	+	+	+	+	○	++	GUT (2,2)
Pioneer VSX-923	450	++	○	+	++	○	○	++	GUT (2,2)
Onkyo TX-NR626	435	+	○	○	++	○	○	++	GUT (2,5)
Denon AVR-X3000	790	+	+	+	+	+	⊖*)	++	BEFRIED. (2,6)
Denon AVR-X2000	565	○	+	+	+	+	⊖*)	+	BEFRIED. (3,0)
Harman/Kardon AVR-370	900	+	○	⊖	+	○	⊖*)	++	BEFRIED. (3,5)
Sony STR-DN1040	535	○	○	○	++	○	–*)	++	AUSREICHEND (3,8)
Harman/Kardon AVR-270	700	○	○	⊖	+	○	–*)	+	AUSREICHEND (4,0)
Sony STR-DN840	405	○	○	○	+	○	–*)	+	AUSREICHEND (4,1)
Pioneer SC-1223	795	++	○	+	++	○	–*)	++	MANGELH. (5,0)
Mit 5-Kanal-Verstärker									
Denon AVR-X1000	345	+	+	+	○	+	+	○	GUT (2,3)
Yamaha RX-V475	320	+	++	⊖	+	○	+	+	GUT (2,3)
Marantz NR 1504	445	+	+	+	○	+	○	+	GUT (2,4)
Pioneer VSX-528	330	++	○	○	+	○	○	○	BEFRIED. (2,6)
Onkyo TX-NR525	325	+	○	⊖	+	○	○	+	BEFRIED. (2,7)
Sony STR-DH540	263	○	○	Entfällt	+	○	○	⊖	BEFRIED. (3,2)

Bewertungsschlüssel der Prüfergebnisse: ++ = Sehr gut (0,5–1,5). + = Gut (1,6–2,5). ○ = Befriedigend (2,6–3,5). ⊖ = Ausreichend (3,6–4,5). – = Mangelhaft (4,6–5,5). **Bei gleichem Qualitätsurteil Reihenfolge nach Alphabet.**
***) Führt zur Abwertung.** **Einkauf der Prüfmuster:** Juni/Juli 2013.

und Yamaha klingen dagegen auch ohne manuelle Korrektur sehr gut.

Recht schwachbrüstig zeigen sich einige beim Test der Ausgangsleistung im Surroundbetrieb, bei dem alle Kanäle gleichzeitig gefordert werden. Die Sonys schaffen hier nicht einmal vier, der Denon X-2000 nur sechs Watt pro Lautsprecher. Für den Kinoklang im Wohnzimmer wird das reichen. Doch die anderen bieten mehr Reserven. Besonders stromhungrig sind die 7-Kanal-Receiver von Sony und Harman/Kardon. Bei ihnen vervielfacht sich der Standby-Verbrauch, wenn sie so eingestellt sind, dass sie übers Netzwerk eingeschaltet werden können („Wake on Lan"). Einige von Denon, Marantz und Pioneer erhitzen sich im Betrieb bis rund 70 Grad. ■ Anbieter Seite 264

Unser Rat

Wer deutsche Sender hören möchte, wählt ein Digitalradio mit DAB+- und UKW-Empfang. Testsieger unter den DAB+-Geräten ist das **Digitradio 300** von **Technisat** (139 Euro). Es trifft den Ton, empfängt gut, ist leicht zu handhaben. Internetradios bieten Sender aus aller Welt. Vorn liegt hier das **PDR300** von **Peaq** (179 Euro). Moderner ist das **Sensia** von **Pure** (310 Euro) mit großem Touchdisplay.

Radio ohne Grenzen

8/2013 Die digitalen Empfänger im Test eröffnen Hörern neue Dimensionen. DAB+-Radios empfangen überregional, Internetradios weltweit.

Mit digitalen Radios lauschen Hamburger nach Haiti und Chemnitzer nach China. Via Internet überwindet Radio jede Grenze. Mehr als 20 000 Radiostationen dudeln online. Andere Übertragungswege wie UKW und DAB+ verfügen nur über wenige Dutzend, werden aber am meisten genutzt. 20 Digitalradios hat die Stiftung Warentest geprüft – 13 davon sind auf DAB+ und UKW spezialisiert, 7 auf Empfang per Internet.

Manchmal herrscht Funkstille

Wer nur seinen Lieblingssender hören und sich nicht übermäßig mit seinem Radio beschäftigen will, wählt DAB+. Der neue Standard Digital Audio Broadcasting (DAB+) übertritt ebenfalls Grenzen – innerhalb Deutschlands. Neben nationalen Programmen überträgt es auch regionale. Nordlichter können bis in den Süden der Republik hören und umgekehrt. In ländlichen Regionen ist das Angebot von DAB+ jedoch mager. Hier und da herrscht sogar Funkstille. Die Vorteile von DAB+: Bei schlechtem Empfang mindert kein Rauschen den Musikgenuss. Auch gibt es auf dem Radiodisplay Zusatzinformationen, etwa Titel und Interpret.

Teacs Akku ist überlastet

Testsieger unter den DAB+-Empfängern ist das Digitradio 300 von Technisat. Es hat einen guten Klang und Empfang. Gravierende Probleme tauchen beim Teac R-5DAB auf: Fällt eine der sechs Akkuzellen aus, werden die restlichen überlastet. Im schlimmsten ▶

Musik liegt nicht nur in der Luft

Radio läuft heute überall. Auf Computern, Handys und selbst im Fernseher. Dorthin gelangen die Sender auf verschiedenen Übertragungswegen. Deren Klangqualität haben wir untersucht. Am besten ist der Ton über Satellit und Kabel digital. Einbußen gibt es bei DAB+. Hier werden die Daten so stark komprimiert, dass der Ton leidet. Eine ähnliche Qualität liefern Kabel analog, UKW und Internet.

test Digitalradios 8/2013

www.test.de	Mittlerer Preis ca. (Euro)	Ton	Radio	Handhabung	Verarbeitung	Stromverbrauch 1)	Vielseitigkeit	test-QUALITÄTSURTEIL
Gewichtung		30 %	20 %	30 %	5 %	5 %	10 %	100 %
DAB+								
Technisat Digitradio 300	139	+	+	+	+	+	○	GUT (2,2)
Scansonic DA300	173	+	+	○	+	++	○	GUT (2,3)
Albrecht Audio DR 881 2)	120	+	○	+	+	++	+	GUT (2,4)
Pure One Elite Series II	112	○	+	○	+	+	+	GUT (2,4)
Revo Pixis	165	+	+	+	+	++	○	GUT (2,4)
Dual DAB 50	127	○	+	○	+	++	+	GUT (2,5)
Terratec Noxond dRadio110 3)	88	○	+	○	+	++	+	GUT (2,5)
Philips ORT2300C/10	127	+	○	○	○	++	○	BEFRIED. (2,6)
Roberts solarDAB 2	114	○	+	○	○	++	○	BEFRIED. (2,7)
Sangean DPR-25 Plus 2)	118	○	+	○	○	++	○	BEFRIED. (2,8)
Imperial Dabman 30	66	○	○	○	○	+	⊖	BEFRIED. (2,9)
Grundig Music 51 DAB+ SP	63	⊖*)	○	+	○	+	○	BEFRIED. (3,2)
Teac R-5DAB	170	+	○	+	−*)	+	○	MANGELH. (5,0)
Internet								
Peaq PDR300 2)	179	+	+	+	+	+	++	GUT (2,0)
Pure Sensia 200D Connect 2)	310	+	+	○	○	+	++	GUT (2,1)
Terratec Noxon iRadioM110+	244	○	+	+	+	+	++	GUT (2,3)
Logitech UE Smart Radio 2)	175	+	+	○	+	++	+	GUT (2,4)
Roberts Stream 205	233	○	○	+	○	+	++	GUT (2,4)
Grundig Cosmopolit 7 A Web	154	○	○	+	+	+	++	GUT (2,5)
Scansonic IN200	206	○	○	+	+	++	○	BEFRIED. (2,6)

Bewertungsschlüssel der Prüfergebnisse: ++ = Sehr gut (0,5–1,5). + = Gut (1,6–2,5). ○ = Befriedigend (2,6–3,5). ⊖ = Ausreichend (3,6–4,5). − = Mangelhaft (4,6–5,5). **Bei gleichem Qualitätsurteil Reihenfolge nach Alphabet.**

***) Führt zur Abwertung.**

1) Berechnung des Stromverbrauchs korrigiert am 6.8.2013.

2) Eine Neuberechnung des Stromverbrauchs führte zu einer Änderung des test-Qualitätsurteils um eine Zehntelnote.

3) Laut Anbieter nicht mehr im Handel, Nachfolgeprodukt Journaline unterstützt auch DAB-Dienst Journaline.

Einkauf der Prüfmuster: März und April 2013.

Fall kann Batterieflüssigkeit auslaufen. Urteil deshalb: mangelhaft.

Bestes Internetradio im Test ist das PDR300 von Peaq. Es kostet 179 Euro und punktet bei Ton, Handhabung und Verarbeitung. Internetradio erfordert die Aufmerksamkeit des Nutzers. Er muss sich auch mit der Technik außerhalb des Geräts beschäftigen. Ohne einen Internetanschluss mit hoher Bandbreite macht das Webradio keinen Mucks. Nächster Schritt ist die Verbindung per Lan-Kabel oder drahtlos via WLan. Auch die Radiobedienung vereinnahmt den Musikliebhaber. Beim Stöbern im umfangreichen Angebot der Senderlisten kann er Stunden zubringen. ■

Anbieter Seite 264

Unser Rat

Wer für ein gutes Gesamtpaket gern etwas mehr ausgibt, liegt mit dem Testsieger **Canton GLE 426/456/SUB8.2** für 1 080 Euro richtig. Er kombiniert guten Klang mit hochwertig verarbeiteten Boxen, die sich leicht aufbauen lassen. Nutzer mit wenig Platz, kleinerem Budget und großen Klangansprüchen greifen zum 5.1-Set **HKTS 16** von **harman/kardon** für 420 Euro.

Sechs Richtige

12/2013 Rundumklang fürs Heimkino liefern 5.1-Lautsprechersysteme. Deren Auswahl muss kein Lotteriespiel sein.

Großes Kino im Wohnzimmer braucht sechs spezielle Statisten: Zwei Frontlautsprecher sorgen für Stereoklang, ein Centerlautsprecher gibt Töne aus der Bildmitte wieder. Zwei Rücklautsprecher übernehmen die von hinten kommenden Spezialeffekte und Geräusche. Eine Bassbox, „Subwoofer“ genannt, liefert die tiefen Töne.

Wir haben zwölf 5.1-Lautsprechersysteme geprüft, deren Frontlautsprecher ins Regal passen. Unser Fazit: Buhrufe rechtfertigt kein Kandidat, stehende Ovationen allerdings auch nicht. Ein anständiger Applaus geht an den Testsieger Canton GLE mit gutem Klang und sehr guter Verarbeitung. Preis: 1 080 Euro.

Mini-Boxen im Nachteil

Wer zu Hause nicht viel Platz hat und deshalb keine großen Boxen anschaffen will, findet bei vielen Anbietern kleine Front- und Rücklautsprecher. Im Test waren vier Sets mit besonders kompakten Exemplaren vertreten, doch nur den Winzlingen des Systems HKTS 16 von harman/kardon ließ sich ein guter Surround-Klang entlocken. Damit bestätigt sich eine Faustformel: Je größer das Volumen eines Lautsprechers, desto besser klingt er. Tatsächlich sorgen drei der vier Systeme mit kleinen Lautsprechern lediglich für einen befriedigenden Klang.

Beim Canton Movie 1505 hapert es weniger am Volumen. Hier fehlt es dem Klang an Natürlichkeit. Schon blöd, wenn in einem Film Möwen fast wie Krähen klingen oder Motor- ▶

Musik klingt nicht besonders

Zum Musikhören ist ein 5.1-Lautsprecherset nicht die erste Wahl. Selbst wer nur Frontlautsprecher und Subwoofer als 2.1-Lautsprecherset nutzt, hat mit den Geräten im Test wenig Freude. Ihr Stereo-Sound überzeugte nicht. Am ehesten eignen sich die Frontlautsprecher der Sets harman/kardon HKTS 16 und Nubert nuBox zum Stereohören. Bose sorgt dagegen für wenig Begeisterung.

test 5.1-Lautsprechersysteme 12/2013

www.test.de	Mittlerer Preis ca. (Euro)	Klang	Akustische Messungen	Handhabung	Umwelteigenschaften	test-QUALITÄTSURTEIL
Gewichtung		70 %	10 %	10 %	10 %	100 %
Canton GLE 4 x 426 / 456 (Center) / SUB8.2[1]	1 080	+	+	+	++	**GUT (2,0)**
Heco Music Colors 4 x 100 / Center 80 / Phalanx Micro 200A[1]	940	+	+	○	++	**GUT (2,1)**
Nubert nuBox 311 Set	1 080[2]	+	+	+	+	**GUT (2,1)**
harman/kardon HKTS 16	420	+	+	+	+	**GUT (2,2)**
KEF E305	1 000	+	○	○	++	**GUT (2,3)**
Teufel Consono 35 Mk3 5.1-Set	380[2]	+	○	+	+	**GUT (2,3)**
Teufel Theater 100 Mk3 5.1-Set Cinema	700[2]	+	+	+	++	**GUT (2,3)**
harman/kardon HKTS 65[3]	730	+	○	+	++	**GUT (2,4)**
Canton Movie 1505	880	○	○	○	++	**GUT (2,5)**
Bose Acoustimass 10 Home Cinema Speaker System	1 190	○	○	+	+	**BEFRIED. (2,6)**
Canton Movie 160	390	○	○	○	++	**BEFRIED. (2,6)**
Teufel Cubycon 2 Wireless 5.1-Set	1 200[2]	○	○	+	+	**BEFRIED. (2,7)**

Bewertungsschlüssel der Prüfergebnisse: ++ = Sehr gut (0,5–1,5). + = Gut (1,6–2,5). ○ = Befriedigend (2,6–3,5). ⊖ = Ausreichend (3,6–4,5). — = Mangelhaft (4,6–5,5). **Bei gleichem Qualitätsurteil Reihenfolge nach Alphabet.**

1) Set aus Einzelkomponenten zusammengestellt.
2) Preis laut Anbieter (Direktvertrieb ohne Versandkosten).
3) Subwoofer kann mit mitgeliefertem Sender und Empfänger auch drahtlos angesteuert werden.

Einkauf der Prüfmuster: August und September 2013.

räder eher wie Autos. Auch das System Teufel Cubycon gibt Töne nur wenig natürlich von sich. Die übrigen 5.1-Sets sind zwar näher am Original, allen voran Teufel Consono und Heco. Optimal klingen sie jedoch nicht. Wem natürlicher Klang wichtig ist, der sollte große Standlautsprecher wählen.

Kein Talent für tiefe Töne

Recht speziell gab sich das Bose-Set im Test. Der Nutzer schließt die Boxen ganz untypisch nicht an den AV-Receiver, sondern an den Subwoofer an. Zwar sind die Bose-Lautsprecher schön klein, geben aber nicht ausreichend tiefe Töne von sich. Der Subwoofer muss das ausgleichen und ist dadurch im Raum akustisch gut zu lokalisieren – Surround-Klang ade. Aus diesem Grund darf die Bose-Bassbox nicht wie andere Subwoofer von irgendwo wummern, sondern sollte nahe am Fernseher stehen.

Den besten Raumklang bieten die 5.1-Sets Canton GLE, Heco Music Colors, Nubert nuBox, harman/kardon HKTS 16 und KEF E 305. Beim System HKTS 16 erfreut das Preis-Leistungs-Verhältnis. Im Klang steht es dem Testsieger Canton GLE kaum nach, trotz deutlich kleinerer Lautsprecher. Damit nimmt das Modell von harman/kardon weniger Platz weg und ist schlappe 660 Euro preiswerter als der Sieger. Selten gibt es großen Klang aus kleinen Kisten so günstig. Auf diese Weise werden aus den Statisten schon mal Hauptdarsteller. ■ **Anbieter Seite 264**

Unser Rat

Dreifach: Die **Sony CMT-G2BNIP** für 410 Euro empfängt neben UKW- auch Internet- und Digitalradio (DAB/DAB+). **Zweifach:** Mit einem Farbdisplay punktet die **Pioneer X-HM81** für 480 Euro. Sie empfängt UKW- und Internetradio. **Einfach:** Nur UKW, das aber mit dem besten Empfang im Test, bietet die **Panasonic SC-PMX5** für 231 Euro. Im Ton gehört sie zu den vier besten Anlagen.

Kleine Klangkünstler

4/2013 Die Stereo-Leichtgewichte bieten meist guten Sound zu sehr unterschiedlichen Preisen. Der Trend geht zum Digitalradio.

Verstärker, CD-Spieler, zwei Boxen und Digitalradio: Die Musikanlage Philips DCB 7005 hat all das. Sie wiegt ohne Lautsprecher nur 2,7 Kilogramm und ist kaum größer als ein Schuhkarton. Vorbei die Zeiten, in denen HiFi-Anlagen nur mit schweren Trafo-Netzteilen, fetten Kühlrippen und voluminösen Lautsprecherboxen denkbar waren. Heute arbeiten Verstärker oft digital. Sie erzeugen bei gleichem Stromverbrauch etwa doppelt so viel Ausgangsleistung wie analoge. Die Hersteller können entweder besonders kleine und leichte oder aber für Größe und Gewicht überraschend starke Anlagen bauen. Philips geht den zweiten Weg und holt aus dem 2,7-Kilogramm-Winzling satte 50 Watt Ausgangsleistung pro Kanal. Im Test: 14 Mini-HiFi- Anlagen für rund 200 bis fast 600 Euro.

Digitalverstärker ausgereift

Ob Live-Musik aus dem Radio oder Songs von der CD – bei einer HiFi-Anlage ist der Klang entscheidend. Im Test war der Ton bei 10 der 14 Anlagen gut. Unter den guten haben bis auf Denon und Onkyo alle einen Digitalverstärker. Sie arbeiten mit hochfrequenten Schaltimpulsen: Längere Impulse ergeben laute Passagen, kürzere leise. Anders als zu Beginn der digitalen Verstärkertechnik bekommt der Zuhörer davon nichts mit. Aber guter Klang kam im Test tendenziell eher aus den größeren und schweren Lautsprecherboxen. Sie und nicht die Verstärkertechnik entscheiden über den Klang. ▶

Digitalradio DAB+

JVC, Peaq, Philips und beide Sony empfangen neben UKW Digitalradio, das via Antenne ins Haus kommt. Es holt etliche Regionalsender auch außerhalb des Einzugsgebiets herein, zum Beispiel den SWR in Berlin (Infos unter www.digitalradio.de). Den Vergleich mit UKW gewinnt DAB+ klar. UKW klingt etwas dumpfer. Gut aufbereitete digitale Sendungen sind dagegen ein Hörvergnügen.

test Mini-HiFi-Anlagen 4/2013 www.test.de	Mittlerer Ladenpreis in Euro ca.	Ton	Verstärker	CD-Spieler Fehlerkorrektur	Radio	Handhabung	Vielseitigkeit	Stromverbrauch	test-QUALITÄTSURTEIL
Gewichtung		35 %	5 %	10 %	10 %	25 %	10 %	5 %	100 %
Digital- und UKW-Radio									
Sony CMT-G2BNIP	410	+	+	+	+	+	++	○	**GUT (1,8)**
Pioneer X-HM81	480	+	○	+	++	+	++	+	**GUT (1,9)**
Philips DCB 7005	284	+	○	+	+	+	○	+	**GUT (2,1)**
Onkyo CS-N755	430	+	+	+	+	+	++	○	**GUT (2,2)**
Sony CMT-MX550i1)	204	+	+	○	+	+	⊖	++	**GUT (2,2)**
JVC UX-LP662)	279	○	+	+	○	○	○	+	**BEFRIED. (2,8)**
Peaq PMS 300	400	○	+	++	+	⊖*)	⊖	○	**AUSREICH. (3,7)**
Nur UKW-Radio									
Denon D-M39	299	+	+	+	++	+	○	+	**GUT (2,1)**
Kenwood K-531	365	+	+	+	+	+	+	++	**GUT (2,1)**
Panasonic SC-PMX5	231	+	+	++	++	+	⊖	++	**GUT (2,1)**
Pioneer X-CM31	179	+	+	++	+	○	○	++	**GUT (2,2)**
Sharp XL-HF401PH	275	+	○	+	+	+	+	++	**GUT (2,3)**
Yamaha MCR-042	277	○	○	++	+	+	⊖	++	**GUT (2,4)**
LG TA1063)	249	○	+	++	++	+	○	+	**BEFRIED. (2,6)**

Bewertungsschlüssel der Prüfergebnisse: ++ = Sehr gut (0,5–1,5). + = Gut (1,6–2,5). ○ = Befriedigend (2,6–3,5). ⊖ = Ausreichend (3,6–4,5). — = Mangelhaft (4,6–5,5). **Bei gleichem Qualitätsurteil Reihenfolge nach Alphabet.**
***) Führt zur Abwertung.**
1) Laut Anbieter durch Nachfolger CMT-SB100B ersetzt. **2)** Laut Anbieter nicht mehr erhältlich.
3) Laut Anbieter Auslaufmodell mit Nachfolger CM3430. **Einkauf der Prüfmuster:** Dezember 2012 bis Februar 2013.

Drei Anlagen im Test verdienen den Titel Weltempfänger. Onkyo CS-N755, Pioneer X-HM81 und Sony CMT-G2BNIP holen Internet-Radiostationen ins Haus. Ist die Verbindung einmal eingerichtet, muss sich der Nutzer nie wieder darum kümmern. Gewöhnungsbedürftig ist aber die kurze Wartezeit, bis das Digitalradio spielt. In dieser Zeitspanne verbinden sich die Anlagen mit einem Musikserver im Internet. Das Warten lohnt: Bis hin zur letzten Jazz-Station in New Orleans ist die ganze Welt erreichbar, nach Genres wie Klassik, Reggae oder Pop sortiert.

UKW ist Pflicht, Digitalradio kommt

Den üblichen UKW-Empfänger haben alle Anlagen. Noch besser: Fünf Anlagen im Test empfangen auch DAB+, ein Digitalradioprogramm, das via Antennte ins Haus kommt *(s. Kasten Digitalradio DAB+ Seite 129)*. Ein Zugewinn beim Digitalradio sind Informationen zur Musik. Im Display ist beispielsweise zu lesen, welcher Titel gerade läuft.

Das Stereodreieck bleibt

Das digitale Zeitalter entwertet aber nicht alles HiFi-Wissen. Wer sein Wohnzimmer einrichtet, sollte wissen: Für den Stereoeindruck müssen die Lautsprecher auch bei kleinen Anlagen noch immer an den zwei Ecken eines etwa gleichschenkligen Dreiecks stehen – die dritte Ecke ist der perfekte Hörplatz. Die Lautsprecher sollten etwa auf Ohrhöhe stehen. ■ **Anbieter Seite 264**

Unser Rat

Bei fast allen Musikstreaming-Diensten gibt es eine kostenlose Testphase. Die Premiumangebote kosten 10 Euro im Monat. Dafür kann ein Nutzer von Computer, Smartphone oder Tablet ohne Zeitlimit und Werbung auf etwa 20 Millionen Songs zugreifen. **Simfy** und **Spotify** bieten im Test das größte Repertoire. Zusammen mit **Wimp** schneiden sie auch insgesamt am besten ab.

Musik liegt in der Luft

7/2013 Musikstreaming-Dienste bieten eine riesige Musikauswahl und bieten guten Klang. Schwächen zeigen sich im Kleingedruckten.

Musikstreaming-Dienste verschaffen ihren Nutzern Zugang zu einer riesigen Musikauswahl im Netz. Die Musik liegt auf Speichern im Internet. Wer einen Song hören will, lädt ihn Stück für Stück herunter – und zwar während er das Lied bereits hört. Dieses Verfahren nennt sich „Streaming".

Wir haben neun Streaming-Dienste getestet. Für 10 Euro im Monat können Musikfans bei einem solchen Angebot mit dem PC, dem Smartphone oder dem Tablet auf das Repertoire zugreifen. Das Fazit: Die Musikauswahl überzeugt, weist aber prominente Lücken auf. Die Klangqualität ist sehr gut oder gut. Schwächen gibt es bei den Kundeninformationen und dem Umgang mit Nutzerdaten, Mängel auch in den allgemeinen Geschäftsbedingungen. Insgesamt am besten schneiden Simfy, Spotify und Wimp ab.

Im Test haben wir die Musikauswahl anhand einer Liste von 100 Alben geprüft. Am besten schnitten Spotify mit 84 und Simfy mit 83 gefundenen Alben ab. Auf manch prominenten Namen müssen alle verzichten: auf die Beatles genauso wie auf Xavier Naidoo, Die Ärzte oder Die Toten Hosen. Einzelne Künstler sperren sich gegen das Streaming, sie befürchten, ihre CD- oder Downloadverkäufe könnten darunter leiden.

Wenig Probleme hörten die Tester bei der Klangqualität. Die Streaming-Dienste können hier mit der CD mithalten. Sony Music Unlimited und Rara klingen gut, alle anderen sogar sehr gut. Der Hörtest zeigt: Es gibt kaum hörbare Qualitätsunterschiede zwi- ▶

Die eigene Musik streamen
Nutzer können auch die eigene Musiksammlung streamen. Das geht mit dem Amazon Cloud-Player, iTunes Match und Google Music. Dafür gleichen die Dienste die Musiksammlung des Nutzers mit dem eigenen Repertoire ab und stellen die erkannten Songs zur Verfügung. Nicht erkannte Songs muss der Nutzer selbst hochladen. Am besten funktionierte der Abgleich bei iTunes Match.

test Musikstreaming-Dienste (Premiumangebot) 7/2013

www.test.de	Hörqualität	Repertoire	Vielseitigkeit und Benutzung	Information und Verträge	Datenschutz der Smartphone-App: Android 4.1.2[1]	Datenschutz der Smartphone-App: iOS 6.0.1[2]	Mängel in den AGB	test-QUALITÄTSURTEIL
Gewichtung	30 %	25 %	25 %	20 %	0 %	0 %	0 %	100 %
Simfy[3]	++	+	O	⊖	kritisch	kritisch	sehr gering	GUT (2,5)
Spotify[4]	++	+	+	O	unkritisch	unkritisch	deutlich*)	GUT (2,5)
Wimp	++	+	O	⊖	kritisch	unkritisch	gering	GUT (2,5)
Juke	++	+	O	⊖	kritisch	unkritisch	keine	BEFRIED. (2,7)
Napster	++	+	O	⊖	kritisch	unkritisch	sehr deutlich*)	BEFRIED. (3,3)
Rdio	++	+	O	–	kritisch	kritisch	sehr deutlich*)	AUSREICH. (3,8)
Sony Music Unlimited	+	O	⊖	⊖	unkritisch	unkritisch	sehr deutlich*)	AUSREICH. (4,0)
Rara	+	O	⊖	–	kritisch	kritisch	sehr deutlich*)	AUSREICH. (4,2)
Deezer	++	+	O	⊖	sehr kritisch*)	sehr kritisch*)	sehr deutlich*)	AUSREICH. (4,4)

Bewertungsschlüssel der Prüfergebnisse: ++ = Sehr gut (0,5–1,5). **+** = Gut (1,6–2,5). **O** = Befriedigend (2,6–3,5). **⊖** = Ausreichend (3,6–4,5). **–** = Mangelhaft (4,6–5,5). **Bei gleichem Qualitätsurteil Reihenfolge nach Alphabet.**
Datenschutz: unkritisch, kritisch, sehr kritisch.
Mängel in den AGB (allgemeinen Geschäftsbedingungen): keine, sehr gering, gering, deutlich, sehr deutlich.
***) Führt zur Abwertung.**
1) Urteil bezieht sich auf die im gesendeten Datenstrom identifizierten Daten. Geprüft wurde auf einem Samsung Galaxy SIII.
2) Urteil bezieht sich auf die im gesendeten Datenstrom identifizierten Daten. Geprüft wurde auf einem Apple iPhone 5.
3) Laut Anbieter werden Angebot und Website derzeit überarbeitet.
4) Jetzt auch Webplayer in Beta-Version verfügbar. **Erhebungszeitraum:** März bis Mai 2013.

schen der mobilen Nutzung am Smartphone und der stationären Nutzung am Computer. Einzig Juke und Rdio klingen unterwegs etwas schlechter als am PC.

Nachteile im Vergleich zum Download

Streamingdienste haben aber auch Nachteile. Anders als beim Musikdownload kaufen Anwender nicht einzelne Songs, die sie abspeichern oder auf CD brennen können. Sie erwerben vielmehr das Recht, für eine bestimmte Zeit die Musik anhören zu dürfen.

Kündigen sie bei einem Dienst, verlieren sie dieses Recht und müssen sich von ihrer Musikzusammenstellung verabschieden. Auch die Handhabung weist Schwächen auf, zum Beispiel in der Suchfunktion. Schon bei kleinen Tippfehlern findet sie oft nicht mehr den gewünschten Interpreten oder Titel. Eine erweiterte Suche für genauere Abfragen bietet kein Dienst.

Weitere Kritikpunkte: Die Informationen über die Anbieter selbst und die verschiedenen Vertragsmodelle fallen teils äußerst dürftig aus und sind schwer zu finden. Sehr deutliche Mängel fanden wir bei vielen Diensten in den allgemeinen Geschäftsbedingungen. Der Umgang mit den Nutzerdaten ist oft nicht klar geregelt. Die Android- und die iOS-Apps von Deezer sind unsicher, weil sie Benutzername und Passwort unverschlüsselt senden. ■ Anbieter Seite 264

Unser Rat

Einzige akzeptable Alarmanlage im Test ist das **Abus Funkalarm Komplettpaket** für 335 Euro (je nach Zubehör auch teurer). Montage und Bedienung sind allerdings eher etwas für Technikfreaks und Menschen, die eine neue Freizeitbeschäftigung suchen. Unser Rat an die Anbieter: Bitte entwickeln Sie Anlagen mit zeitgemäßen Touchscreens, die alle Familienmitglieder einfach bedienen können.

Alarmierend

6/2013 Guter Schutz vor Einbrechern ist sinnvoll. Alarmanlagen zum Selbsteinbau bringen aber wenig. Drei sind mangelhaft.

Angesichts steigender Einbruchszahlen liebäugeln viele Hausbesitzer mit dem Einbau einer Alarmanlage. Die Anbieter versprechen „das gute Gefühl der Sicherheit“ (Abus) oder „Schutz für das ganze Zuhause“ (Unitec). Besonders verlockend ist der Kauf relativ billiger Kleingeräte, die sich zum Selbsteinbau eignen sollen.

Im Test waren fünf solcher Alarmanlagen-Sets, die für 179 bis 440 Euro angeboten werden. Das Ergebnis ist enttäuschend; Drei Produkte schneiden mangelhaft ab. Entweder klaffen böse Sicherheitslücken oder die Handhabung ist zu kompliziert – oder beides. Halbwegs empfehlen können die Tester nur ein Alarmsystem der Firma Abus, das mit dem Qualitätsurteil befriedigend ein akzeptables Ergebnis erreicht.

Bei Einbruch Anruf

Alarmanlagen sollen die Wohnung schützen, wenn die Bewohner schlafen oder nicht Zuhause sind. Kommt es zu einem Einbruchsversuch, melden Bewegungsmelder oder Sensoren an den Fenstern dies über Funk an eine Zentrale, die zum Beispiel im Flur hängt. Die schlägt dann Alarm – je nach Programmierung entweder still per Telefonanruf oder mit Sirene. Sind die Bewohner im Urlaub, kann ein Nachbar aktiv werden.

Im Test funktioniert der Alarm per Telefon und Sirene bei allen Geräten gut. Schwachpunkt ist aber oft der unzureichende Schutz vor Sabotage. Einbrecher können zum Beispiel bei einzelnen Sets die Alarm- ▶

Vorbeugen und abschrecken
Eine Alarmanlage schützt bestenfalls, wenn der Einbrecher sich bereits an Türen oder Fenstern zu schaffen macht oder gar schon ins Haus eingedrungen ist. Besser ist es, Gangster von vornherein abzuschrecken. Zum Beispiel durch stabile Gitter vor Kellerfenstern, im Vorgarten herumliegendes Hundespielzeug oder durch Licht, das dank einer Zeitschaltuhr Anwesenheit vortäuscht.

Profianlagen als Alternative
Wer viel Wertvolles im Haus aufbewahrt, kann sich für einige tausend Euro eine Alarmanlage vom Profi einbauen lassen. Unter www.vds-home.de finden sich nützliche Infos und Firmen, die für den Einbau zertifiziert sind. Es lohnt sich, vor der Investition die Informationen der Polizei (www.polizei-beratung.de) zu nutzen. Im Idealfall kommt ein Beamter ins Haus und rät, welche Schutzmaßnahmen am effektivsten sind.

zentrale einfach von der Wand reißen. Außerdem können mehrere Bewegungsmelder kriechend unterwandert werden. Gehen Batterien zur Neige, fallen manche Sensoren unbemerkt aus. Zwei Alarmanlagen warnen nicht einmal beim Scharfstellen, obwohl die Tester „vergessen" haben, ein gesichertes Fenster zu schließen.

Schwierige Bedienung

Die Handhabung erweist sich als weiteres Manko der Geräte. Per Tastatur muss sich der Nutzer durch unübersichtliche Menüstrukturen quälen und für die vielen Einstellungen umständlich Zahlencodes eintippen. Das Conrad-Modell verfügt nicht einmal über das sonst übliche Minidisplay.

Ärgerlicher Fehlalarm

Bei Profianlagen gibt es technische Lösungen gegen falschen Alarm. Bevor Bewohner den geschützten Bereich betreten, müssen sie die Anlage entschärfen. Fachleute nennen diese Funktion „Zwangsläufigkeit". Die geprüften Sets bieten diese Sicherheit nicht. Wer das Deaktivieren vergisst, tappt in den Überwachungsbereich. So kann es schnell passieren, dass Mensch oder Tier ungewollt Alarm auslösen. Dann schrillt die Innensirene mit rund 100 Dezibel so laut, dass sie womöglich auch in Nachbarwohnungen oder sogar auf der Straße zu hören ist. Falls Nachbarn die Polizei alarmieren, droht eine Rechnung für die Einsatzkosten. Für die Anfangsphase sollte man die Anlage deshalb so programmieren, dass sie nur stillen Alarm auslöst und das Mobiltelefon anruft.

Die Anlagen-Sets zum Selbsteinbau konnten nicht überzeugen. Sinnvoller ist es, vorzubeugen, das Zuhause wirksam zu sichern *(s. Seite 143)*. Weitere Tipps, wie sich Wohnungen schützen und Einbrecher wirkungsvoll abschrecken lassen, unter www.test.de/einbruchschutz. ■ **Anbieter Seite 265**

test Alarmanlagen-Sets zum Selbsteinbau 6/2013

www.test.de	Mittlerer Preis ca. (Euro)	Alarmfunktion	Handhabung	Robustheit	Elektrische Sicherheit	test-QUALITÄTSURTEIL
Gewichtung		**45 %**	**40 %**	**10 %**	**5 %**	**100 %**
Abus Funkalarm Komplettpaket FU9000	335	○	⊖*)	○	○	**BEFRIED. (3,5)**
Elro Drahtloses Alarmsystem HA68S	365	⊖	⊖	⊖	+	**AUSREICH. (4,1)**
AMG Eukos-GSM + Standard[1] 33550-ST	440	–*)	⊖	⊖	+	**MANGELH. (5,0)**
Conrad Funk-Alarmanlagenset 751364	179	–*)	⊖	+	○	**MANGELH. (5,0)**
Unitec Funk-Alarmanlage Profi 47121	299	–*)	⊖	⊖	+	**MANGELH. (5,0)**

Bewertungsschlüssel der Prüfergebnisse: ++ = Sehr gut (0,5–1,5). + = Gut (1,6–2,5). ○ = Befriedigend (2,6–3,5). ⊖ = Ausreichend (3,6–4,5). – = Mangelhaft (4,6–5,5). **Bei gleichem Qualitätsurteil Reihenfolge nach Alphabet.**
***) Führt zur Abwertung.**
1) Laut Anbieter inzwischen geändert.
Einkauf der Prüfmuster: Januar/Februar 2013.

Unser Rat

Ein gutes Vollwaschmittelpulver wäscht Weißes meist am besten – vorausgesetzt die Textilien sind dafür geeignet. Seine Tenside lösen Schmutz und Flecken und halten sie in der Waschlauge. Sie fließen mit dem Spülwasser ab. Sogenannte Vergrauungsinhibitoren verhindern, dass sich abgelöster Schmutz erneut auf die Fasern legt. Optische Aufheller und Bleichmittel hellen das Gewebe auf.

Gegen den Grauschleier

3/2013 Hausmittel, Spezialprodukte und Vollwaschmittel sollen tristes Grau auf weißer Wäsche aufhellen. Doch nur wenige schaffen das.

Schmutzig graue, statt strahlend weiße Wäsche – wie kommt das? Beim Waschen setzen sich kleinste Schmutzteilchen im Gewebe fest. Schlechte oder zu niedrig dosierte Waschmittel halten abgelösten Schmutz nur unzureichend in der Waschlauge. So kann er erneut auf die Textilfasern aufziehen, statt mit dem Spülwasser abzufließen. Je mehr Schmutz sich nach und nach ablagert, desto deutlicher zeigt sich das Grau. Ist die Wäsche erst einmal vergraut, lässt sie sich nur schwer wieder aufhellen.

Tipps in Internetforen empfehlen Backpulver und Zitronen gegen den Grauschleier. Helfen die Hausmittel? Mehrere Versuche mit Zitronenscheiben sowie Zitronensäure zusammen mit standardisiertem Prüfwaschmittel bringen kaum einen nennenswerten Erfolg. Weder bei 60-Grad-Wäsche noch mit Einweichen plus Waschen in der Maschine. Auch Backpulver liefert trotz Einweichens und Maschinenwäsche keinen messbaren Weiß-und-sauber-Effekt.

Besser schneiden dagegen sogenannte Wäsche-weiß-Tücher ab. Sie enthalten optische Aufheller, die sich während des Waschens auf die Textilien legen. Sie bleiben darauf haften und erzeugen durch eine optische Täuschung ein besonders strahlendes Weiß. Das Grundproblem lösen auch sie nicht. Der Schmutz bleibt in den Fasern.

Ein gutes pulverförmiges Vollwaschmittel wäscht Weißes in der Regel am besten. Es kann von vornherein verhindern, dass Wäsche vergraut. ■

Weiße Wäsche richtig waschen
Geben Sie Weißes nur mit weißer Wäsche in die Maschinentrommel. Waschen Sie extrem verschmutzte Kleidung separat. Dosieren Sie Vollwaschmittelpulver nach Angaben des Herstellers. Er informiert darüber, wie viel Waschmittel für welche Wasserhärte, Verschmutzung und Wäschemenge nötig ist. Entfärben kann helfen, wenn Weißes durch Farbübertragung vergraut ist.

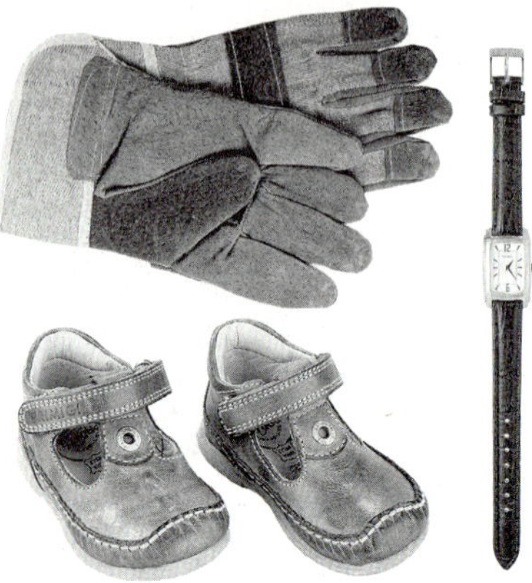

Unser Rat

Wer eine Kontaktallergie hat, sollte längeren Hautkontakt mit chromgegerbtem Leder vermeiden. Niemand kann ausschließen, dass es Chrom VI enthält. Socken oder Textilfutter bieten kaum Schutz, da sich Chrom VI durch Schweiß lösen kann. Eine Alternative sind pflanzlich gegerbte Lederprodukte. Fragen Sie im Laden danach. Bei plötzlichem Hautausschlag schafft ein Allergietest Klarheit.

Riskante Verbindung

7/2013 Jeder fünfte Kinderschuh im Test enthält so viel allergieauslösendes Chrom VI, dass er nicht hätte verkauft werden dürfen.

Sommerzeit, Sandalenzeit – Kleine wie Große tragen gern offenes Leder an den Füßen, wenn es warm wird. Das ist nicht immer gesund. Leder kann Chrom VI (Chromat) enthalten, ein Reaktionsprodukt aus dem Gerbprozess. Chrom VI kann Allergien verursachen. Es gehört neben Nickel und Duftstoffen zu den häufigsten Kontaktallergenen. Einmal sensibilisiert, kann der Körper mit juckenden Hautausschlägen reagieren, sobald er mit chrom-VI-haltigem Leder in Berührung kommt.

Strümpfe bieten kaum Schutz

Eine Sensibilisierung bleibt lebenslänglich. Es gibt keine Heilung. Rund 500 000 Menschen in Deutschland sind betroffen. Ihnen bleibt nur, das Allergen zu meiden. Im Fall von Chrom VI heißt das: Am besten kein chromgegerbtes Leder an die Haut lassen. Doch fast alle Bekleidungs- und Schuhoberleder sind chromgegerbt. Strümpfe oder textile Innenfutter schützen kaum vor dem riskanten Stoff. Chrom VI kann über den Schweiß auf die Haut gelangen.

Vier Schuhe über dem Grenzwert

Wir haben 60 Lederprodukte auf ihren Chrom-VI-Gehalt überprüft, jeweils 20 Kinderschuhe, Arbeitshandschuhe und Uhrarmbänder. Das Ergebnis ähnelt dem unserer letzten Untersuchung *(test 2/2008)* – die Branche hat das Problem noch immer nicht im Griff: Mehr als jeder dritte Kinderschuh enthält Chrom VI. Vier schneiden mangelhaft ab. Der Gehalt des problematischen

Siegel für chromatfreies Leder

Es gibt einige Siegel für chromfrei gegerbte Lederprodukte. Zertifizierte Produkte sind aber selten. Wir haben bei den Einkäufen zwei entdeckt: Das anspruchsvolle IVN-Zertifikat Naturleder wird vom Internationalen Verband der Naturtextilwirtschaft vergeben. Das ECARF-Siegel von der Europäischen Stiftung für Allergieforschung an der Berliner Charité zeichnet allergikerfreundliche Produkte aus.

Stoffs liegt bei ihnen über dem seit 2010 in Deutschland geltenden Grenzwert von 3 Milligramm pro Kilogramm. Die Schuhe Deichmann/Björndal, Primigi, Reno/Bama und Rossmann/Babydream hätten nicht verkauft werden dürfen. Immerhin: Deichmann hat einen Rückruf angekündigt, Reno will die Kollektion aus den Regalen nehmen.

Jeder dritte Arbeitshandschuh belastet

Von den Arbeitshandschuhen enthält fast jeder dritte mehr Chrom VI als erlaubt. Mit 62 Milligramm pro Kilogramm sticht Gebol heraus, aber auch der KCL-Lederhandschuh und die von Dunlop, WBV, KWB und Hagebaumarkt 88PAWA hätten nicht verkauft werden dürfen. Bisher hat nur KWB einen Rückruf angekündigt. Die beispielhaft von uns eingekaufen 20 Uhrarmbänder sind bis auf Seiko und Kangaroos Chrom VI frei oder nur gering belastet.

Es lässt sich vermeiden

Chrom VI entsteht im Leder, wenn bei der Chromgerbung nicht nach dem Stand der Technik gearbeitet wird. Noch lange nach der Fertigung kann sich dann im Leder Chrom VI bilden. Das lässt sich vermeiden. Vor allem die Wahl der richtigen Fettungsmittel scheint eine große Rolle zu spielen. Das Know-how dafür ist aber offenbar nicht überall vorhanden.

Kontrollen sind schwierig

Leder wird heute häufig in China gefertigt. Oft beliefern viele kleine Gerbereien einen großen Hersteller, der dann Schuhe oder Handschuhe aus den verschiedenen Lederteilen zusammensetzt. So kann es passieren, dass der Daumen des Handschuhs chromatfrei ist, der kleine Finger aber stark belastet. Das macht Kontrollen so schwierig. Stichproben bringen wenig. Auch unser Test wirft daher nur ein Schlaglicht: Jeder Wert ist eine Einzelmessung. Würden wir heute noch einmal einkaufen, wären die Ergebnisse vermutlich andere.

Wer zu Ekzemen neigt, ist anfälliger

Ab welchem Chrom-VI-Gehalt eine Sensibilisierung des Immunsystems stattfindet, ist unklar. Es gibt dazu keine Studien. Fachleute diskutieren Werte zwischen 10 und 100 Milligramm Chrom VI pro Kilogramm Leder. Insbesondere Personen, die zu Hautekzemen neigen, scheinen gefährdeter für eine Kontaktallergie. Ist das Immunsystem einmal sensibilisiert, reichen manchmal Chrom-VI-Konzentrationen von 10 Milligramm pro Kilogramm und weniger, um Hautausschläge zu verursachen.

Vor allem wenn die Haut geschädigt ist oder das Leder an der Haut reibt, ist eine allergische Reaktion schon bei Chrom-VI-Gehalten von 1 Milligramm pro Kilogramm möglich. Die meisten Betroffenen reagieren aber erst ab deutlich höheren Werten. Der Grenzwert von 3 Milligramm pro Kilogramm ist kein medizinischer, sondern ein technischer Wert. Er orientiert sich an dem, was 2010 bei der gesetzlichen Regelung messbar war. Heute lassen sich niedrigere Chrom-VI-Gehalte bestimmen. Generell gilt: Je mehr Chrom VI ein Leder enthält, desto größer ist das Allergierisiko.

Pflanzengerbung als Alternative

Eine Alternative kann pflanzlich gegerbtes Leder sein. Es ist allerdings ein Nischenprodukt. Orientieren können sich Kunden an den ersten unabhängigen Prüfsiegeln für chromfrei gegerbte Lederwaren, die es mittlerweile gibt. Die Kinderschuhe von Pololo sind die einzigen im Test, die solche Siegel tragen *(siehe Kasten links)*.

Manche Anbieter kennzeichnen ihre Produkte ohne offizielles Siegel als „pflanzlich gegerbt“ oder „chromfrei“. Die in unserem Test so gekennzeichneten Produkte waren tatsächlich meistens unbelastet. Verlass ist dennoch nicht auf die Anbieterangaben, wie die Ergebnisse zeigen. Die Babydream Krabbelschuhe von Rossmann enthielten mehr Chrom VI als erlaubt – trotz des Hinweises „chromfrei gegerbt“. ■

Unser Rat

Die einzige gute Daunendecke im Test stammt aus dem **Dänischen Bettenlager.** Sie heißt **Greenfirst** und kostet 249 Euro. Über die Herkunft der Daunen lieferte das Unternehmen keine Belege – ebenso wenig wie die anderen Anbieter. Wer Daunen ablehnt, kann eine Synthetikdecke kaufen, etwa **Centa Star Famous**. Die Decke für 299 Euro hält jedoch nicht so warm.

Aus der Traum

11/2013 Nur eine Bettdecke im Test ist gut. Viele haben minderwertige Füllungen. Kein Anbieter kann Daunen aus Lebendrupf ausschließen.

Eine gute Daune hat etwa zwei Millionen flauschige Häkchen. Die greifen ineinander und halten die warme Luft fest. Daunendecken übertragen diese Eigenschaft ins Bett. Sie halten die Wärme am Körper, die Kälte draußen. Sie speichern im Schlaf abgegebene Feuchtigkeit und befördern sie vom Körper weg. Keine leichte Aufgabe – jeder Mensch gibt nachts etwa einen halben Liter dampfförmigen Schweiß ab. Zum Vergleich: Die teuren Synthetikdecken im Test reichen nicht an die Schlafeigenschaften der Daunen heran. Es entweicht mehr Wärme, während mehr Feuchtigkeit im Bett bleibt.

Füllungen gehen auf Wanderschaft

Neben Schweiß sammeln sich Hautschuppen und Milbenkot in der Decke. Daher empfehlen Hersteller, Daunendecken alle ein bis zwei Jahre zu waschen. Wer eine große Waschmaschine und einen geräumigen Trockner besitzt, kann das zu Hause erledigen, ansonsten in der Reinigung. Einige Decken überstanden die Wäschen ohne Probleme. Bei Allnatura, Häussling, Kauffmann, Matratzen Concord und Waschbär ging jedoch die Füllung auf Wanderschaft. Bis zu sieben Kassetten entleerten sich komplett. Durch leere Kassetten entweicht Wärme. Selbst kräftiges Aufschütteln bewegt die Daunen nicht zur Umkehr. Einziger Ausweg: Fachhändler füllen sie in neue Hüllen. Das kostet jedoch zwischen 50 und 150 Euro.

Fast alle Hersteller füllen mehr Federn und Bruch ein, als sie auf der Verpackung an-

So halten Daunendecken lange
Daunen nehmen während des Schlafs Feuchtigkeit auf. Damit sie diese wieder abgeben, braucht es viel frische Luft. Lüften Sie, schütteln Sie die Decke auf. Lassen Sie hochwertige Daunendecken alle fünf bis zehn Jahre im Fachgeschäft aufarbeiten. Dort wird Bruch aussortiert, der Rest gereinigt und mit frischen Daunen aufgefüllt. Schließlich kommt die Füllung in eine neue Hülle.

test Bettdecken 11/2013

www.test.de	Mittlerer Preis für Größe 135 x 200 cm ca. (Euro)	Schlafeigenschaften	Haltbarkeit	Schadstoffe und Mikrobiologie	Deklaration	test-QUALITÄTS-URTEIL
Gewichtung		60 %	30 %	5 %	5 %	100 %
Daunendecken						
Dänisches Bettenlager Greenfirst	249	+	+	+	+	GUT (2,2)
Billerbeck Classic Nena Kassette II	350	○	○	+	+	BEFRIED. (2,9)
Allnatura Figura	249	+	⊖*)	+	○	BEFRIED. (3,0)
Aro Artländer Cocoon	249	Gleich mit Allnatura Figura				BEFRIED. (3,0)
Sanders Climabalance Classic warm 1)	370	○	○	+	+	BEFRIED. (3,1)
Waschbär Fair Trade Winter-Steppbett 2)	350	○	⊖	+	+	BEFRIED. (3,1)
Centa Star Swiss Collection warm 3)	269	+	○	⊖*)	+	BEFRIED. (3,5)
Galeria Kaufhof Masuren warm 3)	199	+	○	+	⊖*)	BEFRIED. (3,5)
Häussling Wilddream 4) A	80 5)	+	−*)	+	−	AUSREICH. (4,0)
Matratzen Concord Puszta	170	○	−*)	+	++	AUSREICH. (4,0)
Kauffmann Best of Masuren warm	500	+	−*)	+	+	AUSREICH. (4,5)
Synthetikdecken						
Centa Star Famous	299	○	○	+	++	BEFRIED. (2,9)
Billerbeck Exclusiv Concerto Duo Plus	249	○	○	+	○	BEFRIED. (3,2)
Traumina Novis Faser Duo WK 4	330	⊖	○	+	○	BEFRIED. (3,5)

Bewertungsschlüssel der Prüfergebnisse: ++ = Sehr gut (0,5–1,5). + = Gut (1,6–2,5). ○ = Befriedigend (2,6–3,5). ⊖ = Ausreichend (3,6–4,5). − = Mangelhaft (4,6–5,5). **Bei gleichem Qualitätsurteil Reihenfolge nach Alphabet.**

***) Führt zur Abwertung. A** = Aktionsware.

1) Laut Anbieter Daunenqualität geändert.

2) Art.Nr. 7311 901 58. Laut Anbieter Auslaufmodell. Produkt entgegen Lieferschein als Ganzjahres-Steppbett ausgezeichnet.

3) Laut Anbieter aus dem Sortiment genommen, im Handel aber noch verfügbar.

4) Laut Anbieter unter diesem Namen mit veränderter Füllung zum anderen Preis erhältlich.

5) Gekauft bei Real am 21.02.2013.

Einkauf der Prüfmuster: Februar und März 2013.

geben. Die Decken von Allnatura, Billerbeck und Sanders verdienen nur Güteklasse II statt I. Dreist täuschte Häussling: „Weiße arktische neue Gänsedaunen und -federn, Klasse I, 90 % Daunen, 10 % Federn“ stand auf der Decke, die es für 80 Euro als Aktionsware bei Real gab. In Wahrheit enthält sie nur 70 Prozent Daunen, 10 Prozent Federn und 20 Prozent Bruch. Das entspricht Klasse III, der schlechtesten Klasse für Daunendecken von Wassergeflügel. Die minderwertige Qualität zeigt sich beim Volumen. Die Decke ist flach und schmiegt sich kaum an. Ein Tester nannte sie „Krankenhausdecke“.

Auch die Angabe „Gänsedaunen und -federn“ ist geschönt. Häussling mischte 37 Prozent Entendaunen und -federn unter. Ärgerlich für Käufer, denn diese sind meist kleiner und wärmen weniger als die von Gänsen. Andererseits sind sie billiger. Alle Decken im Test, auf denen Gänsedaunen steht, enthalten bis zu 30 Prozent Ente. Überall, wo nur „Federn und Daunen“ draufsteht, fanden die Tester 100 Prozent Ente. ▶

test Daunendecken Unternehmensverantwortung (CSR) 11/2013

www.test.de	Unternehmens-politik	Gänse- und Entenmast	Schlachtung	Daunen-weiterver-arbeitung	Konfektion	Transparenz	test-CSR-ENGAGEMENT
Gewichtung	20 %	10 %	35 %	15 %	10 %	10 %	100 %
Kauffmann Best of Masuren warm	⊖	–	○	○	○	+	BEFRIEDIGEND
Allnatura Figura	⊖	–	–	⊖	⊖	–	AUSREICHEND
Billerbeck Classic Nena Kassette II	○	–	–	⊖	⊖	⊖	AUSREICHEND
Dänisches Bettenlager Greenfirst	⊖	–	–	○	○	⊖	AUSREICHEND
Galeria Kaufhof Masuren warm	○	–	–	⊖	○	⊖	AUSREICHEND
Waschbär Fair Trade Winter-Steppbett	○	–	⊖	–	⊖	○	AUSREICHEND
Centa Star Swiss Collection warm	⊖	–	–	⊖	○	⊖	MANGELHAFT
Häussling Wilddream	⊖	–	–	⊖	○	⊖	MANGELHAFT
Sanders Climabalance Classic warm	⊖	–	–	⊖	○	⊖	MANGELHAFT
Matratzen Concord Puszta	–	–	–	–	–	–	MANGELHAFT[1]

Bewertungsschlüssel der Prüfergebnisse:
++ = Sehr gut. + = Gut. ○ = Befriedigend. ⊖ = Ausreichend. – = Mangelhaft.
CSR steht für Engagement für Mitarbeiter, Tier- und Umweltschutz.
Reihenfolge nach CSR-Engagement. Bei gleicher Bewertung Reihenfolge nach Alphabet.
Anbieter, die die Auskunft verweigern, stehen am Ende.
1) Anbieter verweigert Auskunft. Informationen von Verpackung und Produkt, aus Kundenanfragen und Internetauftritt ausgewertet.
Untersuchungszeitraum: April bis Juli 2013.

Siegel erweisen sich als wertlos

Seit Jahren sagen Tierschützer, Mäster würden Gänse lebend rupfen und dabei verletzen. Die Anbieter erklären dagegen, dass ihre Daunen nur von geschlachteten Tieren stammen – und sichern dies mit Siegeln, Etiketten und Selbstverpflichtungen zu. Im Test der Unternehmensverantwortung (Corporate Social Responsibility, CSR) können die Firmen die Vorwürfe der Tierschützer nicht entkräften. Keiner belegt die Herkunft seiner Daunen. Selbst das Kontrollsiegel „Traumpass" erweist sich als wertlos.

In der EU ist Lebendrupf verboten, mit Ausnahme der traditionellen Raufe während der Mauser. Diese sei in der Praxis jedoch kaum zu realisieren, sagen Tierschützer wie Stefan Johnigk vom Verein Provieh. In der Intensivmast mit Herden von mehr als tausend Gänsen kämen nicht alle Vögel gleichzeitig in die Mauser. Dagegen würden die oft im Akkord arbeitenden Rupfbrigaden an einem bestimmten Termin die Herde in wenigen Stunden durchrupfen. Manche Gänse erleiden laut Johnigk Knochenbrüche, einige verenden. ■ Anbieter Seite 265

Unser Rat

88 cm hoch, ohne Gefrierfach: Bester ist **Liebherr IKP 1650** (690 Euro). **88 cm hoch, mit Gefrierfach:** Günstig: **Siemens KI18 LA75** (535 Euro), **Bosch KIL18A75** (540 Euro), **Neff K6634X11** (600 Euro). Gleich gut ist **Miele K 5224 IF-1** (930 Euro). **122/123 cm hoch, mit Gefrierfach:** Viel Komfort bietet **Liebherr IKBP 2354** (1120 Euro). Billiger sind **Bosch KIL24A75** (760 Euro) und Baugleiche.

Bloß nicht kleckern

7/2013 Kühlschränke sollten nicht nur sparsam und leistungsstark sein, sondern sich auch leicht reinigen lassen. Das gelingt nicht immer.

Sie sollen sich in das Gesamtbild der Küche einfügen, wenig Strom verbrauchen und Lebensmittel gut kühlen. Im Test waren 20 relativ teure Einbau-Kühlschränke der Energieeffizienzklassen A++ und A+++. Insgesamt 13 dieser Geräte erzielten die Note gut; am besten schnitt der Liebherr IKP 1650 ab. Er überzeugte durch den geringsten Stromverbrauch und schnelles Abkühlen von Lebensmitteln. Sieben geprüfte Modelle schafften nur ein befriedigend.

Wo Putzen zur Tortur wird

Das Einbauen klappte bei allen Kühlschränken problemlos. Doch im Alltagsbetrieb erwarten den Käufer erhebliche Unterschiede. Im Handhabungstest verteilte der Testleiter zum Beispiel Kirschsaft auf den Ablagen und Innenwänden und beauftragte Prüfpersonen mit der Reinigung. Bei einigen Modellen erwies sich das Putzen als Tortur. Mal sickerte der rote Saft auf den Ablagen zwischen Kunststoffrand und Glas, mal floss er an den Seiten entlang an schwer zugängliche Stellen. Problem vieler Einbau-Kühlschränke: Fließt zum Beispiel aus einem umgekippten Becher Sahne an der Rückwand über die eigentlich für Kondenswasser gedachte Ablaufrinne in die Auffangschale auf der Geräterückseite, muss der Kühlschrank ausgebaut werden, um das Malheur zu beseitigen.

Die Liebherr-Geräte haben seitliche LED-Bänder, die alle Ebenen hell ausleuchten. Sichtbar ungünstiger wirken die klassi- ▶

Zu simpel für kalte Räume

Normalerweise spart es Strom, wenn ein Kühlschrank in einem kühlen Raum steht. Drei Geräte im Test verbrauchen aber bei 16 Grad Umgebungstemperatur mehr als bei 25. Grund ist eine simple Temperaturregelung, die das Gefrierfach vorm Auftauen schützen soll. Käufer werden über diese Schwäche meist im Dunkeln gelassen. Die Konkurrenz zeigt, dass es clevere Lösungen gibt.

test Einbau-Kühlschränke 7/2013

www.test.de	Mittlerer Preis ca. (Euro)	Kühlen	Gefrierfach	Stromverbrauch	Handhabung	test-QUALITÄTSURTEIL
Gewichtung		30 %	10 %	30 %	30 %	100 %
88 cm Nischenhöhe (ohne Gefrierfach)						
Liebherr IKP 1650	690	+	Entfällt	++	+	**GUT (1,7)**
Privileg PRCIF 152[1]	400	○	Entfällt	+	+	**BEFRIED. (2,6)**
Bauknecht KRI 2881	400	○	Entfällt	+	+	**BEFRIED. (2,7)**
Gorenje RI4092AW[2]	285	+	Entfällt	○	○	**BEFRIED. (2,7)**
88 cm Nischenhöhe (mit Gefrierfach)						
Miele K 5224 IF-1	930	++	+	○[3]	+	**GUT (2,2)**
Siemens KI18LA75	535	+	+	○[3]	+	**GUT (2,2)**
Bosch KIL18A75	540	Baugleich mit Siemens KI18LA75				**GUT (2,2)**
Neff K6634X11 (Typ KL245TE)	600					**GUT (2,2)**
AEG SKS98840F0	595	+	○	+	○	**GUT (2,5)**
Beko B 1752 F	262	○	○	⊖*)	+	**BEFRIED. (3,5)**
Blomberg TSM 1541 iF	300	Baugleich mit Beko B 1752 F				**BEFRIED. (3,5)**
122 bis 123 cm Nischenhöhe (mit Gefrierfach)						
Bosch KIL24A75	760	+	++	+[3]	+	**GUT (2,0)**
Liebherr IKBP 2354	1 120	++	+	+	○	**GUT (2,0)**
Neff K6654X11 (Typ KL445TE)	950[4]	Baugleich mit Bosch KIL24A75				**GUT (2,0)**
Siemens KI24LA75	890					**GUT (2,0)**
AEG SKS91240F0	940	+	+	+	+	**GUT (2,2)**
Electrolux ERG2108FOW	950[4]	Baugleich mit AEG SKS91240F0				**GUT (2,2)**
Bauknecht KVIE 2122	800	○	+	+	○	**GUT (2,5)**
Ikea Förklyd (302.227.16)	400	○	+	○	+	**BEFRIED. (2,7)**
Gorenje RBI4122AW[5]	480[4]	○	+	○	○	**BEFRIED. (3,0)**

Bewertungsschlüssel der Prüfergebnisse: ++ = Sehr gut (0,5–1,5). + = Gut (1,6–2,5). ○ = Befriedigend (2,6–3,5). ⊖ = Ausreichend (3,6–4,5). — = Mangelhaft (4,6–5,5). **Bei gleichem Qualitätsurteil Reihenfolge nach Alphabet.**

***) Führt zur Abwertung.**

1) Laut Anbieter ist das Gerät jetzt auch mit Klimaklasse SN-T erhältlich.

2) Laut Anbieter Gerät unter der Bezeichnung RI 5092AW auch mit Festtür erhältlich.

3) Der Betrieb bei einer Raumtemperatur von 16 Grad verursachte einen erhöhten Stromverbrauch.

4) Von uns bezahlter Einkaufspreis.

5) Laut Anbieter Gerät unter der Bezeichnung RBI 5122AW auch mit Festtür erhältlich.

Einkauf der Prüfmuster: Januar 2013.

schen „Oben-rechts-Lampen" hoher Modelle: Bei vollem Kühlschrank liegt das Kühlgut unten links häufig im Schatten.

Eine grundsätzliche Frage sollte bei jedem Kauf eines Kühlschranks ganz am Anfang stehen: Muss es unbedingt ein Einbaumodell sein? Wer die Wahl hat, sollte im Zweifel besser ein Standgerät wählen. Das ist umzugsfreundlicher und günstiger in der Anschaffung. ■ **Anbieter Seite 265**

Unser Rat

In der Tabelle auf Seite 144 sind gute und sehr gute einbruchhemmende Produkte aus früheren Tests aufgelistet. Eine Anbieterbefragung hat ergeben, dass diese Artikel unverändert im Handel erhältlich sind. Die Sicherungen für die Öffnungs- und Scharnierseite von Fenstern eignen sich meist auch für Balkon- und Terrassentüren. Erste Wahl für viele Wohnungseingangstüren sind Querriegel.

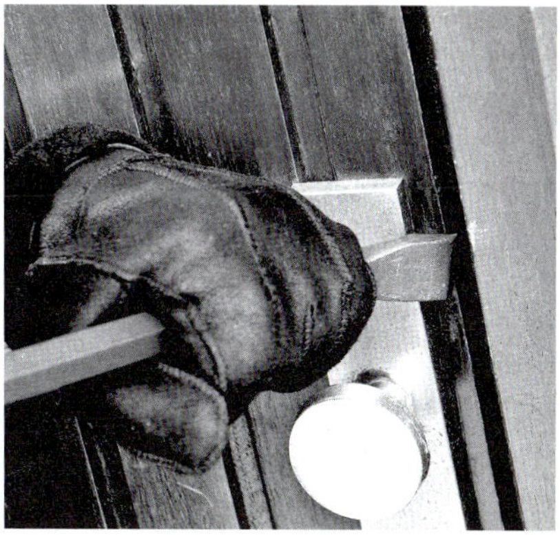

Jetzt nachrüsten

10/2013 Experten raten, Einbruchsversuchen vorzubeugen und Haus und Wohnung besser zu sichern.

Mit Beginn der dunklen Jahreszeit und während der Ferien steigt das Einbruchrisiko. Die Polizei rät Haus- und Wohnungsbesitzern, Türen und Fenster zu prüfen und mit Zusatzsicherungen nachzurüsten. Vor allem in Ein- und Zweifamilienhäuser dringen die Einbrecher häufig durch Fenster, Balkon- oder Terrassentüren ein. Oft haben diese keine abschließbaren Griffe. Schlägt der Täter das Glas ein, braucht er nur durchzugreifen und schon kann er den Griff bequem erreichen. Handwerklich geschickte Laien können die Griffe selbst auswechseln. Aber: Wer den Schlüssel danach immer im Schloss stecken lässt, kann sich den Umbau auch gleich sparen.

Schutz durch Pilzköpfe

Als alleinige Maßnahme reichen abschließbare Griffe nicht aus. Denn meist scheuen die Täter das Klirren und greifen lieber gleich zum Aufbruchwerkzeug. Durch brutales Hebeln lassen sich viele Fenster in Sekunden knacken. Haus- und Wohnungsbesitzer sollten deshalb überprüfen, ob bei ihnen sichere Beschläge eingebaut sind. Die beweglichen Zapfen am Fensterflügel, die in die Verschlussstücke am Rahmen greifen, sollten die Form von Pilzköpfen haben. Fehlen solche Pilzkopfzapfen, besteht die Möglichkeit, die Beschläge zu erneuern. Vorher aber die Preise vergleichen: Unter Umständen kann es sinnvoller sein, sich für ein neues Fenster zu entscheiden, das nicht nur sicherer, sondern auch energiesparender ist. ▶

Nutzen, was da ist

Selbst Sicherheitstüren bieten wenig Schutz, wenn man sie nur zuzieht. Deshalb unbedingt immer verschließen, am besten zweifach. Von Einbrechern erreichbare Fenster sollten Sie nie in Kippstellung lassen, falls Sie aus dem Haus gehen. Nutzen Sie auch Rollläden als zusätzlichen Einbruchschutz: auf der Rückseite des Hauses diese bei Abwesenheit im Zweifel auch tagsüber herablassen.

Wer den Aufwand möglichst gering halten möchte, kann aber auch die alten Fenster nachrüsten. Zum Beispiel mit einem Stangenschloss. Dann genügt ein Dreh am Griff – und schon verriegeln die Enden der Stangen das Fenster oben und unten. Alternativ sind Zusatzschlösser erhältlich. Das Prinzip: Eine Hälfte wird fest auf dem Rahmen verschraubt, die andere auf dem Flügel. Wird das Fenster geschlossen, sind beide Hälften verriegelt oder verkrallt.

Wo die größte Gefahr droht

Terrassen- und Balkontüren sollten beim Nachrüsten Vorrang haben. Sie sind meist ähnlich konstruiert wie Fenster, aber dank ihrer Größe noch leichter aufzuhebeln. Bei Fenstern bewährte Techniken wie Stangenschlösser oder Scharnierseitensicherungen helfen auch hier. Handwerklich geschickte Menschen können die Sicherungen selbst einbauen. In Zweifelsfällen sollten aber immer Profis beauftragt werden. Für Mieter gilt der Tipp: Die Vermieter informieren und um Kostenbeteiligung bitten.

Wenn der Anblick abschreckt

Haus- und Wohnungstüren wirken oft stabiler als sie sind. Zum Beispiel können die in der Mitte liegenden Holzverkleidungen relativ dünn und innen hohl sein. Solche Türen lassen sich mit einem Blech oder einer Multiplexplatte verstärken.

Oft ist der Einbau eines zusätzlichen Querriegels auf der Innenseite sinnvoll. Den erkennt ein potenzieller Einbrecher häufig von außen an seinem typischen Schloss – und lässt sich im Idealfall allein schon dadurch abschrecken. Unter www.test.de/einbruchschutz finden sich weitere Tipps, die potentiellen Einbrechern das Leben schwerer machen. ■

Anbieter Seite 265

test Noch zu haben: beste Sicherungen aus früheren Tests

Produkt	Typ, Beschreibung	Preis ca. (Euro)	test-QUALITÄTSURTEIL
Sicherungen für Fenster, Terrassen- und Balkontüren[1] oder für Eingangstüren[2]			
Abus FAS 101	Sicherung für Scharnierseite	52	**SEHR GUT (1,3)**
Abus FOS 550	Stangenschloss für Öffnungsseite	200[3]	**SEHR GUT (1,4)**
Abus FTS 3003	Zusatzschloss für Öffnungsseite	31	**SEHR GUT (1,5)**
Ikon Krallfix 1	Sicherung für Scharnierseite	57	**GUT (1,7)**
Ikon Kralltec 920	Zusatzschloss für Öffnungsseite	69	**GUT (1,7)**
Abus FTS 96	Zusatzschloss für Öffnungsseite	85	**GUT (1,9)**
Ikon DRS 8443	Querriegelschloss für Eingangstüren[2]	294	**GUT (1,9)**
Ikon DRS 8444 mit Sperrbügel	Querriegelschloss für Eingangstüren[2]	319	**GUT (1,9)**
Ikon Krallfix 4	Zusatzsicherung für Öffnungsseite	83	**GUT (1,9)**
Abus FO 500	Zusatzschloss für Öffnungsseite	118	**GUT (2,0)**
Harald Brundert TRG 9-12	Teleskopriegel für Fenster und Türen	165	**GUT (2,1)**
Burg-Wächter BlockSafe B1	Zusatzschloss für Öffnungsseite	70	**GUT (2,2)**
Abus Tele-Z	Teleskopstange	174[4]	**GUT (2,3)**
Ikon FSV 210 A	Stangenverschluss für Öffnungsseite	140	**GUT (2,3)**

1) Fenstersicherungen aus test 3/2005. **2)** Türsicherungen aus test 7/2009.
3) Bei 0,75 Meter Stangenlänge. **4)** Bei 1 Meter Länge.

Unser Rat

Testsieger ist der sehr gute **Braun Series 7 799cc-7**. Er liefert die gründlichste Rasur und zeigt die mit Abstand beste Akkuleistung. Mit 299 Euro inklusive Reinigungsstation ist er aber ziemlich teuer. Günstigste Gute sind der **Philips PowerTouch Plus PT860** (71 Euro) sowie der **Panasonic ES-RF31-s** (79 Euro). Die sanfteste Rasur liefert der gute **Braun CoolTec CT4s** für 145 Euro.

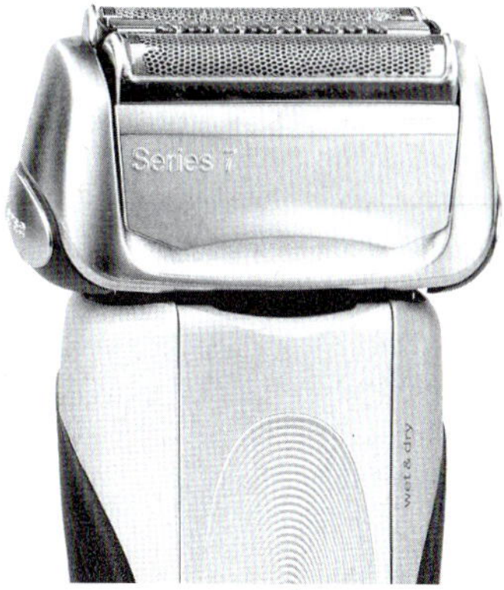

Abschnitts-Gefährten

12/2013 Selbst günstige Geräte stutzen die Stoppeln sanft und gründlich. Doch bei der Modellwahl geht es um viel mehr als um Geld.

Den ersten Flaum auf der Oberlippe hegen junge Männer noch stolz. Kurz darauf steht für die meisten jedoch die erste Rasur an – und damit die Glaubensfrage: trocken oder nass? Inzwischen verschwimmen allerdings die Grenzen. Viele Elektrorasierer kommen heute auch mit Gel und Schaum zurecht und sogar mit Rasur unter der Dusche. Richtig überzeugt hat das in einer exemplarischen Prüfung allerdings nicht: Die Elektronassrasur fühlt sich zwar gut an, ist aber nicht so gründlich *(s. Kasten)*.

Große Auswahl an guten Modellen

Vorrangig ging es im Test von 14 Elektrorasierern jedoch um deren Kerngeschäft: die Trockenrasur. Sehr gut hieß es am Ende für den Braun Series 7 799cc-7. Doch auch wer zur Konkurrenz greift, bekommt in puncto Rasurqualität, Hautschonung und Handhabung meist ein gutes Gerät. Zwei Modelle – Carrera PEP Care und Braun cruZer6 – schwächeln beim Dreitagebart. Schlusslicht ist ausgerechnet der teuerste Rasierer im Test: Philips' SensoTouch 3D funktioniert laut Anbieter auch unter der Dusche, war aber nicht wasserdicht. Auf dem Trockenen machte er einen guten Eindruck.

Männer, die sich unter der Dusche rasieren, finden im Testfeld neun dafür ausgelobte Geräte – wer seine Stoppeln vor der Elektrorasur einschäumen will, sieben. Alle lassen sich unter fließendem Wasser reinigen. Lästiges Pusten und Ausklopfen der Rasierköpfe ist damit Vergangenheit. ▶

Strom und Schaum

An zwei Modellen haben wir exemplarisch die Elektrorasur mit Schaum geprüft. Nicht so gründlich wie die Trockenrasur, so das Urteil der Probanden. Die Tester bemängelten zudem, das Ergebnis unter Schaum schlecht sehen zu können. Teilweise war eine trockene Nachrasur nötig. Das Hautgefühl gefiel den Männern dagegen mit Schaum besser. Auch zeigte sich die Haut weniger gereizt.

test Elektrorasierer 12/2013

www.test.de	Mittlerer Preis ca. (Euro)	Rasieren	Hautschonung	Handhabung	Verarbeitung	test-QUALITÄTSURTEIL
Gewichtung		40 %	40 %	20 %	0 %	100 %
Braun Series 7 799cc-7 Wet&Dry	299	+	++	++	++	**SEHR GUT (1,5)**
Braun CoolTec CT4s Wet&Dry	145	+	++	+	++	**GUT (1,6)**
Braun Series 3 340s-4 Wet&Dry	114	+	++	+	++	**GUT (1,6)**
Braun Series 5 5030s	146	+	++	+	++	**GUT (1,6)**
Panasonic ES-RF31-s	79	+	++	+	++	**GUT (1,6)**
Philips SensoTouch 2D RQ1175/16	131	+	++	+	++	**GUT (1,6)**
Philips PowerTouch PT739/18	90	+	++	+	++	**GUT (1,7)**
Panasonic ES-RT81-s	89	+	++	+	++	**GUT (1,8)**
Philips AquaTouch Plus AT890/26	92	+	++	+	++	**GUT (1,8)**
Philips PowerTouch Plus PT860/16	71	+	+	+	++	**GUT (1,8)**
Remington Titanium-X F7800	100	+	+	+	++	**GUT (1,8)**
Carrera PEP Care Nass&Trocken	50	○*)	+	+	++	**BEFRIED. (2,6)**
Braun cruZer6 face	63	○*)	+	+	++	**BEFRIED. (3,4)**
Philips SensoTouch 3D RQ1285CC/21	320	+	++	+	–*)	**AUSREICH. (4,5)**

Bewertungsschlüssel der Prüfergebnisse: ++ = Sehr gut (0,5–1,5). + = Gut (1,6–2,5). ○ = Befriedigend (2,6–3,5). ⊖ = Ausreichend (3,6–4,5). – = Mangelhaft (4,6–5,5). **Bei gleichem Qualitätsurteil Reihenfolge nach Alphabet.**
***) Führt zur Abwertung.** **Einkauf der Prüfmuster:** März/April 2013.

Testsieger Braun Series 7 799cc-7 hat bei Rasurqualität und Handhabung knapp die Nase vorn. Er regelt die Motorleistung bei dichtem Bart automatisch hoch und ermöglicht so auch die gründliche Rasur harter Stoppeln. Da diese Technologie einen starken Akku erfordert, schafft der Series 7 mit einer Ladung 43 Rasuren – mehr als doppelt so viele wie die meisten Konkurrenten.

Hautkühlung auf Knopfdruck

Männern, deren Haut nach dem Rasieren gerötet ist, brennt oder juckt, könnte eine Neuerung helfen, mit der der Zweitplatzierte aufwartet: Im Scherkopf des Braun CoolTec steckt ein Kühlelement aus Aluminium. Es lässt sich per Knopfdruck einschalten und soll Hautreizungen vermindern. In Sachen Hautschonung bekam der CoolTec die beste Note. Vergleichsweise sanft zur Haut sind aber auch andere Rasierer.

Bleibt die Frage, welches Rasiersystem besser ist – der von Braun entwickelte vibrierende Klingenblock oder die drei rotierenden Messer aus dem Hause Philips. Intuitiv vertrauen Männer meist jenem „Abschnitts-Gefährten", der sie schon jahrelang begleitet. Rasierer mit Vibrationssystem haben Vorteile beim Schneiden von Konturen, etwa Koteletten. Rotationsmodelle schmiegen sich dafür besser an kantige Partien an, zum Beispiel am Kinn. Zudem sind sie leiser und vibrieren weniger. Eine gründliche Rasur ermöglichen beide Systeme.

Alles in allem sind Elektrorasierer technisch ausgereift. Umso erstaunlicher die Preisunterschiede: Nur 71 Euro kostet der günstigste Gute, Philips' PowerTouch Plus. Für den Testsieger werden 299 Euro fällig, für den abgesoffenen Philips SensoTouch 3D sogar 320 Euro – bei beiden inklusive Reinigungsstation. ■ Anbieter Seite 265

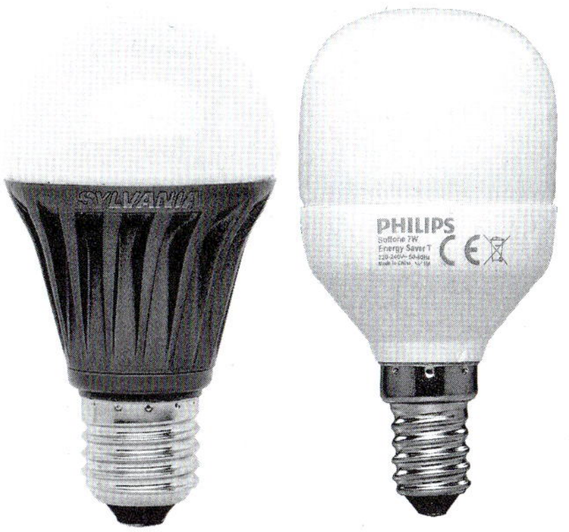

Unser Rat

LEDs setzen den neuen Standard. Die besten bei den 550- bis 850-Lumen-Lampen (ersetzen 60-Watt-Birnen) waren die **Osram Parathom Classic A 60 Advanced** und die **Sylvania ToLEDo GLS A60**. Sie sind zwar teurer als Leuchtstoff- und Halogenlampen, bieten aber gutes Licht und hervorragende Haltbarkeit. Die Testsiegerin bei den kleinen Lampen, die **Philips LED**, gibt es schon für acht Euro.

Die besten Birnen

5 + 10/2013 Als Ersatz für 60- und 25-Watt-Glühbirnen überzeugen vor allem LEDs. Sie sind zwar etwas teurer, zahlen sich langfristig aber aus.

Mit hohem Tempo haben Entwickler die LED-Technik verbessert. Die Tests im Jahr 2013 haben gezeigt: Bei Birnen mit niedriger Leuchtkraft stellen Licht emittierende Dioden inzwischen nicht nur Halogenkolben in den Schatten, sondern auch Kompaktleuchtstofflampen. Die untersuchten Lampen mit einer deklarierten Helligkeit von 230 bis 350 Lumen (mit kleinem E14-Schraubsockel) eignen sich als Ersatz für 25-Watt-Glühbirnen, die Lampen mit 550 bis 850 Lumen (mit großem E27-Gewinde) als 60-Watt-Ersatz.

Preise für LED-Lampen sind gefallen

Die meisten LEDs im Test schneiden besser ab als die stärksten Konkurrenten mit anderer Technik. Sie spenden warmes Licht, das dem von Glühlampen sehr ähnlich ist. Sie halten sehr lange, sind umweltschonender als die anderen und sparen Geld. Lange schreckten hohe Preise ab. Das sollte nun vorbei sein. Die Testsieger in der 25-Watt-Liga bewegen sich in der Preisklasse teurer Energiesparlampen.

Im Vergleich mit Glühbirnen sind zwar auch die bisher üblichen Kompaktleuchtstofflampen gut in der Ökobilanz und für den Kontostand. Aber einige ihrer Nachteile haben die Entwickler nie ausräumen können. Während alle getesteten LEDs sofort volles Licht geben, brauchen viele Leuchtstofflampen oft eine lange Anlaufzeit, um auch nur 60 Prozent Helligkeit zu schaffen. ▶

Lesen Sie weiter auf Seite 150.

Wenn Dimmer brummen

Dimmer und Lampe passen nicht immer zusammen. Beim Betrieb einer dimmbaren LED- oder Leuchtstofflampe mit einem ungeeigneten Dimmer kann es passieren, dass sowohl Lampe als auch Dimmer brummen. Möglicherweise beginnt die Lampe auch zu flackern. Auf ihren Websites stellen einige Anbieter Listen bereit, die zeigen, welche ihrer Lampen mit welchen Dimmern kompatibel sind.

8 Energiesparende Lampen

test Lampen (230 bis 350 Lumen, E14-Schraubsockel) **10/2013**

www.test.de	Mittlerer Preis ca. (Euro)	Lichttechnische Eigenschaften	Haltbarkeit	Umwelt und Gesundheit	Deklaration	test-QUALITÄTSURTEIL
Gewichtung		**40 %**	**30 %**	**25 %**	**5 %**	**100 %**
LED-Lampen						
Philips LED[1] EAN 8 718291 195627	8,00	++	++	++	○	**SEHR GUT (1,5)**
Paulmann LED Art.-Nr. 28148	25,00	+	++	+	○	**GUT (1,7)**
Ledon LED Lamp Dimmable Art.-Nr. 25000643	18,50	+	++	+	+	**GUT (1,8)**
Osram LED Superstar classic P25 Advanced EAN 4 008321 994158	13,00	+	++	+	++	**GUT (1,8)**
Samsung LED Classic P Art.-Nr. SI-A8W041140EU	16,70[2]	+	++	+	○	**GUT (1,8)**
Megaman Dimmable LED Classic Art.-Nr. MM21033	20,00	+	++	+	+	**GUT (1,9)**
Toshiba LED E-core Art.-Nr. LDGC0627FE4EUC	15,00	+	++	+	++	**GUT (2,0)**
Müller-Licht LED Art.-Nr. 24550	7,95	+	++	○	+	**GUT (2,2)**
LightMe LED Art.-Nr. LM 85232	8,00	+	⊖*)	+	○	**AUSREICH. (3,8)**
Sylvania Toledo Ball G45[3] EAN 5 410288 262970	23,50[2]	++	–*)	–	⊖	**MANGELH. (4,8)**
Kompaktleuchtstofflampen						
Müller-Licht Ultra-Mini Art.-Nr. 14939	4,95	○	++	+	++	**GUT (2,2)**
Osram Dulux Superstar Classic P EAN 4 008321 666475	10,00	○	++	+	++[5]	**GUT (2,2)**[5]
Sygonix Ultra Mini Globe[3] Art.-Nr. 34652Y	6,45	○	+	+	○	**GUT (2,4)**
GE Energy Saving Decor EAN 0 043168 888424	9,00	○	○	+	○	**BEFRIED. (2,8)**
Kaufland / K-Classic Energiesparlampe EAN 4 300175 720014	2,99	○	⊖	○	⊖*)	**AUSREICH. (3,7)**
Megaman Energy Saving Ping Pong Art.-Nr. MM18112i	10,90	○	⊖	○	⊖*)	**AUSREICH. (4,1)**
Philips Softone T45[3] EAN 8 727900 211863	10,00	○	–*)	○	○	**MANGELH. (4,6)**
Halogenglühlampen						
GE Halogen EAN 0 043168 765619	2,89	++	⊖	–*)	○	**MANGELH. (4,6)**
Philips EcoClassic P45[4] EAN 8 727900 831467	2,49	++	⊖	–*)	○	**MANGELH. (4,6)**

Bewertungsschlüssel der Prüfergebnisse: ++ = Sehr gut (0,5–1,5). + = Gut (1,6–2,5). ○ = Befriedigend (2,6–3,5). ⊖ = Ausreichend (3,6–4,5). – = Mangelhaft (4,6–5,5). **Bei gleichem Qualitätsurteil Reihenfolge nach Alphabet.**
***) Führt zur Abwertung.**
1) Laut Anbieter Produkt geändert. Restbestände im Handel.
2) Von uns bezahlter Einkaufspreis. **3)** Laut Anbieter Auslaufprodukt, Restbestände im Handel.
4) Laut Anbieter Verpackung geändert, Restbestände im Handel. **5)** Korrigiert am 07.10.2013.
Einkauf der Prüfmuster: Sept. bis Nov. 2012.

test **Lampen** (550 bis 850 Lumen, E27-Schraubsockel) 5/2013

www.test.de	Mittlerer Preis ca (Euro)	Lichttechnische Eigenschaften	Haltbarkeit	Umwelt und Gesundheit	Deklaration	test-QUALITÄTSURTEIL
Gewichtung		40 %	30 %	25 %	5 %	100 %
LED-Lampen						
Osram Parathom Classic A 60 Advanced[1]	18,00	+	++	++	++	GUT (1,6)
Sylvania ToLEDo GLS A60[2]	52,00	+	++	++	○[3]	GUT (1,6)
Megaman LED Dimmable Classic[4]	30,00	+	++	++	++	GUT (1,7)
Philips LED Warm White	20,00	+	++	++	○[3]	GUT (1,7)
Samsung LED A60[5]	25,00	+	++	+	○	GUT (1,7)
Paulmann LED Dimmable[6]	35,00	+	++	++	○	GUT (1,8)
Ledon LED Double-Click[4]	25,00	++	++	+	⊖*)	GUT (2,0)
Bioledex LED-Birne[5]	23,00	+	++	+	⊖*)[3]	GUT (2,1)
LG Electronics Lighting Innovator LED Lamp A19[5]	29,00	+	++	⊖*)	++	BEFRIEDIGEND (3,2)
Kompaktleuchtstofflampen						
Müller-Licht Ultra-Mini Vollcover	7,50	○	++	+	+	GUT (2,1)
Megaman Ultra Compact Classic[4]	10,00	○	++	+	+	GUT (2,2)
Philips Softone Warm White	8,00	○	+	+	○	GUT (2,2)
Ecobulb	7,20	○	+	+	++	GUT (2,3)
Osram Duluxstar Mini Ball	7,00	○	+	+	++	GUT (2,5)
Ikea Sparsam 3er-Set[7]	5,00	+	○*)	+	○	BEFRIEDIGEND (2,6)
GE Energy Saving Standard	9,00	○	○	⊖*)	○	BEFRIEDIGEND (3,4)
Kaufland / K-Classic Energiesparlampe[7]	4,00	○	–*)	+	○	MANGELHAFT (4,6)
Hellweg / Flector Sparleuchtmittel „Klassik"[6]	5,00	○	–*)	+	○	MANGELHAFT (4,8)
Halogenglühlampen						
Ikea Halogen 2er-Set[7]	2,99	++	⊖	–*)	⊖	AUSREICHEND (4,5)
Sylvania Halogen Classic Eco	4,30	++	–*)	–	⊖	MANGELHAFT (4,8)

Bewertungsschlüssel der Prüfergebnisse: ++ = Sehr gut (0,5–1,5). + = Gut (1,6–2,5). ○ = Befriedigend (2,6–3,5). ⊖ = Ausreichend (3,6–4,5). – = Mangelhaft (4,6–5,5). **Bei gleichem Qualitätsurteil Reihenfolge nach Alphabet.**

***) Führt zur Abwertung.**

1) Laut Anbieter durch Nachfolger LED SUPERSTAR Classic A60 advanced frosted ersetzt.

2) Laut Anbieter durch Nachfolger ToLEDo AGL A60 Art.-Nr. 0026 388 ersetzt.

3) Lichtausstrahlung sehr ungleichmäßig: Hängende Lampe gibt relativ wenig Licht nach oben ab.

4) Laut Anbieter Produkt geändert, Restbestände im Handel.

5) Laut Anbieter Verpackung geändert, Restbestände im Handel.

6) Laut Anbieter inzwischen geändert.

7) Laut Anbieter nicht mehr erhältlich.

Einkauf der Prüfmuster: April/Mai 2012.

Alle haben sie Probleme, Farbnuancen wiederzugeben, vor allem bei Rottönen. LEDs sind meist besser. Während Leuchtdioden auch bei Minusgraden sofort auf Touren kommen, haben einige Leuchtstoffmodelle in der Kälte Startschwierigkeiten.

Das Quecksilberrisiko ist gering

Anders als LEDs enthalten Leuchtstofflampen immer Quecksilber. Die Sorge vieler Verbraucher um ihre Gesundheit ist größer als das Risiko, das von der geringen Menge ausgeht. In allen geprüften Modellen ist das Schwermetall in ausgeschaltetem Zustand in Amalgam gebunden, die Quecksilberbelastungen nach Bruch bleiben weit unter den Richtwerten für Raumluft.

Von den untersuchten Leuchtstofflampen ist keine dimmbar. Die Regulierbarkeit ist die einzige Disziplin, bei der aber auch LEDs nur beschränkt Freude machen. Zwar sind viele der getesteten Modelle dimmbar, aber keine funktioniert mit jedem Dimmer. Verbraucher sind gezwungen, den passenden Regeler zu ermitteln. Mit Listen der Lampenhersteller können sie vergleichen, ob sich LED und Dimmer vertragen.

LEDs sparen langfristig Geld

LED-Lampen sparen auf lange Sicht Geld. Bei gleicher Helligkeit verbrauchen sie weniger als ein Siebtel des Stroms einer alten Glühbirne. Die Rechnung geht aber nur auf, wenn sie durchhalten. Im Test mussten sie 6000 Stunden und 70000-faches An- und Ausschalten überstehen. Die meisten LEDs schaffen das souverän. Zwei der kleinen E14-LED-Modelle aber schwächeln: Von Anfang an lieferten sie viel weniger Licht als auf der Verpackung angegeben, bei beiden sank die Leistung mit der Zeit. Die Sylvania liefert schon nach 500 Stunden weniger als 80 Prozent des versprochenen Lichts. Dazu flimmert sie störend.

Auch drei kleine Leuchtstofflampen wurden wegen viel zu kurzer Lebensdauer abgewertet. Die Philips fiel schon nach einer Brenndauer von 840 Stunden aus. Von den Leuchtstofflampen mit E27-Sockel schneiden Hellweg und Kaufland mit mangelhaftem test-Urteil ab: Sie sind schon nach 600 bis 700 Stunden nicht mehr richtig hell.

LEDs eignen sich als Langzeitlicht

Teure LED-Lampen sollte man gezielt dort einsetzen, wo sie lange brennen, etwa in Wohnzimmer oder Wohnküche. Auch als Außenlicht vor der Haustür eignen sie sich gut, weil sie auch bei Kälte sofort hell leuchten. Ihre sehr gute Schaltfestigkeit und die Eigenschaft, sofort hell zu sein, macht LEDs auch zum guten Treppen- und Flurlicht.

Die geprüften Kompaktleuchtstofflampen sind für Flure und Treppen ungeeignet. Sie brauchen zu viel Zeit, um hell zu werden. Mit Preisen zwischen rund 3 und 11 Euro eignen sich die Kompakten aber als Alltagslicht für die meisten Leuchten in der Wohnung – vorausgesetzt, man kauft eine der guten Lampen aus dem Test.

Halogenlampen machen schönes Licht

Halogenlampen schneiden am schlechtesten ab: Sie verbrauchen viel Strom und gehen schnell kaputt. Allerdings sorgen sie nach wie vor für das schönste Licht. Ihre Stärke ist die natürliche Farbwiedergabe. Wer sich etwa beim Essen auch an den Farben von Speis und Trank laben will, findet zurzeit kein besseres Licht. Das hat allerdings seinen Preis. Der Betrieb von Halogenglühlampen ist wegen ihres hohen Stromverbrauchs unterm Strich am teuersten.

Erstmals haben wir für jede Lampe eine Ökobilanz erstellt. Sie nennt die Belastung für Umwelt und Gesundheit, die eine Lampe während ihres Lebens verursacht – von der Produktion über den Gebrauch bis zur Entsorgung. Die beste Bilanz zeigen hochwertige LED-Lampen. Sie sind langlebig und effizient. Die schlechteste Bilanz haben Halogenglühlampen, da beim Betrieb mehr als 90 Prozent der eingesetzten Energie als Wärme verpuffen. ■ **Anbieter Seite 265**

Unser Rat

Wer Geräte unter 60 Euro meidet, findet unter den günstigen Zentrifugen gute Entsafter. Sie sind oft sogar besser als teure Saftpressen. Das beste Gerät im Test ist **Philips Avance Collection HR1871/10** für 168 Euro, das einzige mit durchweg sehr guter Ausbeute. Der günstigste gute Entsafter ist **Rommelsbacher ES 800/E** für 99 Euro, die beste Presse **Green Star Elite GSE 5000** für stolze 600 Euro.

Die Flüssigmacher

8/2013 Die meisten Entsafter machen ihre Sache gut, es gibt aber Unterschiede in der Saftausbeute. Vier versagen im Dauertest.

Selbstgepresster Saft kommt garantiert frisch und ohne künstliche Zusatzstoffe auf den Tisch. Das ist gesund, schmackhaft und gibt das gute Gefühl, sich und seinem Körper etwas besonderes zu gönnen. Die Tester haben 15 elektrische Entsafter geprüft. Sie unterscheiden sich vor allem in der Saftausbeute. Einige holen doppelt so viel aus Obst und Gemüse wie andere. Im Dauertest sind vier Geräte auf der Strecke geblieben und deshalb mangelhaft: Clatronic, der baugleiche Bomann, Severin und Tristar. Am besten ist Philips – der einzige mit rundum sehr guter Saftausbeute bei Äpfeln, Möhren und Weintrauben sowie einem der besten Ergebnisse in der Handhabung.

Zentrifuge oder Presse

Wer einen elektrischen Entsafter kaufen will, muss sich entscheiden: Soll es eine Zentrifuge sein oder eine Presse? Zentrifugen zerkleinern Früchte mit einer Reibescheibe und schleudern dann den Saft aus dem Fleisch. Saftpressen zerquetschen Früchte üblicherweise mit einer schraubenartig gewundenen Pressschnecke. Entscheidend für die Ausbeute ist das Entsafterprinzip nicht. Die Unterschiede liegen anderswo: Mit den Zentrifugen lässt sich meist deutlich schneller entsaften, außerdem lassen sie sich besser reinigen als die Pressen.

Dafür sind die Pressen deutlich leiser. Vor allem bei Äpfeln und Möhren. Ein weiterer Vorteil dieses Systems: Der Saft aus den Pressen ist homogener und erhält mehr ▶

Was kommt in den Entsafter?
Die Geräte eigenen sich für viele Obst- und Gemüsesorten. Pressen nehmen es sogar mit Kräutern, Gräsern und Nüssen auf. Entkernen Sie Steinobst, bevor Sie es in den Entsafter geben und entfernen Sie bei Trauben die Stiele. Äpfel sollten Sie mit Schale und Kerngehäuse entsaften, die Pektine darin sind gut für die Verdauung. Gesund ist auch Karottenschale, sie enthält Phenolsäure.

test Entsafter 8/2013

www.test.de	Mittlerer Preis ca. (Euro)	Entsaften	Handhabung	Haltbarkeit	Lautstärke	Sicherheit	test-QUALITÄTSURTEIL
Gewichtung		40 %	30 %	10 %	10 %	10 %	100 %
Zentrifugen							
Philips Avance Collection HR1871/10[1]	168	++	+	++	+	○	**GUT (1,8)**
Braun Multiquick 7 J700	179	+	+	++	+	○	**GUT (2,0)**
Gastroback Design Multi Juicer Art.-Nr.40127	199	+	+	++	○	○	**GUT (2,0)**
Bosch Styline MES20A0	106	+	+	++	+	○	**GUT (2,1)**
Rommelsbacher ES 800/E	99	+	+	++	○	○	**GUT (2,1)**
Kenwood Excel JE850	184	+	+	++	○	○	**GUT (2,2)**
Tefal Elea Duo[2]	85	○	+	++	+	○	**BEFRIED. (2,6)**
Severin ES 3559[3]	55	○	+	–*)	○	○	**MANGELH. (5,1)**
Clatronic AE 3465	47	+	+	–*)	○	○	**MANGELH. (5,2)**
Bomann AE 1917	48	Baugleich mit Clatronic AE 3465					**MANGELH. (5,2)**
Tristar SC-2283	36	+	+	–*)	+	○	**MANGELH. (5,4)**
Pressen							
Green Star Elite GSE 5000[4]	600[5]	+	○	++	++	○	**GUT (2,3)**
Jupiter Juicepresso 868	268	○	○	++	++	+	**GUT (2,4)**
Moulinex Infiny Press Revolution	210	○	○	++	+	+	**BEFRIED. (2,7)**
Petra Electric Vitapure Art.-Nr. 202041	102	+	○	⊖*)	++	○	**AUSREICHEND (4,1)**

Bewertungsschlüssel der Prüfergebnisse: ++ = Sehr gut (0,5–1,5). + = Gut (1,6–2,5). ○ = Befriedigend (2,6–3,5). ⊖ = Ausreichend (3,6–4,5). — = Mangelhaft (4,6–5,5). **Bei gleichem Qualitätsurteil Reihenfolge nach Alphabet.**

***) Führt zur Abwertung.**

1) Zitruspressenaufsatz als Sonderzubehör für ca. 35 Euro erhältlich (nicht getestet).

2) Mit Aufsatz zum Zitruspressen (nicht getestet). Laut Anbieter ab September 2013 Verkauf unter der Marke Moulinex.

3) Laut Anbieter neue Gebrauchsanleitung.

4) Vertrieb über Keimling Naturkost.

5) Preis laut Anbieter.

Einkauf der Prüfmuster: April 2013.

Fruchtfleisch und Zellstoffe als der aus den Zentrifugen. Das ist gut für den Geschmack. Dagegen trennt sich der Saft aus den Zentrifugen häufig in einen klaren Teil und einen trüben, fruchtfleischhaltigen Teil. Und beim Pressen entsteht überdies weniger Schaum als beim Zentrifugieren.

Saftpressen kosten im Schnitt deutlich mehr als Zentrifugen. Zu sparsam sollten Kunden nicht sein: Im Dauertest hatten die billigsten Geräte die größten Probleme. Die vier mangelhaften Zentrifugen mit Preisen von 36 bis 55 Euro fielen teils nach weniger als acht Betriebsstunden mit Motorschaden aus. Auch die vergleichsweise billige Saftpresse von Petra ist nicht wirklich robust. Sie ging aber erst gegen Ende der Dauerprüfung kaputt. ■ **Anbieter Seite 265**

Unser Rat

Die Reparatur ist teurer als ein Neukauf. Also ab auf den Müll? Das muss nicht sein. In vielen Städten entstehen Selbsthilfe-Werkstätten (Repair Cafés) mit ehrenamtlichen Profis: **www.repaircafe.de**. Reparaturanleitungen für eine Fülle von Geräten erhalten Internetnutzer auf **www.ifixit.com** (englisch „I fix it": Ich reparier's). Bilder zeigen, wie Laien einen festverbauten Akku wechseln können.

Schon kaputt

9/2013 Der Verdacht: Hersteller planen Produkte so, dass sie schnell kaputtgehen. Mythos oder Masche? Eine Spurensuche.

Viele Verbraucher haben einen Verdacht: Damit die Kassen klingeln, bauen Hersteller ihre Fernseher, Waschmaschinen und Staubsauger immer häufiger so, dass sie kurz nach der Gewährleistungsfrist kaputtgehen und sich nicht mehr reparieren lassen. Der Fachbegriff dafür ist geplante Obsoleszenz. Die Testergebnisse der Stiftung Warentest liefern dafür bisher keine Hinweise. Eine Auswertung von Dauertests der vergangenen zehn Jahre in der Zeitschrift test zeigt: Insbesondere Haushaltsgeräte gehen heute nicht schneller und nicht häufiger kaputt als früher. Das gilt sowohl für große Geräte wie Waschmaschinen als auch für kleinere wie Staubsauger.

Teure Waschmaschinen halten länger

Wenig überraschend dagegen: Billige Geräte sind oft schneller Schrott als teure. Waschmaschinen über 700 Euro etwa halten im Dauerlauf deutlich länger als Geräte unter 550 Euro. Solche Preisgrenzen lassen sich für viele Produktgruppen finden. Beim Kauf von Akkubohrern etwa steigt unterhalb von 50 Euro das Risiko, dass die Freude über den günstigen Preis nur kurz währt.

In gewisser Weise lässt sich bei Geräteverschleiß immer von geplantem Verschleiß reden. „Hersteller planen, wie lange ein Produkt halten soll", sagt Professor Albert Albers, Leiter des IPEK Institut für Produktentwicklung am Karlsruher Institut für Technologie. „Sie definieren ein Nutzungsszenario für ein bestimmtes Kundenspektrum und er- ▶

Kurze Lebensdauer
Das Thema **geplanter Verschleiß** erhitzt viele Gemüter. Das Fachwort „Obsoleszenz" leitet sich ab vom lateinischen „obsolescere" für veralten, sich abnutzen. Gemeint ist, dass Hersteller die Lebensdauer ihrer Produkte verkürzen, um mehr zu verkaufen. Schwachstellen einzubauen ist eine Möglichkeit, um frühzeitigen Verschleiß herbeizuführen. Eine weitere: Reparaturen zu erschweren.

mitteln daraus eine Gebrauchsdauer." Dementsprechend planen Konstrukteure die Einzelteile des Geräts: Wie dick müssen Kohlebürsten sein, wie groß Zahnräder, wie leistungsfähig Kondensatoren, damit sie die geplante Gebrauchsdauer einhalten. Allgemein gilt: Je robuster etwas sein soll, desto teurer ist es. Zugleich stehen Hersteller unter Kostendruck. „Das Ziel ist, ein Gerät so gut wie nötig zu bauen, nicht so gut wie möglich", so Albers. „Sonst laufen die Kosten aus dem Ruder."

Blaue Werkzeuge für Profis

Schön wäre es, wenn Verbraucher erkennen könnten, welche Lebensdauer die Hersteller für ihre Produkte planen. Hier herrscht bislang völlige Intransparenz. Bei Elektrowerkzeugen immerhin bieten einige Hersteller verschiedene Produktlinien zur Orientierung im Baumarkt an. Zum Beispiel Bosch: blaue Werkzeuge für Profis, grüne für Heimwerker. Die Einsteigermodelle verkauft Bosch unter der Marke Skil. Das spiegeln auch unsere Tests: Wer nur ein paar Löcher im Jahr bohren will, dem dürfte ein Skil-Bohrer für wenig Geld reichen. Heimwerker setzen besser auf Grün. Wer viel vorhat, sollte ins teure Blau für Profis wechseln.

Die Reparatur lohnt nicht mehr

Ärgerlich ist, wenn Geräte wegen fehlender Ersatzteile nicht mehr zu retten sind. Oft heißt es am Servicetresen aber auch: „Das lohnt nicht mehr." Es mag daran liegen, dass Fernseher, Computer und Kameras immer mehr Leistung in immer kleineren Gehäusen bieten. Ist die Hauptplatine defekt, kann es teuer werden. Kleine Elektrogeräte werden oft auch so konstruiert, dass sie nicht kostengünstig zu reparieren sind.

Und mitunter scheinen Hersteller bei den Reparaturkosten einfach unverschämt zuzulangen. Kein Wunder, dass sich Verbraucher zunehmend wieder selbst helfen – in Reparaturtreffs oder mit Anleitungen aus dem Internet.

Demgegenüber landen Handys oft in der Schublade, obwohl sie noch funktionieren. 42 Prozent der befragten Verbraucher kaufen innerhalb von zwei Jahren ein neues Handy – meist einfach deshalb, weil es besser ist als das alte.

Produkte verschleißen im Kopf

„Wir haben Freude an der Abwechslung", sagt Hartmut Holzmüller, Marketingprofessor an der TU Dortmund. Das machen sich Unternehmen zunutze. Sie sorgen dafür, dass Produkte im Kopf verschleißen. Das neue Smartphone ist oft nur etwas schicker als der Vorgänger, hat ein paar neue Anwendungen. Zugleich lädt die Werbeindustrie alle Waren mit Verheißung auf – Coolness-Faktor Smartphone.

Waschen als Dienstleistung verkaufen

So fragwürdig es ist, alle paar Monate ein neues Handy zu kaufen – sich an eine 30 Jahre alte Waschmaschine zu klammern, ist ebenfalls nicht klug, schon wegen der Stromkosten. Professor Michael Braungart, Leiter der Hamburger Beratungsfirma EPEA Internationale Umweltforschung, hat eine bessere Idee. „Hersteller sollten nicht mehr Waschmaschinen verkaufen, sondern die Dienstleistung Waschen."

Von der Wiege zur Wiege

Das Prinzip nennt Braungart „Cradle to Cradle" – „von der Wiege zur Wiege". Der Kunde bekommt eine Waschmaschine gestellt, inklusive Reparaturservice. Nach vereinbarten 2 000 Wäschen holt der Hersteller die Maschine ab, recycelt das Gerät und stellt dem Kunden ein neues hin.

Der Clou an dem Konzept: Der Hersteller hat kein Interesse daran, dass die Waschmaschine früh kaputtgeht. Im Gegenteil: Je weniger Reparaturen anfallen und je leichter sie zu recyceln ist, desto günstiger kann er sie verkaufen. „Das Prinzip lässt sich auf jede Art von Produkten anwenden", ist sich Forscher Braungart sicher. ■

Unser Rat

Die Auswahl an guten vollintegrierbaren Spülern ist groß. Bei den 60er-Modellen liegen vorn: **Bosch SMV69N00EU** (zirka 985 Euro) mit **Siemens**-Baugleichheit (900 Euro), **Neff S51N58X2EU** (845 Euro) und **Siemens SN65V096EU** (940 Euro). Günstiger: die gleich guten, teilintegrierfähigen Geschwistermodelle. Gut bei den 45ern: **Bosch SPV69T20EU** (640 Euro), **Siemens**-Baugleichheit.

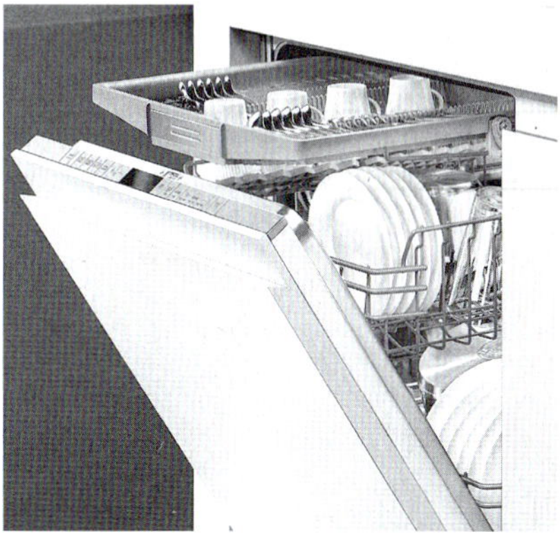

Besser breit als schmal

6/2013 Marathoneinsatz für 14 Einbau-Geschirrspüler. Viele kommen gut ins Ziel. Doch von vier schmalen Modellen hinken zwei hinterher.

Zwei von drei Haushalten benutzen für den täglichen Abwasch eine Maschine. Oft ist es ein 60 Zentimeter breites Einbaumodell. Da passt viel hinein. Manche wollen aber eine schmalere Variante. Die Küche ist winzig, der vorhandene Möbelschrank klein. Auch für das Singleleben lohnt sich mitunter kein großes Gerät. Ein stets halbgefüllter Geschirrspüler verschwendet schließlich Wasser, Strom und Spülmittel.

Nur zwei Schmale sind gut

Deshalb waren bei dieser Untersuchung exemplarisch auch vier kleine Modelle dabei. Nur zwei haben den Spülmarathon gut überstanden: Bosch SPV69T20EU für zirka 640 Euro und das baugleiche Siemens-Modell für 735 Euro. Die schmalen Spülgeräte AEG F55400VIOP und Miele G 4670 SCVi müssen sich mit einem befriedigenden Qualitätsurteil begnügen. Sie spülen zwar sauber, brauchen für die relativ kleine Menge Geschirr aber mehr Strom und Wasser als ihre Konkurrenten. Dem AEG-Gerät fehlt außerdem das wichtige Kurzprogramm.

Mit und ohne Blende

Die zwölf 60 Zentimeter breiten Geräte schneiden allesamt gut ab. Für viele gibt es auch gleich gute, teilintegrierfähige Geschwistermodelle. Vollintegrierfähige Einbaugeräte werden nach dem Einsetzen in einen Möbelschrank komplett mit einer Tür verkleidet. Die Bedienblende ist von außen nicht zu sehen. Ein teilintegriertes Gerät steht in einer freien Nische der Einbaukü- ▶

Tipps für den Anschluss

Überprüfen Sie, ob der Ablaufschlauch fest installiert ist. Rutscht er ab, läuft ungeschützt Wasser aus. Einen Aquastop haben zwar alle getesteten Geräte. Der sichert aber nur einen geplatzten Zulaufschlauch ab. Nutzen Sie den Warmwasseranschluss, wenn Sie Ihr warmes Wasser umweltschonend aus einer Solaranlage beziehen und kurze Leitungen haben. Das spart rund ein Drittel Strom.

test Geschirrspüler (Einbau, vollintegriert) 6/2013

www.test.de	Mittlerer Preis ca. (Euro)	Betriebskosten in 10 Jahren laut Nutzerprofil ca. (Euro)[1]	Sparprogramm	Kurzprogramm	Automatikprogramm	Handhabung	Sicherheit	Geräusch	test-QUALITÄTSURTEIL
Gewichtung			20 %	20 %	20 %	20 %	10 %	10 %	100 %
60 cm breit vollintegriert									
Bosch SMV69N00EU[2]	985	1 155	+	+	+	+	+	++	**GUT (1,9)**
Neff S51N58X2EU[2]	845	1 155	+	+	+	+	+	++	**GUT (1,9)**
Siemens SN65V096EU	940	1 155	+	+	+	+	+	++	**GUT (1,9)**
Siemens SN66N093EU	900	1 155	Ist baugleich mit Bosch SMV69N00EU						**GUT (1,9)**
Miele G 5280 SCVi EcoLine[3]	1 160	1 265	+	+	+	+	+	++	**GUT (2,0)**
Ikea Enastaende Art.-Nr.: 402.244.80	600	1 390	+	Entfällt	○	+	○	++	**GUT (2,4)**
Zanussi ZDT15001FA[2]	485	1 335	+	Entfällt	+	+	+	○	**GUT (2,4)**
AEG F65060VI1P[2]	825	1 360	+	○	○	+	+	+	**GUT (2,5)**
Bauknecht GSXK 5020 SD[2]	430	1 340	+	+	Entfällt	○	+	+	**GUT (2,5)**
Whirlpool ADG 7643 A+ FD	450	1 365	+	+	○	○	+	+	**GUT (2,5)**
45 cm breit vollintegriert									
Bosch SPV69T20EU	640	1 375	+	+	+	+	+	+	**GUT (2,0)**
Siemens SR66T092EU	735	1 375	Ist baugleich mit Bosch SPV69T20EU						**GUT (2,0)**
Miele G 4670 SCVi[4]	1 270	1 660	○	○	○	+	+	+	**BEFRIED. (2,6)**
AEG F55400VI0P	645	1 675	○	Entfällt	⊖*)	+	+	+	**BEFRIED. (3,1)**

Bewertungsschlüssel der Prüfergebnisse: ++ = Sehr gut (0,5–1,5). **+** = Gut (1,6–2,5). **○** = Befriedigend (2,6–3,5). **⊖** = Ausreichend (3,6–4,5). **—** = Mangelhaft (4,6–5,5). **Bei gleichem Qualitätsurteil Reihenfolge nach Alphabet.**
***) Führt zur Abwertung. 1)** Grundlage der Berechnung pro Jahr: 280 Spülgänge einer Maschine mit 13 Gedecken. Davon 90 Spülgänge im Sparprogramm, 75 im Automatikprogramm mit 100 % Anschmutzung, 25 im Automatikprogramm mit 150 % Anschmutzung und 90 im Kurzprogramm. Bei Maschinen ohne Automatik- oder Kurzprogramm wurde zur Hälfte mit dem Sparprogramm und zur Hälfte mit dem Kurz- bzw. mit dem Automatikprogramm gerechnet. Bei Maschinen mit 14, 12,10 und 9 Gedecken wurde die Anzahl der Spülgänge angepasst. Pro Spülgang wurde ein Multitab mit 0,10 Euro berechnet. Strompreis 0,27 Euro/kWh, Wasserpreis 3,85 Euro/m³. **2)** Auch als teilintegriertes Modell erhältlich. **3)** Laut Anbieter durch Nachfolger G 6360 SCVi Ecoline ersetzt. **4)** Laut Anbieter durch Nachfolger G 4860 SCVi ersetzt.
Einkauf der Prüfmuster: Oktober/November 2012.

che und wird nur mit einer Möbelplatte verkleidet. Die Bedienblende bleibt von vorn sichtbar. Qualitativ unterscheiden sich beide Bauarten nicht, preislich sehr wohl. Teilintegrierte Maschinen sind meist günstiger zu haben. Sauber wird das Geschirr allemal. Auch im Energie- und Wasserverbrauch gibt es keine Unterschiede zwischen beiden Bauformen. Im Sparprogramm brauchen die Spüler für eine volle Ladung schmutziges Geschirr im Schnitt weniger als 1 Kilowattstunde Strom und um die 10 Liter Wasser.

test Geschirrspüler (Einbau, teilintegriert) 6/2013

www.test.de	Mittlerer Preis ca. (Euro)	Betriebskosten in 10 Jahren laut Nutzerprofil ca. (Euro)[1]	Sparprogramm	Kurzprogramm	Automatikprogramm	Handhabung	Sicherheit	Geräusch	test-QUALITÄTSURTEIL
Gewichtung			20 %	20 %	20 %	20 %	10 %	10 %	100 %
60 cm breit teilintegriert									
Bosch SMI69N05EU	730	1 155	+	+	+	+	+	++	GUT (1,9)
Neff S41N58N2EU	730	1 155	+	+	+	+	+	++	GUT (1,9)
Siemens SN56N594EU	800	1 155	Ist baugleich mit Bosch SMI69N05EU						GUT (1,9)
Miele G 5220 EcoLine SCi[2]	975	1 265	+	+	+	+	+	++	GUT (2,0)
Zanussi ZDI15001XA	425	1 335	+	Entfällt	+	+	+	○	GUT (2,4)
AEG F65060IM0P	835	1 360	+	○	○	+	+	+	GUT (2,5)
Bauknecht GSIK 5020 SD IN	450	1 340	+	+	Entfällt	○	+	+	GUT (2,5)
45 cm breit teilintegriert									
Miele G4600 SCi[3]	1 200	1 660	○	○	○	+	+	+	BEFRIED. (2,6)

Bewertungsschlüssel der Prüfergebnisse: ++ = Sehr gut (0,5–1,5). + = Gut (1,6–2,5). ○ = Befriedigend (2,6–3,5). ⊖ = Ausreichend (3,6–4,5). — = Mangelhaft (4,6–5,5). **Bei gleichem Qualitätsurteil Reihenfolge nach Alphabet.**
1) Grundlage der Berechnung pro Jahr: 280 Spülgänge einer Maschine mit 13 Gedecken. Davon 90 Spülgänge im Sparprogramm, 75 im Automatikprogramm mit 100 % Anschmutzung, 25 im Automatikprogramm mit 150 % Anschmutzung und 90 im Kurzprogramm. Bei Maschinen ohne Automatik- oder Kurzprogramm wurde zur Hälfte mit dem Sparprogramm und zur Hälfte mit dem Kurz- bzw. mit dem Automatikprogramm gerechnet. Bei Maschinen mit 14, 12,10 und 9 Gedecken wurde die Anzahl der Spülgänge angepasst. Pro Spülgang wurde ein Multitab mit 0,10 Euro berechnet. Strompreis 0,27 Euro/kWh, Wasserpreis 3,85 Euro/m³. **2)** Laut Anbieter durch Nachfolger G 6300 SCi ersetzt. **3)** Laut Anbieter durch Nachfolger G480 SCi ersetzt.
Einkauf der Prüfmuster: Oktober/November 2012.

Kurzprogramm kostet 30 Euro mehr

Die 45 Zentimeter schmalen Geräte erscheinen besonders sparsam – auf den ersten Blick. Das kleine Bosch-Modell braucht zum Beispiel nur 0,68 Kilowattstunden Strom und 9,4 Liter Wasser. Damit spült es aber nur zehn genormte Gedecke statt 12 bis 14 wie die großen. Vergleicht man die Betriebskosten bezogen auf die Geschirrmenge, zeigt sich: Die Minis von Miele und AEG verursachen die höchsten Strom-, Wasser- und Spültabkosten, fast 170 Euro jährlich. Sie verdienen nur ein einfaches A-Energielabel. Zum Vergleich: Die breiten Geschirrspüler gehören in die Effizienzklassen A+ und A++. Die Kennzeichnung auf dem Label richtet sich nach den Verbrauchswerten des Sparprogramms. Auf den Maschinen heißt es Eco- oder Bioprogramm. Es ist der effizienteste und günstigste Spülgang – aber auch der längste. Um drei Stunden sind üblich. Bosch und Siemens brauchen 3:15 Stunden. Da ist Geduld gefragt. Trotzdem sollten Verbraucher möglichst häufig im Sparprogramm spülen. Andere Programme verbrauchen mehr Strom und Wasser. Wer stets im Kurzprogramm spült, zahlt pro Jahr rund 30 Euro mehr. ■ Anbieter Seite 265

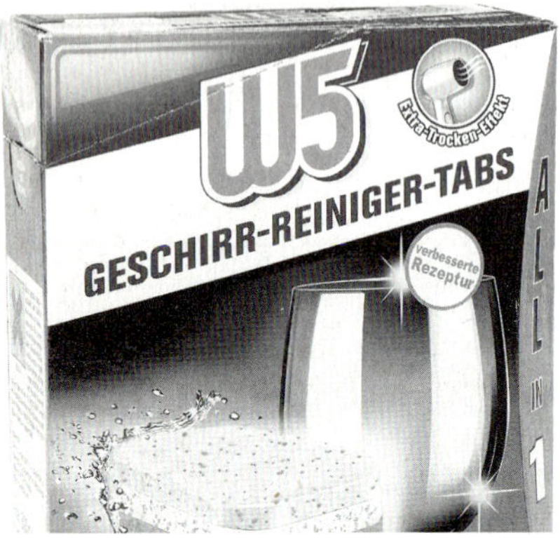

Unser Rat

Die besten Multifunktionstabs kommen von Lidl und Somat. **Lidl/W5 All in 1** spült sauber, streifenfrei, schont das Geschirr und trocknet gut – alles für nur 7 Cent pro Spülgang. **Somat 10** bietet die stärkste Reinigungskraft, selbst bei starkem Schmutz, kostet aber 25 Cent pro Tab. Gut und kaum schlechter sind **Akuta Komplett** von Aldi (Nord) und **Alio Complete** von Aldi Süd, beide für je 7 Cent.

80 000 Mal berührt

7/2013 Es muss nicht immer Marke sein. Lidls Multitabs für Geschirrspüler siegen im Test punktgleich mit Somat 10.

Der Aufwand ist enorm. Allein um zu beurteilen, wie gut die 17 Multifunktionstabs Geschirr säubern, sind 80 000 Handgriffe fällig. Die Tester verrühren zum Beispiel Hackfleisch und Eigelb, bestreichen Teller damit. Sie lassen blau gefärbte Milch in der Mikrowelle eintrocknen, geben Eigelb auf Bleche, räumen Geschirr in den Spüler, beäugen Schmutzreste und Glasschäden, zählen Wassertropfen, mustern Besteck ab.

Zwei Markenprodukte nur ausreichend

Nach rund vier Monaten Prüfzeit steht fest: Die besten Multifunktionstabs heißen Somat 10 und Lidl/W5 All in 1. Auch Akuta Komplett von Aldi (Nord) und das gleiche Alio Complete von Aldi Süd reinigen kaum schlechter. Sie sind günstige Alternativen zur teuren Marke.

Ausgerechnet die bekannten und beliebten Tabs Somat 7 Multi (21 Cent pro Tab) und Finish Powerball Quantum (26 Cent) bekommen das Geschirr nicht richtig trocken. Deshalb schneiden sie nur ausreichend ab. Noch schlechter präsentieren sich die Tip-Tabs Alles-in-1 von Real. Sie versagen nahezu komplett. Klarspülen und Trocknen mangelhaft, Materialschonung ebenfalls. Gläser zeigen nach dem Spülen großflächige Trübungen, die nicht mehr verschwinden. Edelstahlbesteck irisiert, schillert violett. Selbst der Innenraum des Geschirrspülers leuchtet wie eine Seifenblase. Dagegen hilft nur ein spezieller, aggressiver Maschinenreiniger aus dem Handel. ■ Anbieter Seite 265

Tipps für Multitabs

Multifunktionsreiniger sollten Sie nur bis 21 Grad deutscher Härte benutzen. Bei härterem Wasser braucht die Spülmaschine zusätzlich Klarspüler und Salz, und dann reicht auch ein Solotab. Den Härtegrad des Leitungswassers nennt das Wasserwerk. Die meisten Tabs im Test sind einzeln mit einer nicht wasserlöslichen Folie verpackt. Die müssen Sie entfernen, sonst löst sich der Tab nicht auf.

test Geschirrspültabs (Multitabs) 7/2013

www.test.de	Mittlerer Preis ca. (Euro) / Tabs pro Packung	Preis pro Tab (1 Spülgang) ca. (Euro)	Reinigen	Klarspülen	Kalkbeläge verhindern (Salzfunktion)	Trocknen	Materialschonung	Umwelteigenschaften	Verpackung	test-QUALITÄTS-URTEIL
Gewichtung			30 %	15 %	15 %	15 %	10 %	10 %	5 %	100 %
Lidl/W5 All in 1	2,85/40	0,07	+	+	+	+	+	○	+	GUT (2,1)
Somat 10 Multi	5,40/22[1]	0,25	++	+	+	+	+	○	⊖	GUT (2,1)
Aldi (Nord)/Akuta Komplett	2,85/40	0,07	+	+	+	+	+	○	+	GUT (2,2)
Aldi Süd/Alio Complete	2,85/40	0,07	Ist gleich mit Aldi (Nord)/Akuta Komplett							GUT (2,2)
Kaiser`s Tengelmann/ A&P Complete 10-fach Aktiv[2]	2,85/40	0,07	+	○	+	+	+	○	○	GUT (2,3)
Edeka/Gut & Günstig Power-Aktiv 10	2,85/40	0,07	+	○	+	○	○	○	○	GUT (2,4)
Kaufland/K-Classic 11 in 1	2,85/40	0,07	+	○	+	+	+	○	○	GUT (2,4)
Netto Marken-Discount/ Priva Power-Tabs 10in1	2,85/40	0,07	Ist gleich mit Edeka/Gut & Günstig Power-Aktiv 10							GUT (2,4)
dm/Denkmit Multi-Power Revolution	3,35/40	0,08	○	○	+	+	+	○	○	GUT (2,5)
Penny/Blik Tabs Faktor 12[3]	2,85/40	0,07	Ist gleich mit Rewe/ja! 12-in-1 Tabs							BEFRIED. (2,7)
Rewe/ja! 12-in-1 Tabs[3]	2,85/40	0,07	○	○	+	○	+	○	○	BEFRIED. (2,7)
Finish Powerball Alles in 1 Turbo	5,35/24[1]	0,22	○	○	+	+	⊖	○	⊖	BEFRIED. (2,8)
Norma/Saubermax Alles in einem[4]	2,85/40	0,07	○	○	+	+	⊖	○	○	BEFRIED. (2,8)
Rossmann/domol 11in1	3,20/40	0,08	○	○	+	+	⊖	○	○	BEFRIED. (2,9)
Somat 7 Multi	5,40/26[1]	0,21	+	○	+	⊖*)	+	○	⊖	AUSREICH. (3,8)
Finish Powerball Quantum[3][5]	5,25/20[1]	0,26	+	○	+	⊖*)	○	○	⊖	AUSREICH. (3,9)
Real/Tip Spülmaschinen Tabs Alles-in-1[3]	2,95/40	0,07	○	–	○	–	–*)	+	○	MANGELH. (5,0)

Bewertungsschlüssel der Prüfergebnisse: ++ = Sehr gut (0,5–1,5). + = Gut (1,6–2,5). ○ = Befriedigend (2,6–3,5). ⊖ = Ausreichend (3,6–4,5). – = Mangelhaft (4,6–5,5). **Bei gleichem Qualitätsurteil Reihenfolge nach Alphabet.**

***) Führt zur Abwertung.**

1) Auch in anderen Packungsgrößen erhältlich.

2) Laut Anbieter durch Nachfolger Jeden Tag Geschirr-Reiniger-Tabs Multi 10 ersetzt.

3) Laut Anbieter inzwischen geändert.

4) Laut Anbieter durch Nachfolger Saubermax Mega-Power 11 ersetzt.

5) Mit selbstauflösender Folie.

Einkauf der Prüfmuster: Oktober bis Dezember 2012.

Unser Rat

Guten Kaffee brühen die meisten Maschinen. Von den Vollautomaten, die Cappuccino automatisch zubereiten, schneidet **Jura ENA Micro 9 One Touch** für 745 Euro am besten ab. Günstiger sind Geräte für Kapseln. Hier teilen sich die **Nespresso**-Modelle **De'Longhi Pixie EN125** (108 Euro) sowie **Krups XN 720 Citiz** (149 Euro) den ersten Platz. **Philips Senseo HD 7863** (96 Euro) siegt bei den Pads.

Welcher Kaffeetyp sind Sie?

10 + 12/2013 Ob Kaffee aus dem Pad, Espresso aus der Kapsel oder Latte Macchiato aus dem Vollautomaten – hier sind die besten Maschinen.

Viele Wege führen zum perfekten Kaffee. Im vergangenen Jahr haben wir mehrere Arten von Maschinen geprüft, um die jeweils beste für verschiedene Typen von Kaffetrinkern zu finden. Vollautomaten, die auf Knopfdruck Espresso und Latte Macchiato zubereiten sowie Pad- und Kapselgeräte für die schnelle, einzelne Tasse. Das Ergebnis: Ein guter Muntermacher gelingt vielen Automaten. Doch beim täglichen Gebrauch schwächeln etliche. Die Vollautomaten funktionieren nur mit der richtigen Pflege zuverlässig, viele Pad- und Kapselmaschinen tropfen und kleckern.

Espresso oder Kaffee?

Vollautomaten brühen mit frisch gemahlenen Bohnen, die Mühle ist eingebaut und funktioniert selbsttätig. Einige Geräte schäumen Milch separat auf, bei Modellen mit Cappuccino-Automatik kommt der Schaum auf Knopfdruck direkt in die Tasse. Sie kosten knapp 300 Euro bis 970 Euro.

Günstiger sind Maschinen für Kapseln und Pads. Gute sind auch schon ab 76 Euro zu haben. Sie brühen recht unterschiedlichen Kaffee: Aus Kapseln rinnt typischer Espresso – klein, stark und mit einer feinen Krone aus Kaffeeschaum, der Crema. Das gelingt nur mit hohem Druck.

Die Automaten für Pads bauen dagegen nur wenig Druck auf und brühen mit mehr Wasser als die Kapselkonkurrenz. Das Ergebnis entspricht eher traditionellem deutschen Filterkaffee, sieht aber etwas anders aus:

Der Druck der Systeme
Maschinen für Pads brühen mit wenig Druck. So fließt normaler Kaffee in die Tasse. Espresso gelingt nur mit höherem Druck. Den erzeugen Vollautomaten und Kapselgeräte. Letztere haben den Nachteil, dass die Hülsen untereinander nicht kompatibel sind. Bei Starbucks, Tchibo und Co. wird der Kunde zum Sklaven des jeweiligen Systems. Das schränkt die Sortenvielfalt ein und treibt den Preis.

Auch hier bildet eine Crema das i-Tüpfelchen des schwarzen Muntermachers.

Aroma von Blumen und Toast

Herzstück unserer Tests ist eine anonyme Verkostung. Acht geschulte Kaffeeprüfer begutachten das beliebte Heißgetränk, ohne die Maschine zu kennen, aus der es stammt. Sie riechen und schmecken, fühlen und spüren nach Fehlern. Schmeckt etwa der Espresso verbrannt, hat er zu viel Hitze bekommen. Langes Brühen macht ihn bitter. Zum typischen Espresso gehören eine feine haselnussbraune Crema und intensiver Geschmack mit komplexen Aromen von Blumen, Obst, Schokolade und Toast.

Der beste Espresso

Vollautomaten und Kapselmaschinen brühen fast alle einen ausgewogenen Espresso mit feiner Crema. Aus der Maschine mit den teuersten Kapseln im Test (45 Cent) rinnt allerdings nur ein mittelmäßiger Espresso: Der kleine Schwarze von FrancisFrancis schmeckt stärker verbrannt als die Konkurrenz und säuerlicher.

Mit den Padautomaten brühen die Prüfer Kaffee. Bei ihnen fiel der Sensoriktest durchweg erfreulich aus: Alle liefern einen starken Kaffee ohne störende Fremdaromen.

Empfindlich wie ein Sportwagen

Neben der Espressoqualität zählt im Test natürlich die Technik der Maschinen. Kapsel- und Padmaschinen eignen sich eher für den bequemen Kaffeetrinker, die Geräte müssen kaum gewartet werden.

Vollautomaten sind dagegen ein bisschen wie Sportwagen. Sie wollen gehegt, gepflegt und richtig „gefahren" werden. Das beginnt bei der täglichen Pflege wie Wasser tanken, gebrühten Kaffeekuchen entsorgen oder Milchschäumer putzen und führt bis zum regelmäßigen Entkalken. Wer die Pflege vernachlässigt, muss damit rechnen, dass die Maschine zickt. Vom Ekelfaktor ganz zu schweigen: Milch- und Kaffeereste setzen über kurz oder lang Schimmel an. Auch an unzugänglichen Stellen in der Maschine.

Im Dauertest müssen alle Vollautomaten 1500 Espressos brühen. Anschließend begutachten unsere Techniker den Zustand der Maschine. Die Modelle Jura Impressa C50 und Krups EA 8258 schneiden sie dafür eigens auf, denn ihre Brühgruppen sind fest verbaut, nicht herausnehmbar.

Das Ergebnis bei Jura erfreut: Sie ist nach 1500 Brühvorgängen in einem erstaunlich guten Zustand. Das Reinigungsprogramm hat ganze Arbeit geleistet. Auch eine Schwäche des Vorgängermodells hat Jura behoben. Im Dezember 2012 kritisierten unsere Sicherheitsexperten die Schlauchführung im Inneren der Jura C5: zu nah am Heizelement. Bei der neuen C50 sind Schlauch und Heizungsanschluss nun besser getrennt.

Krups und De'Longhi zicken

Die Krups EA 8258 und die De'Longhi ECAM 25.457 enttäuschen im Dauertest. Bei Krups läuft der Espresso nicht nur durch die Düse, sondern auch seitlich an ihr entlang. Schlimmer: Beim Brühen entsteht Kondenswasser im Gerät, das Display beschlägt und die Maschine tropft.

Die DeLonghi 25.457 punktet zunächst mit einer Verbesserung. Der Schutzleiter in der Maschine ist sicher verschraubt, nicht nur gesteckt wie beim Vorgängermodell. Im Dauertest streikt die neue Maschine aber, im Display leuchtet die Aufforderung „Brühgruppe einsetzen", obwohl sie eingesetzt ist. Jetzt hilft nur eine längere Abkühlpause für Mensch und Maschine.

Teurer Espresso aus Kapseln

Kapsel- und Padmaschinen sind von vornherein auf Einzelportionen ausgerichtet, nicht auf Dauereinsatz. Ihr Pluspunkt ist der schnelle, unkomplizierte Espresso für Singles und Paare. Für Familien und Vieltrinker geht vor allem Espresso aus Kapseln ins Geld. Ein Tässchen kostet bis zu 45 Cent. Aldi Süd und Lidl bieten Kapseln für 19 bis ▶

test **Espressovollautomaten** 12/2013

www.test.de	Preis ca. (Euro)	Sensorik	Technische Prüfung	Handhabung	Zuverlässigkeit	Sicherheit	Umwelteigenschaften	test-QUALITÄTSURTEIL
Gewichtung		**35 %**	**25 %**	**20 %**	**10 %**	**5 %**	**5 %**	**100 %**
Mit Cappuccino-Automatik (Milchschaum kommt direkt in die Tasse)								
Jura ENA Micro 9 One Touch	745	+	+	+	○	+	+	**GUT (2,1)**
Nivona NICR 830	970	+	+	+	+	+	+	**GUT (2,2)**
Philips Saeco Exprelia HD 8854/01	740	+	+	○	○	+	○	**GUT (2,4)**
Philips Saeco Minuto One Touch HD 8763	490	+	○	+	○	+	+	**GUT (2,4)**
Melitta Caffeo CI	870	○	○	+	+	+	+	**GUT (2,5)**
Siemens EQ.5 macchiato Plus	650	○*)	+	+	+	+	+	**BEFRIEDIGEND (2,6)**
Bosch VeroCafe LattePro	635	Baugleich mit Siemens EQ.5 macchiato Plus						**BEFRIEDIGEND (2,6)**
W.I.K. 9757T.1	600	+	○	○	○	+	+	**BEFRIEDIGEND (2,6)**
De'Longhi ECAM 25.457	785	+	○	+	⊖*)	+	+	**BEFRIEDIGEND (3,4)**
Ohne Cappuccino-Automatik (die Maschine schäumt Milch separat)								
Jura Impressa C50	505	+	+	+	○	+	+	**GUT (2,3)**
Siemens EQ.5 macchiato	500	+	+	+	+	+	+	**GUT (2,3)**
Bosch VeroCafe Latte	600	Baugleich mit Siemens EQ.5 macchiato						**GUT (2,3)**
De'Longhi Magnifica S ECAM 22.110.B	350	+	○	○	○	+	+	**GUT (2,5)**
Philips Saeco Intelia Focus HD 8751/11	291	+	○	○	○	+	+	**BEFRIEDIGEND (2,6)**
Krups EA 8258	460	○	○	+	⊖*)	+	+	**BEFRIEDIGEND (3,4)**

Bewertungsschlüssel der Prüfergebnisse: ++ = Sehr gut (0,5–1,5). + = Gut (1,6–2,5). ○ = Befriedigend (2,6–3,5). ⊖ = Ausreichend (3,6–4,5). — = Mangelhaft (4,6–5,5). **Bei gleichem Qualitätsurteil Reihenfolge nach Alphabet.**
***) Führt zur Abwertung.** **Einkauf der Prüfmuster:** Mai/Juni 2012 sowie Juli/August 2013.

20 Cent. Im Vergleich ist das immer noch teurer als die entsprechende Menge gemahlener Bohnen vom Discounter, mit der eine Tasse Espresso kaum 8 Cent kostet. Außerdem passen auch die Discounterkapseln nur in bestimmte Maschinen. Jeder Hersteller baut seine Portionshülsen etwas anders – der Kunde geht eine Art Zwangsehe mit dem System des Anbieters ein. Die ganze Vielfalt an Kaffeesorten steht Espressofans hingegen mit einem Vollautomaten offen.

Ein weiterer Nachteil der Kapseln ist der Abfall, den sie bereiten. Sie bestehen aus Kunststoff, oft zusätzlich einzeln in Folie eingepackt. Nespresso verkauft Aluminiumhülsen, für deren Herstellung extrem viel Energie gebraucht wird. Im Jahr 2012 landeten in Deutschland mehr als 10 000 Tonnen Kapseln auf dem Müll. Für Umweltbewusste ist Kaffee aus Zellstoffpads oder Espresso aus frisch gemahlenen Bohnen die bessere Wahl. ■ **Anbieter Seite 265**

test Portionskaffeemaschinen für Kapseln 10/2013

www.test.de	Mittlerer Preis ca. (Euro)	Sensorische Beurteilung (Espresso)	Brühen	Täglicher Gebrauch	Stromverbrauch	Geräusch	Sicherheit	test-QUALITÄTSURTEIL
Gewichtung		30 %	30 %	25 %	5 %	5 %	5 %	100 %
De'Longhi Nespresso Pixie EN125[1]	108	+	+	+	+	⊖	+	**GUT (2,1)**
Krups XN 720 Nespresso Citiz[1]	149	+	+	+	++	○	+	**GUT (2,1)**
Bosch T 43 Tassimo Joy[2]	99	+	○	+	+	++	+	**GUT (2,4)**
Krups Melody 3 KP220[1]	106	○	+	+	○	○	+	**GUT (2,5)**
AEG Favola Cappuccino LM5400[1]	142	○	○	+	○	++	+	**BEFRIED. (2,7)**
FrancisFrancis for illy Y1.1 Touch[1]	189	○	○	+	+	++	+	**BEFRIED. (2,7)**
Starbucks Verismo TM System-580	149	+	+	○	++	○	○	**BEFRIED. (2,7)**
Tchibo Cafissimo Compact[1]	79	○	+	○	○	+	+	**BEFRIED. (2,7)**

Bewertungsschlüssel der Prüfergebnisse: ++ = Sehr gut (0,5–1,5). **+** = Gut (1,6–2,5). **○** = Befriedigend (2,6–3,5). **⊖** = Ausreichend (3,6–4,5). **—** = Mangelhaft (4,6–5,5). **Bei gleichem Qualitätsurteil Reihenfolge nach Alphabet.**
***) Führt zur Abwertung.**
1) In verschiedenen Farbvarianten erhältlich.
2) Laut Anbieter Produkt verändert. In verschiedenen Farbvarianten erhältlich. **Einkauf der Prüfmuster:** April/Mai 2013.

test Portionskaffeemaschinen für Pads 10/2013

www.test.de	Mittlerer Preis ca. (Euro)	Sensorische Beurteilung (Kaffee)	Brühen	Täglicher Gebrauch	Stromverbrauch	Geräusch	Sicherheit	test-QUALITÄTSURTEIL
Gewichtung		30 %	30 %	25 %	5 %	5 %	5 %	100 %
Philips Senseo HD 7863[1]	96	+	+	+	+	++	+	**GUT (2,3)**
Philips Senseo HD 7825[1]	76	+	+	+	○	+	○	**GUT (2,4)**
WMF 5 Black	119[2]	+	○	⊖	○	+	+	**BEFRIED. (2,8)**
Aldi (Nord) / Lifetec MD 14020[3] A	50[4]	○	○	⊖	+	○	+	**BEFRIED. (3,1)**
Petra Electric KM 34.00	79[4]	+	○	⊖	○	○	⊖*)	**BEFRIED. (3,5)**
Inventum HK 11[1]	141[4]	+	○	○	⊖	○	⊖*)	**AUSREICH. (4,0)**

Bewertungsschlüssel der Prüfergebnisse: ++ = Sehr gut (0,5–1,5). **+** = Gut (1,6–2,5). **○** = Befriedigend (2,6–3,5). **⊖** = Ausreichend (3,6–4,5). **—** = Mangelhaft (4,6–5,5).
***) Führt zur Abwertung. A** = Aktionsware.
1) In verschiedenen Farbvarianten erhältlich.
2) Preis laut WMF-Onlineshop.
3) Aktionsware bei Aldi (Nord) im Juni 2013.
4) Von uns bezahlter Einkaufspreis. **Einkauf der Prüfmuster:** April/Mai 2013.

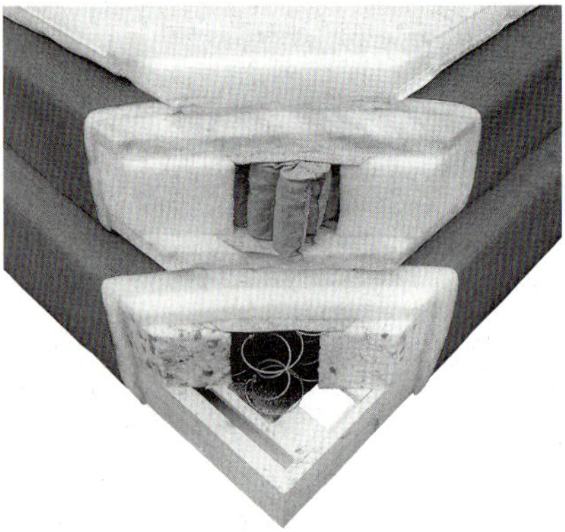

Unser Rat

Einzig empfehlenswert in unserem exemplarischen Test, und das auch nur mit Abstrichen, ist **Auping AVS Box Dublin.** Ein komplettes Doppelbett (180 x 200 Zentimeter) kostet rund 3600 Euro. Nachteilig sind der nicht waschbare Bezug und die völlig falsche Härteangabe. Die Liegeeigenschaften sind gut. Große, schrankförmige Männer werden aber nur befriedigend abgestützt.

Wenig königlich

9/2013 Erstmals haben wir die vielbeworbenen Boxspringbetten getestet. Die drei exemplarisch ausgewählten Modelle überzeugen kaum.

Für den Test wurden exemplarisch drei Modelle von Boxspringbetten ausgewählt: Das vergleichsweise preiswerte Breckle-Bett für 690 Euro sowie das Femira F100 und das Auping Dublin Maximus für jeweils rund 1600 Euro. Die Preise gelten für Einzelbetten, 90 mal 200 Zentimeter, mit Topper und Kopfteil – bis auf Auping, für das es nur ein Doppelbettkopfteil gibt. Rundum empfehlenswert ist keines der drei Modelle, so das Fazit nach der Prüfung.

Zwei-Matratzen-System

Was ist Boxspring? Kurz gesagt: ein Zwei-Matratzen-System. Statt auf einem Lattenrost liegt die Matratze auf einem gepolsterten Rahmen mit Federkern, dem sogenannten Boxspring. Auf dieser mit Füßen versehenen Federbox thronen meist eine Taschenfederkernmatratze und darüber noch eine dünne Schaumstoffmatratze, der „Topper", der aus bis zu zehn Schichten bestehen kann. Ein Bettgestell, wie es der Lattenrost verlangt, erübrigt sich bei Boxspring. Ein passendes Kopfteil komplettiert das Ensemble.

Die Abstützeigenschaften der vielschichtigen Unterlagen sind teilweise gut, wenn auch weit entfernt von der versprochenen Perfektion. Seitenschläfer liegen auf dem Bett von Femira und – mit Ausnahme des großen, schrankförmigen Mannes – auch auf dem von Auping recht gut. Männer, die Rückenlage bevorzugen, müssen Abstriche machen. Das günstige Modell von Breckle bietet nur kleinen Frauen, die bevorzugt

Aufwendige Verarbeitung

Für die vergleichsweise hohen Preise von Boxspringbetten gibt es Gründe. So ist der Taschenfederkern der Hauptmatratze in viele Lagen Schaumstoff, Vlies und Maschenware eingebettet. Sogar der dünne Topper besteht aus bis zu zehn Schichten. Der Effekt hält sich allerdings in Grenzen. Wie unser Testergebnisse zeigen, garantiert ein aufwendiger Aufbau noch kein gutes Liegen.

test Boxspringbetten 9/2013

www.test.de	Härte nach Prüfergebnis	Mittlerer Preis ca. (90 x 200 cm, Euro)	Liegeeigenschaften	Schlafklima	Haltbarkeit	Bezug	Gesundheit und Umwelt	Handhabung	Deklaration und Werbung	test-QUALITÄTSURTEIL
Gewichtung			35 %	5 %	20 %	10 %	10 %	10 %	10 %	100 %
Auping Box Dublin Flach Maximus AVS	Sehr weich	1590 1)	+	+	+	○	+	○	–*)	**BEFRIED. (3,1)**
Breckle Box Hyatt H3	Sehr weich	690 2)	○	+	○	○	+	⊖*)	–	**AUSREICH. (4,0)**
Femira Boxspring-Bett F100 mit Topper Couture KS	Sehr weich	1600 2)	○	+	+	++	+	–*)	○	**AUSREICH. (4,0)**

Bewertungsschlüssel der Prüfergebnisse: ++ = Sehr gut (0,5–1,5). + = Gut (1,6–2,5). ○ = Befriedigend (2,6–3,5). ⊖ = Ausreichend (3,6–4,5). – = Mangelhaft (4,6–5,5). **Bei gleichem Qualitätsurteil Reihenfolge nach Alphabet.**
***) Führt zur Abwertung.**
1) Preis inkl. Topper und ohne Kopfteil. Kopfteil gibt es nur für Doppelbett.
2) Preis inkl. Kopfteil und Topper. **Einkauf der Prüfmuster:** März bis Mai 2013.

auf dem Rücken schlafen, eine gute Stütze. Schwachpunkt ist wie bei vielen Matratzen die große Kontaktfläche. Die Matratzen sind so weich, dass der Schlafende tief einsinkt. Das schränkt seine Bewegungsfreiheit ein, der Schlaf ist weniger erholsam. Eine große Kontaktfläche kann außerdem zu schnellerem Schwitzen führen. Beim Breckle-Boxspringbett kommt noch ein starker Schulterklappeffekt hinzu: Anders als bei einer entspannten Körperhaltung werden die Schultern nach vorn gedrückt und engen so den Brustraum ein.

Falsche Härteangabe

Nur dem Auping-Bett bescheinigen die Tester gute Liegeeigenschaften. Doch beim Qualitätsurteil hat es für dieses positive Urteil nicht gereicht. Das liegt vor allem an der falschen Deklaration. Auping gibt die Härte der Matratze mit „firm", also hart an. In Wirklichkeit, wie die Härteprüfung nach Norm zeigt, ist sie sehr weich. Auch beim Breckle-Modell besteht ein eklatanter Widerspruch zwischen der Anbieterangabe und tatsächlicher gemessener Härte. Daher empfehlen wir für Boxspringbetten wie für alle Matratzen: vor dem Kauf Probe liegen. Es besteht allerdings ein Risiko, dass die gelieferte Matratze nicht exakt der entspricht, die bei der Probe Sieger war. Der Kunde sollte sich dann nicht scheuen, sie zu reklamieren.

In einem Punkt zeigt das beste der drei Boxspringbetten einen Vorteil: Der Einfluss von Feuchtigkeit und Temperatur auf die Haltbarkeit ist sehr gering. Mit anderen Worten: Schweiß und höhere Temperaturen machen Matratze und Topper von Auping nichts aus. Bei den beiden anderen Modellen wirken sich Feuchtigkeit und Temperatur dagegen deutlich negativ auf die Haltbarkeit aus. ■ Anbieter Seite 265

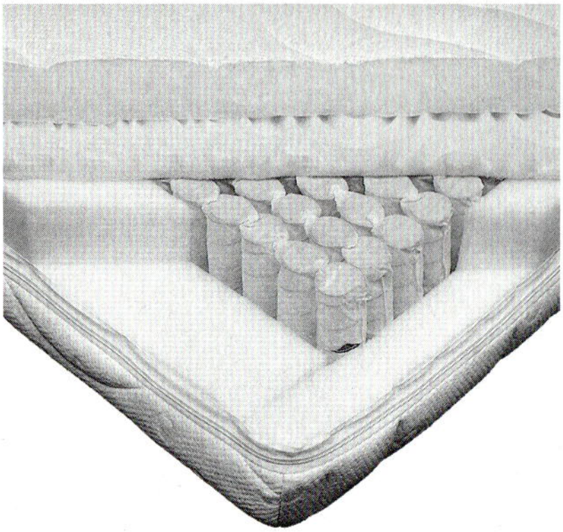

Unser Rat

Die beste Taschenfederkernmatratze ist **Musterring Orthomatic TT2** für 465 Euro. Nur ein wenig schlechter und 166 Euro billiger ist **Badenia irisette Lotus TFK** für 299 Euro. Beide sind nicht für alle Schlaftypen gleichermaßen geeignet. Die **BDSK/ XXXLutz Novel Sensitive Pocket** (500 Euro) bettet Seiten- und Rückenschläfer gut, mit Ausnahme schrankförmiger Männer in Seitenlage.

Richtig liegen nach Typ

4/2013 Groß oder klein, dick oder dünn – keine Matratze bettet alle Personen gleich gut. Also: vor dem Kauf probeliegen.

Matratzenanbieter berücksichtigen die Bedürfnisse ihrer Kunden nur ansatzweise. Obwohl alle Testmodelle ohne Einschränkungen für alle Schlaftypen angeboten werden, bettet keine der Matratzen alle Personen gleichermaßen gut. Letztlich sollte sich der Schläfer auf seiner Matratze wohlfühlen. Also: vor dem Kauf probeliegen.

Ein bequemes Bett darf weder zu hart noch zu weich sein. Die Crux, Matratzenanbieter geben die Festigkeit selten korrekt an. Meist sind die Matratzen weicher als ausgewiesen. So sinken insbesondere schwergewichtige Männer zu tief ein. Das vergrößert die Kontaktfläche zwischen Körper und Matratze, das kann die Bewegungsfreiheit einschränken. An den Kontaktflächen kann sich Körperfeuchte sammeln. All das verschlechtert den Schlaf.

Schweiß schädigt die Matratze

Körperfeuchte und Gewichtslast strapazieren die Matratzen. Im Test werden sie deshalb auch bei 37 Grad Wärme und 80 Prozent relativer Luftfeuchte geprüft. Die mechanische Last von Testschläfern wird mit einem 100 Kilogramm schweren Gewichtsimuliert – 16 Stunden lang. Solche Tortur hinterlässt bleibende Eindrücke. Nicht am Federkern, am umgebenden Schaumstoff. Hersteller bestätigen dass ihr Polyurethan auf die Salze im Schweiß reagiert. Der Test zeigt aber auch, dass bereits Feuchte und Wärme ausreichen, um für Schäden am Schaum zu sorgen. ■ Anbieter Seite 265

Für Schwitzer

Die Federkernmatratze ist der Klassiker unter den komfortablen Matratzen. Wegen des offenen Aufbaus durch Stahlfedern kann Feuchtigkeit gut entweichen. Daher sind Federkernmatratzen gut für starke Schwitzer. Die stärkere Durchlüftung sorgt für eine relativ geringe Wärmedämmung. Federkernmatratzen empfehlen sich also eher für Nutzer mit geringem bis mittlerem Wärmebedarf.

test Taschenfederkernmatratzen 4/2013

www.test.de	Härte nach Prüfergebnis	Mittlerer Preis (90 x 200 cm) in Euro ca.	Liegeeigenschaften	Schlafklima	Haltbarkeit	Bezug	Gesundheit und Umwelt	Handhabung	Deklaration und Werbung	test-QUALITÄTSURTEIL
Gewichtung			35 %	5 %	20 %	10 %	10 %	10 %	10 %	100 %
Musterring Orthomatic TT2 H3, mittelhart bis hart	Mittel	465	+*)	+	+	+	+	+	○	GUT (2,4)
Badenia irisette Lotus TFK H3 fest	Mittel	299	+	+	+	+	+	○	⊖	GUT (2,5)
MFO / Bettina Sorella fest Fest	Mittel	500	+	+	○	++	+	○	○	GUT (2,5)
Tchibo / irisette 7-Zonen-Tonnentaschenfederkernmatratze[1] Härtegrad 3: Hart **A**	Mittel	249	+	+	+	++	+	○	⊖	GUT (2,5)
Matratzen Concord / Vitalis Gerona H3	Hart	370	+	+	+	++	○	○	⊖	BEFRIEDIGEND (2,6)
SB-Möbel Boss Twin XXL[2] H2 / H3[4]	Weich / Mittel	350	+	+	○	+	○	○	○	BEFRIEDIGEND (2,6)
Dänisches Bettenlager / ErgoMaxx XXL[2][3] H2 / H3[4]	Weich / Mittel	350	Gleich mit SB-MöbelBoss Twin XXL							BEFRIEDIGEND (2,6)
Schlaraffia Gold Classic Härtegrad Fest H3	Mittel	465[5]	+	+	⊖*)	+	+	○	○	BEFRIEDIGEND (2,7)
Hukla Duo Komfort F3	Weich	460	+	+	+	+	+	⊖*)	⊖	BEFRIEDIGEND (2,8)
f.a.n. Adaptionsmatratze Flexamed T H3	Weich	350	○	+	○	+	+	○	−*)	BEFRIEDIGEND (2,9)
f.a.n. Adaption Comfort T H3	Weich	350	Gleich mit f.a.n. Adaptionsmatratze Flexamed T							BEFRIEDIGEND (2,9)
f.a.n. Gold Komfort T H3	Weich	350	Gleich mit f.a.n. Adaptionsmatratze Flexamed T							BEFRIEDIGEND (2,9)
Galeria Kaufhof / Galeria Home Grand Lux Wash H3	Weich	350	○	+	+	++	○	+	−*)	BEFRIEDIGEND (3,0)
BDSK / XXXLutz Novel Sensitive Pocket[6] H3	Weich	500	+	+	+	+	+	○	−*)	BEFRIEDIGEND (3,1)

Bewertungsschlüssel der Prüfergebnisse: ++ = Sehr gut (0,5–1,5). + = Gut (1,6–2,5). ○ = Befriedigend (2,6–3,5). ⊖ = Ausreichend (3,6–4,5). − = Mangelhaft (4,6–5,5). **Bei gleichem Qualitätsurteil Reihenfolge nach Alphabet.**

***) Führt zur Abwertung. A** = Aktionsware.

1) Aktionsware vom Oktober 2012.
2) Geprüft wurde die Seite mit der Bezeichnung H3.
3) Gleich zum geprüften Modell SB-Möbel Boss Twin XXL.
4) Zwei Härtegrade in einer Matratze.
5) Von uns bezahlter Einkaufspreis.
6) Laut Anbieter Auslaufmodell.

Einkauf der Prüfmuster: Oktober bis Dezember 2012.

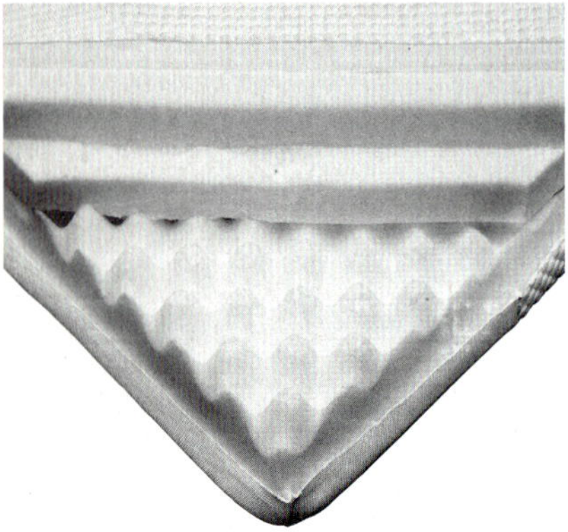

Unser Rat

Hochwertiger und oft billiger sind die Siegermodelle des letzten Tests (11/2012): **Diamona Perfect Fit Plus** für 650 Euo und **Badenia irisette Vita-Flex Flextube** für 449 Euro. Die beste Qualität im aktuellen Test bietet die **Schlaraffia Triogel 700** für 800 Euro. Aufgrund der eklatant falschen Kennzeichnung haben wir sie aber nicht mit gut bewertet. Sie ist nicht „Fest H3", sondern sehr weich.

Teures Mittelmaß

9/2013 Die elf geprüften Kaltschaummatratzen sind nicht billig. Gut schneidet trotzdem keine ab. Die Sieger früherer Tests sind besser.

Die Schlaraffia Triogel 700 für rund 800 Euro glänzt zwar durchaus mit Qualität, vermasselt sich eine gute Gesamtnote aber mit ihrer falschen Deklaration. „Härtegrad fest H3" steht drauf – tatsächlich handelt es sich um eine sehr weiche Matratze.

Eine gute Matratze passt sich in der Rückenlage dem Körper so an, dass die natürliche Doppel-S-Form der Wirbelsäule erhalten wird. In der Seitenlage lässt sie die Schulter und das Becken so tief einsinken, dass sich zwischen Halswirbelsäule und Steißbein eine gerade Linie bildet. Diese Abstützeigenschaften prüfen die Tester im Labor mit vier in Gewicht und Körperform unterschiedlichen Personen.

Viskoschaum kein Vorteil

Die Liegeeigenschaften der elf Matratzen sind nur dreimal gut. Wie schon bei vorangegangenen Tests zeigt sich: Kleine, leichte Frauen liegen meist besser als große, schwere oder schrankförmige Männer.

Drei Matratzen im Test sind mit Viskoschaumauflage ausgerüstet. Die Anbieter versprechen ein „wohliges" Liegegefühl und optimale Druckentlastung. Den Anspruch erfüllen sie aber nicht. Die teure Tempur Cloud hatte sogar die schlechtesten Liegeeigenschaften. Die große Kontaktfläche zwischen Mensch und Matratze behindert die Bewegungsfreiheit im Schlaf. Die Wirbelsäule braucht Bewegung, damit die Muskulatur entspannt und die Bandscheiben sich erholen können. ■ Anbieter Seite 265

Falsche Angabe der Härte

Falsche Härteangaben haben wir schon öfter festgestellt. Diesmal erweisen sich sechs Modelle, die mit „Fest" oder „H3" deklariert sind, als weich oder sehr weich. Matratzenkerne werden aus großen Blöcken herausgeschnitten, die keine einheitliche Härte aufweisen. Da die Anbieter nicht jede einzelne Matratze messen, kommt es zu Falschangaben. Für Kunden bleibt nur: Probe liegen.

test Kaltschaummatratzen 9/2013

www.test.de	Härte nach Prüfergebnis	Mittlerer Preis ca. (90 x 200 cm, Euro)	Liegeeigenschaften	Schlafklima	Haltbarkeit	Bezug	Gesundheit und Umwelt	Handhabung	Deklaration und Werbung	test-QUALITÄTSURTEIL
Gewichtung			35 %	5 %	20 %	10 %	10 %	10 %	10 %	100 %
Kaltschaummatratzen										
Dänisches Bettenlager / ErgoMaxx Massage1)	Sehr weich	500	○*)	+	+	++	+	○	⊖	**BEFRIEDIGEND (2,6)**
Schlaraffia Triogel 700	Sehr weich	800 2)	+	+	+	++	+	+	−*)	**BEFRIEDIGEND (2,6)**
Matratzen Concord / Vitalis Comfort	Mittel	500	○	+	○	+	+	+	⊖	**BEFRIEDIGEND (2,7)**
f.a.n. Wellness XXL KS	Mittel	400	○	+	⊖*)	++	○	+	○	**BEFRIEDIGEND (2,9)**
f.a.n. Fitness XXL3)	Mittelhart	400	Baugleich mit f.a.n. Wellness XXL KS							**BEFRIEDIGEND (2,9)**
Dunlopillo Coltex Big Exclusiv	Sehr weich	600	+	+	⊖*)	++	+	+	⊖	**BEFRIEDIGEND (3,0)**
Mondo Molekül Comfort	Weich	600	○	+	+	+	+	+	−*)	**BEFRIEDIGEND (3,1)**
Metzeler Lavita Big4)	Weich	500 2)	+	+	○	++	⊖	○	−*)	**BEFRIEDIGEND (3,3)**
Mit Viskoschaumauflage										
MFO / ViscoAktiv Silverline elegant medium	Weich	700	○*)	+	○	++	+	+	+	**BEFRIEDIGEND (2,6)**
Badenia irisette Klimaflex5)	Sehr weich	550	○	+	+	+	+	○	−*)	**BEFRIEDIGEND (2,8)**
Tempur Cloud 193)	Weich	1 060 2)	○	+	○	+	+	⊖*)	−	**AUSREICHEND (3,8)**

Bewertungsschlüssel der Prüfergebnisse: ++ = Sehr gut (0,5–1,5). + = Gut (1,6–2,5). ○ = Befriedigend (2,6–3,5). ⊖ = Ausreichend (3,6–4,5). − = Mangelhaft (4,6–5,5). **Bei gleichem Qualitätsurteil Reihenfolge nach Alphabet.**

***) Führt zur Abwertung.**

1) Der Kern enthält ein nicht bewertetes elektrisches Massagesystem (externes Netzteil, Fernbedienung, 7 Motoren). Laut Anbieter sollen Personen mit Herzschrittmacher das Massagegerät nicht verwenden, da eine Beeinflussung des Herzschrittmachers nicht gänzlich auszuschließen ist.

2) Von uns bezahlter Einkaufspreis.

3) Laut Anbieter Produkt geändert (neuer Bezug).

4) Laut Anbieter Auslaufmodell. Restbestände ausschließlich bei Karstadt erhältlich.

5) Laut Anbieter Produktname in irisette Dahlia geändert.

Einkauf der Prüfmuster: März bis Mai 2013.

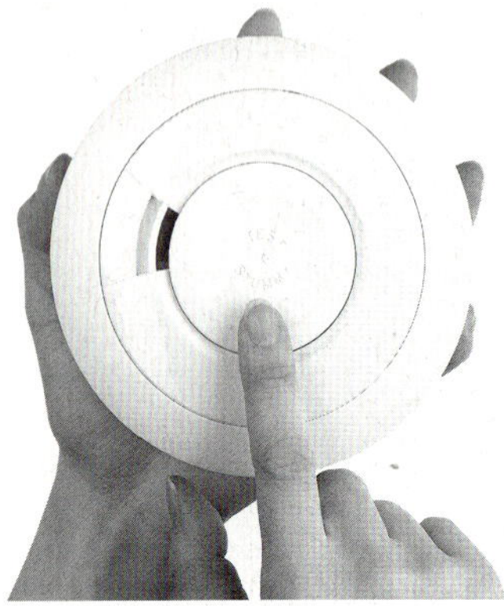

Unser Rat

Rauchmelder mit Langzeitbatterie sind die besten im Test: **Ei Electronics Ei650** für 24,00 Euro, **FireAngel ST-620-DET** für 27,90 Euro, **Detectomat HDv sensys** für 29 Euro, **Pyrexx PX-1** für 30 Euro sowie der baugleiche **Abus RM 20 Li** für 35 Euro. Wer mehrere Melder über Funk mit-einander vernetzen möchte, ist mit **Hekatron Genius Hx** gut bedient (mit Funkmodul für 86 Euro).

Feuerprobe bestanden

1/2013 Wenn es brennt, schützen Rauchmelder die Bewohner vorm Ersticken. Doch rundum gut war im Test nur jeder zweite Melder.

Rauchmelder können Leben retten. Ihre wichtigste Aufgabe ist Alarm zu schlagen, wenn Brandgefahr droht. 16 Geräte waren im Test. Nur jedes zweite erzielte ein gutes test-Qualitätsurteil.

Langzeitbatterie reicht für zehn Jahre

Rauchmelder mit Langzeitbatterie schnitten meist am besten ab. In ihnen steckt eine Lithiumzelle, die normalerweise genügend Kapazität besitzt, um den Melder für zehn Jahre mit Strom zu versorgen. Danach haben die Geräte ohnehin ausgedient und müssen ersetzt werden.

Batteriewechsel ist lästig

Deutlich billiger sind Rauchmelder mit einer einfachen Alkalinebatterie. Im Test gut abgeschnitten haben der Abus RM 10 VdS und die Optische Rauchwarnanlage von Ikea. Bei ihnen kommen dann aber im Lauf der Zeit die Kosten für die Batteriewechsel hinzu. Ein weiterer Nachteil: Das Signal, das – oft nervtötend und zur falschen Zeit – darauf hinweist, dass die Batterie bald leer sein wird, ertönt bei den Meldern mit Alkalinebatterie relativ häufig.

Funkmelder bieten vor allem in einem großen Haus mit mehreren Etagen oder vielen Türen einen optimalen Schutz. Sie arbeiten getreu dem Musketier-Motto „Einer für alle – alle für einen“: Wittert einer Gefahr, informiert er die anderen und alle schlagen gemeinsam los. Im Praxistest konnte selbst eine Stahlbetondecke die Kommunikation

Wo sollen Melder hängen?
Rauchmelder gehören unter die Zimmerdecke, weil der Rauch dorthin aufsteigt. Am wichtigsten sind sie in Schlaf- und Kinderzimmern sowie im Flur. Hier sichern sie den Fluchtweg, der bei einem Brand meist zur Wohnungstür oder zum Telefon führt. Je größer das Haus, desto sinnvoller sind Funkmelder. Registriert einer verdächtigen Rauch, funkt er dies an die anderen und alle schlagen Alarm.

test Rauchmelder 1/2013

www.test.de	Mittlerer Preis in Euro ca.	Zuverlässigkeit des Alarms	Lautstärke	Handhabung	Robustheit	Deklaration	test-QUALITÄTSURTEIL
Gewichtung		45 %	10 %	25 %	15 %	5 %	100 %
Rauchmelder mit Lithium-Langzeitbatterie							
Ei Electronics Ei650 EAN 5 099383 004618	24,00	+	+	++	+	+	GUT (1,9)
FireAngel ST-620-DET	27,90	+	+	++	+	+	GUT (1,9)
Abus RM 20 Li[1]	35,00	Baugleich mit Pyrexx PX-1					GUT (2,1)
Pyrexx PX-1[2] EAN 4 260236 270011	30,00	+	+	++	+	+	GUT (2,1)
Detectomat HDv sensys Art.-Nr. 32751	29,00	+	○	+	+	+	GUT (2,2)
Bavaria BARM210 EAN 8 711658 248486	23,90	○ *)	+	○	○	+	BEFRIED. (2,7)
Unitec HS-103[3] EAN 4 008153 467783	10,00	+	+	○	+	⊖ *)	BEFRIED. (3,5)
Kidde Q1 Modell 10Y29 EAN 0 0478710 94332	26,90	+	+	+	○	⊖ *)	AUSREICH. (3,6)
FlammEx K 10 long FMR 3286 EAN 4 011315 003286	40,00	+	+	+	⊖ *)	+	AUSREICH. (4,0)
Rauchmelder mit Alkaline-Batterie zum Wechseln							
Abus RM 10 VdS EAN 4 003318 510243	14,00	+	+	+	+	+	GUT (2,2)
Ikea Optische Rauchwarnanlage Model 29HIK Art.-Nr. 101.689.99	10,00	+	++	○	+	++	GUT (2,2)
Siterwell GS 506[4] EAN 8 711658 244280	6,50	+	+	○	○	+	BEFRIED. (2,6)
GEV FMR 4023 Typ NG-739 EAN 4 011315 004023	10,00	+	+	○	+	⊖ *)	BEFRIED. (3,5)
Unitec EIM-202[5] EAN 4 008153 467707	5,00	+	+	○	+	⊖ *)	BEFRIED. (3,5)
Funkvernetzbare Rauchmelder							
Hekatron Genius Hx mit Funkmodul Basis[6] Art.-Nr. 31-5000002-05-xx mit 31-5200001-01	86,00	+	+	+	+	+	GUT (2,0)
Minimax Funk-Rauchmelder MX 200[7] EAN 4 006341 676009	39,00	+	– *)	○	+	+	MANGELH. (5,0)

Bewertungsschlüssel der Prüfergebnisse: ++ = Sehr gut (0,5–1,5). + = Gut (1,6–2,5). ○ = Befriedigend (2,6–3,5). ⊖ = Ausreichend (3,6–4,5). – = Mangelhaft (4,6–5,5). **Bei gleichem Qualitätsurteil Reihenfolge nach Alphabet.**

***) Führt zur Abwertung.**

1) Abus RM 20 Li ist baugleich mit dem geprüften Pyrexx PX-1. **2)** Erhältlich auch als PX Technologies PX-1. **3)** Laut Anbieter Kennzeichnung geändert. **4)** Laut Anbieter durch ELRO „RM144C" EAN 8711658245089 (baugleich) ersetzt. **5)** Laut Anbieter nicht mehr erhältlich. **6)** Preis für Rauchmelder ohne Funkmodul: 36 Euro. Laut Anbieter sind bis zu 20 Melder vernetzbar. **7)** Kombination aus Rauchmelder MX 11 und Funkmodul MX 31. **Einkauf der Prüfmuster:** August 2012.

nicht blockieren. Das exemplarisch geprüfte Hekatron-System erzielte die Note gut.

Die meisten Landesbauordnungen fordern Rauchmelder in den Wohnungen, in der Regel in Schlaf- und Kinderzimmern sowie in Fluren. Vielerorts gelten allerdings noch Übergangsfristen, bis die Einbaupflicht in Kraft tritt. Im Zweifel sollten Verbraucher nicht so lange warten. Der Test zeigt, dass die Technik zuverlässig funktioniert. So sinnvoll Rauchmelder sind, in Küche und Bad sollte man sie aber besser nicht anbringen: Dampf und Staub können lästige Fehlalarme verursachen. ■ Anbieter Seite 265

Unser Rat

Testsieger ist **Vorwerk Tiger VT265**, seit einiger Zeit umbenannt in **Kobold VT265**. Er kostet 800 Euro und ist über Vertreter zu kaufen, online und in einigen Vorwerk-Shops. Fast so gut saugt **Bosch Ergomaxx Professional 1000** mit Elektrobürste für 345 Euro. Mit Standarddüse bietet **Siemens Q4.0 Green Power Allergy** ein gutes Preis-Leistungs-Verhältnis. Er kostet 168 Euro.

Der Tiger schluckt alles

2/2013 Vorwerk und Bosch saugen mit Elektrobürste auf Teppichboden sehr gut. Beutellose Staubsauger landen am Ende des Testfelds.

Verschmutzte Teppichböden gehören zu den größten Herausforderungen für Staubsauger. Viele Geräte saugen hier nur mittelmäßig. Staubsauger mit motorgetriebener Elektrobürste dagegen sollen dem Teppich selbst tiefsitzenden Schmutz entreißen. Und in der Tat. Testsieger Vorwerk Tiger VT265 (jetzt: Kobold VT265) für 800 Euro erweist sich hier als Meister. Er kommt standardmäßig mit dem elektrischen Vorsatz ins Haus. Nur noch der deutlich günstigere Bosch Ergomaxx Professional 1000 saugte mit Elektrobürste auf Teppich sehr gut. So ausgestattet kostet er 345 Euro.

Gute Sauger mit Standarddüse

Im Test: zehn energiesparende Staubsauger, sieben klassisch mit Staubbeutel, drei mit Staubbox statt Beutel. Sie kosten 90 bis 800 Euro, die meisten haben eine umschaltbare Standarddüse für Teppich- und Hartböden. Auf glattem Untergrund verhindert ihr ausgefahrener Borstenkranz, dass das Parkett verkratzt und sich die Düse festsaugt. Über Teppich gleitet sie mit eingefahrenen Borsten. Mit Standarddüse am besten saugten Miele S5781 EcoLine, Bosch Ergomaxx Professional 1000 und Siemens Q4.0 Green Power Allergy: test-Qualitätsurteil gut.

Miele mit Elektrobürste nicht besser

Nicht nur Vorwerk Tiger, auch die Geräte von Miele und Bosch können mit Elektrobürste saugen. Beide Modelle lassen sich je nach Bedarf umrüsten. Elektrobürsten ver-

Strom sparen beim Saugen
Ab September 2014 müssen neue Staubsauger ein Energielabel tragen und die EU-Ökodesign-Richtlinie erfüllen: Ihre Leistungsaufnahme muss dann unter 1 600 Watt liegen, ihr jährlicher Verbrauch im Schnitt unter 62 Kilowattstunden. Unsere Tests belegen schon seit Jahren: Weit weniger als 1 600 Watt reichen aus, damit ein guter Staubsauger Krümel, Haare und Staub problemlos entfernt.

test Bodenstaubsauger 2/2013

www.test.de		Mittlerer Preis in Euro ca.	Saugen	Handhabung	Umwelteigenschaften	Haltbarkeit	test-QUALITÄTSURTEIL
Gewichtung			45 %	30 %	15 %	10 %	100 %
Vorwerk Tiger VT265[1]		800[2]	++	○	+	++	GUT (1,7)
Bosch Ergomaxx Professional 1000 BSG81000	mit Standarddüse	187	+	+	+	++	GUT (2,0)
	mit Elektrobürste BBZ145EB	345	+	+	○	++	GUT (2,0)
Miele S5781 EcoLine[3]	mit Standarddüse	310	+	+	+	++	GUT (2,0)
	mit Elektrobürste SEB 234 L	500	+	+	+	++	GUT (2,0)
Siemens Q4.0 Green Power Allergy VSQ4GP1264		168	+	+	+	++	GUT (2,0)
Panasonic MC-CG712		149	+	○	○	++	GUT (2,5)
Rowenta RO5921 Silence Force Extreme[4]		220	○*)	○	++	++	BEFRIED. (2,7)
Vax Zen C88-Z-H-E		257	○*)	○	+	○	BEFRIED. (2,7)
AEG-Electrolux Ergospace AESG301		117	○*)	+	++	++	BEFRIED. (3,1)
Dyson DC37 Allergy Musclehead[3]		465	○*)	○	○	○	BEFRIED. (3,4)
Philips FC8146 Easy Life[3]		90	⊖*)	○	○	++	AUSREICH. (4,3)

Bewertungsschlüssel der Prüfergebnisse: ++ = Sehr gut (0,5–1,5). + = Gut (1,6–2,5). ○ = Befriedigend (2,6–3,5). ⊖ = Ausreichend (3,6–4,5). — = Mangelhaft (4,6–5,5). **Bei gleichem Qualitätsurteil Reihenfolge nach Alphabet.**

***) Führt zur Abwertung.**

1) Laut Anbieter Produktname in Kobold VT265 geändert.

2) Preis laut Anbieter.

3) Laut Anbieter nicht mehr erhältlich.

4) Laut Anbieter durch Nachfolger Silence Force Extreme RO5931GA ersetzt.

Einkauf der Prüfmuster: Juni/Juli 2012.

fügen über einen eigenen Motor, der ihre Bürstwalze antreibt. Diese rotiert über den Boden und öffnet den Flor des Teppichs. Der Luftstrom des Saugers transportiert den gelösten Schmutz in den Beutel. Der Bosch saugte damit vor allem auf Teppich besser. Beim Miele brachte der elektrische Vorsatz gegenüber der Standarddüse dagegen keinen nennenswerten Vorteil.

Grundsätzlich gilt: Auf glatten Böden reicht ein guter Staubsauger mit Standarddüse aus. In Haushalten mit großen, robusten Teppichböden können Elektrobürsten sehr sinnvoll sein. Nur empfindliche Auslegware wie lose geknüpfte und gewebte Teppiche, Felle und Flokati kann die Bürstenkraft auf Dauer beschädigen.

Die Beutellosen landen hinten

Und wie schnitten die Staubbox-Sauger im Test ab? Der Vax Zen C88 saugte besser als seine beutellose Konkurrenz von Dyson und Philips – vor allem auf Teppich. Dafür schwächelte er in der Motordauerprüfung. Sie simuliert ungefähr eine zehnjährige Nutzung. Beim Vax hieß es gegen Ende der Dauerprüfung: Motor ausgefallen. Der Dyson DC37 Allergy Musclehead landete nur auf dem vorletzten Platz des Testfelds. Grund: Auf Teppich ließ er zu viel Staub zurück, er war laut beim Saugen, und in der Dauerprüfung riss der Schlauch. Der Philips Easy Life wiederum saugt Teppiche und Ritzen nicht „easy" sauber, sondern als Einziger im Test mangelhaft. ■

Anbieter Seite 265

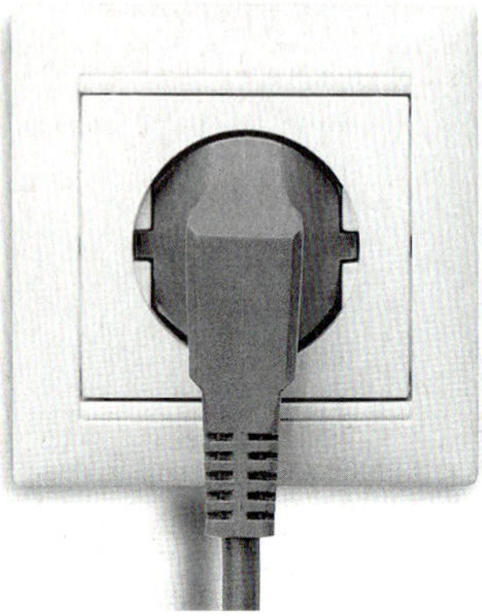

Unser Rat

Wer Sorge vor unfairen Tarifen hat und sich kaum auskennt, ist am besten bei **Energieverbraucherportal** und **Hauspilot** aufgehoben. Hier finden sich mit den Voreinstellungen unter den ersten zehn Plätzen meist faire Tarife. Wer die Fallstricke kennt, kann **Verivox, Check24** und **Toptarif** nutzen. Hier landen aber bei unveränderten Voreinstellungen viele unfaire Tarife auf den vorderen Plätzen.

Im Wirrwarr der Tarife

3/2013 Sie sollen helfen, günstige, faire Stromtarife zu finden. Keinem Portal gelingt das gut. Zwei schützen immerhin vor Bauernfängerei.

Vergleichsportale im Internet sind für viele die erste Adresse bei der Suche nach einem neuen Stromtarif. Verbraucher können dort kostenlos aus der Vielzahl der Tarife Angebote einfach nach Postleitzahl und voraussichtlichem Stromverbrauch filtern. Doch besonders hilfreich sind die Portale für unbedarfte Nutzer nicht. Von zehn geprüften ist keins gut.

Unfaire Tarife liegen oft vorn

Richtige Preise und aktuelle Tarife liefern die meisten, daran liegt es nicht. Problematisch sind die voreingestellten Suchoptionen. Die Portale wählen die Filter oft so, dass auf den vorderen Plätzen der Ergebnislisten überwiegend verbraucherunfreundliche Angebote landen: solche, die unfaire Vertragsbedingungen enthalten wie Vorkasse, Pakettarife oder lange Anschlusslaufzeiten. Viele Portale haben zudem Mängel bei den Informationen zu den Tarifen und bei der Transparenz ihrer Darstellung. Am Ende sind fünf Vergleichsportale befriedigend, vier ausreichend, eines ist mangelhaft.

Für Verbraucher, die unbedarft einen günstigen und fairen Stromtarif ermitteln wollen, ist kein Portal ein verlässlicher Partner. Meist muss der Suchende Häkchen weg- oder hinzuklicken, unverständliche Erklärungen lesen und sie teilweise erst einmal finden. Kurz: Der Verbraucher muss hellwach sein und die Augen offen halten. Am besten, er weiß vor der Suche über mögliche Fallstricke im Tarifdschungel Bescheid. Sonst

Zeichen für faire Tarife
Der Kunde zahlt jeden Monat einen Abschlag. Preisgarantien gelten für möglichst viele Preisbestandteile. Fest vereinbarte Neukundenboni werden kurz nach Lieferanfang oder mit der ersten Rechnung gezahlt. Die Kündigungsfrist zum Ende der ersten Laufzeit beträgt nicht mehr als sechs Wochen. Nach der Erstlaufzeit kommen Kunden jederzeit mit einer Frist von vier Wochen aus dem Vertrag.

test – Vergleichsportale für Stromtarife – 3/2013

www.test.de	Suchergebnisse	Website	test-QUALITÄTSURTEIL
Gewichtung	60 %	40 %	100 %
Mit kostenfreier Wechselmöglichkeit			
verivox.de	+	○	BEFRIEDIGEND (2,6)
check24.de[1]	+	⊖	BEFRIEDIGEND (3,0)
toptarif.de[2]	○	⊖	BEFRIEDIGEND (3,2)
prizewize.de	○	–	AUSREICHEND (3,6)
stromtipp.de	⊖	⊖	AUSREICHEND (3,9)
wer-ist-billiger.de	○	–	AUSREICHEND (3,9)
preisvergleich.de/strom	⊖	–	AUSREICHEND (4,3)
Mit kostenpflichtiger Wechselmöglichkeit			
hauspilot.de[3]	○	○	BEFRIEDIGEND (2,8)
Ohne Wechselmöglichkeit			
energieverbraucherportal.de	○	○	BEFRIEDIGEND (2,9)
stromtarife.de	–	⊖	MANGELHAFT (4,9)

Bewertungsschlüssel der Prüfergebnisse: ++ = Sehr gut (0,5–1,5). + = Gut (1,6–2,5). ○ = Befriedigend (2,6–3,5). ⊖ = Ausreichend (3,6–4,5). – = Mangelhaft (4,6–5,5). **Bei gleichem Qualitätsurteil Reihenfolge nach Alphabet.**

1) Laut Anbieter werden inzwischen pro Unternehmensgruppe möglichst nur zwei Tarife angezeigt. Tarife mit Preisgarantie werden nur gelistet, wenn diese mindestens für 12 Monate gilt.

2) Laut Anbieter inzwischen Filter für Kündigungsfrist vorhanden.

3) Der Wechsel über das Portal kostet 45 Euro Servicepauschale. Je nach Anbieter können diese Kosten geringer sein oder ganz entfallen.

Erhebungszeitraum: Juli 2012 bis Januar 2013.

besteht bei den meisten Rechnern die Gefahr, an Anbieter mit unseriösem Geschäftsgebaren zu geraten.

Schutz vor Bauernfängerei

Den besten Schutz vor Bauernfängerei bieten Energieverbraucherportal und Hauspilot. Wer hier mit den voreingestellten Filtern auf die Suche geht, findet auf den ersten zehn Plätzen überwiegend bis ausschließlich faire Tarife. Das heißt: Wer Sorge hat, bei verbraucherunfreundlichen Tarifen zu landen und sich beim Thema Stromwechsel kaum auskennt, ist hier am besten aufgehoben. Ein direkter Wechsel ist aber über Energieverbraucherportal nicht möglich, bei Hauspilot kostet er bis zu 45 Euro. Bei den anderen Portalen ist er kostenlos.

Check24 und Verivox haben, wie die meisten Portale, ihre Voreinstellungen so gestaltet, dass der Neukundenbonus vom Gesamtpreis abgezogen wird. Allein dadurch landen auf den ersten zehn Plätzen hauptsächlich Anbieter, die mit riesigen Boni von 25 Prozent der Gesamtkosten locken. Und das, obwohl Verbraucher diese Boni womöglich gar nicht bekommen. Zum Beispiel, wenn sie unter einer fest vereinbarten Verbrauchsmenge bleiben.

Die Stromvergleichsportale im Internet könnten es Verbrauchern viel einfacher machen. Etwa, wenn sie in der Voreinstellung die Boni nicht in den Preis einrechnen, Paket- sowie Vorkassetarife ausschließen und einen Filter für die Anschlusslaufzeit anbieten würden. ■

Anbieter Seite 265

Unser Rat

Fast alle Wärmepumpentrockner im Test schneiden gut ab. Top sind **Bosch WTY87701,** das baugleiche Modell von **Siemens** und der teure **Miele T 8857 WP EcoComfort.** Mit den geringsten Stromkosten punkten **Beko DPU 8306 GXE** und die Baugleichheit von **Blomberg TKF 8456 AGE63**. Beide trocknen etwas besser als die Spitzenreiter, lassen sich aber umständlicher bedienen.

Viele gut, einer mangelhaft

8/2013 Wer sich einen Wäschetrockner anschafft, sollte ein Modell mit Wärmepumpe wählen. Das spart beim Trocken rund die Hälfte Strom.

Auf Sparkurs läuft ein Wäschetrockner nur mit Wärmepumpe. Die Technik ist ausgereift, die Sicherheit nicht immer. Am Gorenje-Gerät stellten die Prüfer ein Sicherheitsrisiko fest. Die Tür schließt zu fest. Klettert ein Kind aus Versehen in den offenen Trockner und die Tür schnappt zu, kann es sich nicht selbst befreien. Blanke Theorie? Erst 2011 erstickte ein Dreijähriger in Schleswig-Holstein, weil er im Trockner eingeschlossen war. Die anderen Geräte im Test sind sicher. Zehn Wärmepumpentrockner überzeugen mit guter Qualität, ein Modell bekommt ein Befriedigend.

30 statt 70 Euro Stromkosten im Jahr

Hohe Gerätepreise schrecken viele Verbraucher ab – zu Unrecht. Die Wärmepumpentechnik spart im Vergleich zur klassischen Kondensation gut die Hälfte Strom. Eine Ladung „Baumwolle schranktrocken" kostet im Schnitt rund 40 Cent, beim herkömmlichen Kondensationstrockner etwa 1 Euro. Auf ein Jahr hochgerechnet liegen die Stromkosten fürs elektrische Wäschetrocknen bei 30 Euro statt sonst im Schnitt bei 70 Euro. Niedrige Stromausgaben versüßen mit der Zeit höhere Anschaffungskosten.

Hoover nur befriedigend

Die Technik hat aber auch Nachteile. Sie dauert. Mindestens zwei Stunden brauchen sieben oder acht Kilogramm, bis sie schranktrocken sind. AEG und Hoover benötigen sogar mehr als drei Stunden. Der Hoover-Trockner

So funktioniert die Technik

Aufgeheizte Warmluft durchströmt die Wäsche, nimmt deren Feuchtigkeit auf, wird in der Wärmepumpe entfeuchtet und mithilfe der zuvor entzogenen Energie erneut erwärmt. So nutzt die Wärmepumpe einen Teil der Abwärme fürs nächste Trocknen. Der Wärmepumpentrockner kommt mit weniger Hitze aus als der herkömmliche Trockner. Ausfälle sind häufig Folge von verstopften Filtern.

test Wäschetrockner (mit Wärmepumpe) 8/2013

www.test.de	Mittlerer Preis ca. (Euro)	Stromkosten in 10 Jahren ca. (Euro)[1]	Trocknen	Umwelteigenschaften	Handhabung	Sicherheit und Verarbeitung	test-QUALITÄTSURTEIL
Gewichtung			50 %	15 %	30 %	5 %	100 %
Bosch WTY87701	850	290	+	+	+	+	GUT (1,9)
Siemens WT47Y701	940	290	Baugleich mit Bosch WTY87701				GUT (1,9)
Miele T 8857 WP EcoComfort	1 360	325	+	+	+	+	GUT (1,9)
AEG T97685IH	1 030	250	+	++	+	+	GUT (2,0)
Zanker KTH73701PE	800	375	+	+	+	○	GUT (2,0)
Beko DPU 8306 GXE	900	230	+	+	○	○	GUT (2,1)
Blomberg TKF 8456 AGE63	1 050[2]	230	Baugleich mit Beko DPU 8306 GXE				GUT (2,1)
Panasonic NH-P80G1[3]	755	270	+	+	○	+	GUT (2,2)
Blomberg TKF 8455 AGE60	900[2]	255	+	+	○	○	GUT (2,3)
Bauknecht TK UNIQ 73A Di	690	340	+	+	○	+	GUT (2,4)
Hoover VHC 980 ATX	530	455	+	+	⊖	○	BEFRIED. (2,7)
Gorenje D7664N	545	325	+	+	○	–*)	MANGELH. (5,0)

Bewertungsschlüssel der Prüfergebnisse: ++ = Sehr gut (0,5–1,5). + = Gut (1,6–2,5). ○ = Befriedigend (2,6–3,5). ⊖ = Ausreichend (3,6–4,5). – = Mangelhaft (4,6–5,5). **Bei gleichem Qualitätsurteil Reihenfolge nach Alphabet.**

***) Führt zur Abwertung.**

1) Grundlage der Berechnung: Trockenwäsche pro Jahr 348 kg Baumwolle schranktrocken, 116 kg Baumwolle bügelfeucht, 116 kg Pflegeleicht; Strompreis 0,27 Euro/kWh.

2) Preis laut Anbieter.

3) Laut Anbieter neue Bezeichnung NH-P80G2.

Einkauf der Prüfmuster: Dezember 2012 und Januar 2013.

braucht den meisten Strom. Zudem lässt er sich umständlicher bedienen als die anderen. Der Programmschalter verwirrt mit seinen Symbolen, was falsche Einstellungen provoziert. Außerdem ballen sich die Wäschestücke stark zusammen, wenn die Trommel mit den zulässigen acht Kilo prall gefüllt ist. Das Knäuel lässt sich nur schwer aus der Trommel ziehen. Und die Filter vor der Wärmepumpe sind schlecht zu säubern.

Das betrifft auch andere Trockner und ist tückisch. An den Wärmepumpensieben lagern sich nämlich mit der Zeit Flusen ab. Der Benutzer sollte den wachsenden Belag regelmäßig entfernen. Sonst setzen sich die Filter zu, es strömt weniger Luft durch die Lamellen der Wärmepumpe. Die Folge: Eine Trommel Schrank-trocken kann dann mehr als 5 Stunden dauern und der Stromverbrauch auf mehr als das Doppelte steigen.

Neues Energielabel mit A+++

Seit Ende Mai 2013 müssen Wäschetrockner einen neuen Energieausweis tragen. Beste Effizienzklasse ist nicht mehr das einfache A, sondern A+++. Altbestände dürfen ihr bisheriges Etikett behalten. Das macht Vergleiche schwierig. Früher war der Stromverbrauch angegeben für eine Ladung „Baumwolle schranktrocken", und zwar voll beladen. Jetzt zählt der Jahresverbrauch für 160 Trockengänge mit voller und halber Beladung. Dabei spielt natürlich auch die maximale Füllmenge eine Rolle. Anbieter machen gerne hohe Kiloangaben, manchmal unrealistisch hohe. ■ Anbieter Seite 265

Unser Rat

Drei Maschinen führen das Feld an: Die **Miele W 5861 WPS** für 1 200 Euro, die **Siemens WM14Y54D** zum Preis von 810 Euro und die baugleiche, aber preiswertere **Bosch WAY2854D** (715 Euro). Die beste Günstige ist die **Beko WMB 71443 LE** für 395 Euro. Wer besonders preisbewusst waschen will, sollte neben dem Preis eines Geräts auch dessen Betriebskosten beachten.

Umwelt schonen, Geld sparen

1 + 11/2013 Fast alle Waschmaschinen im Test reinigen tadellos. Wie ökologisch sie sind, wird daher immer wichtiger – auch fürs Bankkonto.

Waschbretter sind hierzulande fast nur noch in historischen Fernsehsendungen zu sehen. Doch wer Pullover, Hosen und Blusen mit modernen Waschmaschinen reinigt, mag manchmal das Gefühl haben, viel schneller als in der Ära des Waschbretts gehe es heute auch nicht. Viele der 27 Geräte, die die Stiftung Warentest im Jahr 2013 geprüft hat, verlangen ihren Besitzern Geduld ab. Gerade in den Energiesparprogrammen. Die senken den Strom- und Wasserverbrauch, was ökologisch wie finanziell sinnvoll ist – allerdings verlängert sich dadurch die Waschdauer oft auf drei Stunden oder mehr. Wem die Zeit zum Warten fehlt, der kann dank einiger einfacher Tricks aber auch mit kürzer laufenden Programmen die Umweltbelastung sowie die eigenen Kosten verringern.

Saubere Sache

Die Qualität auf dem Markt ist insgesamt hoch. 22 der 27 getesteten Maschinen erhalten die Gesamtnote Gut. Ganz vorn liegen Geräte von Miele, Siemens und Bosch. Obwohl die drei Testsieger die gleiche Gesamtnote haben, unterscheiden sie sich preislich recht stark. Die Miele kostet fast 400 Euro mehr als das Siemens-Gerät. Noch erstaunlicher ist die Differenz von 95 Euro zwischen den Siegermodellen von Siemens und Bosch – schließlich sind die zwei Geräte baugleich. Nochmals deutlich günstiger und trotzdem gut sind die Maschinen von Bauknecht, Beko, Blomberg und Whirlpool. ▶

Hygienisch waschen: So gehts
Die Wäsche kranker Menschen braucht mindestens 60 Grad. Viele Krankheitserreger sterben sonst nicht ab. Deshalb stets das Normalprogramm wählen! Denn 60-Grad-Energiesparprogramme bleiben deutlich unter 60 Grad. Ebenfalls wichtig: Möglichst keine Flüssig- oder Colorwaschmittel benutzen, sondern feste Vollwaschmittel. Darin ist Bleiche enthalten. Die hilft Keime zu beseitigen.

test Waschmaschinen 1 + 11/2013

www.test.de	Mittlerer Preis ca. (Euro)	Funktion	Dauerprüfung	Handhabung	Umwelteigenschaften	Schutz vor Wasserschäden	test-QUALITÄTSURTEIL
Gewichtung		40 %	20 %	15 %	15 %	10 %	100 %
Frontlader (1 400 Schleuderumdrehungen pro Minute)							
Miele W 5861 WPS	1 200	+	++	+	+	++	**GUT (1,6)**
Siemens WM14Y54D	810	+	++	+	+	++	**GUT (1,6)**
Bosch WAY2854D	715	Baugleich mit Siemens WM14Y54D					**GUT (1,6)**
Miele W 5821 WPS	1 090	+	++	+	+	++	**GUT (1,7)**
Samsung WF5784	600 4)	+	++	+	+	++	**GUT (1,8)**
Siemens WM14S840	785	+	++	+	+	++	**GUT (1,8)**
Bosch WAS28840	785	Baugleich mit Siemens WM14S840					**GUT (1,8)**
AEG Lavamat L87485FL	725	+	++	+	+	+	**GUT (1,9)**
Beko WMB 71443 LE	395	+	++	+	+	+	**GUT (1,9)**
LG F 1494 QD	555	+	++	+	+	++	**GUT (1,9)**
Bauknecht WA Plus 624 TDi	425	+	++	+	+	+	**GUT (2,0)**
Blomberg WNF 74421 WE30	400	+	++	+	+	+	**GUT (2,0)**
Whirlpool AWO 6448	430 4)	+	++	○	○	+	**GUT (2,0)**
AEG L87484EFL	690	+	++	+	○	++	**GUT (2,1)**
LG F1447TD01	590	+	++	+	+	+	**GUT (2,1)**
Panasonic NA-148VG4WDE	615	○ *)	++	+	+	+	**GUT (2,1)**
Samsung WF10824Z8V	600	+	+	+	+	+	**GUT (2,1)**
Whirlpool AWO 6S545	385	+	+	+	+	+	**GUT (2,1)**
Bauknecht WA 744 BW	410	+	○	○	+	+	**GUT (2,5)**
Candy EVO 7143 DWS	410	+	++	○	○	⊖ *)	**BEFRIED. (2,6)**
Gorenje WA72149	385	○	⊖ *)	+	⊖	+	**AUSREICH. (4,5)**
Haier HW80-B1486	420	○	⊖ *)	+	+	++	**AUSREICH. (4,5)**
Candy EVO 1483DW	430	○	— *)	○	⊖	⊖	**MANGELH. (5,0)**
Gorenje W 7543 T	400	○	— *)	○	○	++	**MANGELH. (5,0)**
Toplader (1 200 bzw. 1 300 Schleuderumdrehungen pro Minute)							
Miele W 627 F WPM 2)	1 270	+	++	+	+	++	**GUT (1,7)**
AEG L76265TL3 1)3)	690	○	++	+	+	○	**GUT (2,3)**
Whirlpool AWE 5125 1)	390	+	++	+	○	○	**GUT (2,4)**

Bewertungsschlüssel der Prüfergebnisse: ++ = Sehr gut (0,5–1,5). + = Gut (1,6–2,5). ○ = Befriedigend (2,6–3,5). ⊖ = Ausreichend (3,6–4,5). — = Mangelhaft (4,6–5,5). **Bei gleichem Qualitätsurteil Reihenfolge nach Alphabet.**

***) Führt zur Abwertung.**

1) 1 200 Schleuderumdrehungen pro Minute.

2) 1 300 Schleuderumdrehungen pro Minute.

3) Laut Anbieter Schutz vor Wasserschäden verändert.

4) Preis laut Anbieter. **Einkauf der Prüfmuster:** November 2011 und Oktober 2012 bis Januar 2013.

Gerade ihre Kerndisziplin, das Waschen, beherrschen fast alle Maschinen gut bis sehr gut. Nur Gorenje schwächelt dabei etwas. Die Modelle dieses Herstellers offenbarten aber noch ganz andere Probleme: Alle Gorenje-Geräte fielen in der Dauerprüfung aufgrund von Schäden aus. Auch die Candy EVO 1483DW hielt nicht bis zum Schluss durch. Bei Haier gab es einen Ausfall und diverse zusätzliche Störungen.

Gut Ding will Weile haben

Da die meisten Maschinen qualitativ hochwertig und langlebig sind, spielen andere Kriterien wie Energieeffizienz und Betriebskosten bei der Kaufentscheidung heute eine immer größere Rolle. Gerade die Energiesparprogramme sind in dieser Hinsicht stark: Sie reinigen Hemden, Röcke und Kleider meist genauso gründlich wie Normalwaschgänge, ziehen aber weniger Strom. Dadurch schonen sie die Umwelt und verursachen in der Summe zudem geringere Kosten für ihre Besitzer.

Das klappt aber nur dank eines Tricks: Energiesparprogramme arbeiten mit niedrigeren Temperaturen und weniger Tempo. Wer Kinder hat und oft mehrere Ladungen am Tag waschen muss, hat jedoch nicht immer die Muße, rund drei Stunden zu warten. Die gute Nachricht für alle, die es manchmal eilig haben: Finanziell sind die Unterschiede zwischen Energiespar- und Normalmodus bei vielen Maschinen gering. Reinigt eine vierköpfige Familie ein Drittel ihrer jährlichen Wäsche mit 60-Grad-Programmen, zahlt sie am Jahresende oft nicht mal zehn Euro mehr, wenn sie statt des Sparwaschgangs den Normaldurchlauf wählt.

Bei der Miele W 5861 WPS, einem der Testsieger, kostet einmal Waschen bei halber Beladung im 60-Grad-Normalprogramm nur neun Cent mehr als im Energiesparmodus. Für diesen Aufpreis wäscht sie rund 60 Minuten schneller. Bei einigen Maschinen liegt der Unterschied zwischen den zwei Programmen sogar bei etwa 90 Minuten.

Hitze gegen Keime

Neben der Waschdauer gibt es bei den Energiesparprogrammen noch ein zweites Ärgernis. Keine einzige der 27 getesteten Maschinen erreicht in diesen Waschgängen bei eingestellten 60 Grad tatsächlich die angegebene Temperatur. Viele schaffen nur zwischen 40 und 50 Grad. Den Minusrekord hält die Panasonic mit 35,4 Grad. Sie wäscht im 40-Grad-Normaldurchlauf sogar wärmer als im 60-Grad-Sparprogramm.

Sauber wird die Wäsche zwar trotzdem. Doch viele Keime sterben erst bei 60 Grad ab, zum Beispiel bestimmte Hautpilze und Durchfallerreger. In Haushalten mit kranken Menschen ist es deshalb wichtig zu wissen, dass die Aufschrift „60 Grad" im Energiesparmodus nicht der tatsächlichen Waschtemperatur entspricht.

Tipps fürs sparsame Waschen

Für die Wäsche von gesunden Menschen hingegen reichen 40 Grad meist völlig aus. Da für das Erhitzen des Wassers besonders viel Energie benötigt wird, verbrauchen die Waschmaschinen bei 40 Grad deutlich weniger Strom als bei 60 Grad. Das verringert die Belastung der Umwelt und des frisch gewaschenen Sparstrumpfs.

Ratsam ist zudem, die Maschine möglichst voll zu beladen. Einen Wäscheberg mit drei anstelle von vier Durchläufen abzutragen, spart Strom und Wasser – das freut auch die Natur. Füllt eine vierköpfige Familie die Wäschetrommel stets nur zur Hälfte statt sie voll zu packen, fallen im 40-Grad-Programm jährlich bis zu 36 Euro mehr an.

Außerdem lohnt es sich, vor dem Kauf einer neuen Maschine nicht nur den Preis, sondern auch die Betriebskosten zu beachten. Manches Gerät mag zunächst etwas mehr kosten, verbraucht dafür aber weniger Wasser und Strom als einige billigere Konkurrenten. Langfristig kann eine etwas teurere Maschine also sogar günstiger werden – für ihren Besitzer und den Planeten, auf dem er lebt. ■ **Anbieter Seite 265**

Unser Rat

Fein- und Schwarzwaschmittel brauchen Sie nicht. Ein ordentliches Colorwaschmittel wäscht Farbiges und Pflegeleichtes mindestens genauso gut. Günstig mit 13 Cent pro Waschgang: **Netto Marken-Discount/Bravil Color Ultra, Edeka/Gut & Günstig Color Plus, Tandil ultra-plus** von **Aldi Süd, Una pro-aktiv von Aldi (Nord).** Viel teuer, aber kaum besser: **Persil Color-Gel** für 27 Cent pro Waschgang.

Viele sind überflüssig

2/2013 Fein- und Schwarzwaschmittel waschen pflegeleichte, farbige und schwarze Textilien nicht besser als gute Colorwaschmittel.

Schwarz ist zeitlos und passt zu vielen Anlässen. Doch schon nach wenigen Wäschen verblasst die Farbe. Spezielle Flüssigwaschmittel für Schwarzes sollen das verhindern. Kunden erkennen die Spezialprodukte auf Anhieb. Eine schwarze Flasche und ein „Black" im Namen signalisiert: Dunkle Farben sollen länger leuchten, schwarze Teile sehen auch nach vielen Wäschen wie neu aus, anstatt zu vergrauen.

Die Wirklichkeit sieht anders aus. Das zeigt der Vergleichstest von zehn flüssigen Color-, fünf Fein- und vier Schwarzwaschmitteln. Die Spezialprodukte für Schwarzes enttäuschen die Verbrauchererwartung. Sie erhalten den Farbton dunkler Textilien nicht besser als flüssige Colorwaschmittel. Auch die speziellen Mittel für Feines bringen kaum Vorteile – weder für dunkle noch für helle oder pastellige Töne.

Persil Color Gel liegt vorn

Bestes Colorwaschmittel ist das teure Persil Color-Gel für 27 Cent pro Waschladung. Knapp dahinter liegen vier Handelsmarken: Netto Marken-Discount/Bravil, das gleiche Color Ultra, Edeka/Gut & Günstig Color Plus sowie die Gleichheiten Aldi Süd/Tandil ultraplus Color flüssig und Aldi (Nord)/Una pro-Aktiv. Die vier waschen bunte Textilien fast so sauber wie Persil, kosten aber nur 13 Cent pro Wäsche. Die Farben schonen sie genauso. In der Waschwirkung unterscheiden sich Color-, Fein- und Schwarzwaschmittel nicht grundsätzlich. ■

Anbieter Seite 265

Waschtipps
Ein Colorwaschmittel sollte in keinem Haushalt fehlen. Es lässt sich für alles Bunte und Schwarze verwenden, auch im Pflegeleichtprogramm mit halber Beladung. Selbst für die Handwäsche im Waschbecken reicht es völlig aus. Senken Sie aber die Waschmittelmenge, wenn Sie ein Colorwaschmittel im Pflegeleichtprogramm einsetzen. Angaben dazu finden Sie auf den Flaschen.

test Flüssigwaschmittel 2/2013

www.test.de	Mittlerer Preis in Euro ca. / Inhalt in ml	Anzahl der Wäschen pro Packung / Preis pro Waschgang in Euro ca.[1]	Waschwirkung	Farbtonerhalt	Textilschonung	Anwendung	Umwelteigenschaften	test-QUALITÄTSURTEIL
Gewichtung			**40 %**	**15 %**	**10 %**	**5 %**	**30 %**	**100 %**
Colorwaschmittel								
Persil Color-Gel Gold	4,35 / 1 168	16 / 0,27	+	+	+	+	○	**GUT (2,3)**
Edeka/ Gut & Günstig Color Plus Colorwaschmittel	2,69 / 1 500	20 / 0,13	Ist gleich mit Netto Marken-Discount/Bravil Color Ultra					**GUT (2,4)**
Netto Markendiscount/ Bravil Color Ultra	2,69 / 1 500	20 / 0,13	+	+	○	+	○	**GUT (2,4)**
Aldi (Nord)/Una pro-aktiv	2,69 / 1 500	20 / 0,13	+	+	○	++	○	**GUT (2,5)**
Aldi (Süd)/Tandil ultra-plus Color flüssig	2,69 / 1 500	20 / 0,13	Ist gleich mit Aldi (Nord)/ Una pro-aktiv					**GUT (2,5)**
Ariel Color & Style mit Actilift[2]	5,00 / 1 460	20 / 0,22	+	○	○	○	○	**BEFRIED. (2,8)**
Rossmann/domol Color[3]	2,45 / 1 500	20 / 0,12	+	⊖	○	+	⊖	**BEFRIED. (2,8)**
Frosch Flüssig Waschmittel	4,00 / 2 000	20 / 0,20	○*)	○	○	○	+	**BEFRIED. (3,1)**
Sunil Color	2,99 / 1 314	18 / 0,17	○*)	+	○	++	○	**BEFRIED. (3,2)**
Lenor Vollwaschmittel Color[4]	4,50 / 1 314	18 / 0,25	–*)	○	○	–	⊖	**MANGELH. (5,5)**
Feinwaschmittel für Schwarzes								
dm/Denkmit Black Sensation	1,75 / 750	15 / 0,12	+	○	○	⊖	○	**BEFRIED. (2,7)**
Perwoll Intensives Schwarz	3,80 / 1 500	14 / 0,27	+	○	+	⊖	○	**BEFRIED. (2,8)**
Lidl/Formil Black[2]	2,59[5] / 1 500	28 / 0,09	○	○	○	○	○	**BEFRIED. (2,9)**
Coral Black Velvet	4,00 / 1 500	15 / 0,27	+	○	+	⊖	⊖	**BEFRIED. (3,0)**
Feinwaschmittel								
Aldi (Süd)/Tandil Fein[2]	1,65 / 1 500	15 / 0,13	+	+	○	+	⊖	**BEFRIED. (2,8)**
dm/ Denkmit Feinwaschlotion	1,95 / 1 500	20 / 0,10	+	+	○	+	○	**BEFRIED. (2,8)**
Burti Liquid für Farbiges und Feines	2,95 / 1 500	12 / 0,27	+	+	○	○	○	**BEFRIED. (2,9)**
Perwoll Brilliante Farben	3,80 / 1 500	14 / 0,27	○	+	+	⊖	○	**BEFRIED. (2,9)**
Coral Optimal Color[2]	4,00 / 1 500	12 / 0,33	⊖	+	○	⊖	–*)	**MANGELH. (4,8)**

Bewertungsschlüssel der Prüfergebnisse: ++ = Sehr gut (0,5–1,5). + = Gut (1,6–2,5). ○ = Befriedigend (2,6–3,5). ⊖ = Ausreichend (3,6–4,5). – = Mangelhaft (4,6–5,5). **Bei gleichem Qualitätsurteil Reihenfolge nach Alphabet.**

***) Führt zur Abwertung.**

1) Ohne Vorwäsche, Wasserhärtebereich 2, normal verschmutzt. Colorwaschmittel 4,5 kg bzw. Fein-und Schwarzwaschmittel 2,5 kg.

2) Laut Anbieter inzwischen geändert.

3) Laut Anbieter durch Nachfolger domol color violett dream ersetzt.

4) Laut Anbieter durch Nachfolger Lenor Colorwaschmittel ersetzt.

5) Je nach Region auch 2,29 Euro.

Einkauf der Prüfmuster: Mai/Juni 2012.

Unser Rat

Wenn es Ihnen auf hygienische Sauberkeit ankommt, etwa bei der Pflege kranker Personen, waschen Sie statt im Energiesparprogramm im Standard-, Intensiv- oder Hygieneprogramm mit mindestens 60 Grad. Benutzen Sie pulverförmige Voll- oder Universalwaschmittel. Diese enthalten eine Kombination von Bleichmitteln und -aktivatoren, mit denen sich Keime effektiv reduzieren lassen.

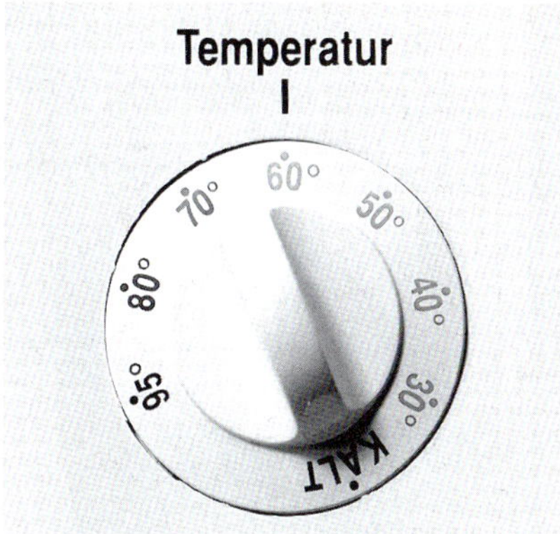

60 Grad? Schön wärs!

6/2013 Auch wenn 60 Grad draufsteht: Sparprogramme erreichen diese Temperatur nicht. Für das Energielabel drosseln Anbieter die Temperatur.

Wer eine neue Waschmaschine kauft, achtet auf den Strom- und Wasserverbrauch. Das Energielabel erlaubt Kunden, zu vergleichen. A+++ heißt besonders sparsam, so hat man es gelernt. Was viele nicht wissen: Die Effizienzklasse spiegelt nur den Verbrauch von zwei Programmen, den „Labelprogrammen" 40- und 60-Grad-Baumwolle. Wie hoch der Energieverbrauch anderer Waschgänge ist, zeigt das Label nicht. Das ist weltfremd – weil viele die sparsamen Durchläufe gar nicht nutzen.

Das 60-Grad-Sparprogramm bietet zudem nicht die Temperatur, die draufsteht. Keine Waschmaschine erreichte im letzten Test der Stiftung Warentest 60 Grad *(siehe S. 176)*. Wie aber ist es im Standardprogramm? Die Tester haben die 13 Maschinen noch einmal ins Labor geholt, um Temperatur, Stromverbrauch, Waschdauer und Kosten von Spar- und Standardprogrammen für normal verschmutzte Wäsche zu vergleichen. Ist beim „Standard" drin, was draufsteht? Die Antwort: ja – mit einer Ausnahme, dem Whirlpool-Toplader. Alle anderen Waschmaschinen, die ein 60-Grad-Standardprogramm bieten, teils mit Bezeichnungen wie „Active" oder „Power Wash Plus", kommen damit auch auf 60 Grad. Einige Geräte haben kein 60-Grad-Standardprogramm für normal verschmutzte Wäsche, nur ihr Label- oder Sparprogramm. Hier stehen als sichere Alternative gegen Keime lediglich 90-Grad- und teilweise sogenannte Hygieneprogramme zur Verfügung. ■

An der Temperatur gedreht
Beim Waschen geht der meiste Strom fürs Aufheizen des Wassers drauf. Deshalb drosseln Anbieter die Temperatur im 60-Grad-Labelprogramm – oft auf unter 50 Grad. Das spart Strom und verbessert die Energieklasse. Sauber wird die Wäsche trotz des Temperaturdefizits. Dafür müssen die Geräte im sparsamen Labelprogramm aber deutlich länger waschen als im Standardprogramm.

Unser Rat

Bester temperaturgeregelter Wasserkocher ist der **Bosch TWK8613** für 70 Euro. Das schlechter zu handhabende gleich teure Schwestermodell **Siemens TW86103** landet knapp dahinter. Bei den besten Modellen ohne Temperatureinstellung liegen **Kenwood kMix SJM 034** (69 Euro) und **Russell Hobbs Deluxe 18495-56** (54 Euro) vorn. Eine preisgünstige Alternative ist **Cloer 4111** (30 Euro).

Einfach schnell heiß

1/2013 Günstig und fix heißt ihre Devise. Doch wegen Schwächen in der Handhabung schneidet nur jeder zweite Wasserkocher gut ab.

Deckel auf, Wasser rein, schließen, auf den Sockel stellen, Knopf drücken, warten, fertig: Wasserkocher arbeiten schnell und zuverlässig. Rund drei Minuten dauert es, bis ein Liter Wasser kocht. Der Russell Hobbs ist mit seinen 3000 Watt der flinkste im Test, die anderen brauchen mit ihren 2000 bis 2400 Watt etwas länger.

Handhabung nicht immer einfach

Die Wasserkocher im Test kosten zwischen 18 und 104 Euro. Keiner hat ein Problem, für kochendes Wasser zu sorgen. Als ihre Herausforderung erwies sich der Handhabungstest. Jeder zweite Kocher lässt sich schwer bedienen, vor allem das Entkalken und Reinigen macht Mühe. Die Siebe in der Ausgussöffnung setzen sich im Laufe der Zeit mit Kalk zu und sollten gereinigt werden. Der Aus- und Einbau der Siebe sorgt allerdings bei vielen Geräten für Verdruss. Das Sieb klemmt beim Herausnehmen, das Einsetzen ist eine Fummelei. So manches dieser Plastikteile landet erst einmal im Kocher, bevor es wieder an Ort und Stelle sitzt.

Weniger Kalk bildet sich, wenn das Wasser nicht bis zum Sieden erhitzt wird. Bei fünf Kochern kann der Nutzer die Temperatur einstellen. Wer löslichen Kaffee oder grünen Tee trinkt, wählt zum Beispiel 70 oder 80 Grad. Das Gerät schaltet sich dann automatisch ab. Liebhaber grünen Tees müssen das Wasser nicht bis zum Siedepunkt erhitzen und auf die passende Temperatur abkühlen lassen.

Schnell und günstig

Nichts erhitzt Wasser schneller als die elektrischen Wasserkocher – weder Mikrowelle, Glaskeramik- oder Induktionskochfeld, weder Herdplatte noch Gasherd. Bei den Energiekosten müssen sich die Testmodelle nur dem Gasherd geschlagen geben: Er kann beim Wasserkochen ein klein wenig Geld sparen: Rund 1 Cent pro Liter Das summiert sich. Übers Jahr kommen einige Euro zusammen.

test Wasserkocher 1/2013

www.test.de	Mittlerer Preis in Euro ca.	Kochen und Warmhalten	Handhabung	Umwelt und Gesundheit	Sicherheit	test-QUALITÄTSURTEIL
Gewichtung		40 %	40 %	15 %	5 %	100 %
Mit Temperaturregelung						
Bosch Styline TWK8613	70,00	+	+	+	+	GUT (2,1)
Siemens sensor for senses TW86103	70,00	+	+	+	+	GUT (2,2)
Philips HD9385	104,00	+	+	○	+	GUT (2,4)
AEG EWA7500	67,00	+	+	○	+	GUT (2,5)
Krups BW410831	88,00	+	○	+	+	BEFRIED. (2,7)
Nur Kochfunktion						
Kenwood kMix SJM 034	69,00	+	+	+	+	GUT (2,2)
Russell Hobbs Deluxe 18495-56	54,00	+	+	○	+	GUT (2,2)
Cloer 4111[1]	29,50	+	+	+	+	GUT (2,3)
Moulinex subito BY530530	34,50	+	+	+	+	GUT (2,3)
Tefal KI210036	56,00	+	+	+	+	GUT (2,4)
Clatronic WKS 3437 PD	17,70	+	○	○	○	BEFRIED. (2,7)
Bomann WKS 5010 CB	18,90	Baugleich mit Clatronic WKS 3437 PD				BEFRIED. (2,7)
Severin WK 3349	38,00	+	⊖*)	+	○	BEFRIED. (3,1)
WIK 9541	29,00	+	⊖*)	○	+	BEFRIED. (3,4)
Braun Multiquick 3 WK 300 Onyx	45,50	○	⊖*)	+	+	BEFRIED. (3,5)
Efbe-Schott WK 800[2]	32,50	+	⊖*)	○	○	BEFRIED. (3,5)
WMF Genio 1,7l	47,50	+	⊖*)	○	+	BEFRIED. (3,5)
Unold Blitzkocher 8250	25,00	○	⊖*)	○	+	AUSREICH. (4,0)

Bewertungsschlüssel der Prüfergebnisse: ++ = Sehr gut (0,5–1,5). + = Gut (1,6–2,5). ○ = Befriedigend (2,6–3,5). ⊖ = Ausreichend (3,6–4,5). — = Mangelhaft (4,6–5,5). **Bei gleichem Qualitätsurteil Reihenfolge nach Alphabet.**
***) Führt zur Abwertung.**
1) Laut Anbieter inzwischen Anleitung geändert.
2) Laut Anbieter nicht mehr erhältlich.
Einkauf der Prüfmuster: August bis September 2012.

Einen Nachteil hat die Temperaturregelung: Sie erschwert die Handhabung. Wer zum Beispiel beim Krups-Kocher auf das Knöpfchen mit dem Thermometer-Symbol drückt, verriegelt eine Sperre. Mit Hilfe dieses Knöpfchens stellt der Kocher die Abschalttemperatur schrittweise ein: 50, 60, 70, 85 Grad. Nur keine 100 Grad mehr. Wie sich die Sperre lösen lässt, steht in der Anleitung: Kocher vom Sockel nehmen oder so oft die Taste drücken, bis die Anzeige erlischt. Erst dann kocht der Kocher wieder. Auch der Philips lässt sich kaum ohne Anleitung bedienen. Es erschließt sich nicht, welches Piktogramm auf dem Gerätesockel für welche Gradzahl steht.

Manch einer kocht zu lange

Wer Energie sparen will, kann sich seinen Wasserkocher auch danach auswählen, wie lange er Wasser vor sich hin brodeln lässt, bis er sich bequemt, abzuschalten. Knapp 30 Sekunden verzögert der AEG. Braun, Philips und Unold lassen 20 Sekunden verstreichen. Das kostet locker den einen oder anderen Euro pro Jahr. ■ Anbieter Seite 265

Unser Rat

Mit Benzinmotor: Die drei besten sind **Husqvarna 435** für 500 Euro, **McCulloch CS 410 Elite** für 300 Euro und **Stihl MS 211** (mit Kette Picco Duro) für 410 Euro.
Mit Elektromotor: Die Siegerin heißt **Dolmar ES-173 A** (169 Euro).
Mit Akku: Hier schneidet die **Stihl MSA 160 C-BQ** am besten ab. Allerdings kostet sie 680 Euro – mit Ersatzakku sogar 950 Euro.

Holz-Massaker

9/2013 Dicke Äste und Stämme zersägen – das schafft kein Werkzeug so schnell wie eine Motorsäge. Kein anderes ist aber auch so gefährlich.

Aufgepasst beim Kettensägenkauf: Die Qualitätsunterschiede sind groß. Im Test erzielt nur die Hälfte der Produkte gute Urteile. Bei drei Sägen stießen die Prüfer sogar auf spezielle Sicherheitsmängel.

Geprüft wurden Sägen mit Benzinmotor, mit Elektroantrieb und Stecker sowie Akkugeräte. Die besten spritbetriebenen Geräte empfehlen sich wegen ihrer hohen Schnittleistung besonders für harte Waldarbeit. Sie kosten zwischen 300 und 500 Euro. Die leiseren Elektro- und Akkusägen eignen sich vor allem für Arbeiten in der Nähe des Hauses, da sie Familienmitglieder und Nachbarn weniger stören. Die Schnittleistung der E-Modelle ist zum Teil so gut, dass sich mit ihnen auf dem Hof oder im Garten auch größere Mengen Brennholz bereiten lassen.

Mit Akku noch recht teuer

Die Akkusägen sind mobil einsetzbar, allerdings lag ihre Schnittleistung bestenfalls im Mittelfeld. Auch die begrenzte Kapazität des Akkus kann hinderlich sein. Da die Akkumodelle mit Preisen von 600 bis über 700 Euro obendrein relativ teuer sind, empfehlen die Tester, im Zweifelsfall besser in eine Elektrosäge mit Stecker und ein Verlängerungskabel zu investieren.

Unfallexperten kennen viele Vorfälle, bei denen es bei Arbeiten mit der Kettensäge Schwerverletzte und sogar Tote gab. Mit einer Geschwindigkeit von oft mehr als 70 km/h läuft die Kette über die Führungsschiene, auch Schwert genannt. In wenigen

Schutzkleidung unentbehrlich

Die scharfe Kette rotiert oft direkt neben Bein und Fuß. Da kann schon ein kleiner Ausrutscher schlimme Folgen haben. Tragen Sie deshalb Hose und Schuhe mit Schnittschutz. Im Notfall blockieren reißfeste Spezialfasern den Kettenantrieb. Hosen gibt's im Angebot ab etwa 40 Euro. Für die komplette Ausrüstung (samt Schuhen mit Stahlkappe) sollten Sie mindestens 150 bis 200 Euro einplanen.

test Kettensägen 9/2013

www.test.de	Mittlerer Preis ca. (Euro)	Sägen	Handhabung	Umwelt und Gesundheit	Sicherheit	test-QUALITÄTSURTEIL
Gewichtung		45 %	30 %	20 %	5 %	100 %
Mit Benzinmotor						
Husqvarna 435	500	++	+	○	+	GUT (1,9)
McCulloch CS 410 Elite	300	++	+	○	+	GUT (1,9)
Stihl MS 211 mit Picco Duro	410	++	+	○ 8)	+	GUT (2,0)
Einhell BG-PC4040 blue	142	○	⊖	⊖	+	BEFRIEDIGEND (3,2)
Makita EA3501S	274	++	○	⊖	⊖ *)	AUSREICHEND (4,0)
Mit Elektromotor						
Dolmar ES-173 A	169	+	+	+	+	GUT (2,0)
Gardena CST 3519-X	140	+	+	+	○	GUT (2,3)
Black & Decker GK1935T TYPE 2	120	○	○	○	⊖ *)	AUSREICHEND (4,0)
Ryobi RCS2040 1)	107	○	○	○	– *)	MANGELHAFT (5,0)
Mit Akkubetrieb						
Stihl MSA 160 C-BQ	680 2)	○	+ 3)	+	+	GUT (2,4)
Husqvarna 536 Li XP	725 4)	○	○ 5)	+	○	BEFRIEDIGEND (2,7)
Bosch AKE 30 LI	615 6)	⊖	○ 7)	+	○	BEFRIEDIGEND (3,1)

Bewertungsschlüssel der Prüfergebnisse: ++ = Sehr gut (0,5–1,5). + = Gut (1,6–2,5). ○ = Befriedigend (2,6–3,5). ⊖ = Ausreichend (3,6–4,5). – = Mangelhaft (4,6–5,5). **Bei gleichem Qualitätsurteil Reihenfolge nach Alphabet.**

***) Führt zur Abwertung.**

1) Laut Anbieter wurde das Produkt verändert.
2) Setpreis inkl. Akku und Ladegerät AL 300. Preis für Ersatzakku AP 160: 269 Euro.
3) Geprüft mit Akku AP160 (36 Volt, Kapazität 4,5 Ah). Ladezeit mit dem Ladegerät AL 100: 164 Minuten. Ladezeit mit dem Schnellladegerät AL 300: 61 Minuten.
4) Preis inkl. Akku und Ladegerät. Preis für Ersatzakku BLi 110: 209 Euro. Im Set auch für 930 Euro mit 2 Akkus erhältlich.
5) Geprüft mit Akku BLi 110 (36 Volt, Kapazität 3 Ah). Ladezeit mit dem Ladegerät QC330 (155 Euro): 40 Minuten.
6) Preis inkl. Akku 36V/2,6 Ah und Ladegerät AL 3640 CV. Auch als Set mit dem langsameren Ladegerät AL 3620 CV für 440 Euro erhältlich. Preis für Ersatzakku: 170 Euro.
7) Geprüft mit dem im Set enthaltenen Standardakku (36 Volt, Kapazität 2,6 Ah). Ladezeit mit dem Ladegerät AL 3620CV: 89 Minuten. Ladezeit mit dem Schnellladegerät AL 3640CV: 54 Minuten.
8) Wegen eines Tippfehlers korrigiert am 12.9.2013.

Einkauf der Prüfmuster: März/April 2013.

Sekunden kann das Gerät beindickes Holz zerteilen. Bei den Sägen von Black & Decker und von Makita war unter bestimmten Umständen die Führungsschiene nicht mehr sicher fixiert. Die test-Qualitätsurteile wurden daher abgewertet.

Sehr gefährlich sind plötzliche Rückschläge der Sägen. Sicherheitsvorkehrungen sollen die riskanten Folgen derartiger „Kickbacks“ entschärfen. Zum Beispiel muss dann die Kettenbremse in Sekundenbruchteilen die Rotation zum Stillstand bringen. Bei allen Sägen ließ sich diese Notbremse durch den Handschutzbügel korrekt auslösen. Die Aktivierung allein durch die beim Rückschlag auftretenden Trägheitskräfte klappte bei der Ryobi-Säge aber unzureichend. Auch wegen eines Verstoßes gegen die elektrische Sicherheitsnorm lautet ihr Qualitätsurteil mangelhaft. ■

Anbieter Seite 268

Unser Rat

Die besten Benzinrasenmäher im Test sind der **Sabo 47-Vario SA771** sowie der baugleiche **John Deere R47V SA1280**. Sie mähen sehr gut in hohem und feuchtem Gras und lassen sich am besten handhaben, kosten allerdings auch stolze 1 230 Euro. Dicht dahinter und kaum schlechter ist der **Honda HRX 476C VK** für 1 030 Euro: Er lässt sich gut bedienen und ist vergleichsweise leise.

Krach am Gartenzaun

4/2013 Billige Benziner mähen nicht gut, sind unbequem zu handhaben und oft zu laut. Vier schneiden mangelhaft ab. Gute gibt es ab 500 Euro.

Rasenmäherlärm gehört zu den Klassikern beim Streit am Gartenzaun. Nicht ohne Grund: Vor allem Benzinmäher sind richtig laut. In unserem Test von 13 Benzinern halten 4 Geräte sogar den Lärmgrenzwert nicht ein.

Lärm kann krank machen

Die Krachmacher sind von Al-Ko, Hellweg/Plantiflor und Einhell sowie von Wolf-Garten der Select 4600 A. Lärm nervt nicht nur, er kann krank machen. Wir haben die vier daher mit mangelhaft bewertet. Zu den Top-Geräten gehören sie ohnehin nicht. Sie mähen nicht gut, lassen sich nicht gut handhaben und meist auch nur schwer reinigen und warten. Mit Ausnahme des Al-Ko sind es Billigmodelle für weniger als 300 Euro.

Ein guter Benzinmäher wie der – leider ausverkaufte – Gardena ist ab 500 Euro zu bekommen. Noch etwas besser schneiden Honda, Sabo und dessen Baugleichheit John Deere ab. Sie kosten aber mehr als 1000 Euro. Beim Mähen zeigen alle vier ähnlich gute Ergebnisse. Die teureren lassen sich besser einstellen, bedienen und fahren. Außerdem ist ihr Fangbehälter besser konstruiert.

Die Mäher im Test weisen Schnittbreiten zwischen 46 und 48 Zentimetern aus. Alle verfügen über einen Radantrieb. Das ist bei der Größe und Schwere der Geräte sinnvoll. Bei vielen Modellen lässt sich die Geschwindigkeit dosieren. Vorteil: Wenn das Gras hoch ist, kann der Gärtner den Mäher langsamer fahren. Billigere Modelle haben oft

Messer nicht selbst schleifen

Die Messer von Rasenmähern werden mit der Zeit stumpf. Sie sollten daher regelmäßig nachgeschliffen werden. Schärfdienste beim Fachhändler oder im Baumarkt schleifen oder wechseln die Messer für wenige Euro. Selbst für geübte Heimwerker ist Selberschleifen nicht ratsam. Die Gefahr ist groß, eine Unwucht ins Messer zu schleifen. Dadurch kann sich das Messer beim Mähen lösen.

test Rasenmäher (Benzin) 4/2013

www.test.de	Mittlerer Preis in Euro ca.	Mähen	Handhabung	Haltbarkeit	Sicherheit	Gesundheit und Umwelt	test-QUALITÄTSURTEIL
Gewichtung		45 %	25 %	10 %	10 %	10 %	100 %
John Deere R47V SA1280[1]	1230	Baugleich mit Sabo 47-Vario SA771					**GUT (2,2)**
Sabo 47-Vario SA771[2]	1230	+	+	+	+	○	**GUT (2,2)**
Honda HRX 476C VK[3]	1030	+	+	+	○	○	**GUT (2,3)**
Gardena 46 VDA[4]	500	+	○	+	+	○	**GUT (2,4)**
McCulloch M46-135CMDWA[5]	450	○	○	+	○	○	**BEFRIEDIGEND (2,7)**
Stiga Turbo Excel 50 SQ B[6]	770	○	○	+	+	○	**BEFRIEDIGEND (2,7)**
Viking MB 650 V	1000	+	+	+	⊖*)	○	**BEFRIEDIGEND (2,7)**
Wolf-Garten BluePower 48 A HW[7]	590	○	+	+	⊖	○	**BEFRIEDIGEND (2,8)**
Obi / CMI B46 A[3]	240	○	⊖*)	+	+	⊖	**AUSREICHEND (4,5)**
Al-Ko Silver 470 BR Premium[8]	400	○	○	+	○	—*)	**MANGELHAFT (4,6)**
Hellweg / Plantiflor BMR 46	299	○	○	+	○	—*)	**MANGELHAFT (4,7)**
Einhell BG-PM 46 S[6]	220	○	⊖	+	○	—*)	**MANGELHAFT (4,8)**
Wolf-Garten Select 4600 A[9]	279	○	○	+	+	—*)	**MANGELHAFT (4,8)**

Bewertungsschlüssel der Prüfergebnisse: ++ = Sehr gut (0,5–1,5). + = Gut (1,6–2,5). ○ = Befriedigend (2,6–3,5). ⊖ = Ausreichend (3,6–4,5). — = Mangelhaft (4,6–5,5). **Bei gleichem Qualitätsurteil Reihenfolge nach Alphabet.**

***) Führt zur Abwertung.**

1) Laut Anbieter nicht mehr im Sortiment. Restbestände im Handel.
2) Laut Anbieter durch Nachfolger 47-Vario SA1271 ersetzt.
3) Laut Anbieter inzwischen geändert.
4) Laut Anbieter nicht mehr erhältlich.
5) Laut Anbieter durch Nachfolger McCulloch M46-160AWRPX ersetzt.
6) Laut Anbieter Auslaufmodell.
7) Laut Anbieter durch Nachfolger Blue Power 46 A HW Art.-Nr. 12AVTV9J650 ersetzt.
8) Laut Anbieter durch Nachfolger Al-Ko Highline 473 VS ersetzt.
9) Laut Anbieter durch Nachfolger Select 4600 A Art.-Nr. 12A-TOJD650 ersetzt. **Einkauf der Prüfmuster:** Juli/Aug. 2012.

nur eine Geschwindigkeit. Für hohes und feuchtes Gras ist diese oft zu schnell – das Schnittbild wird unsauber, oder die Motoren gehen sogar aus.

In puncto Handhabung bieten vor allem die Geräte ab 1000 Euro – Sabo, John Deere, Honda und Viking – guten Komfort. Sie lassen sich als einzige gut einstellen und bedienen, sind schön ruhig zu fahren, der Fangkorb lässt sich gut anbringen und entleeren. Ebenfalls komfortabel: eine zentrale Verstellbarkeit der Schnitthöhe. Die meisten Mäher im Test bieten diese. Nur McCulloch und Wolf-Garten Select zwingen den Gärtner in die Knie: Er muss die Schnitthöhe umständlich an einzelnen Rädern einstellen.

Mehrere Mäher haben kleine Sicherheitsmängel. Vor allem bei Viking und Wolf-Garten BluePower besteht die Gefahr, sich am Auspuff zu verbrennen. Beim Viking schmälert das den ansonsten guten Gesamteindruck. Bei Al-Ko und Hellweg/Plantiflor läuft relativ viel Benzin aus, wenn das Gerät zum Säubern auf der Seite liegt. Erfreulich: Alle Mäher sind robust, kaum Verschleiß in der Funktionsprüfung, Fahrantrieb und Schaltmechanik halten einiges aus, auch auf der Rüttelstrecke. ■

Anbieter Seite 268

Unser Rat

Das beste Rad im Test ist das **Stevens E-Courier SX** für 2 500 Euro. Ein Nachteil: Der Rahmen wirkt beim Fahren mit Gepäck instabil. Nur wenig schlechter schneidet das **Kettler Obra RT** ab (2 650 Euro). Es hinterlässt aber insgesamt ein etwas schlechteres Fahrgefühl. Im Fahrverhalten knapp gut ist das **Winora C2 AGT** (2 000 Euro). Beim Fahren mit Gepäck wirkt es aber auch instabil.

Das Risiko fährt mit

6/2013 Rahmenbruch, Bremsversagen, Funkstörungen: Gleich 9 der 16 Elektrofahrräder fallen im Test durch. Nur 2 kommen gut ins Ziel.

Es könnte so schön sein. Mit einem Elektrofahrrad zu fahren, fühlt sich an, als würde jemand schieben. Gegenwind spielt keine Rolle, Berge verlieren ihren Schrecken. Doch im Test kam die Ernüchterung. Von 16 E-Bikes entpuppten sich 9 als mangelhaft: zweimal Rahmenbruch, dreimal Lenkerbruch, dreimal Bremsversagen. Vier Modelle überschreiten zudem die Grenzwerte für funkstörende Beeinflussungen.

Bei Tests, die zu mangelhaften Noten führen, prüft die Stiftung Warentest zweimal. Das heißt: neue Räder kaufen und noch einmal testen. Alle Lenker- und Rahmenbrüche haben die Tester an weiteren Rädern bestätigt. Die Prüfungen sind streng, aber realistisch. Es finden sogenannte Betriebslastennachfahrversuche statt. Das sind Untersuchungen mit Belastungen, die im Alltag tatsächlich auftreten.

Kettler ohne Schwächen

Den neun mangelhaften Pedelecs stehen zwei gute gegenüber: Kettler Obra RT und Stevens E-Courier SX. Drei schneiden befriedigend ab: Giant Twist Elegance, Hercules Tourer 8 Pro und Winora C2 AGT. Nur das Kettler leistet sich in der Prüfung keinen Patzer. Ansonsten sind selbst die Besseren nicht mängelfrei. Stevens, Winora und Hercules wirken beim Fahren mit Gepäck instabil, Winora hatte nach dem Dauertest ein kaputtes Hinterrad und das Akkuladen dauerte ewig lange. Beim Giant taugt die beigelegten Anleitung nichts.

Der Motor unterstützt das Treten

Alle Testräder sind Pedelecs. Das sind Fahrräder mit Hilfsmotor, bei denen der Fahrer weiterhin in die Pedale treten muss. Der Motor übernimmt nicht allein das Vorankommen, er unterstützt das Treten bis zu einer Geschwindigkeit von 25 Stundenkilometern. Die Motorunterstützung reichte im Test über eine Distanz von mageren 25 Kilometern bis hin zur Radtourenreichweite von 80 Kilometern.

test Elektrofahrräder mit tiefem Durchstieg 6/2013

www.test.de	Mittlerer Preis ca. (Euro)	Preis Ersatzakku ca. (Euro)	Fahren	Antriebssystem und Motor	Handhabung	Sicherheit und Haltbarkeit	Schadstoffe in den Griffen	test-QUALITÄTSURTEIL
Gewichtung			40%	20%	20%	20%	0%	100%
Stevens E-Courier SX[1]	2500	540	+	+	+	+	++	**GUT (2,4)**
Kettler Obra RT	2650	K. A.	○	+	○	+	++	**GUT (2,5)**
Giant Twist Elegance C1 28"[2]	2400	540	○	+	○	○	++	**BEFRIED. (2,7)**
Winora C2 AGT	2000	550	+	○	○	+	++	**BEFRIED. (2,7)**
Hercules Tourer 8 Pro	2400	630	○	○	+	○	++	**BEFRIED. (2,8)**
Kalkhoff Impulse Premium i8R[3]	2500	600	+	+	○	⊖*)	++	**AUSREICH. (4,2)**
Pegasus Premio E8[1]	2600	650	+	+	+	⊖*)	++	**AUSREICH. (4,3)**
Flyer C5R Deluxe[4]	2690	645	+	+	+	–*)	++	**MANGELH. (4,6)**
Raleigh Impulse iR HS[5]	2250	600	+	+	○	–*)	++	**MANGELH. (4,6)**
Victoria Assen[6]	2300	600	○	○	○	–*)	++	**MANGELH. (4,9)**
KTM Macina Eight[1]	2200	700	+	+	+	–*)	++	**MANGELH. (5,0)**
Sinus B3 8-G Nexus[1]	2400	700	+	+	+	–*)	++	**MANGELH. (5,0)**
Fischer E-Bike City Pedelec CU 01[7]	1000	250	○	○	○	–*)	++	**MANGELH. (5,3)**
Norma/Top Velo Alu-Elektro-Fahrrad 28"[6]	700	300	○	○	○	–*)	++	**MANGELH. (5,4)**
Kreidler Vitality Elite VE 3[1]	2300	700	+	+	+	–*)	++	**MANGELH. (5,5)**
Leviatec Demission[1]	1200	350	Nicht geprüft	–*)	○	–	++	**MANGELH. (5,5)**

Bewertungsschlüssel der Prüfergebnisse: ++ = Sehr gut (0,5–1,5). + = Gut (1,6–2,5). ○ = Befriedigend (2,6–3,5). ⊖ = Ausreichend (3,6–4,5). – = Mangelhaft (4,6–5,5). **Bei gleichem Qualitätsurteil Reihenfolge nach Alphabet.**
***) Führt zur Abwertung.** K. A. = Keine Angabe.
1) Laut Anbieter inzwischen geändert. **2)** Inzwischen auch mit 11-Ah-Akku erhältlich. **3)** Laut Anbieter durch Nachfolger Kalkhoff Agattu Premium Impulse 8R ersetzt. **4)** Laut Anbieter durch Nachfolger Flyer C8R ersetzt. **5)** Laut Anbieter durch Nachfolger Raleigh Dover Impulse 8R HS ersetzt. **6)** Laut Anbieter nicht mehr erhältlich. **7)** Laut Anbieter durch Nachfolger ersetzt. **Einkauf der Prüfmuster:** Dezember 2012 bis März 2013.

Bremsen werden ab einer bestimmten Grenze abhängig vom zulässigen Gesamtgewicht geprüft. Wenn ein Rad samt Fahrer und Gepäck 150 Kilogramm auf die Waage bringen darf, wie das Top Velo, müssen die Bremsen imstande sein, solche Lasten zuverlässig und schnell zum Stehen zu bringen. Die mechanischen Seilzugbremsen (V-Brakes) des Top Velo können das nicht. Ebenso wenig die Bremsen des Fischer, obwohl es 20 Kilo weniger Zuladung erlaubt.

Funkverkehr gestört

Vier Pedelecs, nämlich Fischer, Kalkhoff, Pegasus und Raleigh, spielen sich als Störsender auf. Der elektrische Antrieb samt Fahrradrahmen funktioniert wohl als Antenne. Das führt zu elektromagnetischem Schmutz. Stellt die Bundesnetzagentur solche funkstörenden Aussendungen fest, riskieren die Fahrradanbieter die Auflage zum Rückruf. Solche Produkte dürfen nicht verkauft werden. ■ Anbieter Seite 268

Unser Rat

Am besten schneidet der 288 Euro teure Kurs von **Stevens English Training** ab. Die Sprachschule verfehlt knapp ein gutes test-Qualitätsurteil. Der Unterricht, bewertet als Kursdurchführung, ist aber nur befriedigend. Mit gutem Unterricht punktet allein die **Volkshochschule Dresden** – zum Preis von 138 Euro. Ohnehin sind die Volkshochschulen eine gute Alternative zu teuren Sprachschulen.

Günstig schlägt teuer

10/2013 Die preiswerten Volkshochschulen bieten keinen schlechteren Unterricht als teure Sprachschulen. Gut war aber kein Anbieter im Test.

Ob für den Urlaub oder den Job – wer seine Englischkenntnisse auffrischen oder vertiefen will, für den sind Sprachkurse eine interessante Möglichkeit. Wir haben Testpersonen mit fortgeschrittenen Kenntnissen inkognito in zwölf Englischkurse geschickt, und zwar zu vier kommerziellen Sprachschulen und acht Volkshochschulen.

Ergebnis: Der Test offenbart viel Mittelmaß. Richtig gut war keiner der zwölf Anbieter. Interessant ist vor allem, dass alle Volkshochschulen besser abschneiden als die kommerziellen Sprachschulen Berlitz, Inlingua und Wall Street English, früher Wall Street Institute. Nur Stevens English Training liegt im test-Qualitätsurteil vor den Angeboten der Volkshochschulen. Deren Kurse sind zudem mit Preisen zwischen 72 und 160 Euro unschlagbar günstig.

Der teuerste Kurs ist der schwächste

Der Testverlierer heißt Wall Street English mit dem teuersten Angebot. Die Sprachschule kombiniert Unterricht in der Gruppe mit E-Learning, Selbstlernen am Computer. Die Teilnehmer mussten dort erst Unmengen langweiliger Übungen am Computer absolvieren, bevor sie an einer Unterrichtsstunde teilnehmen durften.

Die Volkshochschule Dresden bot als einzige Schule im Test eine gute Kursdurchführung. Der Unterricht war ausgewogen und abwechslungsreich. Allerdings sorgten deutliche Mängel in den Vertragsbedingungen für Punktabzüge. ■ Anbieter Seite 268

Über den Kurs hinaus
Einmal pro Woche Unterricht genügt nicht, um große Fortschritte zu machen. Wer vorankommen will, muss über den Kurs hinaus fleißig sein. Ergänzend geeignet ist zum Beispiel Lernsoftware für den Computer oder ein Lernportal im Internet (s. Seite 192). Es empfiehlt sich zudem, englische Romane und Zeitschriften zu lesen. Besonders intensiv und motivierend sind Sprachreisen ins Ausland.

test Englischkurse 10/2013

www.test.de	Kurspreis ca. (Euro)[1]	Kursdurchführung	Kursorganisation	Kundeninformation[2]	Mängel in den AGB[3]	test-QUALITÄTSURTEIL
Gewichtung		70 %	20 %	10 %	0 %	100 %
Volkshochschulen						
Volkshochschule Berlin-Pankow/ Englisch B1 (Schichtkurse)[4]	89,50[5]	○	+	+	gering	BEFRIEDIGEND (2,7)
Volkshochschule Dresden/ Reaktivierungskurs, Stufe B1[4]	138[5]	+	○	⊖	deutlich[*]	BEFRIEDIGEND (3,0)
Volkshochschule Düsseldorf/Grundausbildung – English Unlimited Kurs[4]	135[5]	○	○	○	gering	BEFRIEDIGEND (3,1)
Bremer Volkshochschule/ Brush up your English 1 (B1)	75[5]	○	⊖	○	gering	BEFRIEDIGEND (3,2)
Hamburger Volkshochschule/ Englisch B1 Standardkurs[4]	95[5][6]	○	+	○	gering	BEFRIEDIGEND (3,2)
Volkshochschule Köln/ Englisch B1 Standard	72[5]	○	○	○	gering	BEFRIEDIGEND (3,2)
Münchner Volkshochschule/ Once a week course	149[5][6]	○	+	⊖	deutlich[*]	BEFRIEDIGEND (3,3)
Volkshochschule Frankfurt am Main/ Englisch B1	160[5]	○	○	○	deutlich[*]	BEFRIEDIGEND (3,4)
Sprachschulen						
Stevens English Training/ Extensive (offene) Standardgruppe	288[7][8]	○	+	○	sehr gering[9]	BEFRIEDIGEND (2,6)
Berlitz/Berlitz Intensivgruppe	840[8]	○	○	○	deutlich[*][10]	BEFRIEDIGEND (3,5)
Inlingua/Gruppenkurs[4]	600[8][11]	⊖	+	○	sehr gering[10]	BEFRIEDIGEND (3,5)
Wall Street English/All you can learn	2 000[7]	⊖	○	○	sehr gering[10]	AUSREICHEND (4,0)

Bewertungsschlüssel der Prüfergebnisse: ++ = Sehr gut (0,5–1,5). + = Gut (1,6–2,5). ○ = Befriedigend (2,6–3,5). ⊖ = Ausreichend (3,6–4,5). — = Mangelhaft (4,6–5,5).

Bei gleichem Qualitätsurteil Reihenfolge nach Alphabet.

Mängel in den AGB (allgemeine Geschäftsbedingungen): keine, sehr gering, gering, deutlich, sehr deutlich.

***) Führt zur Abwertung des test-Qualitätsurteils um eine halbe Note.**

1) Preise laut Anbieter.
2) Die Webseiten der Anbieter wurden seit der Prüfung teilweise aktualisiert.
3) Die AGB wurden seit der Prüfung teilweise aktualisiert.
4) Diesen Kurs gibt es auch mit weniger Unterrichtseinheiten zu einem geringeren Preis.
5) Zzgl. Kosten für das Lehrmaterial.
6) Preis variiert u.a. nach Teilnehmerzahl.
7) Der Preis bezieht sich auf den Mindestbuchungszeitraum von drei Monaten.
8) Zzgl. Anmeldegebühr und Kosten für das Lehrmaterial.
9) Nur an einem der getesteten Standorte lagen AGB vor.
10) In den getesteten Standorten gelten unterschiedliche AGB.
11) Da der Preis laut Anbieter nach Standort variiert, haben wir den Preis eines getesteten Kurses angegeben.

Testzeitraum: August 2012 bis Februar 2013.
Gefördert vom Bundesbildungsministerium.

Unser Rat

Sprachenlernen bekommt mit dem Web 2.0 neue Facetten. **EF Englishtown** trainiert Schreiben, Sprechen, Lesen und Hören effektiv. Der Preis von 49 Euro pro Monat schließt Übungen, den Austausch mit anderen und virtuellen Unterricht ein. Wer weniger ausgeben will, kann bei **Babbel** für zirka 10 Euro monatlich an gutem Grammatik- und Vokabeltraining teilnehmen.

Learning by chatting

8/2013 Im Mitmachweb lernen Nutzer von- und miteinander. Von den Lernportalen für Fremdsprachen trainiert EF Englishtown am besten.

Englisch am Computer lernen, das geht auch gemeinsam statt einsam: Spezielle Portale im Internet bieten Sprachschülern die Möglichkeit, von- und miteinander zu lernen. Sie tauschen sich via Chat über das aus, was sie in Online-Kursen lernen, oder sie treffen sich in virtuellen Klassenzimmern zum Unterricht. Die Anbieter versprechen mit dieser Mischung schnelle Erfolge.

Eignen sich die Mitmachmöglichkeiten im Web 2.0 wirklich zum Sprachenlernen? Die Stiftung Warentest hat fünf Portale getestet. Ergebnis: Nur dem Testsieger EF Englishtown gelingt das insgesamt gut. Er trainiert die Sprachkompetenzen Schreiben, Sprechen, Lesen und Hören am besten. Das Portal ist inhaltlich wie didaktisch gut bis sehr gut konzipiert. Die Lernvideos mit Muttersprachlern vermitteln alltagsnahes, einfach anwendbares Englisch. Die übrigen Portale – Babbel, Busuu.com, Livemocha und Rosetta Stone – schneiden in den Prüfpunkten Inhalt und Didaktik nicht ganz so gut ab.

Ein Manko haben alle Kandidaten im Test gemeinsam: Die Unterrichtseinheiten sind nach Schema F aufgebaut. Diese Gleichförmigkeit der Übungen wirkt auf die Dauer monoton.

Stärken haben die meisten Portale dagegen im Wortschatztraining. Wer Vokabeln auf virtuellem Wege lernen will, ist etwa beim zweitplatzierten Portal Babbel an der richtigen Adresse. Der Wortschatz wird dort systematisch aufgebaut und über das Werkzeug „Wiederholmanager“ gepflegt.

Hilfreiches für virtuelle Lerner

Selbstlernen stellt hohe Anforderungen an Sprachschüler, die Fremdsprachenkenntnisse erwerben wollen. Sie müssen sich organisieren und motivieren können. Wichtig ist die Selbsteinschätzung: Auf welchem Kenntnisstand startet die Sprachlernreise? Ein gutes Lernportal sollte deshalb einen Einstufungstest bieten. Falls der fehlt, hilft zum Beispiel der Online-Test von Cornelsen.

test Lernportale Englisch 8/2013

www.test.de	Preis ca. (Euro/ Monat)[1]	Inhalt	Didaktik	Bedienbarkeit	Kundeninformation	Mängel in den AGB	test-QUALITÄTSURTEIL
Gewichtung		**40 %**	**40 %**	**10 %**	**10 %**	**0 %**	**100 %**
EF Englishtown/EF Language Learning Solutions	49	+	++	+	+	**gering**	**GUT (1,6)**
Babbel/Lesson Nine	10	○	○	++	+	**gering**	**BEFRIED. (2,8)**
Livemocha/Livemocha	10	○	○	+	⊖	**Entfällt**[2]	**BEFRIED. (2,9)**
Rosetta Stone Englisch Totale Onlinekurs/Rosetta Stone	25	⊖	○	+	○	**sehr gering**	**BEFRIED. (3,1)**[3]
Busuu.com/Busuu Online	15	○	+	+	○	**sehr deutlich**[*]	**AUSREICH. (3,7)**

Bewertungsschlüssel der Prüfergebnisse: ++ = Sehr gut (0,5–1,5). + = Gut (1,6–2,5). ○ = Befriedigend (2,6–3,5). ⊖ = Ausreichend (3,6–4,5). — = Mangelhaft (4,6–5,5).

Mängel in den AGB (allgemeine Geschäftsbedingungen): keine, sehr gering, gering, deutlich, sehr deutlich.

***) Führt zur Abwertung des test-Qualitätsurteils um eine ganze Note.**

1) Günstigere Monatsraten bei längeren Abonnements sind möglich. Mindestbuchungszeitraum: 1 Monat; Rosetta Stone: 1 Jahr.

2) Deutsches AGB-Recht ist aufgrund der US-amerikanischen Rechtswahlklausel nicht anwendbar. Bei einem Rechtsstreit mit dem Anbieter müssen Kunden sich in einen völlig anderen Rechtskreis begeben. Bei Livemocha sind etwa die Klauseln zu Kündigung, Leistungs- und Preisänderung verbraucherunfreundlich und wären nach deutschem Recht unwirksam.

3) Getestet für britisches Englisch.

Erhebungszeitraum: Februar bis Mai 2013.
Gefördert vom Bundesbildungsministerium.

Der Austausch mit Nutzern auf der ganzen Welt ist wesentlicher Teil des Konzepts der getesteten Portale. Denn sie stellen nicht nur Übungen mit einer Mischung aus Bild-, Audio- und Videomaterial zur Verfügung, sie bringen die Nutzer in der Lernergemeinschaft auch miteinander in Kontakt. Die Schüler freunden sich, ähnlich wie bei Facebook, an und unterstützen sich.

Bei Busuu.com und Livemocha etwa ist es ein fester Bestandteil jeder Übungseinheit, kleine Schreibaufgaben zu lösen, die anschließend von anderen Nutzern korrigiert werden. Aber Achtung: Sprachschüler sind keine Dozenten. Sie prüfen die Texte unterschiedlich akribisch – und manchmal übersehen sie dabei auch Fehler. Wer da nicht kritisch bleibt, läuft Gefahr, sich die Fehler der anderen anzutrainieren.

Grundsätzlich eignen sich Lernportale für erwachsene Sprachschüler mit einer Affinität zu sozialen Netzwerken. Das virtuelle Lernen kann das reale Sprachtraining nicht völlig ersetzen. Die Portale sind jedoch eine sinnvolle Ergänzung zu klassischen Lernmethoden wie Sprachkursen oder -reisen. Gegenüber Lernsoftware auf CD-ROM haben sie außerdem den Vorteil, dass der Lernende zwar für sich büffelt, aber dennoch nicht allein vorm Rechner sitzt.

Für Preise ab zirka zehn Euro im Monat stehen die Inhalte der günstigsten Anbieter zur Verfügung. Das teuerste Portal im Test war der „Klassenbeste" EF Englishtown. Dessen monatliche Kosten von 49 Euro schließen 30 Stunden Unterricht im virtuellen Klassenraum mit ein. Dieser Zusatzservice ist sein Geld wert. ■ **Anbieter Seite 268**

Unser Rat

Bei Dynamoscheinwerfern stellen **BM Lumotec IQ Cyo T senso plus** und **Trelock LS 875** (80 und 74 Euro) die anderen in den Schatten. Bester Akkuscheinwerfer: **Trelock LS 950** (130 Euro) leuchtet am längsten. Billig und gut: **BM Ixon Pure** (50 Euro). Dynamorücklichter: Das beste ist **Trelock LS 710** (21 Euro). Gleich gut, gleich teuer **BM Toplight Line brake plus** und **Trelock LS 820** (35 Euro).

Sehen und gesehen werden

9/2013 Statt der Dynamolichter am Fahrrad sind nun auch Batterieleuchten erlaubt. Stellen sie das herkömmliche Licht in den Schatten?

Seit August müssen Fahrräder nicht mehr mit einer Dynamo-Lichtanlage ausgestattet sein. Freie Fahrt haben jetzt auch Batterie- und Akkuleuchten. Doch sind sie gut genug, eine Dynamolichtanlage zu ersetzen? Der Test von dynamo- und mit Energiezellen betriebenen Fahrradscheinwerfern sowie von dynamo- und batteriebetriebenen Rücklichtern zeigt: Es gibt keinen Grund, von einer Akku- oder Batterielichtanlage abzuraten. Sie sind praktisch. Anders als bei Dynamos entfällt die anfällige Verkabelung. Sie bieten Dauerlicht, auch wenn das Rad steht.

Ist es nun zappenduster für die Dynamos? Stellen Akkulichter sie gänzlich in den Schatten? Nein. Für Stadt- und Tourenräder sind Dynamos immer noch erste Wahl. Wer sie nutzt, braucht weder Batterien noch wiederaufladbare Frischzellen. Der Dynamo versorgt Scheinwerfer und Rücklicht mit Strom – Axa Luxx70 Plus lädt über einen USB-Ausgang sogar das Handy oder ein Navigationsgerät, allerdings nur, wenn das Licht ausgeschaltet ist.

Licht macht Sicht

Im Dunkeln bieten die getesteten Scheinwerfer ausreichend Licht. Alle übertreffen die Anforderungen der Straßenverkehrszulassungsordnung (StVZO) an die Helligkeit. Danach müssen sie wenigstens zehn Lux hell sein, was keine Meisterleistung bedeutet. Das bietet auch eine Funzel.

Als richtig hell erwiesen sich die Dynamolichter Axa Luxx70 Plus, Philips Bikelight

Die Crux mit der Batteriespannung

Der Bundesrat hat die Dynamopflicht gekippt. Jetzt sind akku- und batteriebetriebene Leuchten an Fahrrädern erlaubt. Doch hat der Gesetzgeber bei Batterielichtern die Betriebsspannung auf sechs Volt festgelegt. Bei Akkus hingegen ist die Spannung frei. Wer gesetzestreu radeln will, tauscht gegebenenfalls Batterien gegen Akkus aus. Die Lichter müssen nicht festgeschraubt sein, Stecksysteme reichen.

test Fahrradscheinwerfer 9/2013

www.test.de	Mittlerer Preis ca. (Euro)	Licht und Sicht	Zuverlässigkeit	Handhabung	test-QUALITÄTSURTEIL
Gewichtung		**40 %**	**30 %**	**30 %**	**100 %**
Dynamobetrieben					
BM Lumotec IQ Cyo T senso plus	80	+	++	+	**GUT (1,8)**
Trelock LS 875 Bike-i trio	74	+	++	+	**GUT (1,9)**
Trelock LS 865 Bike-i duo	44	+	++	+	**GUT (2,0)**
BM Lumotec Lyt T senso plus	40	○	++	+	**GUT (2,1)**
Philips LED Bikelight 40 Lux	69	○	++	○	**GUT (2,2)**
Axa Luxx70 Plus	91	○	+	+	**BEFRIEDIGEND (2,6)**
Büchel Secu Sport	22	○	+	○	**BEFRIEDIGEND (2,8)**
Axa Pico30-T Steady Auto	30	–*)	++	○	**MANGELHAFT (4,7)**
Akku- und batteriebetrieben					
Trelock LS 950 Control Ion	130	+	+	++	**GUT (1,6)**
Sigma Speedster	90	○	++	++	**GUT (1,8)**
BM Ixon Pure	50	○	++	+	**GUT (1,9)**
BM Ixon IQ	80	○	+	+	**GUT (2,2)**
Sigma Lightster	30[1)]	+	○	+	**BEFRIEDIGEND (2,6)**
Security Plus LS 200	34	○	○	○	**BEFRIEDIGEND (3,1)**
Trelock LS 350 i-Go Sport	20[2)]	○	○	○	**BEFRIEDIGEND (3,1)**
Philips LED Saferide 80 Lux	119	+	⊖*)	++	**BEFRIEDIGEND (3,2)**[3)]
Profex Sydney / XC-116A	20[4)]	+	–*)	+	**MANGELHAFT (5,0)**

Bewertungsschlüssel der Prüfergebnisse: ++ = Sehr gut (0,5–1,5). + = Gut (1,6–2,5). ○ = Befriedigend (2,6–3,5). ⊖ = Ausreichend (3,6–4,5). – = Mangelhaft (4,6–5,5). **Bei gleichem Qualitätsurteil Reihenfolge nach Alphabet.**
***) Führt zur Abwertung.**
1) Im Set mit Rücklicht Cuberider II, Akkus und Ladegerät 55 Euro.
2) Im Set mit Rücklicht LS 710 Reego 30 Euro.
3) Halterung lt. Anbieter ausgetauscht.
4) Setpreis; nur im Set Art.-Nr.: 62561 erhältlich.
Einkauf der Prüfmuster: Mai/Juni 2013.

und Trelock LS 875 sowie die Batterielichter Philips Saferide und Trelock LS 950. Eher trübe Funzeln sind das Dynamolicht Büchel Secu Sport und das Akkulicht Trelock LS 350. Beide taugen eher für den Stadtverkehr, wenn helles Umgebungslicht Gegenstände auf der Straße gut erkennen lässt.

Die Zulassungsordnung stellt hohe Anforderungen an die Ausleuchtung der Lichter. Der Lichtkegel der Scheinwerfer muss ein bestimmtes Profil haben: nicht zu breit, nicht zu schmal, keine Lücken im Leuchtfeld. Das schaffen viele gut *(s. Tabelle oben)*, das Philips Akkulicht Saferide sogar sehr gut.

Manche blenden den Gegenverkehr

Anders bei Axa Pico30. Die Leuchte verteilt das Licht so, dass sie den Gegenverkehr blendet. Das führt zu einem Mangelhaft im test-Qualitätsurteil. Auch die Dynamoleuchten Philips Bikelight und Axa Luxx70 blenden, allerdings längst nicht so stark. ▶

test Fahrradrücklichter 9/2013

www.test.de	Mittlerer Preis ca. (Euro)	Licht und Sicht	Zuverlässigkeit	Handhabung	test-QUALITÄTSURTEIL
Gewichtung		40 %	30 %	30 %	100 %
Dynamobetrieben					
BM Toplight Line brake plus	35	+	++	○	GUT (1,8)
Trelock LS 820 Duo Flat Signal	35	++	++	○	GUT (1,8)
Büchel Piccadilly	10	+	++	○	GUT (2,3)
Batteriebetrieben					
Trelock LS 710 Reego	21 1)	+	++	+	GUT (1,8)
Sigma Cuberider II	13 2)	+	○	+	GUT (2,5)
Profex XC 103/Mini	20 3)	+	– *)	○	AUSREICH. (4,5)

Bewertungsschlüssel der Prüfergebnisse: ++ = Sehr gut (0,5–1,5). + = Gut (1,6–2,5). ○ = Befriedigend (2,6–3,5). ⊖ = Ausreichend (3,6–4,5). – = Mangelhaft (4,6–5,5). **Bei gleichem Qualitätsurteil Reihenfolge nach Alphabet.**

***) Führt zur Abwertung.**

1) Im Set mit Scheinwerfer LS 350 i-Go Sport 30 Euro.

2) Im Set mit Scheinwerfer Lightster, Akkus und Ladegerät 55 Euro.

3) Setpreis; nur im Set Art.-Nr.: 62561 erhältlich.

Einkauf der Prüfmuster: Mai/Juni 2013.

Nun die Kernfrage: Wie lange leuchten die Akkuscheinwerfer mit einer Ladung? Antwort: Es kommt darauf an. An vielen Akkuleuchten ist die Helligkeit einstellbar. Je heller das Licht, desto kürzer die Betriebsdauer. Die BM Ixon IQ leuchtet in der hellsten Stufe fünfdreiviertel Stunden, in der dunkelsten 21,5 Stunden. Das ist schon recht lang. Trelock LS 950 schafft mit einer Akkuladung gut 11 beziehungsweise 47 Stunden. Das ist extrem lang. Dagegen sind die eindreiviertel Stunden der Security Plus LS 200 grenzwertig kurz. Diese Leuchte lässt sich nicht dimmen und leuchtet deshalb volle Pulle bis zum schnellen Ende.

Die Zeitangaben sind übrigens Labormesswerte. Die Prüfer messen die Zeit vom Start bis zum Ansprechen des Kontrolllämpchens. Das Trelock LS 950 hat eine gut funktionierende Restlaufzeitanzeige.

Akkus entladen sich selbst

Manchen Scheinwerfern liegen beim Kauf Batterien statt Akkus bei. Die haben wir auch mit Akkus betrieben. Letztlich waren die Unterschiede in der Betriebsdauer gering. Im Endeffekt sollte das Nutzerverhalten für die Wahl zwischen Akkus und Batterien den Ausschlag geben: Akkus für diejenigen, die die Lichter häufig nutzen und schon nach wenigen Tagen nachladen müssen, Batterien für diejenigen, die das Licht immer bei sich haben, aber selten nutzen. Unter diesen Umständen würden, abgesehen von teuren Spezialakkus, die Zellen wegen der Selbstentladung schnell kaputtgehen. Batterien halten länger.

Batterien für Rücklichter top

Für Rückleuchten sind Batterien erste Wahl. Die Lampen ziehen wenig Strom und die Batterien regenerieren sich zwischendurch. So halten sie in der Praxis oft wochenlang, ohne zu schwächeln. Standardakkus machen den Intervallbetrieb bei geringem Entladestrom nicht lange mit. Die Anzahl der Ladezyklen sinkt rapide bis hin zum frühen Exitus der Zellen. ■ Anbieter Seite 268

Unser Rat

Egal ob aufrecht oder sportlich nach vorn gebeugt radelnd, ob breiter oder schmaler Po, **für jeden Typ** sind **mehrere Sättel** empfehlenswert (siehe Tabelle S. 200). Kein Po gleicht dem anderen: Sie sollten den Sattel vor dem Kauf zur Probe fahren. Manche Händler nehmen einen Sattel nach einer mehrtägigen Probephase zurück. Zurückgebrachte Modelle bieten sie oft verbilligt an.

Radeln ohne Reue

8/2013 Das Gewicht des Fahrradfahrers lastet auf einer handtellergroßen Fläche. Für jeden Radfahrertyp gibt es den richtigen Sattel.

Setzen wir uns oder gehen wir an die Bar?" Viele Radler haben nach längeren Radtouren Probleme mit dem Hinterteil. Offenbar sitzen sie auf dem falschen Sattel. Die Stiftung Warentest hat 17 passionierte Fahrradfahrer, Frauen und Männer samt ihren Rädern, zum Satteltest geladen. Die Radler sind 25 bis 60 Jahre alt. Sie sollten mehrere Fahrradsättel Probe fahren und beschreiben, wie bequem sie darauf sitzen. Fachleute haben diese Eindrücke ausgewertet – auch mithilfe elektronischer Abbildung der Kontaktflächen zwischen Po und Sattel. Das Ziel: für jeden den passenden Fahrradsattel zu finden – egal ob für sportliche oder aufrecht Fahrende mit schmalem oder breitem Po.

Viele Reib- und Druckstellen

Zunächst prüften die Tester, ob der am Fahrrad der Probanden montierte Sattel zu ihnen passt. Erstaunlich: Nur ein einziger radelte auf dem richtigen Polster. Bei den anderen registrierte die Kontaktprüfung Reib- und Druckstellen dort, wo sie besser nicht auftreten sollten – im Damm- und Genitalbereich. Das kann mehr als die Lust am Radfahren vereiteln. Die Tester haben den Probanden dann Sättel ausgesucht, die zu ihrem Fahrstil und Sitzknochenabstand passen. Die Sitzknochen sind die beiden Höcker am Po, auf denen der Mensch sitzt. Meist haben Frauen einen größeren Sitzknochenabstand. Deshalb bieten Hersteller bei vielen Sätteln breitere Frauen- und schmalere Männermodelle an. Doch es gibt auch ▶

Richtig sitzen
Sitzposition: Der Po gehört auf die verbreiterte Sitzfläche des Sattels. Der Sattel muss unter dem Po verborgen bleiben. **Sattelneigung:** Der Sattel sollte waagerecht ausgerichtet sein, allenfalls ein wenig nach vorn geneigt. **Rückenlinie:** Egal ob sportlich geneigt oder aufrecht, der Rücken muss beim Radeln gerade bleiben. **Sattelbreite:** Rutscht der Po auf dem Sattel nach vorn, ist der zu breit.

test Fahrradsättel für Touren- und Stadträder 8/2013

	Variante	Material der Sitzfläche	Preis ca. (Euro)	Sportliche Haltung: Kleiner Sitzknochenabstand	Sportliche Haltung: Großer Sitzknochenabstand	Aufrechte Haltung: Kleiner Sitzknochenabstand	Aufrechte Haltung: Großer Sitzknochenabstand
Brooks B 17 Standard	Herren	Leder	90	■	□	Entfällt	◪
Comfort Line Relax IQ	Unisex	Neopren	320	□	□	□	Entfällt
Comfort Line Wings Sport	Unisex	Microfaser	190	■	■	■	Entfällt
Selle Royal Ergogel Plugin	Damen	Kunstleder	60	Entfällt	Entfällt	◪	◪
Selle SMP Trekking Sattel	Damen	Kunstleder	45	Entfällt	Entfällt	■	■
Selle SMP Trekking Sattel	Herren	Kunstleder	45	■	■	Entfällt	Entfällt
Sixt Air-Seat Classic	Unisex	Elasthan	50	□	□	□	□
SQlab 602	15 cm	Kunstleder	90	■	□	■	■
SQlab 602	17 cm	Kunstleder	90	■	Entfällt	◪	■
SQlab 621 Active	18 cm	Kunstleder	80	□	Entfällt	Entfällt	◪
Terry Figura GT Gel	Damen	Microfaser	60	Entfällt	Entfällt	◪	◪
Terry Figura GT Gel	Herren	Microfaser	60	■	■	Entfällt	Entfällt
Terry Fisio Gel Max	Damen	Microfaser	40	Entfällt	Entfällt	■	◪

Die Tabelle zeigt empfehlenswerte Sättel für Fahrradfahrer mit sportlicher Haltung (Oberkörper mehr als 20 Grad geneigt) und mit aufrechter Haltung (bis 20 Grad geneigt) – für schmale und breite Pos. Als schmal gelten Pos mit einem Sitzknochenabstand bis 12,5 Zentimeter, darüber als breit. **Reihenfolge nach Alphabet.**

■ = Ja. □ = Nein. ◪ = Eingeschränkt. **Einkauf der Prüfmuster:** September und Oktober 2012.

Ausnahmen von der Regel: Männer mit breitem und Frauen mit schmalem Po. Viele Anbieter nennen den Sitzknochenabstand, für den ihre Sättel optimiert sind.

Auf den von den Testern ausgewählten Sätteln saßen die Radler besser als auf ihren alten. Der Druck im Dammbereich nahm ab, wurde aber am Po stärker. An dieser Stelle ist es nicht schlimm. Nach ein paar Tagen hatten sich die Radler daran gewöhnt. Für diejenigen, die wenig Fahrrad fahren und sich nie an den Sattel gewöhnen, gibt es Modelle mit Gelpolster. Das fühlt sich erst einmal gut an. Doch das Gel vergrößert die Kontaktfläche zwischen Po und Sattel und walkt die Gesäßhaut durch. Folge: Nach etwa 30 Kilometern tut der Po weh. Gelsättel taugen eher für Kurzstrecken. Ein Modell indes gewöhnt sich an den Radler: Brooks. Dessen Lederdecke wirkt erst einmal extrem hart. Sie gibt aber nach einigen hundert Radelkilometern an Druckstellen nach.

Ungeliebt: Comfort Line Relax

Ein Sattel fiel durch: Die Testfahrten mit dem Comfort Line Relax haben alle vorzeitig abgebrochen. Der Fahrer sitzt darauf wie auf einem Stuhl. Wer die Sattelhöhe korrekt einstellt, schiebt seinen Po bei jedem Tritt nach vorn. Ist er so niedrig, dass das nicht passiert, bleiben die Knie zu stark gebeugt. Das ist unbequem, die Beine tun weh, lockeres Radeln ist unmöglich. Beliebt bei den Probanden war dagegen der Comfort Line Wings – besonders bei Frauen. Er besteht aus zueinander beweglichen Hälften. Die bewegen sich beim Treten mit den Oberschenkeln mit. ■

Anbieter Seite 268

Unser Rat

Testsieger: die Bügelschlösser **Abus Granit-XPlus 54/160** (80 Euro) und **Knog. Strongman** (85 Euro). Preiswerte Alternative: **Abus Sinero** für 40 Euro. Ebenfalls gut: **Abus Granit-Plus 51/150** (75 Euro). Gutes Faltschloss: **Abus Bordo Granit-XPlus** (120 Euro). Bestes Panzerkabel: **Abus Iven** (45 Euro). Beste Ketten: **Abus Tresor Chain** (33 Euro) und **Master Lock 8391 Street Flexium** (21 Euro).

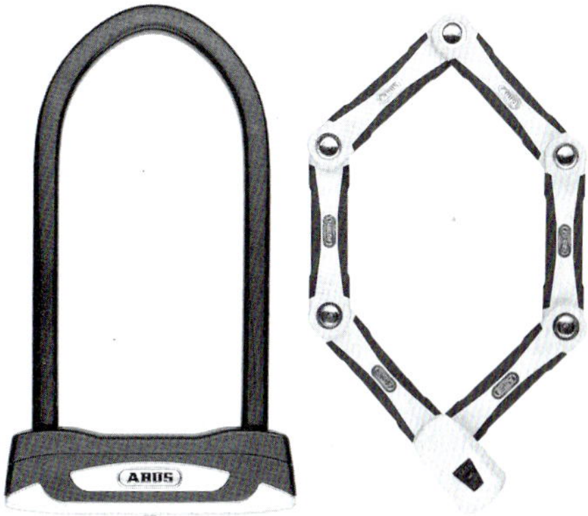

Selbst Teure oft nicht sicher

4/2013 Viele Fahrradschlösser leisten Dieben unzureichend Widerstand oder enthalten Schadstoffe. Nur fünf von 37 sind gut.

Billige Spiralkabel haben einen Spitznamen: „Geschenkbänder für Diebe". Sie lassen sich recht einfach innerhalb von 15 Sekunden knacken. Für den aktuellen Test wurden teurere Bügel-, Falt-, Panzerkabel- und Kettenschlösser ausgewählt. Doch auch deren Untersuchungsergebnisse sind besorgniserregend: Die meisten Schlösser ließen sich ohne allzu großen Aufwand mit passendem Werkzeug innerhalb von drei Minuten knacken. test-Qualitätsurteile wurden oft auf ausreichend oder mangelhaft abgewertet.

Ein häufiger Kritikpunkt war auch der Schadstoffgehalt vieler Schlösser. In ihren Kunststoffbeschichtungen oder -mänteln fanden die Tester problematische Weichmacher. Derartige Substanzen mit besorgniserregenden Eigenschaften haben in Verbraucherprodukten nichts verloren.

Gute ab 40 Euro

Gute Bügelschlösser kosten 40 bis 85 Euro. Nachteilig ist allerdings, dass sie starr und unflexibel sind. Mehr Möglichkeiten zum Anschließen des Fahrrads an einen dicken Pfahl oder an eine Abstellanlage bieten Faltschlösser, deren starre Segmente – ähnlich wie bei Zollstöcken – untereinander beweglich sind. Das einzige gute Faltschloss im Test kostet jedoch 120 Euro.

Noch mehr Varianten, sein Fahrrad zu sichern, bieten die relativ flexiblen Panzerkabel- und Kettenschlösser. Von den 18 geprüften Modellen schnitten im Test aber nur 3 befriedigend ab. ▸

Sicherer durch Kombinieren

Pfiffige Radler reagieren darauf, dass viele Diebe auf eine Schlossart „spezialisiert" sind: Sie nutzen deshalb zwei unterschiedliche Schlösser, zum Beispiel ein gutes Bügel- und ein Panzerkabelschloss. Hilfreich kann auch die Kombination mit einem Rahmenschloss sein. Als alleiniger Schutz ist ein Rahmenschloss aber ungeeignet: Der Dieb kann ein so gesichertes Rad einfach wegtragen.

test Fahrradschlösser (Bügel- und Faltschlösser) 4/2013

www.test.de	Mittlerer Preis in Euro ca. für Schloss und Halterung	Aufbruchsicherheit	Handhabung	Haltbarkeit	Schadstoffe	test-QUALITÄTSURTEIL
Gewichtung		70 %	20 %	5 %	5 %	100 %
Bügelschlösser						
Abus Granit-XPlus 54/160 HB 230[1] EAN 4003318229763	80	+	+	++	○	GUT (1,8)
Knog. Strongman EAN 9328389016001	85	++	○	++	++	GUT (1,8)
Abus Granit-Plus 51/150 HB 230[1] EAN 4003318453397	75	+	+	++	○	GUT (1,9)
Abus Sinero 43/150 HB 230 EAN 4003318316203	40	+	○	+	○	GUT (2,4)
Onguard 8003 Pittbull STD EAN 7290001280034	30[2]	+	○	++	⊖*)	BEFRIED. (2,6)
Abus Facilo 32/150 HB 230 EAN 4003318374920	30	⊖*)	○	++	++	AUSREICH. (4,0)
Master Lock 8195 EAN 3520190937643	33	+	○	++	–*)	MANGELH. (4,6)
Kryptonite Evolution Series 4 STD[3] EAN 720018001010	70[4]	++	○	++	–*)	MANGELH. (4,7)
Kryptonite New York Lock STD[3] EAN 720018000952	120[4]	++	○	++	–*)	MANGELH. (4,7)
Trelock BS 450/108-230[5] Art.-Nr.: 8001646	63	+	○	++	–*)	MANGELH. (4,7)
BBB U-Vault BBL-21[6]	23[7]	⊖	⊖	++	–*)	MANGELH. (5,0)
Profex TY328 Art.-Nr.: 65863	30	+	○	++	–*)	MANGELH. (5,0)
Trelock BS 610/108-230[6] Art.-Nr.: 8000935	95	++	○	++	–*)	MANGELH. (5,0)
Faltschlösser						
Abus Bordo Granit-XPlus 6500/85 EAN 4003318551628	120	+	+	++	++	GUT (2,2)
Abus Bordo 6000/90 EAN 4003318517983	75	⊖*)	+	+	++	AUSREICH. (4,0)
Abus Bordo Combo Lite 6150/85 EAN 4003318517990	68	⊖*)	+	++	++	AUSREICH. (4,0)
Trelock FS 200/70 Code Art.-Nr.: 8002152	43	⊖*)	+	⊖	++	AUSREICH. (4,0)
Trelock FS 300/85 Trigo[5] Art.-Nr.: 8001938	55	⊖*)	○	+	++	AUSREICH. (4,0)
Trelock FS 300 Manufaktur[5] Art.-Nr.: 8002465	85	⊖*)	○	+	++	AUSREICH. (4,0)

Bewertungsschlüssel der Prüfergebnisse: ++ = Sehr gut (0,5–1,5). + = Gut (1,6–2,5). ○ = Befriedigend (2,6–3,5). ⊖ = Ausreichend (3,6–4,5). – = Mangelhaft (4,6–5,5). **Bei gleichem Qualitätsurteil Reihenfolge nach Alphabet.**

***) Führt zur Abwertung.**

1) Getestet mit Halterung Eazy KF; weitere Halterungen erhältlich.

2) Preis für zusätzliche Halterung: 7 Euro.

3) Getestet mit Halterung Flex Frame U-Bracket; weitere Halterungen erhältlich.

4) Preis für zusätzliche Halterung: 15 Euro.

5) Laut Anbieter inzwischen geändert.

6) Laut Anbieter Auslaufmodell.

7) Von uns bezahlter Einkaufspreis. Keine Halterung im Angebot.

Einkauf der Prüfmuster: Nov./Dez. 2012.

test Fahrradschlösser (Panzerkabel- und Kettenschlösser) 4/2013						
www.test.de	Mittlerer Preis in Euro ca. für Schloss und Halterung	Aufbruchsicherheit	Handhabung	Haltbarkeit	Schadstoffe	test-QUALITÄTSURTEIL
Gewichtung		70%	20%	5%	5%	100%
Panzerkabelschlösser						
Abus Iven 8200/110 EAN 4003318551499	45[1]	○	+	++	++	**BEFRIED. (2,6)**
Abus Ivera 7200/110 EAN 4003318551383	40[2]	⊖*)	+	++	++	**AUSREICH. (3,8)**
Abus Centuro 860/110[3] EAN 4003318314940	40	⊖*)	+	+	+	**AUSREICH. (4,0)**
Trelock PK 480/100[4] Art.-Nr.: 8002084	53	⊖	○	++	–*)	**MANGELH. (4,6)**
Kryptonite Keeper 2011 EAN 720018998808	30	–*)	○	++	–	**MANGELH. (4,8)**
Onguard 8026 Rottweiler EAN 7290001280263	21[2]	⊖	○	++	–*)	**MANGELH. (4,8)**
Trelock PK 515/100[4] Art.-Nr.: 8001413	95	⊖	○	++	–*)	**MANGELH. (4,8)**
Trelock PK 215/100[4] Art.-Nr.: 8002087	35	⊖	○	++	–*)	**MANGELH. (4,9)**
Master Lock 8228 EAN 3520190934543	18[5]	⊖	+	++	–*)	**MANGELH. (5,0)**
Trelock PK 340/100[4] Art.-Nr.: 8002085	43	–*)	+	++	–	**MANGELH. (5,0)**
Profex 65 861 EAN 4008153658617	18[2]	⊖	○	++	–*)	**MANGELH. (5,2)**
Kettenschlösser						
Abus Tresor Chain 1385/85 EAN 4003318485664	33[6]	○	○	++	+	**BEFRIED. (3,2)**
Master Lock 8391 Street Flexium EAN 3520190929419	21[2]	○	○	++	+	**BEFRIED. (3,2)**
Burg Wächter SKM 8/90/Ni50[7] SKM 8/90/Ni50	36[2]	⊖	○	+	+	**AUSREICH. (3,9)**
Kryptonite Keeper 880[8] EAN 720018730125	25[2]	⊖	⊖	+	+	**AUSREICH. (3,9)**
Axa Clinch 95 EAN 8713249179469	31[2]	⊖	○	+	⊖	**AUSREICH. (4,0)**
Trelock BC 340/85[4] Art.-Nr.: 8001701	39[2]	–*)	○	++	++	**MANGELH. (4,8)**
Knog. Straight Jacket Fatty EAN 9328389017763	30[2]	–*)	○	+	++	**MANGELH. (5,0)**

Bewertungsschlüssel der Prüfergebnisse: ++ = Sehr gut (0,5–1,5). + = Gut (1,6–2,5). ○ = Befriedigend (2,6–3,5). ⊖ = Ausreichend (3,6–4,5). – = Mangelhaft (4,6–5,5). **Bei gleichem Qualitätsurteil Reihenfolge nach Alphabet.**
***) Führt zur Abwertung.**
1) Getestete Halterung UGH02 nicht im Set erhältlich. Preis: 24 Euro. **2)** Keine Halterung im Angebot. **3)** Getestet mit Halterung Quick Snap RBU; weitere Halterungen erhältlich. **4)** Laut Anbieter inzwischen geändert. **5)** Getestete Halterung 8351 nicht im Set erhältlich. Preis: 6,50 Euro. **6)** Getestete Halterung ST200 nicht im Set erhältlich. Preis: 19 Euro. **7)** Laut Anbieter Auslaufmodell. **8)** Laut Anbieter nicht mehr erhältlich. **Einkauf der Prüfmuster:** Nov./Dez. 2012.

Um es Dieben schwer zu machen, ist es sinnvoll, das Fahrrad dort anzuschließen, wo es gut gesehen werden kann. Nachts gehört es in einen sicheren Raum.

Das beste Schloss nützt leider nichts, wenn das teure Rad mit einem wenig stabilen Gegenstand verbunden ist, den ein Dieb im Handumdrehen demontieren oder zerstören kann. Die Tester raten deshalb, das Fahrrad unbedingt an eine solide Abstellanlage, massive Metallgitter, oder Laternenpfähle anzuschließen. ■

Anbieter Seite 268

Unser Rat

Unter den vier mit gut bewerteten Online-Portalen erreicht **Interhome** das ausgeglichenste Ergebnis, **E-domizil** glänzt mit der besten Suche, **Interchalet** hat beim Buchen und Stornieren die Nase vorn. **Atraveo** hat das Gut nur knapp erreicht. E-domizil zeigt Schwächen beim Stornieren. Interchalet und Interhome sind Reiseveranstalter und damit immer alleinige Vertragspartner für den Kunden.

Suchpfade zum Ferienhaus

11/2013 Wer ein Haus oder eine Wohnung für den Urlaub sucht, informiert sich meist im Internet und bucht auch dort. Zehn Portale im Test.

Hauptvertriebsweg für Ferienimmobilien ist inzwischen das Internet. Anders als im klassischen Katalog ist hier Platz für umfassende Informationen, Bilder und Videos. Wir haben zehn große Portale für den Test ausgewählt. Bei acht von ihnen kann man direkt buchen, zwei fungieren lediglich als Informationsportal.

Wenig Struktur bei der Suche

Eine detaillierte Suche ist für Nutzer zentral. Schließlich muss zunächst ein passendes Domizil gefunden werden. Zur Auswahl könnte zum Beispiel stehen, ob das Haus einen Pool hat, eine Waschmaschine vorhanden ist oder Haustiere erlaubt sind. Die Ergebnisliste sollte nicht nur informativ und übersichtlich sein, sondern sich auch nach Wünschen des Nutzers sortieren lassen. Am besten funktioniert die Suche bei E-domizil.de. Und Interhome.de zeigt, wie eine informative Trefferliste aussehen kann.

Auch beim vielleicht wichtigsten Punkt, dem Vertragsschluss, unterscheiden sich die Anbieter. Die beiden getesteten Informationsportale stellen nur den Kontakt zum Vermieter her. Über die anderen Seiten können Kunden direkt buchen. Die Abläufe sind aber nicht immer transparent.

Verwirrspiel um den Vermieter

So findet die Abwicklung nur bei drei Anbietern komplett zwischen Portal und Kunden statt: Interchalet, Interhome und Novasol. Bei den anderen kommuniziert der Interes-

Schwacher E-Mail-Service

Bleiben Fragen offen, suchen Kunden gern den persönlichen Kontakt. Wir haben den Service der Portale mit jeweils drei Anfragen per Telefon und zwei per E-Mail getestet. Ergebnis: Die Erreichbarkeit per Telefon ist häufig gut. E-Mails werden aber mitunter ignoriert, oft gibt es nur eine automatische Eingangsbestätigung. Und wenn eine Rückmeldung kommt, ist sie nicht immer hilfreich.

test Onlineportale für Ferienwohnungen 11/2013

www.test.de	Suche	Beratung	Buchung und Stornierung	Website	Mängel in den AGB	test-QUALITÄTSURTEIL
Gewichtung	40 %	20 %	30 %	10 %	0 %	100 %
Buchungsportale						
Interhome.de	+	+	+	○	sehr gering	GUT (2,3)
E-domizil.de	+	○	○	+	gering	GUT (2,4)
Interchalet.com	○	+	++	○	sehr gering	GUT (2,4)
Atraveo.de	○	+	+	○	gering	GUT (2,5)
Casamundo.de	○	○	○	+	keine	BEFRIEDIGEND (3,0)
Tourist-online.de	○	+	⊖*)	+	gering	BEFRIEDIGEND (3,3)
BestFewo.de	+	○	⊖*)	+	gering	BEFRIEDIGEND (3,4)
Novasol.de	○	○	○	○	sehr deutlich*)	AUSREICHEND (4,1)
Informationsportale						
FeWo-direkt.de	○	⊖	Entfällt	○	gering	BEFRIEDIGEND (3,3)
Ferienhausmiete.de	○	–	Entfällt	○	sehr gering	AUSREICHEND (3,7)

Bewertungsschlüssel der Prüfergebnisse: ++ = Sehr gut (0,5–1,5). + = Gut (1,6–2,5). ○ = Befriedigend (2,6–3,5). ⊖ = Ausreichend (3,6–4,5). – = Mangelhaft (4,6–5,5). **Bei gleichem Qualitätsurteil Reihenfolge nach Alphabet.**
Mängel in den AGB (allgemeine Geschäftsbedingungen): keine, sehr gering, gering, deutlich, sehr deutlich.
***) Führt zur Abwertung.** **Erhebungszeitraum:** Juni bis September 2013.

sent oft doch mit dem Vermieter oder einer Agentur und schließt mit diesen den Vertrag. Nur zwei dieser Portale, Atraveo und Tourist-online, machen jedoch eindeutig klar, dass Kunden nicht bei ihnen buchen, sondern bei einer Agentur oder beim Vermieter. So ist es oft schwierig, den wirklichen Vertragspartner zu identifizieren. Nach einer Buchung auf E-domizil etwa haben wir gleich fünf E-Mails bekommen. Zwei schickte das Portal, zwei der Veranstalter booking.com und eine der Vermieter in der Bretagne – auf Französisch.

Versteckte Versicherung

Die Voreinstellungen bei der Buchung enthalten manchmal kostenpflichtige Zusatzangebote. Diese Praxis haben wir schon häufig kritisiert. Im Test versuchten zwei Anbieter, so Geschäfte zu machen: Tourist-online und Novasol. Wer nicht aufpasst, ordert hier zusätzlich eine Versicherung, die er vielleicht gar nicht will oder braucht.

Auch wird es den Kunden teilweise schwergemacht, Verträge zu stornieren. Nur zwei Portale nennen die Bedingungen dafür ausdrücklich schon beim Buchen: Atraveo und Casamundo. Oft ist eine Stornierung aufwendiger als die Buchung. Einige Portale nehmen sich mit der Bestätigung Zeit, beschränken die Angaben aufs Nötigste oder runden die bis dato angefallenen Kosten auch mal zu ihren Gunsten auf. Wie es richtig geht, zeigt der Anbieter Interchalet.

Novasol mit unzulässigen Klauseln

Die juristische Prüfung des Kleingedruckten führte bei den meisten Anbietern zu recht erfreulichen Ergebnissen. Nur Novasol verwendet etliche unzulässige Klauseln – und erzielt das schlechteste Gesamtergebnis.

Wer spezielle Wünsche hat, sollte das Ferienhaus oder die -wohnung möglichst früh buchen, denn die besten Objekte gehen meist früh weg. Flexible können auch kurzfristig Glück haben. ■ Anbieter Seite 268

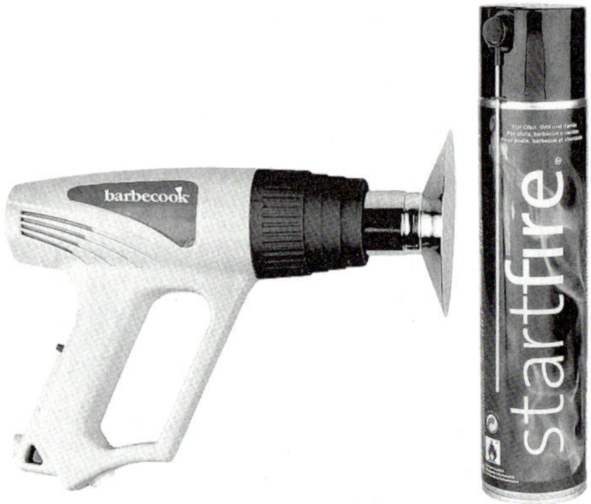

Unser Rat

Testsieger ist das gute, aber teure **Startfire Feuerspray** für 9 Euro (600 ml). Es glüht Holzkohlen sicher, sauber, zügig durch. Der gute **Barbecook Heißluft-Grillföhn** (21,90 Euro) schürt die Glut schneller, lässt aber Funken und Asche fliegen. Beste Cremige sind das **Flamax Grillanzündgel** (3,50 Euro je Liter) und die **Flash Anzündcreme** (5 Euro je Liter). Beide scheiden insgesamt befriedigend ab.

Bis zur Weißglut

5/2013 Sie sollen die Glut schüren, nicht die Wut der Grillmeister. Doch jeder zweite Grillanzünder ist ausreichend oder mangelhaft.

Grillen macht Spaß. Vorausgesetzt das Equipment stimmt. Dazu gehören Grillanzünder. Sie sollen Holzkohlen und Briketts entfachen und durchglühen lassen – schnell, sauber und sicher. Die Auswahl im Handel ist groß. Sie reicht vom Spray über Cremes bis zum Heißluftfön und Anzündkamin. Wir haben mit 28 Anzündern und Anzündhilfen eingeheizt und geprüft, welche die Glut am besten schüren.

Nur zwei Anzünder sind gut

Mehr als eine halbe Tonne Holzkohlen und Holzkohle-Briketts gingen auf dem Grill in Rauch auf. Die Tester haben sie entzündet – mit Flüssiganzündern und Paraffinwürfeln, Holz-Wachsanzündern und Grillföhn, Anzündkaminen, Anzündspray und Elektro-Heizgabel. Schnell, sauber und zugleich sicher heizt kaum ein Grillanzünder ein. Jeder zweite von 28 Produkten ist ausreichend oder mangelhaft, weil er schlecht zündet, qualmt, rußt, stinkt oder die Gesundheit gefährdet. Nur Startfire Feuerspray und Barbecook Heißluft-Grillföhn schneiden gut ab.

Mit Holzkohlen geht's am schnellsten

Holzkohlen glühen zügiger durch als Holzkohlebriketts. Mit dem Testsieger Feuerspray sind sie nach rund 25 Minuten grillbereit — zu erkennen an einer Ascheschicht über dem Glutbett. Das Spray entfacht die Kohlen schnell, sicher und sauber, ist aber etwas gewöhnungsbedürftig. Einer Haarsprayflasche mit Sprührohr ähnlich, funktioniert es wie ein kleiner Flammenwerfer. Sprüh-

Grillen braucht Geduld

Berechnen Sie genug Zeit ein, um die Kohlen durchglühen zu lassen. Grillen in Hektik macht wenig Spaß. Kombinieren Sie gut entzündliche Holzkohle mit den länger glühenden Briketts. Warten Sie, bis der Grillanzünder vollständig verbrannt und das Glutbett mit einer dünnen, weißen Ascheschicht überzogen ist. Schadstoffe im Dampf können sonst zu früh aufgelegte Würste und Gemüse verderben.

test Grillanzünder 5/2013

www.test.de	Mittlerer Preis ca. (Euro) / Inhalt	Preis pro Kilo entzündete Holzkohle/Holzkohlebriketts ca. (Euro)	Anzünden	Handhabung	Gesundheit und Umwelt	Sicherheit und Schadstoffe[1]	Werbeaussagen	test-QUALITÄTSURTEIL
Gewichtung			40 %	20 %	20 %	10 %	10 %	100 %
Paraffingel und -creme								
Flamax Grillanzündgel[2]	3,50 / 1000 ml	0,26 / 0,18	○	○	○	○	+	BEFRIED. (2,7)
Flash Anzündcreme	5,00 / 1000 ml	0,28 / 0,21	○	○	○	+	+	BEFRIED. (2,7)
Bio-Flüssiganzünder								
Grill Flamis Anzünder Fluid	3,90 / 750 ml	0,40 / 0,25	○*)	+	+	+	○	BEFRIED. (2,9)
Flash Bio-Anzünder	5,50 / 1000 ml	0,48 / 0,27	⊖*)	+	+	+	○	BEFRIED. (3,1)
Styx Naturel Anzünder[3]	6,00 / 1000 ml	0,36 / 0,27	⊖*)	○	+	+	○	AUSREICH. (3,6)
Flüssige Paraffinanzünder								
Favorit Grill-Anzünder	2,79 / 1000 ml	0,22 / 0,17	○	+	⊖	–*)	○	MANGELH. (5,0)
Flamax Grillanzünder	2,49 / 1000 ml	0,23 / 0,14	○	○	–	–*)	○	MANGELH. (5,0)
Flash Grillanzünder	2,99 / 1000 ml	0,26 / 0,16	○	+	⊖	–*)	○	MANGELH. (5,0)
Landmann Grillanzünder	2,99 / 1000 ml	0,24 / 0,20	○	○	○	–*)	○	MANGELH. (5,0)
Obi /Farilia Grillanzünder[4]	2,29 / 1000 ml	0,32 / 0,21	○	○	⊖	–*)	⊖	MANGELH. (5,0)
Anzündspray								
Startfire Feuerspray	9,00 / 600 ml	1,09 / 1,45	+	○	++	++	+	GUT (2,1)

Bewertungsschlüssel der Prüfergebnisse: ++ = Sehr gut (0,5–1,5). + = Gut (1,6–2,5). ○ = Befriedigend (2,6–3,5). ⊖ = Ausreichend (3,6–4,5). – = Mangelhaft (4,6–5,5). **Bei gleichem Qualitätsurteil Reihenfolge nach Alphabet.**

***) Führt zur Abwertung.**

1) Ermittelt wurde der Gehalt an aromatischen, aliphatischen Kohlenwasserstoffen, leichtflüchtigen Halogenkohlenwasserstoffen, Fettsäuremethylestern, organischen Säuren, Alkoholen, Glykolether, polyzyklischen aromatischen Kohlenwasserstoffen und Weichmachern.

2) Laut Anbieter inzwischen geändert.

3) Laut Anbieter Produkt aus dem Programm genommen. Restbestände im Handel.

4) Laut Anbieter nicht mehr erhältlich.

Einkauf der Prüfmuster: Januar bis Februar 2013.

knopf gedrückt halten, den ausströmenden Nebel entzünden und auf die Kohlen richten.

Der Barbecook Heißluft-Grillföhn bringt Holzkohlen in weniger als 25 Minuten zur Weißglut, lässt aber Funken und Asche fliegen. Grillbereite Holzkohlen spätestens nach 40 Minuten schaffen Bio-Flüssiganzünder, Holz-Wachswürfel, feste, flüssige und cremige Paraffinanzünder sowie Elektro-Grillanzünder und Anzündkamine.

Holzkohlebriketts glühen länger

Um aus Holzkohlestaub gepresste Briketts durchglühen zu lassen, benötigen fast alle geprüften Produkte deutlich mehr Zeit. Briketts entflammen schwerer, glühen dafür gleichmäßiger und halten die Hitze länger als Holzkohlen. Nur der Grillföhn und der Rösle-Anzündkamin heizen den gepressten Kohlen derart ein, dass sie spätestens nach rund 40 Minuten grillbereit sind. Der oben ▶

test Anzündhilfen 5/2013

www.test.de	Mittlerer Preis ca. (Euro)	Preis pro Kilo entzündete Holzkohle / Holzkohle-Briketts ca. (Euro)	Anzünden	Handhabung	Gesundheit und Umwelt	Sicherheit u. Schadstoffe	Werbeaussagen	test-QUALITÄTSURTEIL
Gewichtung			40 %	20 %	20 %	10 %	10 %	100 %
Elektrische Grillanzünder								
Barbecook Heißluft-Grillföhn[1]	21,90	0,03[3] / 0,03[3]	+	+	⊖	○	+	**GUT (2,5)**
Landmann Elektro-Grillanzünder[2]	30,00	0,03[3] / 0,03[3]	○	○	++	⊖	⊖	**BEFRIED. (3,1)**
Anzündkamine								
Landmann Anzündkamin[2]	18,00	Entfällt[5]	○	○	++	–*)	⊖	**MANGELH. (5,0)**
Rösle Anzündkamin[4]	35,00	Entfällt[5]	+	+	–	–*)	+	**MANGELH. (5,0)**

Bewertungsschlüssel der Prüfergebnisse: ++ = Sehr gut (0,5–1,5). + = Gut (1,6–2,5). ○ = Befriedigend (2,6–3,5). ⊖ = Ausreichend (3,6–4,5). – = Mangelhaft (4,6–5,5). **Bei gleichem Qualitätsurteil Reihenfolge nach Alphabet.**

***) Führt zur Abwertung.**

1) Laut Anbieter wird Produkt nicht mehr hergestellt. Restbestände im Handel.

3) Grundlage der Berechnung: Strompreis von 0,27 Euro pro Kilowattstunde.

2) Laut Anbieter inzwischen geändert.

4) Laut Anbieter durch Nachfolger Anzündkamin Edelstahl Art. Nr. 25039 ersetzt.

5) Preis richtet sich nach der verwendeten Anzündhilfe: Ein bis zwei Grillanzünder, alternativ wird vom Anbieter Zeitungspapier empfohlen. Die Stiftung Warentest empfiehlt unbedruckte Eierkartons. **Einkauf der Prüfmuster:** Jan./Feb. 2013.

mit Kohlen gefüllte und unten von Anzündern entfachte Rösle funktioniert mit Kaminzug: Heiße Luft steigt auf, frische sauerstoffhaltige Luft strömt nach und glüht die Kohlen durch. Bei vielen Kaminen gefährlich: Ihre Griffe werden oft heiß – im Test bis zu 170 Grad Celsius. Wer sie ohne Handschuhe berührt, riskiert Verbrennungen.

So klappt es mit den Nachbarn

Grillanzünder, die stinken und qualmen, verderben den Appetit und ärgern auch die nicht geladene Nachbarschaft. Die Paraffinwürfel und paraffinhaltigen Flüssiganzünder im Test rußen und riechen meist unangenehm, Paraffingel und Paraffincreme deutlich schwächer.

Ohne solche Belästigungen heizen das Feuerspray und der befriedigende Elektro-Grillanzünder von Landmann ein. Auch die meisten Öko-Anzünder wie Holz-Wachswürfel und flüssige Bioanzünder verbrennen nahezu qualmfrei und geruchlos. Ausnahme von der Regel sind: die beiden Öko-Anzünder von Flash und Rossmann aus wachsgetränkter Holzwolle. Sie entflammen schnell, verlöschen aber beim Kohleaufschütten und verqualmen stinkend.

Riskantes Grillen

Brandbeschleuniger wie Brennspiritus gehören nicht auf den Grill. Sie können meterhoch verpuffen und bis in die Flasche zurückschlagen. In dieser Hinsicht sicher sind alle Anzünder im Test. Paraffinhaltige Flüssiganzünder haben wir wegen gesundheitlicher Risiken abgewertet. Dr. Axel Hahn vom Bundesinstitut für Risikobewertung: „Vor allem Kinder können paraffinhaltige Flüssiganzünder mit Getränken verwechseln und davon trinken. Bereits ein kleiner Schluck ist gefährlich. Im ungünstigen Fall können ihre

test Grillanzünder 5/2013

www.test.de	Mittlerer Preis ca. (Euro) / Inhalt	Preis pro Kilo entzündete Holzkohle / Holzkohlebriketts ca. (Euro)	Anzünden	Handhabung	Gesundheit und Umwelt	Sicherheit und Schadstoffe[1]	Werbeaussagen	test-QUALITÄTSURTEIL
Gewichtung			40 %	20 %	20 %	10 %	10 %	100 %
Holz-Wachsanzünder								
Wunderblitz Grill- und Kaminanzünder	2,39 / 12 Stück	0,26 / 0,26	○	+	○	+	+	BEFRIED. (2,8)
Favorit Feuerscheibe	2,49 / 64 Stück	0,05 / 0,05	⊖*)	○	+	++	+	BEFRIED. (3,1)
Grill Flamis Sticks	1,39 / 28 Stück	0,06 / 0,06	⊖*)	+	+	++	+	BEFRIED. (3,1)
Edeka / Gut & Günstig Grill & Kaminanzünder	0,89 / 32 Stück	0,04 / 0,04	⊖*)	+	+	++	+	BEFRIED. (3,2)
Flash Öko-Anzündwolle	4,00 / 32 Stück	0,16 / 0,16	○	○	–	++	–*)	AUSREICH. (4,0)
Rossmann / Stevenson Öko Kamin- und Grillanzünder	2,99 / 32 Stück	0,12 / 0,12	⊖	+	–	++	–*)	AUSREICH. (4,0)
Fidibus Ökofeueranzünder Quicklight[2]	2,95[3] / 16 Stück	0,24 / 0,24	–	○	⊖	⊖	–	AUSREICH. (4,2)
Feste Paraffinanzünder								
Obi / Farilia Grill-, Kohle- und Kaminanzünder[4]	12,00 / 60 Stück	0,39 / 0,28	○	+	–	+	+	BEFRIED. (3,0)
Lidl Anzünder	0,79 / 32 Stück	0,03 / 0,03	○	○	–	+	+	BEFRIED. (3,2)
Rossmann / Stevenson Feueranzünder	0,69 / 32 Stück	0,04 / 0,03	○	+	–	+	+	BEFRIED. (3,2)
Favorit Fix-Feuerzünder[5]	7,95 / 100 Beutel	0,17 / 0,10	○	+	⊖	○	–*)	AUSREICH. (4,0)
Flamax Anzünder für Grillkohle und Kamin[6]	1,59 / 64 Stück	0,04 / 0,03	○	○	–	+	–*)	AUSREICH. (4,0)
Flash Anzündtabs	8,00 / 60 Stück	0,17 / 0,17	○	○	–	+	–*)	AUSREICH. (4,0)

Bewertungsschlüssel der Prüfergebnisse: ++ = Sehr gut (0,5–1,5). + = Gut (1,6–2,5). ○ = Befriedigend (2,6–3,5). ⊖ = Ausreichend (3,6–4,5). – = Mangelhaft (4,6–5,5). **Bei gleichem Qualitätsurteil Reihenfolge nach Alphabet.**

***) Führt zur Abwertung.**

1) Ermittelt wurde der Gehalt an aromatischen, aliphatischen Kohlenwasserstoffen, leichtflüchtigen Halogenkohlenwasserstoffen, Fettsäuremethylestern, organischen Säuren, Alkoholen, Glykolether, polyzyklischen aromatischen Kohlenwasserstoffen und Weichmachern.

2) Anbieter ist in Insolvenz gegangen. Restbestände im Handel.

3) Von uns bezahlter Einkaufspreis.

4) Laut Anbieter nicht mehr erhältlich.

5) Laut Anbieter Produkt mittlerweile unter dem Namen Favorit 100 Feuerkissen für Grill, Kamin und Ofen im Handel.

6) Laut Anbieter inzwischen geändert.

Einkauf der Prüfmuster: Januar bis Februar 2013.

Paraffine tief in die Lunge hineinkriechen und in vielen Fällen eine chemische Lungenentzündung verursachen." Die Flüssigparaffine müssen nicht sein. Andere Anzünder bringen die Grillkohlen schließlich ebenfalls zur Weißglut. ■

Anbieter Seite 268

Unser Rat

Für Kinder ab 6 Monate: **Haba Greifling Tut-Tut** (10 Euro). Für Kinder ab 1 Jahr: **Basisbausteine Extra große Grundpackung** (72 Euro) und **Erste Steine** (28 Euro) von **Haba** sowie **Heros Holzbausteine 50x** (7 Euro). Gut sind auch **Spiele Max/Smiki My first puzzle** (5 Euro), **Brio Magnetic Boat** (18 Euro), **Walter Trollinchen** (19,50 Euro), **Karstadt/Babalu Mein erster Holz-LKW** für 16 Euro.

Der Lack ist ab

12/2013 Jedes zweite Holzspielzeug ist mit Schadstoffen belastet. Von manchen Produkten lösen sich Kleinteile.

Der Ruf von Holzspielzeug ist besser als sein Testergebnis. Viele Produkte enthalten gefährliche Stoffe – in Lack, Sperrholz oder Schnüren. Zwei Spielzeuge gefährden Kinder unmittelbar durch verschluckbare Kleinteile. Von 30 Spielsachen für Kinder bis drei Jahre schneiden insgesamt 7 mangelhaft ab, 9 ausreichend. Nicht einmal jedes Zweite ist gut oder befriedigend.

Unsicheres Spielzeug aus Deutschland

„Made in Germany" bietet im Test keine Garantie für sicheres Spielzeug. Das Motorikspiel Teich und der Wagenschmuck Clown der Firma Hess aus Sachsen setzen Kinder einer unmittelbaren Gefahr aus: Beim Wagenschmuck Clown zerbrechen in der gesetzlich vorgeschriebenen Schlagprüfung zwei Holzringe. Beim Hess-Motorikspiel Teich lassen sich kleine Figuren zu leicht herausziehen. Die Teile sind so klein, dass sie in den Prüfzylinder passen, der einen Kinderrachen nachahmt. Kinder könnten die Kleinteile in den Mund stecken und verschlucken, im schlimmsten Fall daran ersticken.

Langfristig wirkende Substanzen

Vor allem in Lacken stecken kritische Stoffe, oft mehrere gleichzeitig. Einige davon können Krebs erzeugen, das Erbgut oder die Fortpflanzungsfähigkeit schädigen. Die acht gut bewerteten Spielsachen sind sicher und unbelastet. Akzeptabel sind aber auch befriedigende Produkte. Kinder können damit spielen. Zur Vorsorge sollten Hersteller kritische Stoffe ersetzen. ■ Anbieter Seite 268

Grenzwerte oft noch zu hoch

Im Juli 2013 traten neue chemische Anforderungen der EU-Spielzeug-Richtlinie in Kraft. Sie enthält Regelungen für mehr Substanzen als zuvor. Experten in der EU diskutieren aber weiter über die Risiken gefährlicher Stoffe wie bestimmter polyzyklischer aromatischer Kohlenwasserstoffe (PAK) oder Schwermetalle. Vielen sind die Grenzwerte noch zu hoch, weitere Nachbesserungen nötig.

test Holzspielzeug I 12/2013

www.test.de	Mittlerer Preis ca. (Euro)	Kritische Funde	SCHADSTOFFE UND SICHERHEIT[1]
Greiflinge und Wagenketten			
Haba Greifling Tut-Tut Art.-Nr. 3798	10,00	Keine	**gut** (2,0)
Goki Greifauto rot Art.-Nr. 55935	6,00	Keine	**befriedigend** (2,8)
Selecta Rasselbande - Wagenkette Art.-Nr. 1349	20,00	Keine	**befriedigend** (2,8)
Heimess Greifling Ball Art.-Nr. 769104	7,50	Gummischnur enthält nitrosierbare Stoffe.	**ausreichend** (4,3)
Hess Wagenschmuck Clown am Ring Art.-Nr. 13070	8,80	Verschluckbare Kleinteile. Gestaltung des Clips nicht zulässig. Lacke enthalten hohe Mengen an Organozinnverbindungen. Gummischnur enthält nitrosierbare Stoffe.	**mangelhaft** (5,5)
Motorikspielzeuge			
Brio Magnetic Boat Art.-Nr. 30135	18,00	Keine	**gut** (2,4)
Beluga Klopfbank Art.-Nr. 50104	10,00	Roter Lack nicht schweiß- und speichelecht. Lacke enthalten höhere Mengen an NPEO.	**ausreichend** (4,1)
Lena Holzsteckfahrzeug Feuerwehr[2] Art.-Nr. 43201	10,00	Silberlack enthält höhere Mengen an Naphthalin (PAK). Nickelabgabe aus den Nieten der Räder.	**mangelhaft** (4,7)
Hess Motorikspiel Teich Art.-Nr. 14819	13,00	Verschluckbare Kleinteile. Lacke enthalten hohe Mengen an Organozinnverbindungen.	**mangelhaft** (5,5)
Holzpuzzle			
Spiele Max / Smiki My first puzzle Elefant Art.-Nr. 711327-9/711331	5,00	Keine	**gut** (2,4)
Goula Holzpuzzle 4 Farben Art.-Nr. D53110	11,00	Keine	**befriedigend** (3,0)
Ravensburger Kunterbunter Bauernhof Art.-Nr. 036363	15,00	Keine	**befriedigend** (3,0)
Toys'R'Us / Universe of Imagination Steck-Puzzle Saurier Art.-Nr. 5F5E933	10,00	Sperrholzpuzzle gibt höhere Mengen an Formaldehyd ab.	**ausreichend** (4,1)
Happy People Puzzle aus Holz Fahrzeuge Art.-Nr. 60301	4,00	Sperrholzpuzzle gibt höhere Mengen an Formaldehyd ab.	**ausreichend** (4,3)

Bewertungsschlüssel der Prüfergebnisse:
Sehr gut (0,5–1,5). Gut (1,6–2,5). Befriedigend (2,6–3,5). Ausreichend (3,6–4,5). Mangelhaft (4,6–5,5).
Reihenfolge nach Urteil Schadstoffe und Sicherheit, bei gleichem Urteil nach Alphabet.
1) Sicherheit umfasst die direkten Gefahren wie verschluckbare Kleinteile oder Strangulationsgefahr.
2) Laut Anbieter wird die Farbe Silber zukünftig nicht mehr eingesetzt. **Einkauf der Prüfmuster:** Juni und Juli 2013.

test Holzspielzeug II 12/2013

www.test.de	Mittlerer Preis ca. (Euro)	Kritische Funde	SCHADSTOFFE UND SICHERHEIT[1)]
Nachzieh- und Schiebetiere			
Walter Trollinchen Art.-Nr. 63163	19,50	Keine	**gut** (1,9)
Plantoys Alligator Art.-Nr. 51052	14,00	Keine	**befriedigend** (3,2)
Selecta Spedino Art.-Nr. 1642	27,00	Barthaare enthalten Organozinnverbindungen höhere Mengen an Blei. Gelber Filz nicht schweißecht.	**ausreichend** (3,6)
Eichhorn Nachziehtier Schnecke Art.-Nr. 100002414	8,00	Lacke enthalten höhere Mengen an NPEO.	**ausreichend** (3,9)
New Classic Toys Schiebespielzeug Frosch Art.-Nr. 8270	7,00	Krebserzeugender Farbstoff in der roten Schnur. Krebserzeugender PAK im grünen Lack.	**mangelhaft** (5,5)
Bausteine			
Haba Basisbausteine Extra große Grundpackung Art.-Nr. 1077	72,00	Keine	**gut** (1,6)
Heros Holzbausteine 50x Art.-Nr. 10 005 0131	7,00	Keine	**gut** (1,8)
Haba Erste Steine Art.-Nr. 1189	28,00	Keine	**gut** (2,4)
Heros Bausteine Schloss Art.-Nr. 10 007 3607	13,00	Bodenplatte gibt höhere Mengen an Formaldehyd ab. Lacke enthalten höhere Mengen an NPEO.	**ausreichend** (3,9)
Ikea / Mula Bauklötze und Wagen[2)] Art.-Nr. 800.289.29	8,00	Schnur enthält Biozid.	**ausreichend** (4,0)
Fahrzeuge			
Karstadt / Babalu Mein erster Holz-LKW Abschlepper Art.-Nr. 9967	16,00	Keine	**gut** (2,2)
Thomas & Friends Wooden Railway Hiro Art.-Nr. Y4381	20,00	Keine	**befriedigend** (3,2)
Ostheimer Jeep mit Gummireifen Art.-Nr. 5560310	20,00	Roter Lack enthält höhere Mengen an Blei und Organozinnverbindungen.	**ausreichend** (3,8)
Brio My First Railway Art.-Nr. 33700	25,00	Lacke enthalten höhere Mengen an Naphthalin (PAK). Lacke enthalten Organozinnverbindungen.	**mangelhaft** (4,6)
Vedes / Spielmaus Holzbauzug Art.-Nr. 417 00 807	18,90	Nickelabgabe aus den Nieten der Räder. Lacke enthalten PAK und höhere Mengen an NPEO.	**mangelhaft** (4,6)
Eichhorn Lok mit 2 Wagons Art.-Nr. 10 000 1849	13,00	Schädlicher Farbstoff im blauen Lack. Lacke enthalten höhere Mengen an Naphthalin (PAK) und NPEO.	**mangelhaft** (5,0)

Bewertungsschlüssel der Prüfergebnisse:
Sehr gut (0,5–1,5). Gut (1,6–2,5). Befriedigend (2,6–3,5). Ausreichend (3,6–4,5). Mangelhaft (4,6–5,5).
Reihenfolge nach Urteil Schadstoffe und Sicherheit, bei gleichem Urteil nach Alphabet.
1) Sicherheit umfasst die direkten Gefahren wie verschluckbare Kleinteile oder Strangulationsgefahr.
2) Laut Anbieter können Kunden das Produkt zurückbringen. **Einkauf der Prüfmuster:** Juni und Juli 2013.

Unser Rat

Reise-Apps können dort vorteilhaft sein, wo es auf aktuelle, standortbezogene Infos ankommt. Das klappt zum Beispiel bei Sehenswürdigkeiten mit **Wikihood** und **Goggles**. Auch Restaurantsuche-Apps können nützlich sein. Währungen und Einheiten rechnen **Convertbot** und **Convert Pad** zuverlässig um. Reiseführer-Apps sind vor Ort hilfreich, bieten aber meist zu wenig Informationen.

App in den Urlaub

05/2013 Das Handy ist für viele ein unverzichtbarer Reisebegleiter. Apps sollen den Urlauber führen. Nicht alle sind hilfreich.

Über 1,7 Milliarden Apps haben die Deutschen im vergangenen Jahr auf ihre Mobiltelefone geladen. Uns interessierte, wie nützlich die kleinen Zusatzprogramme für Touristen am Urlaubsort sind. Im Test waren unter anderem Reiseführer, Übersetzungshilfen, Restaurant- und Toilettensuche sowie Währungsumrechner.

Neben dem praktischen Nutzen haben wir auch den Datenschutz bewertet. Von den 28 getesteten Reise-Apps wurden 17 als kritisch eingestuft, weil sie den Nutzer ausspähen können. Die Android-Restaurantsuche von Tripadvisor ist sogar sehr kritisch, weil sie bei der Registrierung Benutzernamen und Passwort unverschlüsselt verschickt.

Als Guide sind Handys gegenüber gedruckten Büchern etwas im Nachteil. Auf den kleinen Displays müssen die Informationen sehr komprimiert dargestellt werden. Die allgemeinen Infos fallen entsprechend dürftig aus. Im Zusammenhang mit Smartphones taucht immer häufiger der Begriff Augmented Reality auf. Das bedeutet ungefähr so viel wie „erweiterte Wirklichkeit“. Wenn der Nutzer die Kamera des Handys auf ein Objekt richtet, werden Informationen dazu eingeblendet. Das funktioniert aber noch nicht immer zufriedenstellend.

Such-Apps – wir haben zwei für Toiletten und drei für Restaurants getestet – können nur so gut sein, wie die dahinterliegenden Datenbanken. Die sind meist lückenhaft. Auch die Ortung ist bei den geprüften Apps nicht präzise. ■

Holprige Dolmetscher
Übersetzungs-Apps können hilfreich sein. Auch wenn ihre Vorschläge nicht immer korrekt sind, kann der Sinn meist erkannt werden. Manchmal verdrehen sie den Sinn aber komplett. So gibt die Google-App für „Ich möchte bitte bezahlen“ in Englisch „I want to be paid“ aus. Das könnte als Frechheit aufgefasst werden, wird vom Kellner aber sicher mit einem Lächeln quittiert.

Unser Rat

Testsieger sind die lenkbaren Rodel **Graf Family Flizzer** für 260 Euro und **Kathrein Tourenrodel** für 165 Euro. Sie eignen sich für Rodelbahnen. Der Bob **KHW Snow Future** für 140 Euro empfiehlt sich eher für die Pistengaudi. Die besten Schlitten ohne Lenkung sind **Gloco Gebirgsrodel 100** (70 Euro) und **Hudora Davos 100** (38 Euro). Speziell der **Mini Bob Zipflbob** (35 Euro) macht Spaß.

Mit Spaß bergab

12/2013 Von Alpengaudi bis Zipflbob: Zwölf Modelle laden zum vergnüglichen Rodeln. Doch nicht alle hielten im Test durch.

Juchhuiiii – los geht die wilde Schlittenfahrt. Wer will schon als letzter am Fuß des Hanges ankommen? Den Letzten beißen die Hunde. Für eisige Bahnen taugen Rodel am besten. Ihre Kufen stehen schräg und sind beweglich. Der Rodler kann sie über ein Zugseil so lenken, dass er durch die Kurven fliegt. Bei Schlitten sind die Kufen fest, hier lenken die Füße durch einseitiges Bremsen. Bobs haben neben zwei Kufen, noch einen Lenkski. Sie taugen nicht für die Rodelbahn und glänzen auf lockerem Schnee.

Im Test vertreten sind Hörnerschlitten mit kreisrund nach oben gebogenen Kufen, Davoser Schlitten, deren Kufenspitzen nur bis zu den Sitzlatten geführt sind, lenkbare Rodel aus Holz, Pisten- und Kinderbobs aus Kunststoff. Auf der Piste, der Rodelbahn und im Labor müssen alle zeigen, was sie können und vertragen. Vier der zwölf gingen im harten Labortest zu Bruch.

Die Rodel sind die Besten

Als Highlights des Tests entpuppten sich Graf Family Flizzer und Kathrein Tourenrodel. Die beiden Rodel fordern zum Wettstreit geradezu heraus. Sie fahren sich einfach toll. Der größere und schwerere Kathrein braucht für flotte Schwünge in der eisigen Rodelbahn allerdings eher das Kampfgewicht erwachsener Männer. Beide Rodel, Graf und Kathrein, lassen sich von Kindern nicht so gut steuern. Gebremst wird mit den Füßen. Im Extremfall stellt der Fahrer den Rodel dafür auf die Kufenenden.

Rodel, Schlitten und Bobs
Im Volksmund sind Rodel und Schlitten vielerorts dasselbe. Der Kenner unterscheidet zwischen ihnen: Schlitten haben feste Kufen. Will der Fahrer die Richtung ändern, bremst er mit einem Fuß im Schnee. Rodel sind lenkbar. Ihre Kufen sind beweglich, der Rodler zieht für Kurven am Steuerseil oder tritt auf die Kufen. Bobs haben mehr als zwei Kufen, zum Beispiel noch einen Lenkski.

test **Rodel, Schlitten, Bobs**					12/2013
www.test.de	Mittlerer Preis ca. (Euro)	Fahren	Sicherheit und Stabilität	Handhabung	test-QUALITÄTSURTEIL
Gewichtung		50 %	30 %	20 %	100 %
Mit Lenkung					
Graf Family Flizzer 105 cm[1]	260	+	++	+	GUT (1,8)
Kathrein Tourenrodel Art.-Nr.: 21	165	+	++	+	GUT (1,8)
KHW Snow Future[2]	140	+	++	+	GUT (2,0)
Ohne Lenkung					
Mini Bob Zipflbob[2]	35	+	++	○	GUT (2,2)
Gloco Gebirgsrodel 100	70	+	+	○	GUT (2,3)
Hudora Davos 100[2]	38	+	+	○	GUT (2,3)
Hamax Lillehammer Maxi 110 cm	110	+	⊖*)	+	BEFRIEDIGEND (3,4)
Ress Gebirgsrodel Art.-Nr.: 801003	67	+	⊖*)	○	AUSREICHEND (4,0)
Sirch Hörnerrodel Esche Standard Plus 104sg[3]	89	+	⊖*)	○	AUSREICHEND (4,1)
Sweety Toys Innsbruck Stripe 100[3]	85[4]	○	–*)	○	MANGELHAFT (4,8)
Für Kinder					
Alpengaudi Alpen Space	60	⊖*)	+	+	AUSREICHEND (3,9)
Stiga Snow Runner	59	○	⊖*)	+	AUSREICHEND (4,4)

Bewertungsschlüssel der Prüfergebnisse: ++ = Sehr gut (0,5–1,5). + = Gut (1,6–2,5). ○ = Befriedigend (2,6–3,5). ⊖ = Ausreichend (3,6–4,5). – = Mangelhaft (4,6–5,5). **Bei gleichem Qualitätsurteil Reihenfolge nach Alphabet.**

***) Führt zur Abwertung.**

1) Laut Anbieter Produktkennzeichnung geändert.

2) Laut Anbieter Produkt geändert.

3) Laut Anbieter Auslaufmodell.

4) Von uns bezahlter Einkaufspreis.

Einkauf der Prüfmuster: März 2013

Für kaum eine Spur von Gaudi sorgt der Kinderbob Alpengaudi Alpen Space. Er fährt mäßig und bremst schlecht. Der zweite Kinderbob im Test, der Stiga Snow Runner, lässt sich von kleinen, leichten Personen deutlich besser lenken und fahren, seine Bremsen wirken aber nur schwach.

Es knirscht im Gebälk

Von den Schlitten fährt sich der Hamax am besten. Ähnlich wie Rodel hat er ein Steuerseil und schräg gestellte Kufen. Damit lässt er sich fast so gut lenken wie sie. Nur gleitet er nicht so schnell. Der Hamax hat dazu einen unbestreitbaren Vorteil: Durch seinen Klappmechanismus lässt er sich flach zusammenlegen und verstauen. Leider ging der Mechanismus im Falltest zu Bruch.

Im Labor erzeugen wir Lasten, wie sie bei beim Überfahren von Mulden, Schanzen und Wellen auftreten können. Hier versagen die Schlitten von Ress und Sirch. Der Innsbruck wird völlig zerstört.

Alle anderen Schlitten ertragen die Testlasten schadlos. Die Konstruktion aus Holzstäben erweist sich allerdings als deutlich stabiler als die aus Gurtbändern und Holzrahmen. Aber auch die gurtbespannten Rodel Graf und Kathrein halten. Beide tragen auch das Gewicht zweier schwerer Männer. Da knirscht zwar das Gebälk, doch kaputt geht nichts. ■ Anbieter Seite 268

Unser Rat

Sicherheit kommt vor Design, besonders bei den schwächsten Verkehrsteilnehmern. Kaufen Sie deshalb nur einen guten Ranzen. Er hält die Norm ein und bietet ausreichend grell leuchtende Signalfarben. Damit ist das Kind auf der Straße schnell zu erkennen. Wählen Sie unter den acht Guten einen aus, der am besten zu Ihrem Kind passt. Unter rund 140 Euro ist kein gutes Modell zu haben.

Jeder Augenblick zählt

3/2013 Ein sicherer Schulranzen muss grell leuchten – jederzeit und bei jedem Wetter. Nur normgerechte Modelle ab 140 Euro schaffen das.

Damit ein Schulkind im Verkehr gut zu sehen ist, braucht es einen sicheren Ranzen. Was sicher ist, legt die Norm DIN 58124 fest. Danach sollen 10 Prozent der Rück- und Seitenflächen retroreflektieren: das Licht der Scheinwerfer bei Dunkelheit zurückwerfen. Das ist der Katzenaugeneffekt. Zusätzlich sollen mindestens 20 Prozent fluoreszieren: am Tag und in der Dämmerung weithin leuchten. Dafür sind kontrastreiche, orangerote oder gelbe Flächen vorgesehen mit hoher Leuchtkraft, wie Warnwesten.

Sicher oder unsicher?

In den Geschäften stehen häufig Ranzen ohne das komplette Sicherheitspaket. Das Problem: Eltern können normgerechte und unsichere Modelle schnell verwechseln. Die Ranzen heißen oft genauso, haben die gleichen Motive und kosten ähnlich viel. Das zeigt auch der Test. Sechs der acht guten Ranzen haben unsichere „Geschwister" mit ähnlichen Namen: Drei stammen von Scout, zwei von McNeill, einer von der Spiegelburg. Sie alle werden ohne leuchtende Signalfarbe verkauft (siehe Tabelle unter „ähnliche Schulranzen"). Wegen fehlendem Signalorange ebenfalls mangelhaft sind Ergobag E-12, McNeill Ergo Light Trecking, Step by Step Touch und Tatonka Starter Light.

Im täglichen Gebrauch gab es nur gute und befriedigende Noten. Auch die Chemie stimmt. Die Tester haben auf Phthalat-Weichmacher und polyzyklische aromati-

Das ist wichtig
Lassen Sie das Kind mehrere Modelle anprobieren, auch mit dicker Jacke. Sitzt der Ranzen gut, ragt er nicht über die Schultern hinaus und lässt er sich leicht verstellen? Ebenfalls wichtig: Der Deckel sollte stabil sein mit leichtgängigem Verschluss, sich weit öffnen lassen. Der Ranzen darf nicht kippen, die Seitentaschen sollten gut schließen und genügend Platz für Trinkflasche und Brotdose bieten.

test Schulranzen 3/2013

www.test.de	Mittlerer Preis für Ranzen in Euro ca.[1]	Mittlerer Preis des Ranzensets in Euro ca.[1]	Täglicher Gebrauch	Optische Warnwirkung	Materialeigenschaften	Schadstoffe	test-QUALITÄTSURTEIL
Gewichtung			50 %	20 %	25 %	5 %	100 %
Die Spiegelburg Ergo Style fluoreszierend	Entfällt	169	○	+	+	+	**GUT (2,3)**
Scout Buddy Basic	153	Entfällt	+	+	+	○	**GUT (2,3)**
DerDieDas Fliegengewicht XS	Entfällt	162	○*)	++	++	+	**GUT (2,4)**
Sammies by Samsonite Optilight	Entfällt	139	○*)	++	+	+	**GUT (2,4)**
Scout Mega Basic	148	Entfällt	+	+	○	+	**GUT (2,4)**
Scout Nano Basic	143	Entfällt	○	+	+	○	**GUT (2,4)**
McNeill Ergo Light 912 Art.-Nr. 9591	Entfällt	155	○	+	○	++	**GUT (2,5)**
McNeill Ergo Light Compact Art.-Nr. 9563	Entfällt	180	○	+	○	+	**GUT (2,5)**
Ergobag E-12-Set-xx[2]	Entfällt	189	○	–*)	⊖	+	**MANGELH. (5,5)**
McNeill Ergo Light Trekking[3]	Entfällt	143	○	–*)	+	++	**MANGELH. (5,5)**
Step by Step Touch[4]	Entfällt	189	○	–*)	+	++	**MANGELH. (5,5)**
Tatonka Starter Light	Entfällt	133	+	–*)	○	++	**MANGELH. (5,5)**
Ähnliche Schulranzen, die nicht der Schulranzennorm entsprechen (nur Sicherheit getestet)							
Die Spiegelburg Ergo Style	Entfällt	169	Nicht geprüft	–*)	Nicht geprüft	Nicht geprüft	**MANGELH. (5,5)**
McNeill Ergo Light 912 Art.-Nr. 9577	Entfällt	150		–*)			**MANGELH. (5,5)**
McNeill Ergo Light Compact Art.-Nr. 9560	Entfällt	175		–*)			**MANGELH. (5,5)**
Scout Buddy Style-Set[3]	Entfällt	218		–*)			**MANGELH. (5,5)**
Scout Mega Style-Set[3]	Entfällt	213		–*)			**MANGELH. (5,5)**
Scout Nano Style-Set[3]	Entfällt	208		–*)			**MANGELH. (5,5)**

Bewertungsschlüssel der Prüfergebnisse: ++ = Sehr gut (0,5–1,5). + = Gut (1,6–2,5). ○ = Befriedigend (2,6–3,5). ⊖ = Ausreichend (3,6–4,5). – = Mangelhaft (4,6–5,5). **Bei gleichem Qualitätsurteil Reihenfolge nach Alphabet.**

***) Führt zur Abwertung.**

1) Einschließlich Brust- und Hüftgurt. **2)** Laut Anbieter ist ein neueres Modell verfügbar. **3)** Laut Anbieter nicht mehr erhältlich. **4)** Laut Anbieter inzwischen geändert. **Einkauf der Prüfmuster:** Oktober und November 2012.

sche Kohlenwasserstoffe (PAK) untersucht – ohne Beanstandungen. Aber sie fanden in den Griffen der Scout-Ranzen Buddy Basic und Nano Basic erhöhte Mengen an Nonylphenolethoxylaten. Die Chemikalie wird unter anderem in der Textilverarbeitung eingesetzt, ist giftig für Fische und schwer abbaubar. Ob und in welcher Konzentration sie dem Menschen schadet, ist noch nicht geklärt. ■

Anbieter Seite 268

Unser Rat

Drei Skibrillen liegen vorn. Zwei kommen von Uvex, eine von der Tochterfirma Alpina. Jede kostet rund 140 Euro. Der Wechsel von der Schlecht- zur Schönwetterscheibe geht hier schnell, einfach und sicher. Testsieger mit knappem Vorsprung ist die **Uvex Comanche take off,** gefolgt von der **Alpina Panoma Magnetic.** Die **Uvex take off** ist beim Belastungstest etwas eingeknickt.

Schneller Wechsel

1/2013 Viele Anbieter versprechen einen schnellen Scheibenwechsel. Wirklich fix geht er aber nur bei den Brillen von Uvex und Alpina.

Das Angebot an Skibrillen mit Wechselscheiben wird immer größer, aber nur bei wenigen gelingt der Wechsel von der Schlecht- zur Schönwetterscheibe wirklich fix. Der Test, durchgeführt vom VKI, Verein für Konsumenteninformation, der österreichischen Partnerorganisation der Stiftung Warentest, zeigt: Schnell, einfach und sicher funktioniert der Scheibenwechsel nur mit dem Magnetsystem von Uvex. Auch Brillen der Tochterfirma Alpina sind damit ausgestattet. Uvex und Alpina liegen im Test deutlich vorn.

Mehrere Wechselsysteme

Abrupte Wetterumschwünge sind in den Bergen keine Seltenheit. Die eben noch gleißende Sonne kann binnen Minuten hinter Wolkenbergen verschwinden. Wohl dem, der dann zügig zur passenden Scheibe wechseln kann. Die Brillenkonstrukteure haben mehrere Systeme für den Wechsel entwickelt. Beim Magnetsystem von Uvex und Alpina bildet die Schlechtwetterbrille mit fest eingebauter heller Scheibe die Basis. Für schönes Wetter nutzt der Skifahrer eine einfache dunkle Scheibe, die er bequem in der Jackentasche verstauen kann. Er fixiert sie mit einem Griff auf der Grundscheibe, ohne die Brille abnehmen zu müssen. Kleine Magnete saugen die Scheibe förmlich an. Auch mit Handschuhen ist der Wechsel kein Problem.

Die Anon. m1. verfügt ebenfalls über ein Magnetsystem. Der Scheibenwechsel ist bei ihr aber nicht so einfach wie bei Uvex. Die

Die Brille muss zum Helm passen
Die Tester haben die Tauglichkeit der Brillen an drei Skihelmen mit unterschiedlichen Befestigungssystemen für das Trageband untersucht. Bei Cébé und Uvex take off harmoniert das Doppel sehr gut. Die Brillen von Giro und GPR können auf dem Helm leicht wegrutschen. Bei der GPR-Brille klaffte zudem ein Spalt zwischen Helm und Brille, durch den es unangenehm ziehen kann.

test Skibrillen mit Wechselscheibensystem 1/2013

www.test.de	Mittlerer Preis in Euro ca.[1]	Seh- und Trageeigenschaften	Sicherheit und Haltbarkeit	Handhabung	Schadstoffe	VKI-TESTURTEIL[6]
Gewichtung		30 %	30 %	35 %	5 %	100 %
Uvex Comanche take off	140	+	+	++	++	SEHR GUT (1,5)
Alpina Panoma Magnetic	140	+	++	++	++	GUT (1,6)
Uvex take off	140	++	○	++	+	GUT (1,9)
Anon. m1.	200	+	+	○*)	++	BEFRIEDIGEND (2,6)
GPR PL_X002	29	+	+	○*)	++	BEFRIEDIGEND (2,6)
Adidas a184 ID2 pro[2]	195	+	+	○*)	++	BEFRIEDIGEND (2,8)
Cébé Peak	110	+	++	○*)	+	BEFRIEDIGEND (2,8)
Oakley Airbrake	249[3]	+	++	○*)	+	BEFRIEDIGEND (2,8)
Smith I/O[4]	180	+	+	○*)	+	BEFRIEDIGEND (3,2)
Giro Manifest	230	+	+	○*)	++	BEFRIEDIGEND (3,3)
Smith I/OS[4]	180	+	+	○*)	+	BEFRIEDIGEND (3,3)
TecnoPro Kamaleon	70	+	+	○*)	+	BEFRIEDIGEND (3,3)
Head Stivot Race[5]	119	+	+	○*)	++	BEFRIEDIGEND (3,4)

Bewertungsschlüssel der Prüfergebnisse: ++ = Sehr gut (0,5–1,5). **+** = Gut (1,6–2,5). ○ = Befriedigend (2,6–3,5). ⊖ = Ausreichend (3,6–4,5). **—** = Mangelhaft (4,6–5,5). **Bei gleichem VKI-Testurteil Reihenfolge nach Alphabet.**

***) Führt zur Abwertung.**

1) Preis inklusive der getesteten Scheiben.
2) Laut Anbieter Schlechtwetterscheibe inzwischen geändert.
3) Preis laut Anbieter-Website.
4) Laut Anbieter inzwischen geändert.
5) Laut Anbieter durch Nachfolger Head Stivot ersetzt.
6) Das VKI-Testurteil wurde in das Notensystem der Stiftung Warentest überführt.

Einkauf der Prüfmuster: September 2012.

Anon-Scheiben muss der Skifahrer komplett austauschen. Das funktioniert nur, wenn die Brille abgenommen wird. Dabei besteht die Gefahr, dass beim Wechseln die Anti-Fog-Beschichtung auf der Scheibeninnenseite beschädigt wird. Diese Beschichtung soll ein Beschlagen verhindern.

Bei den übrigen geprüften Modellen hält ein Klemm- oder Steckmechanismus die Wechselscheibe. Meist müssen die Nutzer eine Doppelscheibe für Schön- beziehungsweise Schlechtwetter komplett aus- und einbauen. Das funktioniert auch hier nur mit abgenommener Brille und meist nur ohne Handschuhe. Wer auf der Piste wechselt, riskiert, die Anti-Fog-Beschichtung zu beschädigen. Die erfüllt ihren Zweck übrigens bei allen getesteten Brillen tadellos. Die klobigen Doppelscheiben zu transportieren, ist nicht gerade bequem. Sie lassen sich oft nur schwer in der Jacke verstauen.

Gute Seheigenschaften

An den Seheigenschaften gibt es im Praxistest wenig auszusetzen. Die Konturen auf der Piste sind immer gut zu erkennen, sowohl mit der Schön- als auch mit der Schlechtwetterscheibe. Als besonders angenehm empfanden die Tester Brillen mit mehrfacher Schaumstoffauflage und zusätzlicher Fleeceschicht. Einen Nachteil muss der Träger aber in Kauf nehmen: Wenn das Fleece nass geworden ist, dauert es lange, bis es trocknet. ■

Anbieter Seite 268

Unser Rat

Gleich zehn gute Trekkingstiefel stehen zur Wahl. Prüfen Sie beim Kauf, welcher optimal passt. Der preiswerteste unter den besten Trekkingstiefeln ist **Aku Trekker Lite II GTX** für 160 Euro. Die guten **Globetrotter Kaikkialla Inari** und **La Sportiva Omega GTX** kosten 170 Euro. Ebenso empfehlenswert: die geprüften Modelle von **Hanwag**, **Lowa** und **Meindl** (190 bis 230 Euro).

Vom Gelände ins Labor

8/2013 Trekkingstiefel zeigen Qualitäten, wo bei Leichtwanderschuhen auf Dauer Schluss ist: querfeldein und auf unbefestigten Wegen.

Für Asphaltwanderungen sind Trekkingstiefel nicht gemacht. Ihre größten Stärken erfahren Wanderer abseits befestigter Wege. Die festen Stiefel bestehen aus robusten Obermaterialien. Ihre recht steife, profilstarke Sohle bietet gute Trittsicherheit. Der hohe, gepolsterte Schaft stabilisiert den Fuß und verhindert, dass die Knöchel auf unwegsamem Gelände umknicken. Wir haben 15 Modelle auf Wanderungen und im Labor geprüft: 10 sind gut, 5 hinken hinterher.

Zehn Stiefel bestehen aus Synthetikgewebe, meist mit Leder kombiniert. Bei fünf anderen kommt als Obermaterial hauptsächlich Leder zum Einsatz. Eine atmungsaktive, wasserdichte Membran im Innenfutter verheißt Klimakomfort und Nässeschutz. Die meisten kosten zwischen 150 und 230 Euro. Ausnahme: ein Stiefel von Lidl für 21 Euro. Weil der Discounter ihn als Trekkingmodell verkaufte, wurde er in den Test einbezogen.

Durch dick und dünn

Im Praxistest auf Mallorca überzeugen viele Stiefel, darunter Hanwag, Lowa und Meindl, Aku, Globetrotter und La Sportiva. Nicht nur auf Schotter, erdigen und dünn asphaltierten Wegen schützen und stützen sie die Füße zuverlässig, auch querfeldein. Am deutlichsten hinten im Praxistest liegt der Crivit-Trekkingschuh von Lidl. Weich, leicht, instabil ist er für anspruchsvolle Touren ungeeignet. Auch die Stiefel von drei weiteren Anbietern überzeugen im Gelände nicht vollständig. Im Labor haben sie erneut Chancen, Profil zu zeigen.

Tipps für den Einkauf

Kaufen Sie Trekkingstiefel nachmittags, wenn die Füße geschwollen sind. Bringen Sie Wandersocken mit. Wichtig für die Auswahl: Wo wandern Sie, wie lange, mit wie viel Gepäck? Ziehen Sie Modelle unterschiedlicher Hersteller an. Der Stiefel muss optimal sitzen, darf nicht drücken. Fersen und Knöchel brauchen Halt, Zehen genug Platz. Nutzen Sie das Testgelände im Fachgeschäft.

test Trekkingstiefel 8/2013

www.test.de	Mittlerer Preis ca. (Euro)	Tragekomfort u. Funktion	Haltbarkeit	Schadstoffe	test-QUALITÄTSURTEIL
Gewichtung		70 %	25 %	5 %	100 %
Aku Trekker Lite II GTX	160	+	+	++	**GUT (2,1)**
Globetrotter / Kaikkialla Inari Männer	170	+	+	○	**GUT (2,1)**
Hanwag Nazcat GTX	200	+	+	○	**GUT (2,1)**
Hanwag Yellowstone II GTX	210	+	+	○	**GUT (2,1)**
Lowa Camino GTX	220	+	+	++	**GUT (2,1)**
Lowa Khumbu II GTX	190	+	+	○	**GUT (2,1)**
La Sportiva Omega GTX	170	+	+	○	**GUT (2,2)**
Meindl Air Revolution 3.3	230	+	+	○	**GUT (2,2)**
Meindl Borneo 2 GTX	220	+	+	○	**GUT (2,2)**
The North Face Verbera Lightpacker GTX Men	200	+	+	○	**GUT (2,4)**
Vaude Men´s Guayana Ceplex Mid	170	○	+	⊖	**BEFRIED. (2,6)**
Keen Men Gypsum Mid	150	○	+	○	**BEFRIED. (2,9)**
Jack Wolfskin Solid Trail Texapore Men	180	⊖*)	○	++	**AUSREICH. (3,6)**
Lidl / Crivit Trekkingschuhe[1)]	21	⊖*)	⊖	++	**AUSREICH. (4,0)**
Mammut T-Advanced GTX Men	180	+	+	–*)	**MANGELH. (4,9)**

Bewertungsschlüssel der Prüfergebnisse: ++ = Sehr gut (0,5–1,5). + = Gut (1,6–2,5). ○ = Befriedigend (2,6–3,5). ⊖ = Ausreichend (3,6–4,5). – = Mangelhaft (4,6–5,5). **Bei gleichem Qualitätsurteil Reihenfolge nach Alphabet.**

***) Führt zur Abwertung.**

1) Aktionsware, April 2013. Nur Herrenmodell geprüft.

Einkauf der Prüfmuster: März und April 2013.

Jack Wolfskind schnell undicht

Sind die Stiefel wasserdicht? Um das zu prüfen, laufen sie im Wasserbad drei Stunden lang im Gehsimulator. Der Stiefel von Jack Wolfskin geht bereits nach rund anderthalb Stunden baden, ein weiterer kurze Zeit später. Die anderen Modelle halten über die volle Distanz dicht. Die Stiefel sollten beim Wandern zudem Schweiß und Feuchtigkeit rasch nach außen verdunsten (Atmungsaktivität) oder in den Schichten und Einlegesohlen zwischenspeichern. In Punkto Atmungsaktivität schneiden nur vier Modelle gut ab.

Imprägnierstoff in der Kritik

Außen wasserdicht, innen atmungsaktiv – dafür sorgt vor allem die Membran im Stiefel. Eine gute Imprägnierung unterstützt sie dabei. Viele Hersteller imprägnieren mit Fluorcarbonen. Diese können die perfluorierten Tenside PFOS (Perfluoroctansulfonsäure) oder PFOA (Perfluoroctansäure) enthalten. PFOS ist verboten, PFOA seit längerem in der Kritik. Beide reichern sich in der Umwelt an, können die menschliche Fortpflanzungsfähigkeit beeinträchtigen. PFOS fanden die Tester nicht, in neun Stiefeln aber PFOA. Wegen der geringen Mengen gehen die Experten von keinem Gesundheitsrisiko aus. Hersteller sollten den kritischen Stoff aber ersetzen. Der Mammut-Stiefel enthielt höhere Mengen Naphthalin. Die Prüfer fanden es in der Einlegesohle und im Schuhinneren. Naphthalin kann vermutlich Krebs erzeugen. Das Urteil dafür: mangelhaft. ■ Anbieter Seite 268

Unser Rat

Für alle, die großen Wert auf Datenschutz legen, sind nur zwei der getesteten Wetter-Apps geeignet: Die auf iPhones vorinstallierte Wetter-App von Yahoo! und die WetterOnline-App. Die besten Vorhersagen bieten aber die Apps von **WeatherPro** und **Wetter.info.** Die Prognosen von **Wetter.com, Wetter.de** und **WetterOnline** sind nur geringfügig schlechter.

Heiter bis wolkig

6/2013 Wir haben acht Wetter-Apps für das Smartphone untersucht. Die Vorhersagen sind meist gut, kritisch wird es beim Datenschutz.

Auf Smartphones vorinstallierte Wetter-Apps sind nicht die besten. Diese Programme stammen meist von amerikanischen Firmen. Nach Expertenmeinung geben deren Modelle europäische Gegebenheiten nicht optimal wieder. In unserem Test ist die Vorhersage der in Apples iOS und Android integrierten Apps nur befriedigend. Wer genauere Prognosen wünscht, sollte sich eine andere Software zulegen.

Wir haben acht Wetter-Apps fürs iPhone untersucht. Sie stehen auch für das Betriebssystem Android zur Verfügung. Neben der Vorhersagegenauigkeit interessierten Handhabung und Datenschutz. Viele Apps versenden unangenehmerweise mehr Daten, als für die Erfüllung ihrer Aufgabe nötig ist. Der Nutzer merkt davon nichts. Sechs Apps senden unnötigerweise die Geräte-Identifikationsnummer, teilweise sogar an Drittfirmen. Als unkritisch konnten nur die auf iPhones vorinstallierte App und die WetterOnline-App eingestuft werden. Für die Android-Versionen gilt das aber nicht. Sie senden zu viele Daten.

Um die Qualität der Vorhersage zu prüfen, haben wir zwei Monate lang an neun weltweiten Standorten die von den Apps vorhergesagten Temperaturen und Niederschläge mit den tatsächlichen Werten verglichen. Einen Hinweis darauf, ob man draußen einen Regenschutz benötigt, liefert das Niederschlagsradar, das anzeigt, wie sich Regenwolken ausbreiten werden. Nur fünf der Apps bieten es. ■

Mal mehr, mal weniger Infos
Das Informationsangebot der Apps unterscheidet sich deutlich. Am sparsamsten ist es bei der vorinstallierten App von Yahoo!. Viel mehr bietet WeatherPro. Dieses Programm ist zwar nicht kostenlos, dafür punktet es mit einer ganzen Reihe von nützlichen Funktionen. Zum Beispiel liefert es Wassertemperaturen, Satellitenbilder und Grafiken, die die Wetterentwicklung während einer Woche zeigen.

Unser Rat

Für Babys: Beste Babyschale ist die Peg Perego Primo Viaggio SL mit Isofixbasis (300 Euro).
Für Kleinkinder: Kiddy Phoenixfix Pro 2 (199 Euro) und Cybex Juno 2-Fix (195 Euro). Beide mit Fangtisch.
Für Schulkinder: Römer Kidfix XP Sict (229 Euro) mit sehr gutem Unfallschutz für Kinder von 4 bis 12 Jahre.
Alternative: Ein guter mitwachsender Sitz der Gruppe I/II/III (1–12 Jahre).

Gegen die Wand

6 + 11/2013 Autokindersitze müssen ihre Sicherheit im Crashtest beweisen. Vier Modelle fallen durch. Wir zeigen, welche Sitze sicher sind.

Wumm. Mit einem Knall prallt die Crashtest-Karosse auf das Hindernis, als wir einen Unfall von der Seite simulieren. Der Kopf des Dummys im Kindersitz schleudert und schlägt hart gegen die Tür. Die Sensoren im Kopf des Dummys schlagen Alarm. Eine tiefe Delle in der Styroporverkleidung der Testkarosse zeigt die Wucht des Aufpralls. Für ein Kind wäre ein solcher Schlag gegen die Autotür eine tödliche Gefahr. Der Kindersitz hätte ihn verhindern müssen, durch eine gut geformte Rückenlehne mit Seitenschutz. Er fällt durch.

Vier sind mangelhaft

Vier Kindersitze bringen nicht, was sie bringen sollen: unbedingte Sicherheit für den Insassen. Die Babyschalen Nania Baby Ride und Osann Baby Ride (baugleich) versagen beim Aufprall von der Seite. Der rückwärts montierte Axkid Kidzofix reißt beim Frontalaufprall ab und fliegt durch das Fahrzeug. Auch der Römer Xtensafix für Kinder von 9 bis 36 Kilogramm bringt kleine Passagiere nicht rundum sicher ans Ziel – mangelhaft.

Zum Glück gibt es genügend Alternativen. Die Stiftung Warentest hat in diesem Jahr 41 Kindersitze für alle Altersklassen getestet, gemeinsam mit dem ADAC. Neben der Unfallsicherheit zählen auch Handhabung und Ergonomie. Ein guter Kindersitz sollte zudem keine Schadstoffe enthalten. Wir untersuchen Gurte, Bezüge und Polster auf Chemie, die Kindern schaden könnte. Dabei erleben wir immer wieder Überraschungen. ▸

Welche Befestigung für wen?
Isofix: Schnelle und sichere Befestigung für Kindersitze im Autos mit stabilen Haken unten am Kindersitz und genormten Ösen, die fest mit der Karosserie verbunden sind.
Universal: Sitzbefestigung mit dem Autogurt. Funktioniert immer dann, wenn kein Isofix vorhanden ist.
Rückwärts: Kleinkinder bis 15 Monate sollen rückwärts reisen. Das ist bei einem Aufprall sicherer.

test Autokindersitze I — 6+11/2013

www.test.de		Mittlerer Preis ca. (Euro)	Unfallsicherheit	Handhabung, Ergonomie	Schadstoffe	test-QUALITÄTSURTEIL
Gewichtung			50 %	50 %	0 %	100 %
Gruppe 0+: bis 13 kg Körpergewicht						
Peg Perego Primo Viaggio SL	mit Isofixbasis	300	++	++	○	SEHR GUT (1,5)
	ohne Isofix	170	+	+	○	GUT (1,9)
Takata Mini	mit Isofixbasis	450	+	+	++	GUT (1,7)
	ohne Isofixbasis	229	+	+	++	GUT (2,2)
Concord Air	mit Isofixbasis	360	++	+	⊖*)	BEFRIEDIGEND (2,6)
	ohne Isofixbasis	190	++	+	⊖*)	BEFRIEDIGEND (2,6)
Cybex Aton 3[1]	mit Isofixbasis 2-Fix	270	++	++	⊖*)	BEFRIEDIGEND (3,4)
	ohne Isofixbasis 2-Fix	160	++	+	⊖*)	BEFRIEDIGEND (3,4)
Jane Strata mit Isofixbasis		420	⊖*)	+	++	AUSREICHEND (4,5)
Nania Baby Ride		39	–*)	+	○	MANGELHAFT (4,8)
Osann Baby Ride[2]		39	–*)	+	○	MANGELHAFT (4,8)
Gruppe 0/I: bis 18 kg Körpergewicht						
Nania Driver SP		79	○	⊖*)	○	AUSREICHEND (3,7)
Gruppe 0+/I: bis 18 kg Körpergewicht						
Cybex Sirona Isofix		450	+	+	++	GUT (2,0)
Maxi Cosi Milofix mit Isofix		299	+	+	++	GUT (2,3)
Concord Ultimax Isofix		330	+	+	⊖*)	BEFRIEDIGEND (2,6)
Römer Max-Fix		390	+	+	–*)	MANGELHAFT (5,5)
Gruppe I: Von 9 kg bis 18 kg Körpergewicht						
Cybex Juno 2-Fix		195	++	++	++	SEHR GUT (1,4)
Kiddy Phoenixfix Pro 2 Isofix		199	++	++	++	SEHR GUT (1,4)
Takata Midi Isofix		450	+	+	++	GUT (1,8)
Casualplay Q-Retraktor Fix mit Stützfuß		430	+	+	○	GUT (1,9)

Bewertungsschlüssel der Prüfergebnisse: ++ = Sehr gut (0,5–1,5). + = Gut (1,6–2,5). ○ = Befriedigend (2,6–3,5). ⊖ = Ausreichend (3,6–4,5). – = Mangelhaft (4,6–5,5). **Bei gleichem Qualitätsurteil Reihenfolge nach Alphabet.**
So haben wir getestet: www.test.de/autokindersitze/methodik. ***) Führt zur Abwertung.**
1) Laut Anbieter inzwischen verändert.
2) Baugleichheit. Gleich zum geprüften Produkt Nania Baby Ride. **Einkauf der Prüfmuster:** Januar bis Juli 2013.

Funde im Schadstofftest

Die Babyschale Cybex Aton 3 hat den Crashtest eben mit Bravour bestanden (schützt sehr gut), nun fährt sie in der Schadstoffprüfung gegen die Wand. Unsere Chemiker entdecken Naphthalin im Bezugsstoff. Naphthalin steht im Verdacht, Krebs zu erzeugen. Es gehört zur Gruppe der polyzyklischen aromatischen Kohlenwasserstoff, kurz PAK. Von der gefundenen Menge geht keine akute Gesundheitsgefahr aus, in einem Kindersitz hat der Stoff aber nichts zu suchen. test-Urteil deshalb: noch befriedigend. Auch der Bezug der Babyschale Concord Air enthält Schadstoffe, hier sind es Organozinnverbindungen. PAK in noch höheren Konzentratio-

test Autokindersitze II — 6+11/2013

www.test.de		Mittlerer Preis ca. (Euro)	Unfall-sicherheit	Handhabung, Ergonomie	Schadstoffe	test-QUALITÄTSURTEIL
Gewichtung			50 %	50 %	0 %	100 %
Gruppe I: Von 9 kg bis 18 kg Körpergewicht						
Römer Versafix Isofix		315	+	+	++	GUT (1,9)
Brevi Axo ifix Isofix		400	+	+	○	GUT (2,0)
Peg Perego Viaggio1 Duo-Fix K Isofix		350	+	+	○	GUT (2,0)
Casualplay Q-Retraktor Fix		400	+	+	○	GUT (2,3)
Maxi Cosi Rubi		189	○*)	+	++	BEFRIEDIGEND (2,9)
Graco Coast		140	○*)	+	○	BEFRIEDIGEND (3,1)
Gruppe I/II: Von 9 kg bis 25 kg Körpergewicht						
Britax Max-Way		305	+	⊖*)	○	AUSREICHEND (4,0)
Axkid Kidzofix[1]		410	–*)	+	–	MANGELHAFT (5,5)
Gruppe I/II/III: Von 9 kg bis 36 kg Körpergewicht						
Recaro Monza Nova IS Isofix		270	+	+	++	GUT (2,0)
Klippan Triofix mit Isofixbasis		430	○*)	+	++	BEFRIEDIGEND (2,9)
Storchenmühle Starlight SP		170	○*)	+	○	BEFRIEDIGEND (2,9)
IWH Multimax		99	⊖*)	○	++	AUSREICHEND (3,8)
Römer Xtensafix		300	–*)	○	++	MANGELHAFT (4,6)
Gruppe II/III: Von 15 kg bis 36 kg Körpergewicht						
Römer Kidfix XP Sict		229	++	+	++	GUT (1,7)
Recaro Monza Nova 2	mit Seatfix	220	+	+	++	GUT (2,0)
	ohne Seatfix	180	+	+	++	GUT (1,8)
Diono Monterey 2 Isofix		128	+	+	○	GUT (1,9)
Storchenmühle Solar		130	+	++	++	GUT (1,9)
Chicco Oasys 2-3 Fixplus		199	+	+	++	GUT (2,2)
Chicco Oasys 2-3		169	○*)	+	++	BEFRIEDIGEND (3,2)
Klippan Triofix		265	○	⊖*)	++	AUSREICHEND (3,6)

Bewertungsschlüssel der Prüfergebnisse: ++ = Sehr gut (0,5–1,5). + = Gut (1,6–2,5). ○ = Befriedigend (2,6–3,5). ⊖ = Ausreichend (3,6–4,5). – = Mangelhaft (4,6–5,5). **Bei gleichem Qualitätsurteil Reihenfolge nach Alphabet.**
So haben wir getestet: www.test.de/autokindersitze/methodik. ***) Führt zur Abwertung.**
1) Laut Anbieter Bezug geändert. **Einkauf der Prüfmuster:** Januar bis Juli 2013.

nen als beim Cybex Aton 3 entdeckten wir beim Römer Max-Fix. Sie steckten in den Pads der Hosenträgergurte. Kinder könnten daran lutschen. test-Urteil: mangelhaft. Römer hat inzwischen reagiert. Käufer des Autokindersitzes Max-Fix können kostenlos die Gurtpolster austauschen – beim Händler oder über den Römer-Kundenservice.

Gute für 130 Euro

Fazit des Tests: Es gibt sichere und schadstofffreie Kindersitze für alle Altersgruppen. Sie müssen nicht teuer sein. Guten Schutz für wenig Geld bieten beispielsweise Diono Monterey 2 (128 Euro) und Storchenmühle Solar (130 Euro). Die Tabelle zeigt Testsieger, Preise und Details. ■ Anbieter Seite 272

Unser Rat

Das Fernbusnetz in Deutschland wächst schnell. Der Bus bietet sich immer häufiger als preiswerte Alternative zu Auto und Bahn an. Die Fahrten dauern meist aber deutlich länger als mit der Bahn. Als Wegweiser für Fernbus-Reisen empfiehlt sich die Internetseite **www.busliniensuche.de**. Sie nennt für die gewünschten Verbindungen Anbieter und alle Preise auf einen Blick.

Billig und bequem

5/2013 Die neuen Fernbusse locken mit Sparpreisen, WLan und Freundlichkeit. Wir sind mitgefahren. Der erste Eindruck ist positiv.

Seit Januar 2013 können Reisende ähnlich wie in Italien, Spanien oder den USA auch hierzulande den Fernbus als Alternative zum Auto oder zur Bahn wählen. Für einen ersten Eindruck sind wir einmal quer durch Deutschland gefahren.

Zwei Firmen bieten Busreisen schon seit vielen Jahren an: Berlin Linien Bus und Deutsche Touring. Die anderen sind Neugründungen. Das Geschäftsmodell der großen Fernbusanbieter ähnelt sich: Sie sorgen für den einheitlichen Markenauftritt, die Linienplanung und Preisgestaltung sowie das Marketing und die Buchung. Regionale Partner führen die Fahrten durch. In der Regel gehören ihnen auch die Busse.

Kostenloses WLan in vielen Bussen

Der erste Eindruck auf unserer Probereise war positiv. Die Fahrt in den meist neuen Bussen war angenehm, nicht zuletzt deshalb, weil oft nicht einmal jeder zweite Platz besetzt war. Die Sitze sind bequem, lassen sich recht weit verstellen und bieten auch für Größere ausreichend Beinfreiheit. Viele der Jüngeren haben ein Notebook auf dem Schoß. Sie nutzen das kostenfreie WLan.

Der Discounter Aldi ist im April gemeinsam mit dem Bonner Bus-Unternehmen Univers mit zehn Linien und Preisen ab 9,90 Euro gestartet. Ein weiterer Großanbieter fährt seit Oktober: die Postbusse von ADAC und der Deutschen Post. Insgesamt gibt es schon über 70 Anbieter, 10 davon mit mehr als fünf Linien. ■

Umwelt und Sicherheit
Der Bus hat ein schlechtes Image. Zu Unrecht. Sowohl bei der Ökologie als auch bei der Sicherheit fahren Busse vorn. Bus- und Bahnunglücke fordern pro Jahr weniger als ein Prozent der Verkehrsopfer. Das Risiko, im Auto zu verunglücken, ist viel höher. Das Umweltbundesamt hat im Jahr 2010 die Emissionen einzelner Verkehrsträger verglichen. Der Reisebus schnitt am besten ab.

Unser Rat

Für iPhones: Tomtom (90 Euro) führt am besten zum Ziel, **iGo Primo** (65 Euro) ist aber fast genauso gut.

Für Android-Smartphones: Tomtom navigiert am besten (70 Euro), danach **Navigon** (60 Euro), **Sygic** (50 Euro).

Für Windows Phones: Navigon (85 Euro) weist gut den Weg und bietet zusätzlich einen Live-Dienst.

Kaufen statt sparen

6/2013 Neue Smartphones haben kostenlose Navigationsdienste vorinstalliert. Doch der Test zeigt: Gekaufte Apps navigieren besser.

Auf neuen iPhones ist Apple Karten vorinstalliert. Die Navi-App zeigt nur kleine Ausschnitte der Karten – auf Autobahnen rund 500 Meter. So lässt sich das nächste Manöver kaum vorhersehen. Apple Karten bietet auch keinen Assistenten, der die richtige Spur weist. Außerdem fehlt Kontrast. Die blaue Route auf grauem Hintergrund fällt bei Sonnenlicht kaum auf. Bei Dunkelheit bleiben die Farben unverändert. Einen Nachtmodus kennt Apple Karten nicht.

Auf Android-Smartphones ist Google Maps installiert. Das Programm führt zuverlässiger zum Ziel. Anzeigen sind deutlicher zu erkennen. Allerdings liegen die Karten weder bei Google noch bei Apple an Bord der Smartphones. Zum Navigieren rufen sie Karten im Internet ab. Dafür brauchen sie eine Datenverbindung. Auf 120 Kilometern verursachte Google Maps bis zu 10 Megabyte Datenverkehr, Apple Karten 9 Megabyte. Vielfahrer schöpfen damit ihre Flatrate aus. Im Ausland entstehen Roamingkosten: in der EU bis zu 83 Cent je Megabyte. Außerhalb der EU bis 10 Euro je Megabyte.

Je teurer, desto besser

Genug Gründe für eine Navi-App mit Karten an Bord. Am besten lotste im Test Tomtom durch den Verkehr. Die Anzeigen sind deutlich, Ansagen kommen zum perfekten Zeitpunkt. Das Menü ist sehr einfach zu bedienen. Mit 90 Euro im App Store und 70 Euro bei Google Play gehört Tomtom allerdings zu den teuersten Navi-Apps. Fast genauso gut führt iGo für 65 Euro iPhone-Nutzer ▸

Anfassen verboten

Autofahrer dürfen ihr Smartphone unterwegs nicht in die Hand nehmen – auch nicht als Navigationsgerät. Steckt das Smartphone in einer Halterung, darf der Autofahrer es theoretisch berühren. Aber Achtung: Er muss sich auf den Verkehr konzentrieren. Verursacht er beim Eintippen einen Unfall, gilt das als fahrlässig. Je nach Tarif kann die Versicherung die Schadenübernahme ablehnen.

11 Navigations-Apps für Smartphones

test Navigations-Apps für Smartphones 6/2013

www.test.de	Preis ca. (Euro)	Navigation	Handhabung	Nutzungszeit mit Akku	Vielseitigkeit
iOS (geprüft auf Apple iPhone 5)[1)]					
Tomtom Europa	90,00	+	○	+	+
iGo Primo Europe	65,00	+	○	+	+
Navigon Europe[2)]	90,00	+	○	○	+
Garmin Western Europe[2)]	80,00	+	+	++	+
Google Maps	Kostenlos	+	○	+	⊖
V-Navi Westeuropa[3)]	45,00	+	⊖	○	+
Navfree GPS Deutschland	Kostenlos	○	−	++	○
Apple Karten	Kostenlos[10)]	○	⊖	+	⊖
Skobbler GPS Navigation 2[4)]	7,30	○	+	+	○
Android (geprüft auf Samsung Galaxy S III)[5)]					
Tomtom Europa	70,00	+	○	++	+
Navigon Europe[2)]	60,00	+	○	+	+
Sygic GPS Navigation Europe[2)]	50,00	+	○	++	+
Google Maps	Kostenlos[10)]	+	+	○	⊖
Falk Navigator Plus Europe[6)]	44,00	○	○	○	+
ALK Copilot Live Premium Europe	45,00	○	+	○	+
Navfree	Kostenlos	○	−	++	+
Mapfactor Navigator[2)7)]	Kostenlos	○	−	++	+
Windows Phone (geprüft auf Nokia Lumia 920)[8)]					
Navigon Europe	85,00	+	○	⊖	+
Nokia Drive+[9)]	Kostenlos[10)]	○	○	○	○

Bewertungsschlüssel der Prüfergebnisse: ++ = Sehr gut (0,5–1,5). **+** = Gut (1,6–2,5). **○** = Befriedigend (2,6–3,5). **⊖** = Ausreichend (3,6–4,5). **−** = Mangelhaft (4,6–5,5).
Reihenfolge nach Urteil Navigation (1,7 bis 3,5), bei gleichem Urteil nach Alphabet.
1) Version 6.0.2. **2)** Laut Anbieter Softwareupdate verfügbar.
3) Geprüft mit In-App Westeuropa. **4)** Geprüft mit In-App für Onboard-Navigation.
5) Version 4.1.2. **6)** Geprüft mit In-App 3D advanced.
7) Geprüft mit Karten von Open Street Map. **8)** Version 8.0.9903.10.
9) Laut Anbieter ist ein Softwareupdate verfügbar und die App heißt jetzt Here Drive+.
10) Vorinstalliert.

Einkauf der Prüfmuster: Januar 2013.

durch den Verkehr. Android-Nutzer sparen mit Navigon für 60 Euro oder Sygic für 50 Euro. Ganz anders zwei kostenlose Apps: Sie verfehlen ihr Ziel. Navfree kennt keine Hausnummer, Mapfactor nur wenige. Die Programme führen nur in die richtige Straße. Die Hausnummer soll der Fahrer selbst finden – bei langen Straßen ein Problem.

Datenverkehr ausschalten

Einige Apps senden Nutzungsstatistiken oder Standortdaten. Zum Navigieren ist das unnötig. Der Anbieter sammelt so geldwerte Daten. Wir bewerten das kritisch. Sehr kritisch ist der Datenschutz bei Falk: Die App überträgt Benutzernamen und Passwort unverschlüsselt. ■ **Anbieter Seite 272**

Unser Rat

Tomtom navigiert am besten und aktualisiert Karten ein Leben lang kostenlos. Nutzer haben drei Größen zur Auswahl. 10,9 cm Bilddiagonale: **Tomtom Via 130 M** für 170 Euro. 12,7 cm: **Tomtom Via 135 M** für 189 Euro. 15,3 cm: **Tomtom Start 60 M** für 184 Euro. Lebenslange Kartenabos und Premium TMC bieten **Becker Professional 50** (209 Euro) und **Garmin nüvi 3590LMT** (240 Euro).

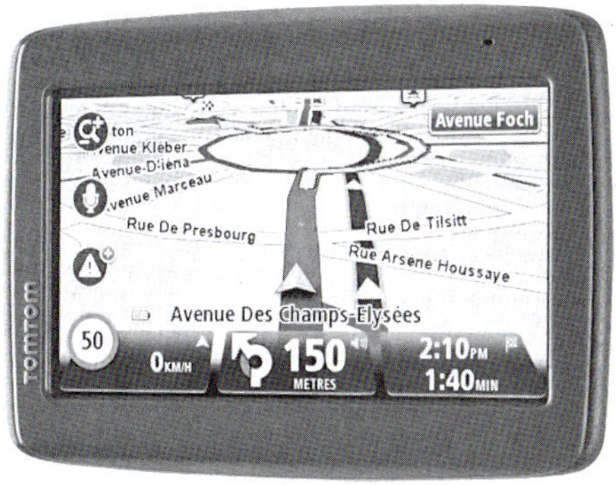

Nie mehr in die Irre fahren

2/2013 Alte Navis führen leicht in die Irre. Doch Updates kosten. Gute Geräte mit kostenlosen lebenslangen Kartenabos gibt es ab 170 Euro.

Jedes Jahr verändern sich 15 Prozent der Straßen. Trotzdem sind drei von vier Autofahrern mit veralteten Karten oder Navigationsgeräten unterwegs. Nur jeder dritte Navibesitzer hat sein Gerät jemals aktualisiert. Kein Wunder: Bei Becker und Garmin kostet ein einzelnes Kartenupdate knapp 60 Euro. Tomtom kassiert rund 70 Euro pro Aktualisierung. Alternative: Einige Anbieter bieten inzwischen ausgewählte Navis mit kostenlosen lebenslangen Kartenaktualisierungen. Im Test waren das Becker, Garmin und Tomtom. Die Geräte kosten zwischen 170 und 240 Euro. Dafür liefern die Anbieter regelmäßig aktualisierte Karten – solange das Gerät lebt. Wer sein Navi nicht aktualisiert und stattdessen ein neues mit lebenslangen Kartenupdates kauft, spart schon nach wenigen Jahren Geld. Außerdem bieten heutige Navis ausgereiftere Funktionen und größere Bildschirme als vor einigen Jahren. Wie gut sie den Weg weisen, zeigt der Test von zwölf Geräten in drei verschiedenen Größen. In jeder Klasse heißt der Testsieger Tomtom.

„Bring mich zur nächsten Tankstelle"
Tomtom hat im vergangenen Jahr die Spracherkennung deutlich verbessert. Autofahrer können ihr Navi nun weitgehend per Stimme bedienen. Die Geräte erkennen Adressen und Orte von besonderem Interesse nahezu fehlerfrei. Ortsunkundige sagen „Bring mich zur nächsten Tankstelle", und Tomtom plant die Route. Einziger Haken: Der Fahrer muss die Spracherkennung ▸

Navis mit Fernsehempfang
Garmin nüvi 2585TV und Navgear Streetmate RSX-60-DVB-T empfangen auch Fernsehsignale. Beim Garmin ist der Bildschirm hell. In Ballungszentren findet die kleine Teleskopantenne alle verfügbaren DVB-T-Programme. Per Klick auf das REC-Symbol können Zuschauer das Programm aufnehmen. Beim Navgear ist das Bild dunkler. Bediensymbole sind klein, schwer zu treffen. Aufnahmen nicht möglich.

test Navigationsgeräte 2/2013

www.test.de	Mittlerer Preis in Euro ca.	Navigation	Handhabung	Vielseitigkeit	Verarbeitung	Nutzungszeit mit Akku	test-QUALITÄTSURTEIL
Gewichtung		45 %	35 %	10 %	5 %	5 %	100 %
Bildschirmdiagonale etwa 10,9 cm (4,3 Zoll)							
Tomtom Via 130 M Europe Traffic	170	+	+	+	+	○	**GUT (1,8)**
Becker Active 45[1]	155	+	+	+	○	+	**GUT (2,1)**
Garmin nüvi 140T	104	+	+	+	+	+	**GUT (2,2)**
Bildschirmdiagonale etwa 12,7 cm (5,0 Zoll)							
Tomtom Via 135 M Europe Traffic	189	+	+	+	+	○	**GUT (1,8)**
Becker Professional 50	209	+	+	+	○	○	**GUT (2,1)**
Garmin nüvi 3590LMT[2]	240	+	+	+	++	⊖	**GUT (2,1)**
Garmin nüvi 150T	110	+	+	+	+	+	**GUT (2,2)**
Garmin nüvi 2585TV	250	+	+	+	+	○	**GUT (2,2)**
Blaupunkt Travelpilot 50 EUR	99	○	○	+	○	○	**BEFRIED. (2,8)**
A-rival XEA 503 CE	87[3]	○	+	○	○	○	**BEFRIED. (2,9)**
Bildschirmdiagonale etwa 15,3 cm (6,0 Zoll)							
Tomtom Start 60 M Europe Traffic	184	+	+	+	+	○	**GUT (2,0)**
Pearl / Navgear Streetmate RSX-60-DVB-T Europa	180[3]	+	○	+	○	○	**BEFRIED. (2,7)**

Bewertungsschlüssel der Prüfergebnisse: ++ = Sehr gut (0,5–1,5). + = Gut (1,6–2,5). ○ = Befriedigend (2,6–3,5). ⊖ = Ausreichend (3,6–4,5). — = Mangelhaft (4,6–5,5). **Bei gleichem Qualitätsurteil Reihenfolge nach Alphabet.**
1) Laut Anbieter Auslaufmodell. **2)** Laut Anbieter durch Nachfolger 3597 LMT ersetzt. **3)** Preis laut Anbieter.
Einkauf der Prüfmuster: bis November 2012.

manuell einschalten, indem er das Mikrofonsymbol auf dem Tomtom-Bildschirm berührt. Beim Garmin nüvi 3590LMT startet die Spracherkennung auf Zuruf. Die Hände bleiben am Lenkrad, die Konzentration beim Verkehr. Sowohl für Tomtom als auch für Garmin gilt: Mit etwas Übung funktioniert die Eingabe per Sprache einfacher als die manuelle.

Auch die Bildschirme entwickeln sich weiter. Das Garmin nüvi 3590LMT nutzt ein kapazitives Display. Den Ort der Berührung kann es sehr genau bestimmen. Folge: Ähnlich wie Bildschirme moderner Smartphones und Tablets reagiert das Navi besonders empfindlich auf Berührungen. Es genügen leichte Fingertipps. Außerdem bietet der Bildschirm viele Pixel: 800 x 480. Garmin nutzt die hohe Auflösung für detailreichere Karten. Die übrigen Navigationsgeräte im Test nutzen resistive Bildschirme. Elektrische Signale entstehen hier durch Druck. In der Vergangenheit waren diese Displays wenig feinfühlig. Doch inzwischen nehmen fast alle resistiven Bildschirme selbst leichte Berührungen wahr – beinahe so empfindlich wie kapazitive Bildschirme. Einzig das Navgear Streetmate braucht manchmal mehrere Berührungen, bis es reagiert. Beim Adressentippen brauchen Nutzer reichlich Geduld. Hinzu kommt: Viele Bediensymbole befinden sich am Rand des Bildschirms. Dort ist das Navgear besonders unempfindlich. ■

Anbieter Seite 272

Unser Rat

Für **Kleinwagen (185/60 R15)** ist der **Michelin Energy Saver+** (94 Euro) der beste Sommerreifen. Der billigste Gute der Klasse ist aktuell der **Nokian Line** (60 Euro). Für die **Kompakt- und Mittelklasse (225/45 R17)** sind **Continental ContiSportContact 5** (138 Euro) und **Goodyear Eagle F1 Asymetric 2** (130 Euro) am besten. Der billigste Gute der Klasse ist **Semperit Speed-Life** für 115 Euro.

Beschränkte Haftung

3/2013 Manchem Reifen fehlt bei Nässe die notwendige Bodenhaftung, andere bleiben besser in der Spur. Manche bremsen schlecht.

Es regnet. Zwei Autos fahren mit 80 Stundenkilometern auf ein Hindernis zu. Beide bremsen gleichzeitig. Das eine Auto kommt noch vor der Barriere zum Stehen. Das andere bricht spektakulär durch. Es schlittert noch 15 Meter weiter – etwa vier Fahrzeuglängen. Was mit Absperrkegeln auf einem Testgelände simuliert wird, kann auf der Straße dramatische Folgen haben. Während der eine Autofahrer einen Schaden vermeiden kann, kracht der andere mit 44 Sachen zum Beispiel in ein Stauende. Auf beide Fahrzeuge sind Sommerreifen der beliebten Kleinwagengröße 185/60 R15 montiert: auf dem ersten mit dem kürzeren Bremsweg der Semperit Comfort-Life 2. Der Reifen ist gut. Auf dem zweiten sitzt der Sailun Atrezzo SH402. Sein unzureichendes Bremsverhalten führt zu einer Abwertung des Qualitätsurteils auf mangelhaft.

Nicht jeder fährt bei Nässe gut

Der Semperit musste noch in anderen Prüfungen beweisen, dass er zu den guten Reifen zählt, zum Beispiel beim Handling auf nasser Fahrbahn. In diesem Test werden Kurven schnell durchfahren – eigentlich viel zu schnell für Otto Normalfahrer. Die erfahrenen Testpiloten spüren bei diesem Tempo ganz schnell, ob ein Reifen auch in Grenzsituationen noch sauber in die Kurve einlenkt oder ob das Fahrzeug über die Vorderräder aus der Kurve nach außen schiebt. Ein Reifen, der zu stark untersteuert, bekommt auch das Gesamturteil mangelhaft, in ▸

Die Reifenlabel

Auf allen angebotenen Autoreifen klebt ein Label, das den Einfluss des Reifens auf den Treibstoffverbrauch kennzeichnet und sein Bremsverhalten bei Nässe bewertet. Die Einstufungen beruhen jedoch auf Untersuchungen der jeweiligen Hersteller. In unserem internationalen Test werden sämtliche Reifen unter denselben Bedingungen mehrfach und vergleichend geprüft.

test Sommerreifen 185/60 R15 — 3/2013

www.test.de	Deklaration[1]	Mittlerer Preis in Euro ca.	Nasse Fahrbahn	Trockene Fahrbahn	Verschleißfestigkeit	Kraftstoffverbrauch	Geräusch	Schnelllaufprüfung	test-QUALITÄTSURTEIL
Gewichtung			40 %	20 %	20 %	10 %	10 %	0 %	100 %
Kleinwagengröße 185/60 R15 H (maximal 210 km/h)									
Michelin Energy Saver +	88 H	94	+	+	++	+	○	Alle Reifen haben die Schnelllaufprüfung ohne Einschränkungen bestanden.	**GUT (2,0)**
Continental ContiPremiumContact 5	84 H	90	+	+	+	+	○		**GUT (2,1)**
Dunlop Sport BluResponse	88 H	83	+	++	+	+	○		**GUT (2,1)**
Goodyear Efficient Grip Performance	88 H	85	+	+	+	+	○		**GUT (2,1)**
Vredestein Sportrac 5	88 H	66	+	+	+	+	○		**GUT (2,2)**
Bridgestone Turanza T001	84 H	88	+	+	+	+	○		**GUT (2,3)**
Nokian Line	88 H	60	+	+	+	+	○		**GUT (2,3)**
Fulda EcoControl HP	84 H	73	+	+	+	+	○		**GUT (2,5)**
Semperit Comfort-Life 2	84 H	76	+	+	+	+	○		**GUT (2,5)**
Pirelli Cinturato P1	84 H	84	○*)	+	+	+	○		**BEFRIED. (2,6)**
Barum Brillantis 2	84 H	72	+	○*)	+	+	○		**BEFRIED. (2,9)**
Hankook Kinergy Eco K425	84 H	70	○*)	+	+	+	○		**BEFRIED. (3,0)**
Firestone Firehawk TZ 300α	84 H	77	○*)	+	+	○	○		**BEFRIED. (3,3)**
Nexen N Blue HD[2]	84 H	64	○	+	⊖*)	++	○		**AUSREICH. (3,8)**
GT Radial Champiro 228	84 H	69	⊖*)	○	++	+	○		**AUSREICH. (3,9)**
Kleber Dynaxer HP 3	84 H	75	−*)	+	+	+	○		**MANGELH. (4,9)**
Marangoni Verso	88 H	66	−*)	+	++	+	○		**MANGELH. (5,5)**
Rotalla Radial F108	84 H	81	−*)	○	++	+	○		**MANGELH. (5,5)**
Sailun Atrezzo SH402	88 H, M&S	59	−*)	⊖	+	+	○		**MANGELH. (5,5)**

Bewertungsschlüssel der Prüfergebnisse: ++ = Sehr gut (0,5–1,5). **+** = Gut (1,6–2,5). **○** = Befriedigend (2,6–3,5). **⊖** = Ausreichend (3,6–4,5). **—** = Mangelhaft (4,6–5,5). **Bei gleichem Qualitätsurteil Reihenfolge nach Alphabet.**

***) Führt zur Abwertung.**

1) Lastindex, Geschwindigkeitsindex und Besonderheiten wie „M&S".

2) Laut Anbieter ab DOT 0513 neue Gummimischung.

Einkauf der Prüfmuster: Mai 2012.

diesem Test sind das die Kleinwagenreifen Kleber, Marangoni, Rotalla und Sailun.

Bei nasser Fahrbahn kommt es auf die Gummimischung an. Besonders verschleißfestes Material zeigt sich in Tests immer wieder auch als besonders wasserscheu. Der GT Radial verschleißt sehr wenig, kommt aber bei Regen schnell ins Rutschen. Noch schlechter sind die Produkte von Marangoni und Rotalla. Es geht auch anders, das beweist Michelin mit dem Energy Saver. Es gibt kaum einen Reifen, der einerseits so langlebig ist und andererseits so gute Noten auf nasser Fahrbahn erreicht.

test Sommerreifen 225/45 R17 — 3/2013

www.test.de	Deklaration[1]	Mittlerer Preis in Euro ca.	Nasse Fahrbahn	Trockene Fahrbahn	Verschleißfestigkeit	Kraftstoffverbrauch	Geräusch	Schnelllaufprüfung	test-QUALITÄTSURTEIL
Gewichtung			40 %	20 %	20 %	10 %	10 %	0 %	100 %
Kompakt- und Mittelklassegröße 225/45 R17 W oder Y (maximal 270 bzw. 300 km/h)									
Continental ContiSportContact 5	94 Y	138	+	+	+	+	○	Alle Reifen haben die Schnelllaufprüfung ohne Einschränkungen bestanden.	GUT (2,1)
Goodyear Eagle F1 Asymetric 2	94 Y	130	+	++	+	+	○		GUT (2,1)
Dunlop Sport Maxx RT	94 Y	130	+	+	+	+	○		GUT (2,2)
Michelin Pilot Sport 3	94 Y	145	+	+	+	+	○		GUT (2,2)
Vredestein Ultrac Vorti	94 Y	100	+	++	+	+	○		GUT (2,2)
Hankook Ventus S1 Evo 2 K117	94 Y	105	+	+	+	+	○		GUT (2,3)
Semperit Speed-Life	91 W	115	+	+	+	++	○		GUT (2,3)
Apollo Aspire 4G	94 W	81	○*)	+	+	+	○		BEFRIED. (2,7)
Bridgestone Potenza S001	91 W	133	○*)	++	+	+	○		BEFRIED. (2,7)
Kumho Ecsta LE Sport KU39	91 W	95	○*)	+	+	+	○		BEFRIED. (2,7)
Pirelli Cinturato P7	91 Y	129	○*)	+	++	+	○		BEFRIED. (2,7)
Yokohama C.drive 2	91 W	122	○*)	+	++	+	○		BEFRIED. (2,7)
Falken Azenis FK453	94 Y	105	○*)	+	+	+	○		BEFRIED. (2,8)
Uniroyal RainSport 2	94 Y	118	+	○	○*)	+	○		BEFRIED. (2,8)
Tecar Spirit UHP	94 Y	103	○*)	+	++	+	○		BEFRIED. (3,0)
Toyo Proxes T1 Sport	94 Y	115	○*)	+	+	+	○		BEFRIED. (3,0)
Nexen N8000[2]	94 W	89	+	+	○*)	+	○		BEFRIED. (3,3)
High Performer Sport HS-2[3]	94 W	103	⊖*)	+	○	+	○		AUSREICH. (3,8)
Syron Race 1 Plus[4]	94 W	85	⊖*)	+	+	+	○		AUSREICH. (3,9)

Bewertungsschlüssel der Prüfergebnisse: ++ = Sehr gut (0,5–1,5). + = Gut (1,6–2,5). ○ = Befriedigend (2,6–3,5). ⊖ = Ausreichend (3,6–4,5). — = Mangelhaft (4,6–5,5). **Bei gleichem Qualitätsurteil Reihenfolge nach Alphabet.**

***) Führt zur Abwertung.**

1) Lastindex, Geschwindigkeitsindex und Besonderheiten wie „M&S".

2) Laut Anbieter ab DOT 0513 neue Gummimischung.

3) Laut Anbieter inzwischen durch Nachfolger mit neuem Profil ersetzt.

4) Laut Anbieter inzwischen geändert.

Einkauf der Prüfmuster: Mai 2012.

Immer wieder gibt es Nachrichten über Verkehrsunfälle durch Aquaplaning. Dabei schwimmt ein Reifen auf einem Wasserfilm auf der Fahrbahn auf. Er verliert den unmittelbaren Fahrbahnkontakt. Der Autofahrer wird zum Passagier. Lenken – zwecklos. Wer jetzt hektisch bremst und lenkt, verschlimmert die Lage noch. Erst wenn der Wasserfilm dünner wird, an den Rändern einer Spurrille oder bei leichtem Gefälle, bekommt der Fahrer die Kontrolle zurück. Die Reifenhersteller versuchen, mithilfe des Reifenprofils das Aquaplaningverhalten ihrer Pneus zu verbessern. ■ **Anbieter Seite 272**

Unser Rat

In der Größe 185/60 R15 T ist **Continental ContiWinterContact TS850** (78 Euro) der beste. Ihm folgen **Dunlop Winterresponse 2** (76 Euro), **Firestone Winterhawk 3** (63 Euro) und **Michelin Alpin A4** (80 Euro). Auch bei den 225/45 R17 H liegt **Continental ContiWinterContact TS850** (178 Euro) vorn. Dahinter: **Bridgestone Blizzak LM-32 S** (149 Euro) und **Michelin Alpin A4** (178 Euro).

Schlittern im Schnee

10/2013 Schlechte Winterreifen schwimmen bei Nässe auf und schlittern im Schnee. Auf Eis driften auch sonst gute aus der Kurve.

Horst Wippersteg, Rallye-As der 70er und 80er Jahre und Testfahrer beim ADAC, spürt genau, wenn bei einem Reifen die Seitenführung nicht stimmt. Er warnt: „Fährt ein Normalfahrer mit so einem Reifen nur ein wenig zu schnell in die Kurve, geht ihm ganz schnell die Straße aus." Das heißt: Er fliegt aus der Kurve. Wipperstegs Erfahrungen fließen in den Gemeinschaftstest von Stiftung Warentest und ADAC ein. Geprüft wurden für die Zeitschrift test 32 Winterreifen,davon 17 der Kleinwagengröße 185/60 R 15 T sowie 15 der Kompakt- und Mittelklassegröße 225/45 R 17 H.

Drei Reifen rutschen weg

Die meisten Reifen halten sich gut auf Schnee: Traktion und Seitenführung passen, Anfahren und Bremsen klappt. Nur drei Modelle schneiden hier ausreichend ab: Interstate Winter und Marangoni wegen schwacher Seitenführung, sie rutschen in der Kurve leicht weg. Marangoni und Nexen Eurowin haben zu lange Bremswege. Die besseren Reifen bringen bei einer Vollbremsung aus 50 Stundenkilometern ein Auto etwa eine Wagenlänge früher zum Stehen als diese beiden. Das könnte in der Praxis entscheidend sein.

Krasser sind die Unterschiede bei Nässe. Bis auf ein Modell bremsen im Test alle guten Reifen auch auf nasser Fahrbahn gut. Erheblich zu lange Bremswege haben Kormoran, Marangoni und Sailun. Während die besten Pneus je nach Fahrbahnbelag und

Gut zu wissen

- Gönnen Sie Ihren Winterreifen einen eigene Felgen. Häufiges Ummontieren kann die Reifen schädigen.
- Winterreifen können in der Größe von den Sommerreifen abweichen. Ein schmaleres Format erleichtert die Montage von Schneeketten.
- Mindestprofiltiefe ist 1,6 Millimeter. Empfehlung: Winterreifen spätestens bei 4 Millimetern, Sommerreifen bei 3 Millimetern tauschen.

test Winterreifen 185/60 R 15 T — 10/2013

www.test.de	Mittlerer Preis ca. (Euro)	Nasse Fahrbahn	Schnee	Trockene Fahrbahn	Eis	Verschleißfestigkeit	Kraftstoffverbrauch	Geräusch	Schnelllaufprüfung	test-QUALITÄTSURTEIL
Gewichtung		30 %	20 %	15 %	10 %	10 %	10 %	5 %	0 %	100 %
Continental ContiWinterContact TS850	78	+	+	+	+	++	+	○	Alle Reifen haben die Schnelllaufprüfung ohne Einschränkungen bestanden.	GUT (2,0)
Dunlop Winterresponse 2	76	+	+	+	+	+	++	○		GUT (2,1)
Firestone Winterhawk 3	63	+	+	+	+	++	+	○		GUT (2,1)
Michelin Alpin A4	80	+	+	+	+	++	+	○		GUT (2,1)
Nokian WR D3	70	+	+	+	+	+	+	○		GUT (2,2)
Goodyear UltraGrip 8	75	+	+	+	+	+	+	○		GUT (2,4)
Semperit Speed-Grip 2	64	+	+	+	+	+	++	○		GUT (2,4)
Vredestein Snowtrac 3	69	○*)	+	+	+	+	+	⊖		BEFRIED. (2,6)
Barum Polaris 3	60	○*)	+	○	+	+	+	○		BEFRIED. (2,9)
Pirelli Snowcontrol Serie 3 Winter190	75	○*)	+	+	+	+	+	⊖		BEFRIED. (3,0)
GT Radial Champiro WinterPro	60	○*)	○	○	+	+	+	○		BEFRIED. (3,2)
Hankook Winter i*cept RS W442	65	○*)	○	+	+	+	+	○		BEFRIED. (3,2)
Falken Eurowinter HS-449	61	○	+	+	+	○*)	+	○		BEFRIED. (3,5)
Kleber Krisalp HP2	64	○*)	+	+	○	++	+	⊖		BEFRIED. (3,5)
Nexen Eurowin 600[1]	59	○	⊖*)	+	○	+	+	○		AUSREICH. (3,6)
Kormoran Snowpro b2	54	–*)	+	○	+	+	+	○		MANGELH. (5,2)
Marangoni 4 Winter E+	61	–*)	⊖	+	○	++	○	⊖		MANGELH. (5,5)

Bewertungsschlüssel der Prüfergebnisse: ++ = Sehr gut (0,5–1,5). + = Gut (1,6–2,5). ○ = Befriedigend (2,6–3,5). ⊖ = Ausreichend (3,6–4,5). — = Mangelhaft (4,6–5,5). **Bei gleichem Qualitätsurteil Reihenfolge nach Alphabet.**

***) Führt zur Abwertung.**

1) Laut Anbieter Auslaufmodell.

Einkauf der Prüfmuster: Winter 2012/2013.

Gewicht des Autos durchschnittlich rund 35 Meter brauchen, „schwimmt" der schlechteste etwa 15 Meter weiter. Wenn ein mit Pirelli Sottozero bestückter Mittelklassewagen längst steht, rauscht ihm das gleiche Auto auf Sailun mit über 40 Stundenkilometern ins Heck. Bei solchen Auffahrunfällen sterben Menschen.

Interstate Winter, Kormoran, Marangoni und Sailun patzen auf nasser Straße bei Handling und Seitenführung. Schnell gefahrene Schlenker beim Ausweichen – das Auto rutscht geradeaus. In schnell gefahrenen Kurven schleudern hinterradgetriebene Autos gern mit dem Heck nach vorn. Horst Wippersteg korrigiert solche Sperenzchen mit schnellen Lenkbewegungen und einem beherzten Tritt aufs Gas- oder Bremspedal. „Der Normalfahrer hat da kaum eine Chance", sagt der Profi. ▶

test Winterreifen 225/45 R 17 H — 10/2013

www.test.de	Mittlerer Preis ca. (Euro)	Nasse Fahrbahn	Schnee	Trockene Fahrbahn	Eis	Verschleißfestigkeit	Kraftstoffverbrauch	Geräusch	Schnelllaufprüfung	test-QUALITÄTSURTEIL
Gewichtung		30 %	20 %	15 %	10 %	10 %	10 %	5 %	0 %	100 %
Continental ContiWinterContact TS850	178	+	+	+	+	+	+	○	Alle Reifen haben die Schnelllaufprüfung ohne Einschränkungen bestanden.	**GUT (2,1)**
Bridgestone Blizzak LM-32 S	149	+	+	+	+	+	+	○		**GUT (2,2)**
Michelin Alpin A4	178	+	+	+	+	++	+	○		**GUT (2,2)**
Uniroyal MS plus 77	136	+	+	+	+	+	+	○		**GUT (2,4)**
Goodyear UltraGrip 8 Performance	169	○*)	+	+	+	+	+	○		**BEFRIED. (2,6)**
Nokian WR D3	139	○*)	+	+	+	+	+	○		**BEFRIED. (2,6)**
Dunlop SP Wintersport 4D	170	+	+	+	○*)	+	+	⊖		**BEFRIED. (2,7)**
Fulda Kristall Control HP	136	○	+	○*)	+	+	+	○		**BEFRIED. (2,7)**
Semperit Speed-Grip 2	136	○*)	+	+	+	+	+	○		**BEFRIED. (2,7)**
Pirelli Winter Sottozero 3	171	+	+	+	+	○*)	+	○		**BEFRIED. (2,8)**
Tecar Supergrip 7+ HP	172	○	+	+	+	○*)	+	○		**BEFRIED. (2,8)**
Hankook Winter i*cept RS W442	134	○*)	+	+	+	+	+	○		**BEFRIED. (3,2)**
Toyo Snowprox S953	121	○*)	○	+	○	○	+	⊖		**BEFRIED. (3,5)**
Interstate Winter IWT-2[1]	109	–*)	⊖	○	○	+	+	○		**MANGELH. (5,1)**
Sailun Ice Blazer WSL-2	75	–*)	+	○	+	+	+	○		**MANGELH. (5,5)**

Bewertungsschlüssel der Prüfergebnisse: ++ = Sehr gut (0,5–1,5). + = Gut (1,6–2,5). ○ = Befriedigend (2,6–3,5). ⊖ = Ausreichend (3,6–4,5). – = Mangelhaft (4,6–5,5). **Bei gleichem Qualitätsurteil Reihenfolge nach Alphabet.**
***) Führt zur Abwertung.**
1) Laut Anbieter ab DOT 2412 verändert.
Einkauf der Prüfmuster: Winter 2012/2013.

Auf trockener Straße schwächelt nur ein Reifen beim Bremsen, er bremst spürbar schlechter als die besten in dieser Disziplin. Das Schlusslicht im Test, der Sailun, zeigt selbst unter diesen optimalen Bedingungen ein deutlich schwammiges Fahrverhalten.

Michelin läuft lang, verschleißt wenig

Der Reifenabrieb ist bei nasser Fahrbahn am höchsten. Ursprünglich haben die Hersteller gute Fahreigenschaften bei Nässe und Schnee durch weiche Gummimischungen und damit hohen Verschleiß erkauft. Das ist mittlerweile Schnee von gestern. Der Michelin Alpin A4 erweist sich in beiden Größenklassen als das abriebfesteste Modell. Verschleißfestigkeit sehr gut mit der Note 0,5 heißt es bei ihm zweimal. Trotzdem erreicht er auch bei den Fahrtests fast ausschließlich gute bis sehr gute Ergebnisse. Die anderen Anbieter bekommen den Spagat zwischen Verschleiß und Fahrsicherheit einigermaßen hin. Die Paarung geringer Verschleiß mit unzureichender Fahrsicherheit zeigt sich nur noch bei notenmäßigen Hinterbänklern. ■

Anbieter Seite 272

Unser Rat

Darmkrebs wächst oft lange unbemerkt. Er lässt sich im frühen Stadium gut behandeln. Daher sind **Stuhltests** und **Darmspiegelungen** zur Früherkennung **sinnvoll**. Unsere Auswertung bestätigt deren Nutzen. Die Spiegelung kann im Einzelfall Komplikationen verursachen, ist aber besonders zuverlässig. Ab 55 Jahren, wenn das Darmkrebsrisiko deutlich steigt, ist sie dem Stuhltest vorzuziehen.

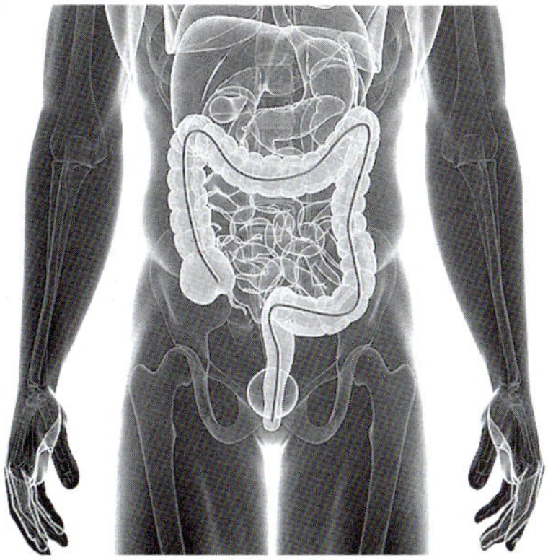

Dem Krebs zuvorkommen

1/2013 Den Darm und seine Exkremente lässt keiner gern untersuchen. Doch Stuhltest und Darmspiegelung können vor Krebs schützen.

Er redet offen darüber: „Vor drei Monaten war ich bei der Darmspiegelung", sagt Sky du Mont. Der Schauspieler und Schriftsteller will andere zur Früherkennung motivieren und unterstützt eine Kampagne der Felix-Burda-Stiftung. Er findet: „Darmkrebsvorsorge darf kein Tabu sein."

Seit 2002 dürfen Versicherte ab 55 zur Darmspiegelung (Koloskopie), zweimal im Abstand von mindestens zehn Jahren. Dabei untersucht der Arzt, meist ein Gastroenterologe, den Dickdarm mit einem Endoskop. So lassen sich Tumore früh entdecken und Vorstufen (Polypen) entfernen. Wahlweise erstatten die Krankenkassen alle zwei Jahre Tests auf verstecktes Blut im Stuhl. Diese finden meist beim Hausarzt statt und sind schon ab 50 möglich – dann im Jahrestakt.

Testtyp hängt vom Alter ab

Die Stiftung Warentest hat beide Methoden begutachtet und hält sie für sinnvoll. Menschen ab 55 Jahren – das Alter, in dem das Darmkrebsrisiko deutlich steigt – sollten zur Koloskopie gehen. Sie kann zwar in Einzelfällen Komplikationen verursachen, ist aber besonders zuverlässig. Für 50- bis 54-Jährige eignet sich der Stuhltest. Sie müssen ihn jährlich wiederholen und verdächtige Befunde per Koloskopie klären lassen. Bei Darmkrebs oder verdächtigen Polypen bei Großeltern, Eltern, Kindern, Geschwistern ist auch für unter 55-Jährige die Darmspiegelung ratsam, erstmals zehn Jahre vorm Diagnosealter ihrer Angehörigen. ■

Gut vorbereitet zur Koloskopie
Wichtig vor jeder Darmspiegelung ist ein Vorgespräch beim Arzt, meist mit Blutabnahme. Er muss erfahren, ob Sie an Krankheiten leiden oder Medikamente nehmen, vor allem Blutverdünner wie ASS, Marcumar, Plavix. Vor der Spiegelung brauchen Sie ein Abführmittel. Das ist unangenehm, aber unerlässlich. Verbleiben Nahrungsreste im Darm, übersieht der Arzt womöglich verdächtige Stellen.

Unser Rat

Alte Menschen mit psychischen Beschwerden sollten ohne Scheu professionelle Hilfe suchen. Erste Anlaufstelle kann der Hausarzt sein. Von ihm können sich Betroffene zum Psychiater oder Psychologen überweisen lassen. **Psychotherapie** und **Medikamente** müssen aber angepasst werden. Für Senioren gut verträgliche Antidepressiva sind Serotonin-Wiederaufnahme-Hemmer.

Raus aus der Schwermut

3/2013 Eine Depression im Alter bleibt oft unentdeckt. Dabei ist sie dann fast so häufig wie bei Jüngeren. Und sie ist durchaus behandelbar.

Seine Augenlider wiegen schwer, der Blick geht nach unten. Tränen stehen Wolfgang Steiner *(Name von der Redaktion geändert)* in den Augen, wenn er von seinem Leben erzählt. Der 70-Jährige war viele Jahre lang Politiker, hatte Frau und Kinder, Freunde und Bekannte. Dann kam der Absturz: in Beruf und Ehe. Das Leben ist ihm seither gleichgültig. Wolfgang Steiner ist schwer depressiv. Weil immer mehr Menschen immer älter werden, ist Depression im Alter ein wachsendes Phänomen – neu ist es nicht. Tatsächlich ist die Erkrankung bei Personen ab 65 Jahre fast so häufig wie bei Jüngeren.

Depression bleibt oft unentdeckt

Im Kern erleben die Betroffenen die gleichen Symptome wie jüngere Erwachsene, aber sie berichten selten davon. Meist klagen sie bei ihrem Hausarzt oder Verwandten über körperliche Beschwerden wie Schlafstörungen, Kopfschmerzen oder Appetitverlust. Weil selten jemand nachfragt, bleibt unentdeckt, dass sie sich nur noch niedergeschlagen und traurig fühlen. Das hat Folgen: Denn wissenschaftliche Untersuchungen haben gezeigt, dass eine psychische Störung die Genesung von körperlichen Erkrankungen verzögert und so zu längeren Krankenhausaufenthalten führt.

Bleibt eine Depression unbehandelt, kann sie chronisch werden. Die gute Nachricht ist jedoch: Wird sie rechtzeitig erkannt, lässt sich eine Depression meist genauso gut behandeln wie in jüngeren Jahren. ■

Passiver Suizid gefährlich
Alte Menschen mit Depression denken zwar seltener an Selbstmord als jüngere. Allerdings enden Selbstmordversuche im Alter häufiger tödlich, denn Senioren und Betagte sind gebrechlicher und sterben bei Suizidversuchen leichter. Experten warnen besonders vor passiven Suiziden, wenn also ein Patient lebensnotwendige Medikamente nicht mehr nimmt oder das Essen verweigert.

Unser Rat

Eltern oder Partner sind meist die ersten, die eine Essstörung bemerken. Wenn sie das Problem ansprechen, stoßen sie oft auf eine Wand. Vor allem Patienten mit Magersucht verleugnen es, trotzen und ziehen sich immer mehr zurück. Wenn Sie als Angehöriger bei einem Familienmitglied eine Störung vermuten: **Lassen Sie das Thema nicht ruhen**. Bieten Sie Hilfe an, immer wieder, unermüdlich.

In der Mitte der Gesellschaft

6/2013 Essstörungen sind längst nicht mehr nur das Problem junger Mädchen. Immer mehr Erwachsene, auch Männer, leiden darunter.

Nicht nur junge, dünne Mädchen, die einem gefährlichen Schlankheitsideal unterliegen, leiden unter Essstörungen. Auch Erwachsene, Männer und immer öfter auch übergewichtige Menschen sind betroffen: Sie essen oder hungern zwanghaft und setzen so ihre Gesundheit aufs Spiel. Was viele nicht wissen: Seit diesem Jahr gilt auch die Binge-Eating-Störung offiziell als Krankheit (binge: englisch für Gelage, eat: essen). Etwa 5 Prozent der Deutschen sind betroffen. Sie leiden unter unkontrollierten Fressattacken. Das Phänomen Essstörung ist damit in die Mitte der Gesellschaft gerückt. Denn Binge-Eater sind meist älter als 30 Jahre, Männer wie Frauen – und übergewichtig.

Übergewichtige besonders gefährdet

Lange Jahre wurde das Risiko für übergewichtige Menschen, an einer Essstörung zu erkranken, unterschätzt. Dabei leiden sie zwanzigmal häufiger an krankhaftem Essverhalten als normal- oder untergewichtige Menschen. Magersucht (Anorexia Nervosa) und Ess-Brech-Sucht, auch als Bulimie bekannt, sind hingegen schon länger als Krankheiten anerkannt. Weniger als 1 von 100 Bundesbürgern leidet daran.

Gravierende Folgen für die Gesundheit kann freilich jede der Essstörungen mit sich bringen: Binge-Eater erkranken häufig an Diabetes und Bluthochdruck. Magersüchtige und Bulimie-Kranke leiden oft an Nierenschäden, Herzrhythmusstörungen oder auch an Zahnschäden. ■

Hier finden Sie Hilfe vom Profi
Beratungsstellen, Therapieeinrichtungen und spezialisierte Psychotherapeuten gibt es auf www.bundesfach verbandessstoerungen.de. Die Selbsthilfeorganisation ANAD (Anorexia Nervosa and Associated Disorders) bietet auf www.anad.de einen Selbsttest sowie Onlineberatung an. Informationen zum Thema von der Forschungsinitiative der Uni Leipzig gibt es auf www.ab-server.de.

Unser Rat

DiabetesPlus Typ 2 punktet mit Übersichtlichkeit und großem Funktionsumfang. Auch der **PillReminder** schneidet gut ab – die App erinnert an die Antibabypille. **MyFitnessPal** erhielt ein gut für einfache Handhabung. Ihre Android-Version fällt allerdings beim Datenschutz durch. Eine sehr gute App sollte stets Impressum, Autor und Quelle aufführen. Im Test enthielt keine alle drei Angaben.

Handy-Helferlein mit Tücken

11/2013 Abnehm-Coach, Medikamenten-Manager und Co. können unterstützen. Sensible Daten sind aber nicht bei allen Apps sicher.

Jeder fünfte Deutsche nutzt Gesundheits-Apps bereits. Der Markt boomt, rund 97 000 Apps mit Gesundheitsbezug wurden im März 2013 auf den führenden Downloadportalen angeboten. Etwa 1 000 kommen jeden Monat hinzu. Die hilfreichen unter den Handy-Programmen zählen Kalorien, erinnern an fällige Medikamente oder helfen den Blutzuckerspiegel zu überwachen. Die Stiftung Warentest hat 24 Apps auf Herz und Nieren geprüft – jeweils 12 für die Betriebssysteme Android und iOS. Dabei ging es um Gewichtskontrolle, Diabetes, Rauchen-Aufgeben und Medikamentenverwaltung. Kein Programm schnitt sehr gut ab. Als Defizit fast aller getesteten Handy-Helferlein erwies sich die Transparenz – oft fehlte etwa ein Impressum.

Fremde lesen mit

Auch beim Thema Datenschutz fielen einige der Kandidaten im Test negativ auf: Vier Apps sind sehr kritisch, zwei kritisch. Die App „QuitNow Pro – Rauchen aufgeben" etwa verschlüsselt das Nutzerpasswort unzureichend und den Nutzernamen gar nicht. Die Abnehm-App „FatSecret" sendet beide Angaben ungeschützt. Fremde könnten sich so selbst mit den abgefangenen Daten einloggen und das Nutzerkonto übernehmen.

Pharmakonzern oder IT-Firma?

Auch bei den 18 unkritischen Apps weiß der Nutzer oft nicht wirklich, wem er seine sensiblen persönlichen Daten anvertraut. Hinter

Orientierungshilfe
Zu folgenden Punkten sollten vertrauenswürdige Apps Angaben machen: Urheber, fachliche Qualifikation, Datenquellen sowie Angaben zum Stand der Informationen, Zielgruppe, Datenschutzerklärung, die Zweckbestimmung (medizinisch oder unterstützend), die Finanzierung (ist die App kostenpflichtig, wird Werbung eingeblendet, wird ein Sponsor angegeben?) und Kontaktmöglichkeiten.

einer Gesundheits-App können beispielsweise Pharmakonzerne, IT-Firmen oder auch Krankenkassen stehen. Jeder Anbieter verfolgt andere Interessen.

Neben den Apps vertreiben einige Anbieter auch medizinisches Zubehör wie zum Beispiel Blutzuckermessgeräte oder Körperwaagen. Diese können an das Smartphone gesteckt oder per drahtlosem Funk etwa über Bluetooth verbunden werden. Praktisch: Der Anwender muss die gemessenen Werte nicht manuell eintragen. Die Apps übernehmen sie automatisch. Ein Grund mehr, warum der Nutzer wissen sollte, mit wem er seine Daten austauscht.

Nur 4 der 24 haben ein Impressum

Aus den eingegebenen Daten können Unternehmen theoretisch auch ein Nutzerprofil erstellen. Um dem vorzubeugen, empfiehlt sich die genaue Prüfung der App schon vor dem Download. Details zum Umgang mit Kundendaten sollten in der Beschreibung der App im jeweiligen App-Store zu finden sein. Fehlen diese Angaben, ist der Download entsprechend riskant. Nur 4 der 24 geprüften Apps enthielten ein Impressum, 2 weitere verlinken auf die Anbieter-Homepage, auf der ein Impressum zu finden ist. Die Übrigen verstecken vereinzelte Angaben im Kleingedruckten oder geben gar keine Auskunft. Ebenso gravierend: Nur 4 Apps informieren über genutzte Quellen oder die Qualifikation des Autors. Der Nutzer kann auf diese Weise nicht nachvollziehen, auf welchem Fachwissen beispielsweise die Ernährungstipps beruhen, für ihre Richtigkeit gibt es keine Garantie.

Bei Männern effektiver

Bringen Gesundheits-Apps überhaupt etwas? Die Perspektiven und Chancen sind da: Jeder fünfte Deutsche nutzt Gesundheits-Apps. 42 Prozent der Männer und 30 Prozent der Frauen verhalten sich dank solcher Apps nach eigenen Angaben gesundheitsbewusster, ergab eine Forsa-Umfrage.

Weiterer Vorteil: Rund 75 Prozent der deutschen Handybesitzer haben ihr Smartphone tatsächlich immer dabei. Die Kalorien des Snacks unterwegs können sie so schneller eintragen als in eine auf Papier geführte Tabelle, die womöglich zu Hause auf dem Nachttisch liegt. Der Download einer App zeigt zudem: Der Nutzer beschäftigt sich mit seiner Gesundheit. Auch das ist bereits ein positiver Effekt.

App auf Rezept bei den Briten

In den kleinen Hilfsprogrammen stecken auch politisch große Hoffnungen. Sie sollen langfristig den Kostenanstieg im Gesundheitssektor senken, die Kommunikation zwischen Arzt und Patient erleichtern. Britische Hausärzte können Apps seit 2012 sogar als Gesundheitsmaßnahme verschreiben. Weil eine Standardisierung fehlt, ist es für deutsche Ärzte bislang kaum möglich, von einer App erzeugte Daten, beispielsweise Blutzuckertabellen, im eigenen Praxissystem auszuwerten. Aber immer mehr Ärzte beschäftigen sich unter dem Stichwort Telemedizin mit der Thematik. Ein wichtiger Punkt, vor allem für unerfahrene Nutzer, denn noch gibt es nicht viele hochwertige Gesundheits-Apps auf dem Markt.

USA will Prüfverfahren einführen

Wenn Anbieter ihren Gesundheits-Apps eine therapeutische oder diagnostische Bestimmung zuweisen, müssen sie diese als Medizinprodukt lizenzieren lassen. Diese Verantwortung gehen viele aber nicht ein. Dabei können fehlerhafte Apps zur Blutzucker- oder Medikamenten-Überwachung für Patienten durchaus gefährlich sein. Die US-Zulassungsbehörde für Arzneimittel und Medizinprodukte (FDA) hat jetzt beschlossen, medizinische Apps aus dieser Risikogruppe grundsätzlich prüfen zu lassen. In der EU gibt es solche Prüfverfahren aber bislang nicht. Bis es auch in Europa so weit ist, gilt: App-Nutzer sollten kritisch bleiben und Angaben prüfen. ■

12 Gütesiegel für Wellnessangebote

Unser Rat

Zu den **hilfreichen Siegeln** im Test gehören das Deutsche Wellness Zertifikat für Hotelbetriebe und Medical Wellness Betriebe, EuropeSpa – Hotel Spa sowie Wellness-Hotels & Resorts. Überzeugen konnten auch die Siegel Wellness Stars für Hotels und Thermen sowie Medical Wellness Stars für Kliniken und Thermen. Ebenfalls hilfreich ist der Medical Wellness Quality Standard für Hotels.

Kein Durchblick

10/2013 Sie versprechen viel und halten wenig: Unter 53 Gütesiegeln für Wellnessangebote haben die Tester nur 9 hilfreiche gefunden.

Der bunte Sticker an der Tür, das gerahmte Zertifikat am Eingang, das Zeichen auf der Website verspricht: Hier, Gast, bist du richtig, hier werden deine hohen Ansprüche erfüllt. Hotels und Thermen schmücken sich sehr gern mit Siegeln. Schon die Namen klingen wie Versprechen: WellVital, IchZeit oder Wellness Heaven. Wem seine Gesundheit am Herzen liegt, der bucht Massagen, zahlt für Entspannung, Bewegung und Ernährungsberatung. Der Wellnessmarkt ist groß, doch die Unterschiede zwischen den Anbietern sind es auch. Gütesiegel sollen Orientierung bieten. Wir wollten wissen: Garantieren sie ausgebildetes Personal, eine Umgebung zum Wohlfühlen und Wellnessanwendungen mit Wirkung?

Viele stellen geringe Anforderungen

Die wenigsten Siegel im Test lösen ihre Versprechen ein: Von 53 geprüften Gütesiegeln im Test sind nur 9 als wirklich hilfreich einzuschätzen, unter diesen gelten 4 für Medical-Wellness-Einrichtungen. In solchen Einrichtungen begleitet medizinisches Fachpersonal, zum Beispiel ein Arzt, das Wellnessprogramm und bietet zusätzlich Behandlungen zur Gesundheitsvorsorge an.

Viele Siegelherausgeber stellten uns ihre Kriterienkataloge zur Verfügung, gaben Einblick in ihre Vergabeverfahren. Überzeugen können nur einige Gütesiegel vom Deutschen Wellness Verband, von EuropeSpa, Wellness-Hotels & Resorts, Wellness Stars und vom Deutschen Medical Wellness Verband.

Nachfragen spart Geld
Für bestimmte Wellnessanwendungen übernehmen einige Krankenversicherer Teilkosten. Am besten stehen die Chancen bei Medical-Wellness-Angeboten. Fragen Sie am besten in der Wellnesseinrichtung Ihrer Wahl nach. Die Mitarbeiter wissen meist, ob Krankenversicherer kooperieren. Ist dies der Fall, wenden Sie sich an Ihre Versicherung, und zwar bevor Sie das Wellnessangebot buchen.

Der Großteil hat Schwächen

Die 44 restlichen Siegel im Test sind bei der Suche nach hochwertigen Wellness-Einrichtungen wenig hilfreich. Eindeutige Schwächen zeigten 35 Siegel: Viele Herausgeber stellen nur geringe Anforderungen an Ausstattung und Mitarbeiter der Wellness-Einrichtungen. Außerdem überprüfen einige nicht kritisch, ob die von ihnen aufgestellten Bedingungen für die Siegelvergabe erfüllt werden. Neun Siegel konnten die Tester inhaltlich und methodisch nicht bewerten. Die Herausgeber stellten auf Nachfrage keine Informationen zum Vergabeverfahren zur Verfügung. Auch diese Siegel sind nach Einschätzung der Tester deshalb nur wenig hilfreich bei der Suche nach hochwertigen Wellness-Einrichtungen.

Wellness-Begriff ist nicht geschützt

Das Wort Wellness setzt sich zusammen aus dem englischen wellbeing (Wohlbefinden) und fitness. Einheitlich definiert und geschützt ist der Begriff nicht. Was Siegelherausgeber als gute Wellness betrachten und auszeichnen, legen sie selbst fest. Das Problem dabei: Die Vorgaben, was Wellness bieten sollte, fallen nicht immer streng und umfassend aus. Viele stellen nur geringe Ansprüche und zertifizieren Hotels und Thermen, die wenig leisten.

Impuls für neues Verhalten im Alltag

Fachleute gehen davon aus, dass ein gutes Wellnessangebot nicht nur für Wohlbefinden sorgt. Es fördert die Gesundheit langfristig und umfassend. Wer mit Wellness gesund bleiben will, sollte also nicht nur passiv genießen, sondern etwas lernen. Bewegung an der frischen Luft, Kochkurse und Ernährungsberatung mit Gleichgesinnten gehören im Idealfall genauso zum Wellnessprogramm wie Massagen, Saunagänge und entspannende Bäder. Nach dem Wellnessaufenthalt sollte der Gast dazu bereit sein, das eigene Verhalten im Alltag zu hinterfragen und gegebenenfalls zu ändern.

Massagewanne, Yoga und Qi-Gong

Um eines der neun als hilfreich bewerteten Siegel zu erhalten, müssen Wellness-Einrichtungen oft zunächst umfassende Fragebögen beantworten. Die Siegelherausgeber prüfen zum Teil mehrere hundert Voraussetzungen. Sie fragen nach der Ausstattung, nach Ausbildung und beruflicher Qualifikation der Mitarbeiter und danach, welche Wellnessanwendungen angeboten werden. Je mehr Anforderungen ein Bewerber erfüllt, desto wahrscheinlicher die Auszeichnung. Die Herausgeber der im Vergleich als hilfreich eingestuften Gütesiegel vergeben die Auszeichnungen zudem erst dann, wenn sie die Betriebe auch vor Ort eingehend geprüft haben. Sie verlassen sich nicht auf die Aussagen der Bewerber, sondern untersuchen selbst, ob deren Angaben in den Fragebögen stimmen.

Hat ein Hotel das Siegel erhalten, kann es sich darauf nicht ausruhen. Es ist nur begrenzt gültig. Regelmäßig kommen die Kontrolleure wieder. Spätestens nach drei Jahren prüfen sie erneut.

Oft sind die Anforderungen zu gering

Zwar werden Kontrollen dieser Art auch bei einigen der wenig hilfreichen Siegeln vorgenommen. Doch den Testern reicht das nicht. Das Problem: Die Anforderungen, die die Siegelherausgeber an die Wellness-Einrichtungen stellen, sind insgesamt einfach zu knapp. Viele garantieren nur Wellness light. Und wer mehr als Entspannung sucht, wird mit ihrer Hilfe oft nicht fündig.

Weder umfassende Vorgaben noch Kontrollen stehen zum Beispiel hinter dem Siegel WellnessPlus Teutoburger Wald. Im Internet wirbt der Herausgeber mit Komfort, Qualität und persönlicher Atmosphäre. Verlass ist auf die Vorgaben nicht. Denn ob Hotels, Pensionen und Freizeiteinrichtungen, die das Siegel tragen, diese Versprechen auch einhalten, wird nicht geprüft. Weiterer Schwachpunkt: Das Siegel bleibt unbegrenzt gültig. ■

Unser Rat

Heuschnupfen können Sie mit rezeptfreien Medikamenten aus der Apotheke teils selbst behandeln. Im Vergleich zu Originalen kosten Generika viel weniger. Bei leichten Beschwerden helfen oft Augentropfen und Nasensprays, möglichst ohne Konservierungsmittel. Wenn lokale Behandlung nicht reicht, können Sie Antihistaminika einnehmen. Geeignete Mittel auf: www.medikamente-im-test.de.

Der Fluch des Frühlings

4/2013 Augenjucken, Niesen, Husten – Medikamente lindern die Beschwerden. Einige sollten vorbeugend eingenommen werden.

Frühlingsermatten statt Frühlingserwachen, Wohnung statt Wiese: Den Frühling genießen die anderen, klagen Menschen mit Heuschnupfen. Wenn die Natur zu blühen beginnt, müssen sie niesen und husten, sie atmen und schlafen schlecht, im Extrem kommt Asthma dazu. Schätzungsweise 23 von 100 Westeuropäern reagieren allergisch auf Blütenstaub von Bäumen, Sträuchern, Gräsern, Kräutern. Die meisten kämpfen mit den Pollen der Frühblüher Erle, Hasel, Birke. Die besonders aggressiven Birkenpollen haben im April Hochsaison.

Fehlreaktion des Immunsystems

Das Problem bei einer Allergie gegen Pollen: Niemand kann ihnen ganz ausweichen. Der Wind verteilt sie bis zu 500 Kilometer weit. An sich sind Pollen harmlos. Doch bei Allergikern lösen sie eine Fehlreaktion des Immunsystems aus: Wenn die Pollen in den Körper gelangen, missversteht er sie als Feind. Die Folge: Das Immunsystem startet mit Abwehr, setzt das Gewebehormon Histamin frei, das etwa Jucken hervorruft. Medikamente gegen Heuschnupfen wirken verschieden: Die Wirkstoffe Cromoglizinsäure und Lodoxamid in Augentropfen und Nasensprays entfalten ihren Effekt, wenn sie vorbeugend, etwa ab 14 Tage vor dem Pollenflug, genutzt werden. Antihistaminika dagegen wirken akut und im ganzen Körper. Einige Wirkstoffe, vor allem solche der ersten Generation wie Clemastin oder Dimetinden, können müde machen. ■

So wirkt die Hyposensiblisierung

Meist spritzt ein spezialisierter Arzt dem Allergiker das Pollenallergen als Extrakt – regelmäßig über Jahre. Das Ziel: Beschwerden mildern, Medikamentenverbrauch verringern. Nebenwirkungen sind möglich. Die Experten der Stiftung Warentest empfehlen die Spritzen daher nur mit Einschränkung. Allergenextrakte, die unter die Zunge getropft werden, zeigen bei Erwachsenen die beste Wirkung.

Unser Rat

Fragen Sie bei Infoabenden von Geburtskliniken nach der **Kaiserschnittrate.** Es gibt enorme Unterschiede. Wenn Ihnen in der Schwangerschaft zum Kaiserschnitt geraten wird, holen Sie weitere Meinungen ein. Erkundigen Sie sich in mehreren Kliniken, ob man Sie bei einer natürlichen Geburt unterstützen würde. Schließen Sie dann den Kaiserschnitt nicht ganz aus. Im Notfall kann er Leben retten.

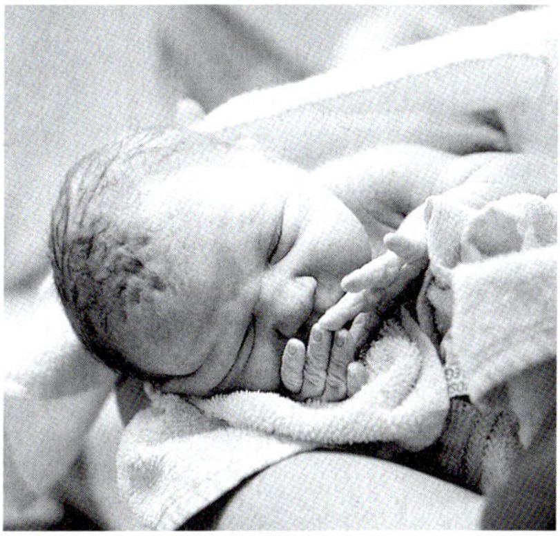

Königsweg ins Leben?

8/2013 Die deutsche Kaiserschnittrate steigt und steigt: Die einstige Notfallmaßnahme wird zum Normalfall. Das birgt auch Risiken.

Die deutsche Kaiserschnittrate liegt bei 32 Prozent – doppelt so hoch wie vor 20 Jahren. Mögliche Gründe: Kaiserschnitte gehen schnell, sind gut planbar und gelten oft als sicherer als eine natürliche Geburt. Nur 10 Prozent sind laut Deutscher Gesellschaft für Gynäkologie und Geburtshilfe medizinisch absolut notwendig. Der Rest erfolgt wegen „relativer Indikationen", etwa früheren Kaiserschnitten oder Mehrlingsschwangerschaften. Dann müssen Ärzte die Risiken abwägen – mit großem Ermessensspielraum. Offenbar greifen sie allzu unbekümmert zum Skalpell. Der Kaiserschnitt ist nicht so harmlos wie sein Ruf *(s. Kasten)*.

Das soll Eltern nicht beunruhigen, aber Ärzte erinnern, Kaiserschnitte nicht leichtfertig und möglichst schonend durchzuführen. Geplante sollten erst in der 40. Schwangerschaftswoche stattfinden. Die Zeit im Mutterleib ist gut für die kindliche Entwicklung. Statt Vollnarkose sollte die Frau eine Periduralanästhesie (PDA) bekommen. So bleibt sie wach und kann ihr Baby sofort nehmen – für die Mutter-Kind-Bindung.

Frauen folgen meist ärztlichem Rat

Zudem fordern Experten grundlegende Änderungen, um die Kaiserschnittrate zu senken: gute Schwangerenberatung, die auf Ängste eingeht, und im Kreißsaal intensive Betreuung durch Hebammen. Zudem brauchen Ärzte klare Leitlinien und praktische Übung im Umgang mit schwierigen Geburten. Frauen wählen Kaiserschnitte meist nicht selbst, sondern auf ärztlichen Rat. ■

Kaiserschnitt birgt Risiken

Der Kaiserschnitt ist im Notfall oft lebensrettend und viel schonender als früher. Dennoch birgt die Operation immer noch Verletzungsgefahren. Hinzu kommen Risiken für spätere Schwangerschaften, etwa narbenbedingte „Plazentationsstörungen". Mögliche Folgen für Kinder: Anpassungsstörungen wie Atemprobleme in den ersten Lebenstagen, langfristig vielleicht Autoimmunkrankheiten.

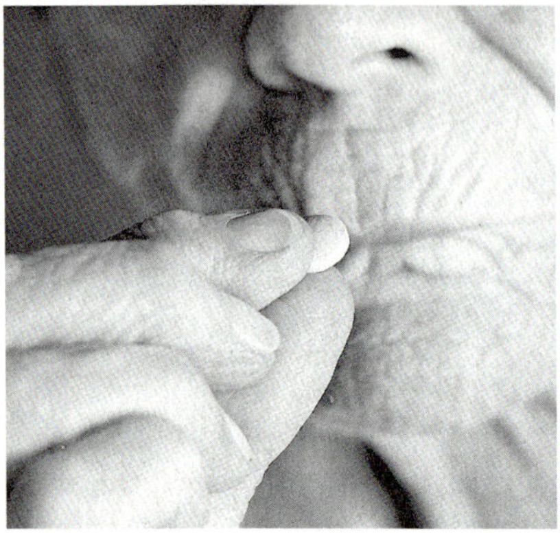

Unser Rat

Senioren sollten ihre aktuellen Medikamente aufschreiben, auch rezeptfreie. Aktualisieren Sie die Liste. Legen Sie sie vor, wenn Sie in der Apotheke neue Medikamente erhalten. **Hausärzte** sollten den Mix jährlich kontrollieren. Wichtigste Frage: Sind alle Arzneimittel (noch) nötig? Wenn Sie bei sich oder Angehörigen Nebenwirkungen vermuten, informieren Sie den Hausarzt oder Verordner.

Alt, krank – falsch behandelt

9/2013 Manche Medikamente können alte Menschen gefährden. Das ist bekannt. Dennoch erhalten zu viele Senioren die falsche Arznei.

Ältere Menschen nehmen mehr Medikamente als jüngere – und vertragen sie schlechter. Beides hängt mit biologischen Alterungsprozessen zusammen. So arbeiten Organe im Alter langsamer, vor allem die Niere. Viele Medikamente werden nicht mehr so schnell ausgeschieden, üben also auch länger und stärker Effekte aus. Hinzu kommt: Nebenwirkungen wie Schwindel, Stürze, psychische Veränderungen, gedämpftes Denken und Erinnern sind doppelt tückisch. Sie verstärken typische Altersleiden und werden oft damit verwechselt.

Online-Umfrage zeigt Probleme

Viele Senioren werden unsachgemäß behandelt, wie unsere Online-Umfrage vom Frühjahr 2013 zeigte. 996 Teilnehmer beantworteten alle Fragen. Meist handelte es sich um junge und fitte Senioren: 65 bis 75 Jahre, keine Pflegestufe. Dennoch schluckte bereits jeder zehnte Befragte Arzneimittel, die laut Priscus-Liste im Alter problematisch sind *(siehe Kasten)*. Gut jeder dritte Befragte nahm fünf und mehr Medikamente ein. Manchmal ist das unumgänglich. Aber Ärzte sollten zurückhaltend verordnen. Mit jedem Präparat steigt das Risiko für Wechselwirkungen – eine weitere Gefahr.

Erschwerend kommt hinzu: Patienten beziehen Rezepte oft von mehreren Ärzten und kaufen auch noch Medikamente in Eigenregie. Hausärzte sollten den Gesamtmix jährlich kontrollieren – und Patienten oder Angehörige notfalls aktiv darum bitten. ■

Liste mit problematischer Arznei
Die Priscus-Liste erschien 2010 und umfasst 83 Arzneistoffe, die im Alter problematisch sind. Zudem nennt sie Alternativen, aber auch Schutzmaßnahmen, falls ein Mittel doch zum Einsatz kommt. Wir zeigen die Liste im Internet und nennen jene Alternativen, die laut Arzneimittelbewertungen der Stiftung Warentest geeignet sind. Es gibt die Liste kostenpflichtig auf www.test.de/arznei-im-alter.

Unser Rat

Wenn Sie meinen, Nahrungsmittel nicht zu vertragen, sollten Sie zum Arzt gehen. **Ansprechpartner** sind Allergologen oder bei Magen-Darm-Beschwerden Gastroenterologen. Neben dem Patientengespräch sind spezielle Untersuchungen wichtig, etwa ein Atemtest nach dem Trinken einer Laktose- oder Fruktose-Lösung. Meist ist eine Ernährungsumstellung nötig, aber selten absoluter Verzicht.

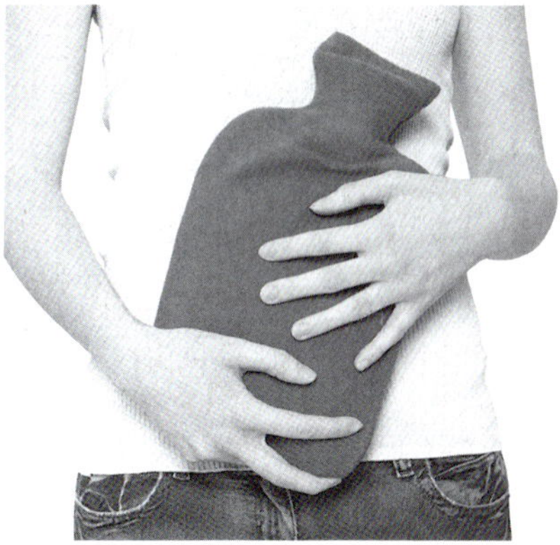

Alarm aus dem Darm

5/2013 Lebensmittel können krank machen. Aber viele Betroffene vertragen deutlich mehr Speisen und Getränke, als sie denken.

Der Apfel wirkt wie Abführmittel. Die Buttermilch sorgt für Bauchgrimmen. Das Chop Suey erzeugt „Chinarestaurant-Syndrom“ mit Übelkeit und Kopfweh. Eine Fülle von Lebensmitteln beschert empfindlichen Menschen eine Fülle von Beschwerden, kurz: Frust statt Lust. Bis zu 40 Prozent der Deutschen glauben, dass sie bestimmte Speisen und Getränke nicht vertragen. Aber: Viele Geplagte gehen nicht zum Arzt – dabei brauchen sie eine sorgfältige Diagnose.

Ernährungsumstellung als Therapie

Grob lassen sich vier Formen von Unverträglichkeit unterscheiden: gegen Laktose (Milchzucker), Fruktose (Fruchtzucker), Histamin sowie Gluten, ein Getreideeiweiß. Abzugrenzen sind die seltenen Lebensmittelallergien. Dabei reagiert das Immunsystem fälschlich auf harmlose Lebensmittel.

Lebensmittelallergiker sowie Patienten mit Gluten-Unverträglichkeit (Zöliakie) müssen die Auslöser komplett meiden. Wem dagegen Fruktose, Laktose oder Histamin zu schaffen macht, der soll Lebensmittel damit nur einige Wochen weglassen, damit sich der Körper erholt. Dann gilt es, die individuellen Verträglichkeitsgrenzen auszuloten. Dazu nehmen Patienten Lebensmittel nach und nach wieder auf den Speiseplan und führen ein Ernährungs- und Symptomtagebuch. Hilfreich: kleine Portionen, eingebettet in Mahlzeiten mit Fett und Eiweiß, etwa als Dessert. Totalverzicht ist falsch. Der Körper braucht Mineralien und Vitamine. ■

Was Spezialprodukte bringen

Es gibt immer mehr Speziallebensmittel mit Aufdruck „glutenfrei“, „laktosefrei“, „fruktosefrei“. „Glutenfrei“ ist sinnvoll – aber nur bei gesicherter Diagnose. Viele der vergleichsweise teuren Produkte werben zudem mit Selbstverständlichkeiten. So ist jede schnittfeste Käsesorte von Natur aus fast laktosefrei, egal ob das drauf steht oder nicht. Einen echten Vorteil bietet dagegen laktosefreie Milch.

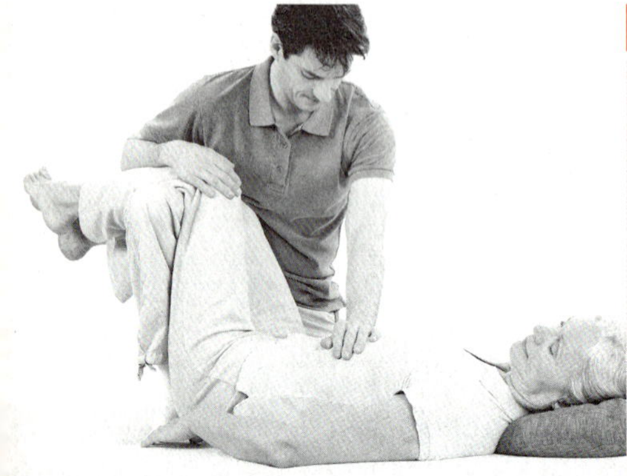

Unser Rat

Osteopathie fällt in den Bereich der Alternativmedizin. Zu ihrem Nutzen fehlen noch aussagekräftige Daten aus großen klinischen Studien. Eine Online-Umfrage mit 3500 Teilnehmern sowie fünf Besuche in Praxen ergaben, dass viele Patienten recht gute Erfahrungen mit Osteopathie machen. Lohnen kann sich ein Versuch speziell bei Beschwerden im Bewegungsapparat, etwa mit der Wirbelsäule.

Mit sanftem Druck

3/2013 Osteopathen behandeln Beschwerden mithilfe ihrer Hände. Wir schickten Tester in fünf Praxen und führten eine Online-Umfrage durch.

Von A wie Asthma bis Z wie Zähneknirschen – Osteopathen behandeln eine Fülle von Beschwerden. Symptome gelten dabei oft als Folge komplexer Veränderungen im Körperinnern, die sich vor allem mit den Händen erkennen und lösen lassen. Der amerikanische Arzt Andrew Still begründete die alternative Heilmethode Ende des 19. Jahrhunderts. Seit etwa 25 Jahren verbreitet sich die Osteopatie in Deutschland.

Immer mehr Krankenkassen erstatten die Kosten dafür zumindest anteilig. Regelleistung ist Osteopathie nicht, und noch fehlen hieb- und stichfeste Nutzenbelege aus großen klinischen Studien. Aber: Vielen Menschen scheint sie zu helfen. Das ergab eine nicht-repräsentative Online-Umfrage der Stiftung Warentest: Rund 3500 Teilnehmer hatten sich in den zwölf Monaten zuvor osteopathisch behandeln lassen. 71 Prozent zeigten sich damit sehr zufrieden, weitere 17 Prozent zufrieden. Die meisten hatten, so die Auskünfte in der Umfrage, wegen derselben Beschwerden schon andere Therapeuten aufgesucht – ohne den erhofften Erfolg.

Stichprobentest beim Osteopathen

Für die Stiftung Warentest nahmen zudem fünf Tester mit wirklichen Beschwerden verschiedene Osteopathen verdeckt in Anspruch. Bei vier Patienten besserten sich die Leiden schon nach der ersten Sitzung. Die fünfte Testerin merkte zwar keine Veränderung und würde den Behandler wohl wechseln. Doch alle fünf würden wieder zum Osteopathen gehen. ■

Auf die Qualifikation achten

Schätzungsweise 5000 bis 10000 Osteopathen praktizieren in Deutschland – ohne einheitliche Ausbildung. Die einzige Vorgabe: Osteopathen dürfen nur selbständig arbeiten, wenn sie zugleich Arzt oder Heilpraktiker sind. Der Beruf Physiotherapeut allein reicht dafür nicht aus. Behandler mit mehrjähriger osteopathischer Ausbildung finden sich zum Beispiel auf www.osteopathie.de.

Unser Rat

Nahrungsergänzungsmittel, die angeblich günstig auf die Gehirnfunktion oder Lernen und Konzentration wirken, **können Sie sich sparen.** Ihr Nutzen ist nicht ausreichend belegt. Das gilt auch für bilanzierte Diäten bei ADHS. Was dem kindlichen Gehirn gut tut, ist Bewegung und gesunde Ernährung, unter anderem mit fettem Seefisch. Er liefert wichtige Omega-3-Fettsäuren – ganz natürlich.

Leere Versprechen

2/2013 Kluge Köpfe durch Kapseln und Co. – Idee und Produkte verkaufen sich gut. Nur: Es gibt kaum Belege für die Wirksamkeit.

Lernen ist ein Kinderspiel – mit Nachhilfe per Pille. „So kauen die Schlauen", ermuntert etwa die Firma Doppelherz zum Kauf ihrer Gel-Tabs Omega-3 Junior. Die gleichnamigen Kaupastillen von Hübner helfen angeblich, „den Gehirn-Motor zu schmieren". OM3 junior von Isodisnatura enthält die „spezielle Formel für Ausgeglichenheit und Konzentration". Auch andere Kapseln, Pastillen und Tabletten sollen dem kindlichen Gehirn gut tun. Manche verkünden das schon im Namen: „Concentrix", „Omega IQ junior", „Brain Effect junior".

Alle Produkte „wenig geeignet"

Viele Versprechen – und wenig dahinter. Zu diesem Ergebnis kommt die Stiftung Warentest. Wir haben zwölf Produkte mit angeblich günstigen Effekten auf das Gehirn unter die Lupe genommen. Im Test waren Das gesunde Plus Konzentration & Lernen – Für Kinder von dm, Doppelherz Omega-3-Junior, Emcur Zappelex, Engelhard Arzneimittel Esprico, Forum Vita Omega IQ junior sowie Hübner Omega-3 junior. Außerdem nahmen wir Isodisnatura OM3 junior, Kranich Pharma Concentrix, Lucovitaal Kids Omega Pearls, Rotbäckchen Lernstark (Bio), Vital Products Addy Plus Junior und Whitewall Brain Effect junior unter die Lupe.

Das Ergebnis: Allesamt sind „wenig geeignet", da ihr Nutzen nicht ausreichend belegt ist. So liefert der Rotbäckchen-Saft „Lernstark" Eisen und B-Vitamine – wovon Kinder jedoch meist genug mit der Nahrung auf- ▸

Fetter Seefisch ist ideal

Um den Bedarf an Omega-3-Fettsäuren bei Ihrem Kind zu decken, sind ein bis zwei Mahlzeiten mit fettem Seefisch wie Lachs, Hering, Makrele pro Woche ideal. Mag das Kind keinen Fisch, sollten Eltern Lein- oder Rapsöl verwenden. Ebenfalls ergiebig: täglich ein paar Walnüsse. Es ist also nicht so schwer, Kinder gut zu ernähren, anders als es etliche der geprüften Produkte vermitteln.

nehmen, B-Vitamine sogar im Überschuss. Das zeigt die 2007 publizierte „Eskimo"-Studie zur Kinderernährung in Deutschland.

Elf Produkte mit Omega-3-Fettsäuren

Die anderen elf Präparate im Test enthalten Omega-3-Fettsäuren aus Seefisch. Manche bieten zusätzlich Omega-6-Fettsäuren aus Pflanzen und weitere Substanzen: Vitamine, Mineralstoffe, Spurenelemente. Sieben dieser Produkte gelten rechtlich als „Nahrungsergänzungsmittel" und richten sich an die gesunde Bevölkerung. Vier sind „ergänzende bilanzierte Diäten" zum Einsatz bei der kindlichen Aufmerksamkeitsdefizit-Hyperaktivitäts-Störung (ADHS).

Ergänzende bilanzierte Diäten und Nahrungsergänzungsmittel sehen aus wie Arzneimittel. Doch es gibt einen Unterschied: Medikamente müssen, bevor sie auf den deutschen Markt kommen, ihre Wirksamkeit und Sicherheit durch klinische Studien nach hohen wissenschaftlichen Maßstäben beweisen. Nahrungsergänzungsmittel benötigen nichts dergleichen. Zu ergänzenden bilanzierten Diäten liegen zwar manchmal Untersuchungen vor, aber ohne eindeutig festgelegte Qualitätsstandards.

Dünne Datenlage zum Nutzen

Entsprechend dünn ist die Datenlage zu den Produkten im Test. Fest steht: Das Gehirn braucht Omega-3- und -6-Fettsäuren aus der Nahrung. Es gibt Hinweise, dass Mängel ADHS fördern, und einige Studien mit Kindern, die die Fettsäuren per Pille bekamen. Doch die sind methodisch oft nicht ausreichend, etwa weil es nur wenig Teilnehmer oder keine ärztliche ADHS-Diagnostik gab. Vor allem aber: Die Omega-Fettsäuren zeigten keine oder so geringe Effekte, dass sich die Einnahme nicht empfehlen lässt. Das bestätigen medizinische Fachgesellschaften und eine Übersichtsarbeit der internationalen und unabhängigen Cochrane Collaboration von 2012. Auch für Lernen und Konzentration ist der Nutzen nicht ausreichend belegt.

EU lehnte Werbeslogans ab

Zudem sind die Werbesprüche nicht mehr erlaubt. Am 14. Dezember 2012 trat eine EU-Verordnung in Kraft, die festlegt, mit welchen gesundheitsbezogenen Slogans (Health Claims) Lebensmittelhersteller noch werben dürfen. Wissenschaftlich überprüft hat den Wahrheitsgehalt der Werbeaussagen die Europäische Behörde für Lebensmittelsicherheit, kurz Efsa. Dass Omega-Fettsäuren günstig auf die geistige Entwicklung oder das Lern- und Konzentrationsvermögen wirken, gehört nicht zu den erlaubten Slogans. Aber sie fanden sich auch kurz nach dem Stichtag noch auf den Verpackungen und Beipackzetteln. Das zeigte unser Nachkauf. Die Einhaltung der Verordnung in Deutschland zu kontrollieren, ist Aufgabe der Überwachungsbehörden in den einzelnen Bundesländern.

Sorgenvolle Eltern

Viele Eltern springen auf solcherlei Werbung an – aus Sorge: Bekommt mein Kind für den Schulstress alle wichtigen Nährstoffe? Kommt es im Unterricht mit? Oder verspielt es Zukunftschancen? Manche fürchten, der Nachwuchs verhalte sich nicht normal, leide vielleicht sogar an ADHS. Dann brauchen Kinder spezielle Hilfen, idealerweise Psychotherapie, vielleicht auch Medikamente wie Ritalin. Zuvor müssen Ärzte oder Psychologen den Verdacht auf ADHS aber gründlich abklopfen: durch ausführliches Befragen der Kinder, Eltern und auch Lehrer. **Tipp:** Enorm wichtig für jedes Köpfchen ist tägliche Bewegung, etwa Toben im Freien. Das fördert die Durchblutung und Nervenvernetzung im Hirn. Ausgewogene Ernährung mit viel Obst, Gemüse, Kartoffeln, Magerfleisch, Vollkorn- und Milchprodukten liefert Brenn- und Baustoffe, Vitamine und Mineralien – und zwar ganz natürlich. Auch der Bedarf an Omega-3-Fettsäuren – täglich etwa 250 Milligramm bei Kindern ab zwei Jahren – lässt sich sehr gut mit Essen decken *(siehe dazu Kasten auf Seite 249)*. ■

Unser Rat

Chronische Beschwerden können für eine geriatrische Reha reichen, auch ohne akuten Anlass. Fragen Sie Experten: etwa Hausärzte, Pflegestufen-Begutachter, Geriater, Ärzte in der Klinik. Im Antrag an die Krankenkasse sollte „geriatrische Reha“ stehen, genau wie alle altersbedingten Beschwerden. Wenn die Kasse mauert, hilft vielleicht ein Anruf beim Sachbearbeiter oder formaler Widerspruch.

Auf zu neuen Ufern

4/2013 Eine spezielle Form der Reha bietet älteren Menschen weit mehr als klassische Behandlungen. Aber kaum einer kennt sie.

Ältere Menschen können in Deutschland zwei Formen von Reha nutzen. Die klassische „indikationsspezifische Reha“ nimmt spezielle Beschwerden ins Visier. Sie findet etwa nach einem Herzinfarkt, Schlaganfall, Knochenbruch oder einer Gelenk-OP statt und ist in Deutschland der Regelfall.

Die zweite Form, die „geriatrische Reha“, zielt dagegen auf Menschen ab etwa 70 Jahren mit mehreren altersbedingten Beschwerden und Einschränkungen. Hier werden Patienten – zusätzlich zur Versorgung konkreter Gesundheitsprobleme – umfassend betreut, geschult, trainiert. Das dient einem wichtigen Ziel: das alltägliche Leben selbständig meistern, am liebsten zuhause und mit möglichst wenig Pflege.

Angebot nur wenig genutzt

Geriatrische Reha ist also für viele Ältere eine Riesenchance. Aber: Längst nicht jeder kommt in den Genuss. Denn kaum einer kennt das Angebot – dabei gibt es seit 2007 einen Rechtsanspruch darauf. Zudem ist es nicht überall verbreitet *(siehe Kasten)* und relativ teuer. Entsprechend lehnen Krankenkassen immer wieder Anträge ab. Oder sie lenken Versicherte in die indikationsspezifische Reha um. Und: Leider vermitteln auch Ärzte Patienten in die klassische Reha – unabhängig von Alter und Vorerkrankungen.

Tipp: Ohne engagierte Angehörige geht es nicht. Für eine geriatrische Reha sind oft Eigeninitiative und langer Atem nötig. Genau das überfordert viele alte Menschen. ■

Wenn es keine Einrichtungen gibt
In manchen Bundesländern gibt es kaum oder keine Einrichtungen für geriatrische Reha. Dort ist aber oft „geriatrische Behandlung“ möglich. Sie umfasst vor allem akute medizinische Versorgung, aber auch Reha-Maßnahmen. Patienten brauchen dafür keinen Reha-Antrag, sondern eine ärztliche Überweisung. Einrichtungen für geriatrische Reha und Behandlung stehen im Netz: www.test.de/reha.

Unser Rat

Am besten beugen Sie einer Thrombose mit **Bewegung** vor. Wer im Flugzeug oder mit der Bahn reist, sollte regelmäßig aufstehen und einige Schritte gehen. Im Sitzen regt leichte Fußgymnastik die Wadenmuskulatur und damit den Blutfluss an. Autofahrer sollten Pausen nutzen, um sich zu bewegen. Ebenfalls gut für Blutfluss und Kreislauf: ausreichend Wasser oder Saftschorle trinken.

Staugefahr im Ferienflieger

6/2013 Wer auf Flugreisen lange sitzen muss, dem droht eine Thrombose. Mit Bewegung und speziellen Strümpfen lässt sich ihr vorbeugen.

Endlich Urlaub! Vor der Erholung ist bei vielen Reisenden allerdings noch einmal Stress angesagt: Lange Flugzeiten, enge Sitze und trockene Kabinenluft belasten Körper und Kreislauf. Unter diesen Bedingungen steigt auf dem Weg in die Ferien neben der Vorfreude auch das Thromboserisiko. Doch vorbeugen kann ganz einfach sein: Leichte Fußgymnastik hält das Blut im Fluss und vermeidet Gerinnsel. Stützende Strümpfe können auch helfen. Doch sie müssen optimal passen.

Auf langen Strecken steigt das Risiko

Ein gewisses Thromboserisiko besteht für alle Reisenden, die lange sitzen müssen. Im Normalfall ist es aber extrem gering. Kurzstreckenflüge sind unproblematisch. Erst auf Reisen mit Hin- und Rückflugzeiten von jeweils mindestens acht Stunden steigt das Thromboserisiko leicht an. Klar ist auch: Wer schon einmal eine Thrombose hatte oder von einer familiären Thromboseneigung weiß, wer frisch operiert oder krebskrank ist, reist mit erhöhtem Risiko.

Billige Reisestrümpfe helfen nicht

Wer bereits ein erhöhtes Thromboserisiko hat, sollte vorsorgen und spezielle medizinische Kompressionsstrümpfe tragen. Sie unterstützen die Venen dabei, das Blut aus den Beinen zurück zum Herz zu pumpen und werden vom Arzt verschrieben. Sogenannte Reisestrümpfe, die es für wenig Geld im Kaufhaus oder Supermarkt gibt, machen dagegen wenig Sinn. ■

Was ist eine Thrombose?

Bei einer Thrombose verkleben Blutplättchen zu einem Gerinnsel (Thrombus), verstopfen eine Vene und behindern den Blutfluss. Schwellungen und Schmerzen können die Folge sein. Meist sind Becken- und Beinvenen betroffen. Riskant wird es, wenn das Gerinnsel mit dem Blut in die Lunge gelangt. Blockiert es dort ein wichtiges Blutgefäß, entsteht eine Embolie. Sie kann tödlich sein.

Unser Rat

Gegen das Schnarchen hilft eine Änderung des Lebensstils: **Essen Sie gesünder, bewegen Sie sich mehr, verzichten Sie abends auf Alkohol.** Wer schnarcht, leidet bisweilen auch am Schlafapnoesyndrom. Solchen Patienten hilft es, mit einer Atemmaske zu schlafen. Bewährt hat sich das CPAP-Gerät. Krankenkassen erstatten die Kosten dafür, wenn ein Schlafapnoesyndrom vorliegt.

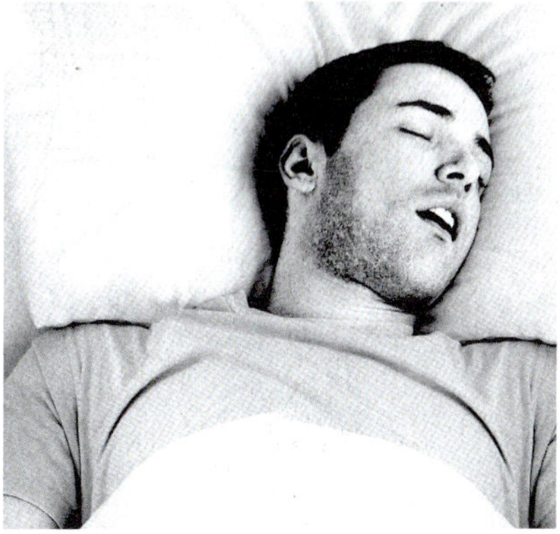

Schlaflos in Berlin

8/2013 Schnarchen ist nervig, aber harmlos. Doch wenn die Atmung aussetzt, kann das gefährlich werden: wie beim Schlafapnoesyndrom.

Terror in deutschen Schlafzimmern: Etwa jeder dritte Erwachsene schnarcht, ab 40 Jahren sogar jeder zweite. Für viele Partner im Bett ist das Stress. Die Geräusche stören sie im Schlaf. Die Schnarcher klagen am Morgen höchstens über einen trockenen Mund, manche über Halsschmerzen.

Atemstopp ist für den Körper Stress

An sich ist Schnarchen ungefährlich. Anders ist es, wenn Atemgeräusche im Schlaf unregelmäßig und immer lauter werden und die Atmung plötzlich für Sekunden aussetzt. Dann könnte ein Schlafapnoesyndrom vorliegen. Dabei kollabieren die oberen Atemwege und versperren der Luft den Weg in die Lunge. Der Atem setzt aus. Weil der Sauerstoff im Blut abfällt, pumpt das Herz kräftiger, der Blutdruck steigt. Das begünstigt Herz-Kreislauf-Erkrankungen. Außerdem schlägt das Gehirn Alarm. Adrenalin schießt durch den Körper. Die Betroffenen wachen wiederholt auf, ohne dies zu merken. Mögliche Folgen: Erschöpfung, Bluthochdruck, Herzinfarkt und Schlaganfall. Letztere sind lebensgefährlich. Wer sich tagsüber oft matt fühlt, obwohl er lang geschlafen hat, sollte einen Arzt aufsuchen. Schlafmediziner, Hals-Nasen-Ohren- und Lungenärzte helfen. Oft erfolgt die Diagnose im Schlaflabor: Dort messen Geräte die Häufigkeit und Schwere der Schnarchgeräusche, Atemzüge und -aussetzer. Es gibt viele Behandlungsmethoden, aber bisher kein Medikament mit ausreichend belegter Wirksamkeit. ■

Warum wir schnarchen

Im Schlaf erschlaffen alle Muskeln des Körpers, auch die im Mund. Das Gewebe vibriert leichter und erzeugt unliebsame Töne. Im Alter wird das Gewebe schlaffer. Manchmal führt auch eine geschwollene Schleimhaut bei Schnupfen und Allergien zum Schnarchen. Besonders häufig trifft es Übergewichtige, ihr Bauchfett erschwert das Atmen. Auch auf dem Rücken schlafen fördert Schnarchen.

Unser Rat

Für schnelle Arzttermine können Sie einiges tun. Sagen Sie bei der Anfrage deutlich, wenn Sie akut Beschwerden haben und sich Sorgen machen. Fragen Sie nach: Geht es nicht doch (früher)? Rufen Sie, wenn nötig, mehrere Ärzte an. Gehen Sie auf Terminvorschläge ein, machen Sie planbare Termine frühzeitig aus. Manchmal können Hausärzte und Krankenkassen bei der Terminvermittlung helfen.

Hilfe dringend gesucht

7/2013 Etwa jede fünfte getestete Facharztpraxis lehnte Akutpatienten ab. Ob privat oder gesetzlich Versicherte anfragten, spielte keine Rolle.

Knack macht das Knie, als Sandra Kern (Name geändert) beim Handball stürzt. Am nächsten Morgen schmerzt es, ist prall geschwollen, und die 25-Jährige kann kaum noch auftreten. Sie ruft einen Orthopäden an. Wird sie einen Termin bekommen? Schnell? Als Kassenpatientin? Die Stiftung Warentest wollte die Antworten wissen.

Tester riefen im März bei 60 Facharztpraxen – 30 Orthopäden und 30 Gynäkologen – aus zehn bundesweit gestreuten Städten an. Jede Praxis wurde zweimal kontaktiert. Dabei sollten sich die Tester, aber nur auf Nachfrage, einmal als Privat- und einmal als Kassenpatient ausgeben. Bei den Anrufen schilderten sie Symptome für vier akute, dringend behandlungsbedürftige Probleme.

Etwa jede fünfte Praxis wies Tester ab

Das sahen die meisten Praxen auch ein und vergaben zügig einen Termin, meist noch am selben Tag. Einige nannten einen Vertretungsarzt. Und etwa jede fünfte Praxis wies die Tester ab oder gewährte Hilfe zu spät – teils erst nach Wochen. Meist wurde die Abfuhr mit Überfüllung begründet. Fünfmal hieß es „Aufnahmestopp“ für neue Patienten. Das Abweisen ist heikel *(siehe Kasten)*.

Privatpatient nicht besser behandelt

Im Akutfall machten die getesteten Praxen keinen Unterschied zwischen Privat- und Kassenpatienten. Bei längerfristigen Terminen werden Kassenpatienten laut verschiedenen Studien durchaus benachteiligt. ■

Ärzte sollten im Akutfall handeln

Ärzte dürfen Patienten wegen Überlastung abweisen. Doch bleibt ein Notfall unversorgt, können Mediziner sich strafbar machen. Und ob ein solcher vorliegt, lässt sich am besten durch eine persönliche Untersuchung abklären. Daher sollten Ärzte Patienten mit akuten, ernst zu nehmenden Beschwerden schnellstmöglich behandeln – oder zumindest einen anderen Ansprechpartner nennen.

Unser Rat

Als Kunde sollten Sie die Botschaften im Apothekenschaufenster kritisch betrachten und daran denken: Selbstmedikation ist zum Teil ohne Nutzen und birgt Risiken – vor allem, wenn Sie Arzneimittel zu lang und zu hoch dosiert einnehmen. Unabhängige Informationen finden Interessierte im Netz unter www.medikamente-im-test.de. Dort bewertet die Stiftung Warentest über 9 000 Arzneimittel.

Gesundes Misstrauen

1/2013 Sie haben ein gutes Image. Doch so mancher Apotheker dekoriert sein Schaufenster mit fragwürdiger Werbung.

Es sind Zahlen, von denen Politiker nur träumen können: Fast 90 Prozent der Bundesbürger sprechen in Umfragen Apothekern ihr Vertrauen aus. Ein gutes Image bedeutet auch Verantwortung. Doch nicht immer werden Apotheker ihr gerecht, wie ein Blick in die Schaufenster zeigt.

Die Stiftung Warentest wollte wissen, wie Vor-Ort-Apotheken es mit der Arzneimittelwerbung halten. In vier Städten fotografierten die Tester exemplarisch Schaufenster von 28 Apotheken. Diese Werbung ließen sie von einem Juristen und einem Arzneimittelexperten begutachten. Ergebnis: Juristische Verstöße fanden sich nur wenige, und diese waren nicht schwerwiegend. Doch Apotheker bewarben auch Medikamente mit fehlendem oder zweifelhaftem Nutzen.

Vitaminpillen-Werbung für Schüler

Besonders bedenklich: Mehrere Apotheken warben zur Einschulungszeit für Vitamin- und Mineralstoffpräparate, um Eltern zu suggerieren: Kinder brauchen diese Mittel, um leistungsfähig zu sein. Dabei gibt es bei Kindern in Deutschland gar keinen Vitamin- und Mineralstoffmangel.

Gar nicht erlaubt war die entdeckte Werbung für das Homöopathikum Regenaplex, das entgiften soll. Denn Homöopathika dürfen nicht für konkrete Anwendungen empfohlen werden, wenn sie wie Regenaplex nur registriert, aber nicht zugelassen sind. Insgesamt war sachlich-neutrale Aufklärung ohne Kaufanreiz kaum zu finden. ■

Werbung ist rechtlich geregelt
Werbung ist generell nur für Medikamente zulässig, die nicht rezeptpflichtig sind. Und auch dann darf nicht einfach irgendwie geworben werden. Es gibt Vorschriften. Die wichtigste Grundlage ist das Heilmittelwerbegesetz. Seit 2012 gilt es in einer neuen Fassung. Sie wurde an EU-Recht angepasst und lässt Werbenden jetzt mehr Spielraum. Kunden sollten also noch kritischer sein als bisher.

Anbieter

Tarife für Anrufe aus dem deutschen Festnetz: **0800** Kostenfrei; **01801** 3,9 Cent/Min.; **01802** 6,0 Cent/Anruf; **01803** 9,0 Cent/Min.; **01805** 14 Cent/Min.; **01806** 20 Cent/Anruf.; Kosten aus dem Mobilfunknetz dürfen 0,42 Cent/Min. oder 0,60 Cent/Anruf nicht überschreiten. **09001** Kosten lt. Ansage, max. 3 Euro/Min.

Ernährung

28 Black
Calidris 28
Kurfürstendamm 37
10719 Berlin
Tel. 030/68834 2520
www.28black.com

Active 02
Adelholzener Alpenquellen
Sankt-Primus-Str. 1–5
83313 Siegsdorf
Tel. 08662/620
Fax 08662/62101
www.active02.de

Aldi (Nord)/Casa Morando/Feurich/Flying Power/Melkebotte/Nussbeisser/Quellbrunn/Sternberger Pfanntastico/Trader's Joe
Postfach 130110
45291 Essen
Tel. 0201/85930
Fax 0201/8593318
www.aldi-nord.de

Aldi Süd/Aqua Culinaris/Be Light/milfina/Nussknacker/Primana/Sun Snacks/Wonnemeyer Feinkost
Postfach 100152
45401 Mülheim a.d.R.
Tel. 0208/99270
Fax 0208/99273610
www.aldi-sued.de

Almaverde
Canova S.r.l.
Via Emilia
Levante, 2750
47020 Longiano (FC)
Italien
Tel. 0039/547/53019
Fax 0039/547/652265
www.almaverdebio.it

Alnatura
Darmstädter Str. 63
64404 Bickenbach, Bergstr.
Tel. 06257/93220
Fax 06257/9322688
www.alnatura.de

Alpia
Stollwerck
Stollwerckstr. 27
51149 Köln
Tel. 02203/430
Fax 02203/43319
www.stollwerck.de

Alwa
Industriestr. 25
76372 Sersheim
Tel. 07042/8380
Fax 07042/838109
www.alwa-mineralwasser.de

Apollinaris
Coca-Cola
Stralauer Allee 4
10245 Berlin
Tel. 030/22606900 0
Fax 030/226069510
www.apollinaris.de

Aquasale
Südsalz
Salzgrund 67
74076 Heilbronn
Tel. 07131/64940
www.bad-reichenhaller.de

Arla Kaergarden
Arla Foods
Wahlerstr. 2
40472 Düsseldorf
Tel. 0211/472310
Fax 0211/4723166
www.arlafoods.de

Azur
Wilhelm Reuschling
Postfach 1160
61101 Bad Vilbel
Tel. 06101/9857130
Fax 06101/40345572

Bad Reichenhaller
siehe Aquasale

Barilla
Gustav-Heinemann-Ufer 72 c
50968 Köln
Tel. 0221/841680
Fax 0221/84168380
www.barilla.com

Berchtesgadener Land
Milchwerke
Postfach 1106
83448 Piding
Tel. 08651/70040
Fax 08651/70041199
www.molkerei-bgl.de

Bergisch pur/Bergisch pur Weber
Hömelstr. 12
51645 Gummersbach
Tel. 02261/78369
www.bergischpur.de

Bernbacher
J. Bernbacher & Sohn
Tassiloplatz 5
81541 München
Tel. 089/459100
Fax 089/45910270
www.bernbacher.de

Bertolli
Unilever
Strandkai 1
20457 Hamburg
Tel. 040/34930
Fax 040/354742
www.unilever.de

Billy Boy
Mapa
Industriestr. 21–25
27404 Zeven
Tel. 04281/730
Fax 04281/73241
www.mapa.de

Bio Company
Rheinstr. 45–46
12161 Berlin
Tel. 030/32514220
Fax 030/325142230
www.biocompany.de

Bio-verde
Isana Naturfeinkost
Gewerbering 22
86922 Eresing
Tel. 08193/93270
Fax 08193/9327 97
www.isana.de

Bofrost
An der Oelmühle 6
47638 Straelen
Tel. 02834/707180
Fax 02834/707366
www.bofrost.de

Bonaqa
siehe Apollinaris
www.bonaqa.de

Bonduelle
Am Heilbrunnen 136–138
72766 Reutlingen
Tel. 07121/14940
Fax 07121/149448
www.bonduelle.de

Brecht
Gewürzmühle Brecht
Ottostr. 1–3
76344 Eggenstein-Leopoldshafen
Tel. 0721/978270
Fax 0721/9782738
www.gewuerzmuehle-brecht.de

Burger King
Hollerithstr. 7 a
81829 München
Tel. 089/638040
Fax 089/63804229
www.burgerking.de

Burts
Burts Potato Chips
The Klamp House
Belliver Way
Roborough, Devon
PL6 7BP
Grossbritannien
Tel. 0044/1752/753097
Fax 0044/1752/753098
www.burtschips.com

Byodo
Leisederstr. 2
84453 Mühldorf a. Inn
Tel. 08631/36290
Fax 08631/362950
www.byodo.de

Casa Romantica
BLM
Postfach 1220
21232 Buchholz in der Nordheide
Tel. 04181/9290
Fax 04181/9293310
www.blm-pantos.de

Chio
Intersnack
Knabber-Gebäck
Aachener Str. 1042
50858 Köln
Tel. 0221/48940
Fax 0221/4894200
www.intersnack.de

Contrex
Nestlé Waters
Wilhelm-Theodor-Römheld-Str. 22
55130 Mainz
Tel. 069/66718888
Fax 069/66714385
www.nestle-waters.de

Crespi Ceriana
G. Crespi & Figli
Corso Italia, 81
18034 Ceriana (IM)
Italien
Tel. 0039/184/551013
Fax 0039/184/551518
www.oliocrespi.it

Dachauer Land
siehe Unser Land

De Cecco
Zollhof 4
40221 Düsseldorf
Tel. 0211/3018570
Fax 0211/30185729
www.dececco.it

Deli Reform
Walter Rau Lebensmittelwerke
Postfach 1101
49171 Hilter am Teutoburger Wald
Tel. 05424/3660
Fax 05424/366300
www.walter-rau.de

Dennree
Hofer Str. 11
95183 Töpen
Tel. 09295/180
Fax 09295/18101
www.dennree.de

Du darfst
Unilever
Strandkai 1
20457 Hamburg
Tel. 040/34930
Fax 040/354742
www.unilever.de

Edeka/Gut & Günstig/Edeka Rhein-Ruhr/Mein Land
22291 Hamburg
Tel. 040/63770
Fax 040/63774275
www.edeka.de

Effect
MBG International Premium Brands
Oberes Feld 13
33106 Paderborn
Tel. 05251/5460
Fax 05251/5461000
www.effect-energy.com

Eier aus NRW
Heinrich Goertz
Gewerbering 9
41372 Niederkrüchten
Tel. 02163/33870
Fax 02163/338733
www.eier-goertz.de

Eismann
Tiefkühl-Heimservice
Seibelstr. 36
40822 Mettmann
Tel. 02104/2190
Fax 02104/219650
www.eismann.de

Energy Rocket
Radlberger Getränke
Tiroler Str. 20
3105 Unterradlberg
Österreich
Tel. 0043/2742/3665300
Fax 0043/2742/369116
www.radlberger.at

Erntesegen Ur-Salz
Erntesegen Naturkost
Schützenstr. 24
78315 Radolfzell am Bodensee
Tel. 07732/807620
Fax 07732/807621
www.erntesegen.de

Feneberg/Von Hier
Ursulasrieder Str. 2
87437 Kempten
Tel. 0831/57170
Fax 0831/5717344
www.feneberg.de

Feodora
Westerstr. 36
28199 Bremen
Tel. 0421/509001
Fax 0421/5090030
www.feodora.de

Flaschenweise
Neumann-Reichardt-Str. 27–33
22041 Hamburg
Tel. 040/35015358
Fax 040/35714784
www.flaschenweise.de

Flor de Sal d'Es Trenc natural
Gusto Mundial Balearides
Calle Asprer,11
07650 Santanyí
Spanien
Tel. 0034/971/653385
Fax 0034/971/641725
http://flordesalde-strenc.com

Florette
Soléco SAS
Mikro-Forum-Ring 3
55234 Wendelsheim
Tel. 06734/911250
Fax 06734/911251
www.florette.de

Franken Brunnen
Bamberger Str. 90
91413 Neustadt a. d. Aisch
Tel. 09161/7890
Fax 09161/789166
www.frankenbrunnen.de

Frau Antje
FrieslandCampina Butter
Geldernstr. 46
50739 Köln
Tel. 0221/17750
Fax 0221/1775125
www.frieslandcampina.de

Frico
Friesland Campina Cheese
Hatzper Str. 30
45149 Essen
Tel. 0201/871270
Fax 0201/8712740
www.frico.de

Frische Vollmilch aus der Region Spreewald
Gläserne Molkerei
Molkereistr. 1
15748 Münchehofe
Tel. 033760/20770
Fax 033760/207710
www.glaeserne-molkerei.de

Frosta
Albert-Einstein-Ring 4
22761 Hamburg
Tel. 040/85414060
Fax 040/85414088
www.frosta.de

Fuchs
Industriestr. 25
49201 Dissen am Teutoburger Wald
Tel. 05421/3090
Fax 05421/309111
www.fuchs-gewuerze.de

Funny-Frisch
siehe Chio

Galeria Kaufhof/ Galeria Gourmet
Leonhard-Tietz-Str. 1
50676 Köln
Tel. 0221/2230
Fax 0221/2232800
www.galeria-kaufhof.de

Gartenfrisch Jung
Hermann-Jung-Str. 2
74249 Jagsthausen
Tel. 07943/8930
Fax 07943/893190
www.gartenfrisch.de

Gepa
Postfach 260147
42243 Wuppertal
Tel. 0202/266830
Fax 0202/2668310
www.gepa.de

Gerolsteiner
Vulkanring
54567 Gerolstein
Tel. 01805/333366
Fax 01805/108822
www.gerolsteiner.de

Hachez
Bremer Hachez Chocolade
Westerstr. 32
28199 Bremen
Tel. 0421/5090000
Fax 0421/5090020
www.hachez.de

Halal
HDV Halal
Köpenicker Str. 325
Haus 40
12555 Berlin
Tel. 030/65763486
Fax 030/65763499
www.halal-energy.com

Hartkorn
Wallersheimer Weg 50–58
56070 Koblenz
Tel. 0261/9888408
Fax 0261/805555
www.hartkorn-gewuerze.de

Havita Blattsalat-Mix
Havita Frischgemüse
Lindenberger Str. 85
13059 Berlin
Tel. 030/96262020
Fax 030/96262037
www.havita.de

Havita Salatmischung
Havita Frischsalate
Hinter dem Münchhof 4
67125 Dannstadt Schauernheim
Tel. 06231/91760
Fax 06231/917630
www.havita.de

Heidehof
Ökologischer Landbau
Ringstr. 2
06917 Jessen
Tel. 035387/439994
Fax 035387/439995
www.heidehof-mark-zwuschen.de

Heinrichsthaler
Milchwerke
Großröhrsdorfer Str. 15
01454 Radeberg
Tel. 03528/43700
Fax 03528/437030
www.heinrichsthaler.com

Hella
Hansa Mineralbrunnen
Halstenbeker Weg 98
25462 Rellingen
Tel. 04101/5050
Fax 04101/505212
www.hella-mineralbrunnen.de

Hemme Milch
Heideweg 4
16278 Angermünde
Tel. 03331/252525
Fax 03331/252526
www.um-hemme-milch.de

Hilcona
Bendererstr. 21
9494 Schaan
Liechtenstein
Tel. 00423/58/2359595
Fax 00423/58/2359595
www.hilcona.com

Homa Gold
siehe Du darfst
www.unilever.de
www.margarine.de

Hustler
Darguner Brauerei
Brauereistr. 3
17159 Dargun
Tel. 039959/3010
Fax 039959/30161
www.brauerei-dargun.de

Jamie Oliver
R. Münchow
Hegaustr. 19a
78224 Singen
Tel. 07731/79050
Fax 07731/790529
www.gustomo.de

Kaiser's Tengelmann/ De Niro/Star Marke
Wissollstr. 5–43
45478 Mühlheim a.d.R.
Tel. 0208/37770
Fax 0208/37774200
www.kaisers-tengelmann.de

Karina
Stollwerckstr. 27–31
51149 Köln
Tel. 02203/430
Fax 02203/43368
www.stollwerk.de

Karstadt Feinkost/ Perfetto
Stolberger Str. 92
50933 Köln
Tel. 0221/1490
Fax 0221/1499512
www.perfetto.de

Kattus
Theodor Kattus
Industriestr. 25
49201 Dissen am Teutoburger Wald
Tel. 05421/3090
Fax 05421/309111
www.kattus.de

Kaufland/Frico/ K-Classic
Rötelstr. 35
74172 Neckarsulm
Tel. 0800/1528352
Fax 07132/946124
www.kaufland.de

Kerrygold
IDB
Kerrygoldstr. 1
47506 Neukirchen-Vluyn
Tel. 01802/213178
Fax 02841/8880289
www.kerrygold.de

Kettle
Kettle Foods
Barnard Road
Bowthorpe
Norwich, Norfolk
NR5 9JP
Grossbritannien
Tel. 0044/0800/616996
www.kettlechips.eu

Kochlöffel
Herzforder Str. 9
49808 Lingen
Tel. 0591/9160270
Fax 0591/1234
www.kochloeffel.de

Kristallsalz Himalaya
Vogelflug Edelsteinhandelsgesellschaft
Ziegeleiweg 1a
49170 Hagen am Teutoburger Wald
Tel. 05405/6191740
Fax 05405/6191760

Küstenland
Deutsches Milchkontor
Gingster Chaussee 3
18528 Bergen auf Rügen
Tel. 03838/80410
Fax 03838/8041121
www.dmk.de

La Gallinara
Via Isole,5
17038 Villanova d'Albenga (Savona)
Italien
Tel. 0039/1822/1171
Fax 0039/1822/1626
www.lagallinara.it

Lafer
Raps
Adalbert-Raps-Str. 1
95326 Kulmbach
Tel. 09221/8070
Fax 09221/807100
www.raps.com

Landmarkt
Darmstädter Str. 80
64385 Reichelsheim
Tel. 06164/515649
Fax 06164/515659
www.hessische-direktvermarkter.de

LaSelva
Pasinger Str. 94
82166 Gräfelfing
Tel. 089/8955806 80
Fax 089/8545652
www.laselva-bio.eu

Lays
PepsiCo
Frankfurter Str. 190 A
63263 Neu-Isenburg
Tel. 06102/7490
www.fritolay.de

Le Guérandais
Les Salines de Guérande
Pradel CS 65315
44353 Guérande Cedex
Frankreich
Tel. 0033/240/620125
Fax 0033/240/621945
www.leguerandais.fr

Le Saunier de Camargue
Compagnie des Salins du Midi et Salines de L'Est
137, Rue Victor Hugo
92532 Levallois-Perret Cedex
Frankreich
Tel. 0033/175/617800
Fax 0033/142/707739
www.saunierdecamargue.fr

Lichtenauer Mineralquellen
Brunnenstr. 11
09244 Lichtenau
Tel. 037206/650
Fax 037206/65200
www.lichtenauer.com

Lidl/Baresa/ChanteSel/Crusti Croc/Ein gutes Stück Heimat/Fin Carré/Linessa/Milbona/Mixxed up/Rusti Chips/Saladinettes/Saskia/Vitasia
Stiftsbergstr. 1
74167 Neckarsulm
Tel. 0800/4353361
Fax 07132/942236
www.lidl.de

Lindt
Lindt & Sprüngli
Süsterfeldstr. 130
52072 Aachen
Tel. 0241/88810
Fax 0241/8881211
www.lindt.de

Löwendorfer
Geflügelhof
Löwendorfer Str. 26
14947 Ahrensdorf b. Trebbin
Tel. 033731/8250
Fax 033731/825308
www.loewendorfer-gefluegelhof.de

Lorenz Chipsletten/Lorenz Crunchips/Lorenz Naturals
The Lorenz Bahlsen Snack-World
Rathenaustr. 54
63263 Neu-Isenburg
Tel. 06102/2930
Fax 06102/293345
www.lorenz-snackworld.de

Lucchi & Guastalli
Frantoio Oleario
Località Vincinella
19037 S. Stefano di Magra (SP)
Italien
Tel. 0039/187/633329
Fax 0039/187/696399
www.frantoiolg.com

Luisenhof
Landkost-Ei
Motzener Str. 111
15741 Bestensee
Tel. 033763/790
Fax 033763/79194
www.landkost-ei.de

Mad Bat
Drinks & Food
Köpnicker Str. 1
06895 Zahna-Elster
Tel. 034924/7020
Fax 034924/70245
www.xl-energy.de

McDonald's
Drygalski-Allee 51
81477 München
Tel. 089/78594413
Fax 089/78594479
www.mcdonalds.de

Meggle
Molkerei Meggle Wasserburg
Megglestr. 6–12
83512 Wasserburg
Tel. 08071/730
Fax 08071/73444
www.meggle.de

Milka
Mondelez
Postfach 107840
28078 Bremen
Tel. 0421/59901
Fax 0421/5993675
www.kraftfoods.de

Minus L
Omira
Jahnstr. 10
88214 Ravensburg
Tel. 0751/8870
Fax 0751/887109
www.omira.de

Monster Energy
South Bank House
Barrow Street
Dublin 4
Irland
www.monsterenergy.com

Naturata
Am Alten Kraftwerk 6
71672 Marbach/Neckar
Tel. 07144/89610
Fax 07144/896141
www.naturata.de

Nature Energy
Traisentaler Getränke
Tiroler Str. 20
3105 Unterradlberg
Österreich
Tel. 0043/2742/366530
Fax 0043/2742/369116
www.radlberger.com

Netto Marken-Discount/Black Cat/Carat/Clarky's/Goutier/Gutes Land/Mamma Gina/Viva Vital/Vom Land
Postfach 1180
93139 Maxhütte-Haidhof
Tel. 0800/2000015
Fax 09471/320149
www.netto-online.de

Netto Supermarkt/Genuss pur
Preetzer Str. 22
17159 Stavenhagen
Tel. 039954/3600
Fax 039954/21033
www.netto.de

Norma/Excelsior/Leckerrom/nimm's leicht/Speedstar
Heisterstr. 4
90441 Nürnberg
Tel. 0911/97390
Fax 0911/7593590
www.norma-online.de

NOS
Americanfood4u
An der Wiehl 4
51580 Reichshof
Tel. 02297/9099590
Fax 02297/90995999
www.americanfood4u.de

Oberbayern
Franz Brandhuber Geflügelhof
Dorfstr. 58
85435 Erding
Tel. 08122/3365
Fax 08122/18415

ok
Valora Retail Services
Danziger Str. 35 A
20099 Hamburg
Tel. 040/2801560
Fax 040/28015666
www.okpunktstrich.de

Ökodorf Brodowin
Weißensee 1
16230 Chorin
Tel. 033362/6000
Fax 033362/60030
www.brodowin.de

Ökoland
Georgstr. 3–5
31515 Wunstorf
Tel. 05031/96070
Fax 05031/960719
www.oekoland.de

Original Lantchips
Svenska LantChips
Hantverksvägen 16
151 65 Södertälje
Schweden
Tel. 0046/8/880059
Fax 0046/8/880039
www.lantchips.com

Oro
Urbanstr. 1–5
83101 Rohrdorf
Tel. 08032/9883030
Fax 08032/98830329
www.oro-saft.de

Penny/Elitess/Line/Orto Mio
50603 Köln
Tel. 0221/20199959
Fax 0221/1499000
www.penny.de

Ppura
Wartburgstr. 1
4657 Dulliken
Schweiz
Tel. 0041/62/2953227
Fax 0041/62/2952228
www.ppura.ch

Pringles
Kellogg
Mary-Somerville-Str. 9
28359 Bremen
Tel. 030/300190715
Fax 0421/3999299
www.kelloggs.de

Rama
siehe Du darfst
www.rama.de

Rapunzel
Rapunzelstr. 1
87764 Legau
Tel. 08330/5290
Fax 08330/5291188
www.rapunzel.de

Ravensberger
Deutsches Milchkontor
Industriestr. 27
27404 Zeven
Tel. 0421/2430
Fax 0421/2432222
www.dmk.de

Real/Real Quality/Tip
Schlüterstr. 5
40235 Düsseldorf
Tel. 0800/5035418
Fax 0211/9692140
www.real.de

Red Bull
Osterwaldstr. 10
80805 München
Tel. 089/2060350
Fax 089/206035100
www.redbull.de

Relentless
Coca-Cola
Stralauer Allee 4
10245 Berlin
Tel. 030/2260697 84
Fax 030/226069334
www.relentlessenergy.com

Rewe/Ja!/Rewe Bio/Rewe Regiemarkt Temma
50603 Köln
Tel. 0221/1490
Fax 0221/1499000
www.rewe-group.com

Rheinfels Quelle
H. Hövelmann
Postfach 180168
47171 Duisburg
Tel. 0203/99190
Fax 0203/9919210
www.rheinfelsquellen.de

Rhino's
rhino's energy
Widenmayerstr. 27
80538 München
Tel. 01803/744667
Fax 01803/744668
www.rhinos-energy.com

Riesa Nudelkrönung
Teigwaren Riesa
Merzdorfer Str. 21–25
01591 Riesa
Tel. 03525/72030
Fax 03525/720359
www.teigwaren-riesa.de

Ritter Sport
Alfred Ritter
Alfred-Ritter-Str. 25
71111 Waldenbuch
Tel. 07157/970
Fax 07157/97399
www.ritter-sport.de

Rhönsprudel
Mineralbrunnen Rhönsprudel
Egon Schindel
Weikardshof 2
36157 Ebersburg
Tel. 06656/580
Fax 06656/58159
www.rhoensprudel.de

Rockstar
PepsiCo
Frankfurter Str. 190 A
63263 Neu-Isenburg
Tel. 0 61 02/74 90
Fax 0 61 02/74 92 00
www.rockstarenergydrink.de

Römerquelle
Coca-Cola HBC Austria
Triesterstr. 91
1100 Wien
Österreich
Tel. 00 43/1/61 06 00
Fax 00 43/1/61 06 03 29
www.roemerquelle.at

Rossmann/EnerBio
Isernhägener Str. 16
30938 Burgwedel
Tel. 0 51 39/89 80
Fax 0 51 39/8 98 49 99
www.rossmann.de

Rottaler Milchquell
Rottaler Milchwerk
Berglandmilch
Karpfham Bahnhof 4
94094 Rotthalmünster
Tel. 0 72 42/46 99 60
Fax 0 72 42/4 69 96 61 11
www.rottaler-milchquell.de

S. Pellegrino
siehe Contrex
www.sanpellegrino.de

Saclà Italia
Blindeisenweg 1–7
41468 Neuss
Tel. 0 21 31/40 68 90
Fax 0 21 31/4 06 89 50
www.sacla.de

Sal de Ibiza
Kleine Hamburger Str. 2
10115 Berlin
Tel. 0 30/28 09 81 80
Fax 0 30/28 09 81 82
www.saldeibiza.com

Sarotti
siehe Alpia
www.sarotti.de

Schneekoppe
Müllerstr. 13 a
21244 Buchholz in der Nordheide
Tel. 0 41 05/67 57 30
Fax 0 41 05/6 75 73 99
www.schneekoppe-gmbh.de

Sel
Nord-Süd Salzhandelsgesellschaft
Salzgrund 67
74076 Heilbronn
Tel. 0 71 31/6 49 40
Fax 0 71 31/6 49 41 77

Smanta
Münsterländische Margarine-Werke
J. Lülf
Midlicher Str. 7
48720 Rosendahl
Tel. 0 25 47/7 00
Fax 0 25 47/70 30
www.mmv-luelf.de

Söbbeke
Molkerei Söbbeke
Amelandsbrückenweg 131
48599 Gronau-Epe
Tel. 0 25 65/9 30 30
Fax 0 25 65/93 03 60
www.soebbeke.de

Sonnendorfer
Eier Braun
Sonnendorf 5
84416 Inning a. Holz
Tel. 0 80 84/38 66
Fax 0 80 84/72 69
www.sonnendorfer.com

Sonnengrün
BFP
Am Heilbrunnen 136
72766 Reutlingen
Tel. 0 71 21/1 49 40
Fax 0 71 21/14 94 48

Sonnensalz
esco-European Salt Company
Landschaftstr. 1
30159 Hannover
Tel. 05 11/85 03 00
Fax 05 11/85 03 01 31
www.esco-salt.com

Sonnentor
Sprögnitz 10
3910 Zwettl
Österreich
Tel. 00 43/28 75/72 56
Fax 00 43/28 75/72 57
www.sonnentor.com

Strauss Innovation
Raiffeisenstr. 16
40764 Langenfeld
Tel. 0 21 73/99 00 01
Fax 0 21 73/99 23 90
www.strauss-innovation.de

Swiss + Confisa
Chocolats Halba
Alte Winterthurerstr. 1
8304 Wallisellen
Schweiz
Tel. 00 41/44/8 77 10 10
Fax 00 41/44/8 77 19 99
http://chocolatshalba.ch

Take Off
convivo
Am Euro Platz 2
Gebäude G
1120 Wien
Österreich
Tel. 00 43/1/71 72 81 77
Fax 00 43/1/71 72 88 02
www.takeoffenergy.com

Terra Blues Chips
Hain Europe
Groendreef 101
9880 Aalter
Belgien
Tel. 00 32/50/72 91 30
www.hain-celestial.eu

Terra Sana
Waaier 10
2451 VV Leimuiden
Niederlande
Tel. 00 31/1 72/50 33 33
Fax 00 31/1 72/50 33 55
www.terrasana.com

Terre de Liguria
Audia Food
Kaninenberghöhe 2
45136 Essen
Tel. 02 01/7 49 58 13
Fax 02 01/7 99 84 71
www.audia-food.com

Thise Mejeri
Sundsørevej 62
7870 Roslev
Dänemark
Tel. 00 45/97 57/80 01
Fax 00 45/97 57/81 22
www.thise.eu

Tilbury
Baackes + Heimes
Postfach 11 01 54
41725 Viersen
Tel. 0 21 62/4 89 20
Fax 0 21 62/48 92 19
www.baackes-heimes.de

Trafo
FZ Organic Food
Oppers 58
8471 ZM Wolvega
Niederlande
Tel. 00 31/5 61/61 10 00
Fax 00 31/5 61/61 24 01
www.fzorganicfood.com

Trumpf
Ludwig Schokolade
Senefelderstr. 44
51469 Bergisch Gladbach
Tel. 0 22 02/10 55 00
Fax 0 22 02/10 55 01
www.schogetten.eu

Tuffi
FrieslandCampina
Wimpfener Str. 125
74078 Heilbronn
Tel. 0 71 31/48 90
Fax 0 71 31/48 93 00
www.frieslandcampina.com

Tyrrells
Genuport Trade
Gutenbergring 60
22848 Norderstedt
Tel. 0 40/5 28 41 01
Fax 0 40/5 23 40 92
www.genuport.de

Unser Land
Boschstr. 2b
82281 Egenhofen
Tel. 0 81 45/92 85 80
Fax 0 81 45/9 28 58 20
www.unserland.info

Vitrex
Schwarzwald-Sprudel
Kniebisstr. 43
77740 Bad Peterstal-Griesbach
Tel. 0 78 06/9 85 50
Fax 0 78 06/98 55 40
www.vitrex-wasser.de

Vivani
Eco Finia
Diebrocker Str. 17
32051 Herford
Tel. 0 23 05/3 30 30
Fax 0 23 05/54 02 02
www.vivani-schokolade.de

Volvic
Danone Waters
Solmsstr. 18
60486 Frankfurt/M.
Tel. 0 69/7 19 13 50
Fax 0 69/7 19 13 51 40
www.volvic.de

Von Hier
BBM Brandenburg + Berlin
Gartenstr. 1–3
14621 Schönwalde-Glien
Tel. 03 32 30/2 07 70
Fax 03 32 30/20 77 69
www.vonhier.com

Wurzener
Am Mühlengraben 1
04808 Wurzen
Tel. 0 34 25/88 60
Fax 0 34 25/88 61 13
www.wurzener.de

XL
siehe Mad Bat

Kosmetik

AEG
ETV
Elektro-technische Vertriebsgesellschaft
Industriering-Ost 40
47906 Kempen
Tel. 0 21 52/51 99 71
Fax 0 21 52/20 06 19 99
www.aeg-etv.de

Ajona
Dr. Rudolf Liebe Nachf.
Max-Lang-Str. 64
70771 Leinfelden-Echterdingen
Tel. 07 11/7 58 57 79 17
Fax 07 11/75 85 77 95 17
www.drliebe.de

Aldi (Nord)/Eurodont/Ombra Sun
Postfach 13 01 10
45291 Essen
Tel. 02 01/8 59 30
Fax 02 01/8 59 34 25
www.aldi-nord.de

Aldi Süd/Friscodent/Ombia Sun
Postfach 10 01 52
45401 Mülheim a.d.R.
Tel. 02 08/9 92 70
Fax 02 08/99 27 36 10
www.aldi-sued.de

Annemarie Börlind
Lindenstr. 15
75365 Calw
Tel. 0 70 51/6 00 00
Fax 0 70 51/60 00 60
www.boerlind.com

Aok
Henkel
40191 Düsseldorf
Tel. 02 11/79 70
Fax 02 11/7 98 40 08
www.aok-kosmetik.de

Aronal
Gaba
Postfach 25 20
79515 Lörrach
Tel. 0 76 21/90 70
Fax 0 76 21/90 74 99
www.gaba-dent.de

Biorepair
Dr. Kurt Wolff
Johanneswerkstr. 34–36
33611 Bielefeld
Tel. 05 21/8 80 82 43
Fax 05 21/8 80 82 54
www.bio-repair.de

Biotherm
siehe Garnier Ambre Solaire
www.biotherm.de

Blend-a-med
Procter & Gamble
65824 Schwalbach am Taunus
Tel. 0 61 96/89 01
Fax 0 61 96/89 49 29
www.de.pg.com

Braun Oral-B
siehe Blend-a-med
www.oralb.de

Broxo
Agentur Marie-Luise Hoppe
Stichtmannstr. 5
65527 Niedernhausen
Tel. 0 61 27/10 94
Fax 0 61 27/10 97
www.broxodent.com

Bübchen
Nestlé
Lyoner Str. 23
60523 Frankfurt/M.
Tel. 0 69/66 71 37 40
Fax 0 69/66 71 31 90
www.buebchen.de

Carrera
Aquarius
Adalperostr. 29
85737 Ismaning
Tel. 0 89/54 80 18 50
Fax 0 89/54 80 18 56 00
www.carrera-products.com

CD
Lornamead
Mönckebergstr. 31
20095 Hamburg
Tel. 0 40/8 88 85 90
Fax 0 40/88 88 59 20
www.cd-koerperpflege.de

Clarins
Postfach 15 62
82317 Starnberg
Tel. 0 81 51/2 60 30
Fax 0 81 51/26 03 45
www.clarins.de

Colgate
Colgate Palmolive
Postfach 76 02 49
22052 Hamburg
Tel. 0 40/7 31 90
Fax 0 40/73 19 24 98
www.colgate.de

Curaprox
Curaden Swiss
Industriestr. 4
76297 Stutensee
Tel. 0 72 49/9 13 06 10
Fax 0 72 49/9 13 06 19
www.curaprox.com

Daylong Regular
Spirig Pharma
Schertlinstr. 27
86159 Augsburg
Tel. 08 21/71 00 30
Fax 08 21/71 00 33 99
www.spirig-pharma.de

Dentagard
siehe Colgate
www.dentagard.de

dm/Balea Med/ Dontodent/Sun Dance
Carl-Metz-Str. 1
76185 Karlsruhe
Tel. 07 21/5 59 20
Fax 07 21/55 22 13
www.dm.de

Dr. Best
GlaxoSmithKline
Consumer Healthcare
Postfach 14 64
77804 Bühl
Tel. 0 72 23/7 60
Fax 0 72 23/76 40 00
www.gsk-consumer.de

Dr. Hauschka
Wala Heilmittel
Postfach 11 91
73085 Bad Boll/ Eckwälden
Tel. 0 71 64/93 00
Fax 0 71 64/93 02 97
www.dr.hauschka.de

Eau Thermale Avène
Pierre Fabre
Dermo-Kosmetik
Postfach 67 69
79043 Freiburg im Breisgau
Tel. 07 61/45 26 10
Fax 07 61/45 26 16 55
www.avene.de

Edeka/Elkos Dental/ Elkos Sun
22291 Hamburg
Tel. 0 40/6 37 70
Fax 0 40/63 77 42 75
www.edeka.de

edel + white
Scanderra
Geerenweg 2
8048 Zürich
Schweiz
Tel. 00 41/44/5 20 04 17
Fax 00 41/44/8 29 22 81
www.edel-white.com

Elina dent
Osma Werm
Gemündener Str. 16
97753 Karlstadt
Tel. 0 93 53/97 85 60
Fax 0 93 53/97 85 66
www.osma-werm.com

Elkadent
Dental-Kosmetik
Postfach 10 08 55
01078 Dresden
Tel. 03 51/8 00 53 00
Fax 03 51/8 00 54 44
www.dental-kosmetik.de

Elmex/Elmex Omron
siehe Aronal
www.elmex.de

Eucerin
Beiersdorf
20245 Hamburg
Tel. 0 40/4 90 90
Fax 0 40/49 09 34 34
www.beiersdorf.de
www.eucerin.de

Florena
siehe Eucerin
www.florena.de

Fuchs
Interbros
Aiterfeld 1
79677 Schönau im Schwarzwald
Tel. 0 76 73/88 50
Fax 0 76 73/88 52 84
www.fuchs-oral-care.de

Garnier
siehe L'Oréal Paris
Tel. 02 11/54 47 71 91
www.garnier.de

Garnier Ambre Solaire
L'Oréal
Georg-Glock-Str. 18
40474 Düsseldorf
Tel. 02 11/87 55 21 91
Fax 0 800/10 02 85
www.garnier.de

Grundig
Beuthener Str. 41
90471 Nürnberg
Tel. 09 11/70 30
Fax 09 11/7 03 84 67
www.grundig.de

Incutex Dental Care
Vidal Europa
Partida de la Montaña, s/n
46293 Beneixida (Valencia)
Spanien
Tel. 00 34/9 02/70 26 04
www.vidaltiendas.com

Kaufland/K-Classic/ K-Classic Dental
Rötelstr. 35
74172 Neckarsulm
Tel. 0 180 2/01 00 80
Fax 0 71 32/94 61 24
www.kaufland.de

Kiehl's
siehe Garnier Ambre Solaire
www.kiehls.de

Kneipp
Steinbachtal 43
97082 Würzburg
Tel. 09 31/8 00 20
Fax 09 31/8 00 21 97
www.kneipp.de

L'Occitane
Königsallee 63–65
40215 Düsseldorf
Tel. 02 11/1 59 77 90
Fax 02 11/15 97 79 77
www.loccitane.de

L'Oréal Paris
L'Oréal
Postfach 30 06 62
40406 Düsseldorf
Tel. 02 11/54 41 33 77
Fax 0 180 1/00 20 40
www.loreal-paris.de

La Roche-Posay
siehe Garnier Ambre Solaire
www.laroche-posay.de

Laboratoires Diadermine
siehe Aok
www.diadermine.de

Lacalut
Dr. Theiss Naturwaren
Michelinstr. 10
66424 Homburg
Tel. 0 68 41/70 90
Fax 0 68 41/70 97 20
www.naturwaren-theiss.de

Ladival
Stada
61116 Bad Vilbel
Tel. 0 61 01/60 30
Fax 0 61 01/60 32 59
www.ladival.de

Lancaster
Coty Prestige
Rheinstr. 4e
55116 Mainz
Tel. 0 61 31/30 60
Fax 0 61 31/30 67 45
www.lancaster.de

Lavera
Laverana
Am Weingarten 4
30974 Wennigsen
Tel. 0 51 03/93 91 33
Fax 0 51 03/9 39 19 42
www.lavera.de

Lidl/Cien Sun/Dentalux
Stiftsbergstr. 1
74167 Neckarsulm
Tel. 0 800/4 35 33 61
Fax 0 71 32/94 22 36
www.lidl.de

Logona
Naturkosmetik und Heilmittel Hans Hansel
Zur Kräuterwiese
31020 Salzhemmendorf
Tel. 0 51 53/8 09 01
Fax 0 51 53/8 09 88
www.logona.de

Meridol
siehe Aronal

Müller/Lavozon/ Sensident
89068 Ulm-Jungingen
Tel. 07 31/17 40
Fax 07 31/17 41 74
www.mueller.de

Netto Marken-Discount/Diadent
Postfach 11 80
93139 Maxhütte-Haidhof
Tel. 0 94 71/32 00
Fax 0 94 71/32 01 49
www.netto-online.de

Nivea/Nivea Sun
siehe Eucerin
www.nivea.de

Odol Med 3
siehe Dr. Best

Oral-B
Procter & Gamble
65824 Schwalbach am Taunus
Tel. 0 61 96/89 01
Fax 0 61 96/89 49 29
www.de.pg.com

Philips Sonicare
Lübeckertordamm 5
20099 Hamburg
Tel. 0 800/0 00 75 20
Fax 0 40/28 99 28 29
www.philips.de

Piz Buin
Johnson & Johnson
Postfach 21 04 65
41430 Neuss
Tel. 0 21 37/93 60
Fax 0 21 37/9 36 23 33
www.jnjgermany.de

Poly Palette
Henkel
40191 Düsseldorf
Tel. 02 11/79 70
Fax 02 11/7 98 40 08
www.henkel.de

Real/Real Quality
Schlüterstr. 5
40235 Düsseldorf
Tel. 0 800/5 03 54 18
Fax 02 11/9 69 21 40
www.real.de

Rossmann/Accent/ Isana med/Perlodent med/Rival de Loop/ Sunozon
Isernhägener Str. 16
30938 Burgwedel
Tel. 0 51 39/89 80
Fax 0 51 39/8 98 49 99
www.rossmann.de

Sanitas
Hans Dinslage
Riedlinger Str. 28
88524 Uttenweiler
Tel. 0 73 74/91 57 66
Fax 0 73 74/92 07 23
www.sanitas-online.de

Sante
Zur Kräuterwiese
31020 Salzhemmendorf
Tel. 05153/80906
Fax 05153/80988
www.sante.de

Schwarzkopf
siehe Poly Palette

Sensodyne
GlaxoSmithKline
Postfach 1464
77804 Bühl
Tel. 07223/760
Fax 07223/764000
www.gsk-consumer.de

Shiseido
Kaistr. 20
40221 Düsseldorf
Tel. 0211/91760
Fax 0211/9176333
www.shiseido.de

Signal
Unilever
Strandkai 1
20457 Hamburg
Tel. 040/34930
Fax 040/354742
www.unilever.de

Syncare
Ranir
Auf dem Seidenberg 1
53721 Siegburg
Tel. 02241/252200
Fax 02241/2522099
www.ranir.com

Syoss
siehe Poly Palette

Theramed
Henkel
40191 Düsseldorf
Tel. 0211/7970
Fax 0211/7984008
www.henkel.de

Vichy
siehe Biotherm
www.vichy.de

Weleda
Möhlerstr. 3
73525 Schwäbisch Gmünd
Tel. 07171/9190
www.weleda.de

Woolworth/Medident
Formerstr. 6
59425 Unna
Tel. 02303/5938100
Fax 02303/5938389
www.woolworth.de

Computer

Abelssoft
Ascora
Langeooger Str. 2
27755 Delmenhorst
Tel. 04221/280230
www.abelssoft.de

Acer
Kornkamp 4
22926 Ahrensburg
Tel. 04102/4880
Fax 04102/488101
www.acer.de

Acronis
Landsberger Str. 110
80339 München
Tel. 089/61372840
Fax 089/613728499
www.acronis.de

Amazon
Marcel-Breuer-Str. 12
80807 München
Tel. 0800/3638469
www.amazon.de

Amazon Kindle Shop
Marcel-Breuer-Str. 12
80807 München
Tel. 089/358030
www.amazon.de

Apple
Arnulfstr. 19
80335 München
Tel. 0800/2000136
Fax 089/99640180
www.apple.de

Apple iBookstore
iTunes Store
31–33, Rue Sainte Zithe
2763 Luxembourg
Luxemburg
www.apple.com/de/itunes/

Asus
Harkortstr. 21–23
40880 Ratingen
Tel. 02102/5789557
Fax 02102/959931
www.asus.de

Avanquest
Sckellstr. 6
81667 München
Tel. 01805/339790
www.avanquest.de

Avast!
Otto-Lilienthal.Str. 4
88046 Friedrichshafen
Tel. 07541/9530490
www.avast.de

AVG
Akima Media
Garmischer-Str. 8
80339 München
Tel. 089/17959180
www.avg.de

Avira
Kaplaneiweg 1
88069 Tettnang
Tel. 07542/5000
Fax 07542/5003000
www.avira.de

Bitdefender
Technologiezentrum Schwerte
Lochbachstr. 12
58239 Schwarte
Tel. 02304/945160
www.bitdefender.de

Bookeen
Thalia
Kabeler Str. 4
58099 Hagen
Tel. 0251/5309330
www.thalia.de

Box
4440 El Camino Real
CA 94022 Los Altos
USA
Tel. 0800/1833953
Fax 001/8884186762
www.box.com

Brother
61116 Bad Vilbel
Tel. 06101/8050
Fax 06101/801333
www.brother.de

Buecher.de
Steinerne Furt 65a
86167 Augsburg
Tel. 01806/001579
Fax 0821/4502299
www.buecher.de

BullGuard
Theodor-Stern-Kai 1
60596 Frankfurt/M.
www.bullguard.com

Canon
Postfach 528
47705 Krefeld
Tel. 02151/3450
Fax 02151/345102
www.canon.de

Dell
Unterschweinstiege 10
60549 Frankfurt/M.
Tel. 0800/5335560 41
Fax 069/3482480 00
www.dell.de

Deutsche Telekom Mediencenter
Landgrabenweg 151
53227 Bonn
Tel. 0800/3301000
http://mediencenter.telekom.de/

Deutsche Telekom PagePlace
Friedrich-Ebert-Allee 140
53113 Bonn
Tel. 0228/1810
www.pageplace.de

Dropbox
185 Berry St. Ste. 400
CA 94107 San Francisco
USA
www.dropbox.com

eBook.de
Friesenweg 1
22763 Hamburg
Tel. 0800/1004200
www.ebook.de

Epson
Postfach 2354
40646 Meerbusch
Tel. 02159/5380
Fax 02159/5383000
www.epson.de

Eset
Talstr. 84
07743 Jena
Tel. 03641/3114100
Fax 03641/3114299
www.eset.de

F-Secure
Zielstattstr. 44
81379 München
Tel. 089/7874670
Fax 089/78746799
www.f-secure.de

Fujitsu
Mies-van-der-Rohe-Str. 8
80807 München
Tel. 01805/372100
Fax 01805/372200
www.fujitsu.de

G Data
Königsallee 178 b
44799 Bochum
Tel. 0234/97620
Fax 0234/9762299
www.gdata.de

Genie9
Garmischer Str. 8
80339 München
Tel. 089/230696111
Fax 089/230696110
www.genie9.de

GMX MediaCenter
1&1 Mail & Media
Brauerstr. 48
76135 Karlsruhe
Tel. 09001/000877
www.gmx.net/mediacenter/

Google Drive
ABC-Str. 19
20354 Hamburg
https://drive.google.com/

Google/Google Play
ABC-Str. 19
20354 Hamburg
Tel. 040/808179
Fax 040/49219194
www.google.de

Haage & Partner
Emser Str. 2
65195 Wiesbaden
Tel. 0611/710926 00
Fax 0611/710926 01
www.haage-partner.de

HP
Herrenberger Str. 140
71034 Böblingen
Tel. 07031/140
Fax 07031/142999
www.hp.com/de

Icarus
c/o DistriRead b.v.
Luchthavenweg 81
office 1.39a
5657 EA Eindhoven
Niederlande
Tel. 0031/40/3040010
www.icarusreader.com

Intenso
Diepholzer Str. 15
49377 Vechta
Tel. 04441/99910
Fax 04441/999120
www.intenso.de

Kaspersky
Despag-Str. 3
85055 Ingolstadt
Tel. 0841/981890
Fax 0841/98189100
www.kaspersky.de

Kobo
4–6 Avenue de la Gare
1610 Luxemburg
Luxemburg
Tel. 00352/26480962
Fax 00352/26480985
www.kobo.de

Kobo (E-Book-Portale)
4–6 Avenue de la Gare
1610 Luxembourg
Luxemburg
Tel. 00352/2461/6309
Fax 00352/2461/6301
www.kobo.de

LaCie Wuala
Köchlistr. 15
8004 Zürich
Schweiz
Fax 044/2401242
www.wuala.com/de/

Langmeier
Raeffelstr. 25
8045 Zürich
Schweiz
Tel. 0041/44/8611570
www.langmeier-software.com

Anbieter

Lenovo
Gropiusplatz 10
70563 Stuttgart
Tel. 0800/5511330
www.lenovo.com

McAfee
Ohmstr. 1
85716 Unterschleißheim
Tel. 089/37070
Fax 089/37071199
www.mcafee.de

Medion
Am Zehnthof 77
45307 Essen
Tel. 0800/0633466
Fax 0201/83831112
www.medion.de

Microsoft
Konrad-Zuse-Str. 1
85716 Unterschleißheim
Tel. 089/31760
Fax 01805/251191
www.microsoft.de

Microsoft SkyDrive
siehe Microsoft
http://windows.microsoft.com/de-DE/skydrive/

Mozy/Mozy Home
Mozy Technology
EMC Tower,
Great West Rd
TW8 9AN Brentford,
Middx
Großbritannien
Tel. 0800/1808227
Fax 0035/321487 9702
http://mozy.de/

MSI
Hanauer Landstr. 318
60314 Frankfurt/M.
Tel. 069/408930
Fax 069/40893202
www.msi-computer.de

Nero
Im Stöckmädle 18
76307 Karlsbad
Tel. 07248/9280
Fax 07248/928499
www.nero.com

Norton
Symantec
Konrad-Zuse-Platz 2–5
81829 München
Tel. 089/943020
Fax 089/94302950
www.norton.de

O&O Software
Am Borsigturm 48
13507 Berlin
Tel. 030/991916200
Fax 030/991916299
www.oo-software.com

Ocster
Marie-Curie-Str. 1–3
26129 Oldenburg
Tel. 0441/9354129
Fax 0441/9354432
www.ocster.com

Odys
Axdia
Formerweg 9
47877 Willich
Tel. 02154/88260
Fax 02154/8826100
www.odys.de

Packard Bell
Kornkamp 4
22926 Ahrensburg
Tel. 04102/4880
Fax 04102/488101
www.packardbell.de

Panda Security
PAV
Dr.-Alfred-Herrhausen-Allee 26
47228 Duisburg
Tel. 02065/9610
Fax 02065/961199
www.pandasecurity.com

Paragon
Heinrich-von-Stephan-Str. 5c
79100 Freiburg im Breisgau
Tel. 0761/59018201
Fax 0761/59018130
www.paragon-software.com

Pocketbook
Richard-Wagner-Str. 11
01445 Radebeul
Tel. 0351/79556300
Fax 0351/79556320
www.pocketbook.de

Pro Softnet IDrive
IDrive Division
26115 Mureau Road,
Suite A
CA 91302 Calabasas
USA
Tel. 001/818/2514245
Fax 001/818/2519208
www.idrive.com

Samsung
Am Kronberger Hang 6
65824 Schwalbach im Taunus
Tel. 01806/7267864
Fax 06196/9340288
www.samsung.de

Sony
Kemperplatz 1
10785 Berlin
Tel. 030/585812345
Fax 01805/252587
www.sony.de

Sony Reader Store
10, Avenue de la Liberté
1930 Luxembourg
Luxemburg
Tel. 00352/27482500
Fax 00352/27482580
de.readerstore.sony.com

Strato HiDrive Free
Pascalstr. 10
10587 Berlin
Tel. 030/30014621
Fax 030/88615777
www.free-hidrive.com/ger/

SugarSync
1810 Gateway Drive,
Suite 200
CA 94404 San Mateo
USA
www.sugarsync.com

TechniSat
Julius-Saxler-Str. 3
(TechniPark)
54550 Daun
Tel. 03925/92201800
Fax 06592/4910
www.technisat.de

Thalia
siehe Bookeen

Thalia.de
An den Speichern 8
48157 Münster
Tel. 0251/5309330
Fax 01805/309199
www.thalia.de

Tolino
Deutsche Telekom
T-Online-Allee 1
64295 Darmstadt
Tel. 0800/5446060
Fax 06151/68015942
www.tolino.de

Toshiba
Hammfelddamm 8
41460 Neuss
Tel. 02131/5240400
Fax 02131/158341
www.toshiba.de

Trekstor
Kastanienallee 8–10
64653 Lorsch
Tel. 06251/550400
Fax 06251/5504020
www.trekstor.de

Trend Micro
Zeppelinstr. 1
85399 Hallbergmoos
Tel. 0811/88990700
Fax 0811/88991799
www.trendmicro.de

Trend Micro SafeSync
siehe Trend Micro
www.trendmicro.de/produkte/safesync/

Web.de Online-Speicher
1&1 Mail & Media
Brauerstr. 48
76135 Karlsruhe
Tel. 09001/932330
https://produkte.web.de/online-speicher/

Weltbild
Steinerne Furt 70
86167 Augsburg
Tel. 0821/70040
Fax 0821/70040
www.weltbild.de

Weltbild.de
Steinerne Furt 70
86167 Augsburg
Tel. 0821/70040
Fax 0821/70041790
www.weltbild-ebooks.de

Zone Alarm
Check Point Software Technologies
800 Bridge Parkway
Redwood City
CA 94065
USA
www.checkpoint.com

Telefon

Alcatel
TCT Mobile Germany
Fritz-Vomfelde-Str. 34
40547 Düsseldorf
Tel. 069/920321 10
www.alcatelonetouch.com

Amplicomms
Audioline
Hellersbergstr. 2a
41460 Neuss
Tel. 02131/79900
Fax 02131/276990
www.amplicomms.com

Apple
Arnulfstr. 19
80335 München
Tel. 0800/2000136
Fax 089/99640180
www.apple.de

Auro
(Insolvenzverfahren
Nur noch
Service-Hotline
Tel. 01805/1188702)

Avast!
Otto-Lilienthal-Str. 4
88046 Friedrichshafen
Tel. 07541/9530490
www.avast.de

AVG
Akima Media
Garmischer Str. 8
80339 München
Tel. 089/17959180
Fax 089/17959199
www.avg.de

Bea-fon
Hauptstr. 25
4722 Peuerbach
Österreich
Tel.
0043/7276/2670
Fax
0043/7276/26701299
www.beafon.com

Bitdefender
Technologiezentrum Schwerte
Lochbachstr. 12
58239 Schwarte
Tel. 02304/945160
www.bitdefender.de

Blackberry
Niederkasseler Lohweg 18
40547 Düsseldorf
Tel. 0211/97199601
Fax 0211/97199666
de.blackberry.com

Doro
Industrievertretung Schweiger
Im Frauental 14
92224 Amberg
Tel. 09621/67710
Fax 09621/6771750
www.ivsgmbh.de

Dr. Web
Rodenbacher Chaussee 6
63457 Hanau
Tel. 06039/9395414
Fax 06039/9395415
www.drweb-av.de

Emporia
Industriezeile 36
4020 Linz
Österreich
Tel. 0043/732/7777170
Fax 0043/732/7777178
www.emporia.at

Eset
Talstr. 84
07743 Jena
Tel. 03641/3114100
Fax 03641/3114299
www.eset.de

G Data
Königsallee 178b
44799 Bochum
Tel. 0234/97620
Fax 0234/9762299
www.gdata.de

HTC
Tel. 0691/70776482
www.htc.com/de

Huawei
Willy-Brand-Allee 20
53113 Bonn
Tel. 06196/969760
www.huaweidevices.com/de

Kaspersky
Despag-Str. 3
85055 Ingolstadt
Tel. 0841/981890
Fax 0841/98189100
www.kaspersky.de

LG
Berliner Str. 93
40880 Ratingen
Tel. 02102/70080
Fax 02102/7008777
www.lg.com/de

Lookout
1 Front Street,
Suite 2700
San Francisco, CA 9411
USA
Tel. 089/21187135
www.lookout.com

McAfee
Ohmstr. 1
85716 Unterschleißheim
Tel. 089/37070
Fax 089/37071199
www.mcafee.com/de

Motorola
Telco Kreisel 1
65510 Idstein
Tel. 06126/22460
www.motorola.de

MyAndroid
MyMobileSecurity
Sweden House
5 Upper Montagu Street
London W1H 2AG
Grossbritannien
Tel. 0044/2081446451
www.mymobilesecurity.com

Nokia
Balcke-Dürr-Allee 2
40882 Ratingen
Tel. 09001/000441
Fax 02102/89287583
www.nokia.de

Norton
Symantec
Konrad-Zuse-Platz 2–5
81829 München
Tel. 089/943020
Fax 089/94302950
www.norton.de

NQ Security
4514 Travis Street #200
Dallas
TX 75205
USA
www.netqin.com

Olympia
Zum Kraftwerk 1
45527 Hattingen
Tel. 02324/68010
Fax 02324/680191
www.olympia-vertrieb.de

Panasonic
Hagenauer Str. 43
65203 Wiesbaden
Tel. 0611/2350
www.panasonic.de

Pearl/Simvalley Mobile
Pearlstr. 1–3
79426 Buggingen
Tel. 07631/360200
Fax 07631/360444
www.pearl.de

Samsung
Am Kronberger Hang 6
65824 Schwalbach
Tel. 01806/7267864
Fax 01805/121214
www.samsung.de

Saturn/ok.
Wankelstr. 5
85053 Ingolstadt
Tel. 01806/7267864
Fax 0841/61995
www.mediamarkt.de

Swissvoice
siehe Doro

Tiptel
Halskestr. 1
40880 Ratingen
Tel. 02102/4280
Fax 02102/42810
www.tiptel.com

Trend Micro
Zeppelinstr. 1
85399 Hallbergmoos
Tel. 0811/88990700
Fax 0811/88990799
www.trendmicro.de

TrustGo
2901 Tasman Drive
Suite 107
Santa Clara,
CA 95054
USA
Tel. 001/2098787867
www.trustgo.com

Vodafone
Ferdinand-Braun-Platz 1
40549 Düsseldorf
Tel. 0800/1721212
Fax 02102/986575
www.vodafone.de

Zoner
Nové sady 583/18
602 00 Brno
Tschechische Republik
Tel. 00420/543257244
Fax 00420/543257244
www.zonerantivirus.cz

Bild

Aldi (Nord)/ Medion
Medion
Am Zehnthof 77
45307 Essen
Tel. 01805/633633
Fax 01805/665566
www.medion.com

Blaupunkt
Heinrich Zehnder
Weiherhalden 37/1
78144 Schramberg
Tel. 07729/8810
Fax 07729/88177
www.zehnder-sat.de

Canon
Europark Fichtenhain A10
47807 Krefeld
Tel. 02151/3450
Fax 02151/345102
www.canon.de

Casio
Bornbarch 10
22848 Norderstedt
Tel. 040/528650
Fax 040/52865100
www.casio.de

Comag
Zillenhardtstr. 41
73037 Göppingen
Tel. 07161/503060
Fax 07161/5030611
www.comag.de

Contour
Western Ave 3131
Suite 410
Seattle
WA 98121
USA
http://global.contour.com

Drift
Drift Innovation
Gewerbering-Süd 2
97359 Schwarzach/M.
Tel. 09324/6711890
Fax 09324/6711899
www.driftinnovation.com

e+p Elektrik
Max-Planck-Str. 23
59423 Unna
Tel. 02303/981610
Fax 02303/86220
www.e-und-p.de

Easyone
SetOne
Rebgartenweg 27
79576 Weil am Rhein
Tel. 01805/342000
Fax 07621/9868699
www.setone.eu

Fujifilm
Benzstr. 2
47533 Kleve
Tel. 00800/38543854
Fax 02821/7115100
www.finepix.de

G+BL
A.V.M.
Bonner Str. 37
40589 Düsseldorf
Tel. 0211/7106440
Fax 0211/71064429
www.gebl.net

GoPro
Grofa
Otto-Hahn-Str. 17
65520 Bad Camberg
Tel. 06434/2008200
Fax 06434/2008250
www.grofa.com

Grundig
Beuthener Str. 41
90471 Nürnberg
Tel. 0911/59059730
Fax 0911/7038467
www.grundig.de

Hama
86652 Monheim
Tel. 09091/5020
Fax 09091/502279
www.hama.de

Isy
Imtron
Wankelstr. 5
85046 Ingolstadt
Tel. 0841/6343003
Fax 0841/634993003
www.imtron.eu

JVC
Konrad-Adenauer-Allee 1–11
61118 Bad Vilbel
Tel. 06101/4988100
Fax 06101/4988200
www.jvc.de

Kathrein
Postfach 100444
83004 Rosenheim
Tel. 08031/1840
Fax 08031/184306
www.kathrein.de

Leica
Oskar-Barnack-Str. 11
35606 Solms
Tel. 06442/2080
Fax 06442/208333
www.leica-camera.de

LG
Berliner Str. 93
40880 Ratingen
Tel. 01806/115411
Fax 02102/7008777
www.lg.com/de

Liquid Image
5610 Skylane Blvd.
Santa Rosa
CA 95403
USA
www.liquidimageco.com

Loewe
Loew Opta
Industriestr. 11
96317 Kronach
Tel. 09261/99500
Fax 09261/99515
www.loewe.de

Logisat
Sky Vision
Satellitentechnik
Dorfstr. 3–8
38179 Schwülper
Tel. 09001/759758
Fax 05303/930025
www.sky-vision.de

Metz
Postfach 1267
90506 Zirndorf
Tel. 0911/9706180
Fax 0911/9706340
www.metz.de

Nikon
Tiefenbroicher Weg 25
40472 Düsseldorf
Tel. 0211/94140
Fax 0211/9414311
www.nikon.de

Olympus
Wendenstr. 14–18
20097 Hamburg
Tel. 040/237730
Fax 040/230761
www.olympus.de

One for all
Postfach 1763
48578 Gronau
Tel. 02562/818866
Fax 02562/818868
www.oneforall.de

Oregon
Oregon Scientific
Siemensstr. 3
63263 Neu-Isenburg
Tel. 06102/79850
Fax 06102/7985319
http://de.oregonscientific.com

Orion
www.orion-electric.co.jp

Panasonic
Winsbergring 15

22525 Hamburg
Tel. 0 40/55 55 88 55
Fax 0 40/55 55 89 00
www.panasonic.de

Pentax
Ricoh Imaging
Julius-Vosseler-Str. 104
22527 Hamburg
Tel. 0 40/56 19 20
Fax 0 40/56 19 22 47
www.pentax.de

Philips
Lübeckertordamm 5
20099 Hamburg
Tel. 0 69/66 80 10 10
Fax 0 40/28 99 28 29
www.philips.de

Physics
Schnepel
Ellerkampstr. 79
32609 Hüllhorst
Tel. 0 57 41/3 46 10
Fax 0 57 41/91 18
www.schnepel.com

Polaroid
Technikdirekt
Alfred-Nobel-Str. 6
97080 Würzburg
Tel. 09 31/9 70 88 00
Fax 09 31/9 70 88 50
www.polaroid.com

Ricoh
Am Kaiserkai 1
20457 Hamburg
Tel. 0 40/5 32 01 33 33
Fax 0 40/5 32 01 33 0
www.ricoh-imaging.de

Rollei
RCP-Technik
Tarpen 40
Gebäude 7b
22419 Hamburg
Tel. 0 40/79 75 57 10
Fax 0 40/7 97 55 71 60
www.rollei.de

Samsung
Am Kronberger Hang 6
65824 Schwalbach/Ts.
Tel. 0 180 6/7 26 78 64
Fax 0 61 91/9 34 02 88
www.samsung.de

Sanus
Milestone AV
Technologies B.V.
Franklinstraat 14
6003 DK Weert
Niederlande
Tel. 00 31/4 95/58 08 50
Fax 00 31/4 95/58 08 60
www.milestone.com

Schwaiger
Würzburger Str. 17
90579 Langenzenn
Tel. 0 91 01/70 20
Fax 0 91 01/96 68
www.schwaiger.de

SEG
Schmid Electronics
In Dürrfeldslach 3
66780 Rehlingen-Siersburg
Tel. 0 68 35/92 35 00
Fax 0 68 35/92 35 05 00
www.seg-electronics.de

Sigma
Carl-Zeiss-Str. 10/2
63322 Rödermark
Tel. 0 60 74/86 51 60
Fax 0 60 74/8 65 16 77
www.sigma-foto-de

Smart
Smart electronic
Industriestr. 29
78112 St. Georgen im Schwarzwald
Tel. 0 77 24/94 78 30
Fax 0 77 24/9 47 83 33
www.smart-electronic.de

Sony
Kemperplatz 1
10785 Berlin
Tel. 0 30 /5 85 81 23 45
Fax 0 180 5/25 25 87
www.sony.de

Tamron
Robert-Bosch-Str. 9
50769 Merkenich
Tel. 02 21/9 70 32 50
Fax 02 21/9 70 32 54
www.tamron.de

TecTake
Tauberweg 41
97999 Igersheim
Tel. 0 79 31/99 19 20
Fax 0 79 31/9 91 92 29
www.tectake.de

Technisat
Julius-Saxler-Str. 3
(TechniPark)
54550 Daun
Tel. 0 39 25/92 20 18 00
Fax 0 65 92/49 10
www.technisat.de

Telestar
Am Weiher 14
56766 Ulmen
Tel. 0 26 76/9 52 00
Fax 0 26 76/9 52 01 00
www.telestar.de

Thomson
siehe Hama

Titan
Postfach 13 20
22903 Ahrensburg
Tel. 0 41 02/23 10
Fax 0 41 02/23 11 60
www.vivanco.de

Toshiba
Hammfelddamm 8
41460 Neuss
Tel. 0 21 31/5 24 04 00
Fax 0 21 31/15 83 41
www.toshiba.de

Vantage
Im Hinteracker 11
76307 Karlsbad
Tel. 0 900 1/75 97 58
Fax 0 72 48/9 26 81 69
www.vantage-digital.com

Vivanco
siehe Titan

Vogel´s
siehe Physics

Xoro
MAS Elektronik
Weidegrund 3
21614 Buxtehude
Tel. 0 41 61/80 02 40
Fax 0 41 61/8 00 24 61
www.mas.de

Zehnder
siehe Blaupunkt

Ton

Albrecht
Alan Electronics
Daimlerstr. 1k
63303 Dreieich
Tel. 0 61 03/9 48 10
Fax 0 61 03/94 81 60
www.albrecht-audio.de

Bose
Max-Planck-Str. 36
61381 Friedrichsdorf
Tel. 0 59 21/72 40 11
Fax 0 59 21/72 42 50
www.bose.de

Canton
Neugasse 21 – 23
61276 Weilrod
Tel. 0 60 83/28 70
Fax 0 60 83/2 81 13
www.canton.de

Deezer
Blogmusik
12 Rue dÀthens
75009 Paris
France
www.deezer.com

Denon
Division of D&M
An der Kleinbahn 18
41334 Nettetal
Tel. 0 21 57/1 20 80
Fax 0 21 57/12 08 10
www.denon.de

Dual
DGC
Graf-Zeppelin-Str. 7
86899 Landsberg am Lech
Tel. 0 81 91/9 15 77 70
Fax 0 81 91/91 57 77 10
www.dual.de

Grundig
Beuthener Str. 41
90471 Nürnberg
Tel. 09 11/70 30
Fax 09 11/7 03 84 67
www.grundig.de

Harman
Postfach 19 20
74009 Heilbronn
Tel. 0 71 31/48 00
Fax 0 71 31/48 02 54
www.harman-deutschland.de

Heco
Lise-Meitner-Str. 9
50259 Pulheim
Tel. 0 22 34/80 70
Fax 0 22 34/80 73 99
www.heco-audio.de

Imperial
Digitalbox
Sandstr. 65
40878 Ratingen
Tel. 0 26 76/9 52 00
Fax 0 26 76/9 52 01 00
www.digitalbox.de

Juke
24 – 7 Entertainment
Torstr. 49
10119 Berlin
www.myjuke.com

JVC
Konrad-Adenauer-Allee 1 – 11
61118 Bad Vilbel
Tel. 0 61 01/4 98 81 00
Fax 0 61 01/4 98 82 00
www.jvc.de

Kenwood
Konrad-Adenauer-Allee 1 – 11
61118 Bad Vilbel
Tel. 0 61 01/4 98 85 00
Fax 0 61 01/4 98 85 09
www.kenwood.de

KEF
GP Acoustics
Kruppstr. 82 – 100
45145 Essen
Tel. 02 01/17 03 90
Fax 02 01/17 03 91 00
www.kefaudio.de

LG
Berliner Str. 93
40880 Ratingen
Tel. 0 21 02/7 00 80
Fax 0 21 02/7 00 87 77
www.lg.com/de

Logitech
Clarita-Bernhard-Str. 18
81249 München
Tel. 0 89/89 46 70
Fax 0 89/89 46 72 00
www.logitech.de

Marantz
D&M
Hakenbusch 3
49078 Osnabrück
Tel. 05 41/40 46 60
Fax 05 41/4 04 66 66
www.marantz.de

Napster
Aerogolf Business
Center Complex B
Building C-2
Route de Trèves
2632 Findel
Luxemburg
www.napster.de

Nubert
Goethestr. 69
73525 Schwäbisch Gmünd
Tel. 0 800/6 82 37 80
Fax 0 71 71/9 26 90 47
www.nubert.de

Onkyo
Liegnitzerstr. 6
82194 Gröbenzell
Tel. 0 81 42/42 08 10
Fax 0 81 42/4 40 13 33
www.eu.onkyo.com

Panasonic
Winsbergring 15
22525 Hamburg
Tel. 0 180 5/01 51 40
Fax 0 180 5/01 51 45
www.panasonic.de

Peaq
Imtron
Wankelstr. 5
85046 Ingolstadt
Tel. 0 800/7 77 22 25
www.peaq-online.de

Philips
UB Consumer Lifestyle
Lübeckertordamm 5
20099 Hamburg
Tel. 0 40/2 89 90
Fax 0 40/28 99 28 29
www.philips.de

Pioneer
Postfach 50 04 47
47871 Willich
Tel. 0 21 54/91 30
Fax 0 21 54/42 96 70
www.pioneer.de

Pure
Imagination
Technologies\Pure
Friedrich-Ludwig-Jahn-Str. 2 – 14

64589 Stockstadt am Rhein
Tel. 0 61 58/87 88 72
Fax 0 61 58/87 88 74
www.pure.com

Rara
43 British Grove
London W42NL
Grossbritannien
www.rara.com

Rdio
Simplonstr. 23
10245 Berlin
www.rdio.com

Revo
NTP New-Tech-Products Handels GmbH
Nersinger Str. 14–16
89275 Elchingen
Tel. 0 73 08/81 10 00
Fax 0 73 08/8 11 00 19
www.ntp-gmbh.com

Roberts
Audio Selection
Creaktiv Roberts-Radio
Drieschweg 9
53604 Bad Honnef
Tel. 0 22 24/94 99 50
Fax 0 22 24/94 99 51
www.robertsradio.de

Sangean
Ankerkade 20 NL
5928 PL Venio
Niederlande
Tel. 00 31/77/3 82 93 44
Fax 00 31/77/3 87 53 57
www.sangean.eu

Scansonic
Schnepel
Ellerkampstr. 79
32609 Hüllhorst
Tel. 0 57 41/3 46 10
Fax 0 57 41/91 18
www.schnepel.com

Sharp
Sonninstr. 3
20097 Hamburg
Tel. 0 40/2 37 60
Fax 0 40/23 76 26 60
www.sharp.de

Simfy
Knesebeckstr. 95
10623 Berlin
www.simfy.com

Sony
Kemperplatz 1
10785 Berlin
Tel. 0 30/5 81 23 45
Fax 0 180 5/25 25 87
www.sony.de

Sony Music Unlimited
10 Great Marlborough Street
London W1F7LP
Grossbritannien
www.sonyentertainment.com

Spotify
Münzstr. 15
10178 Berlin
www.spotify.com

Teac
Onkyo
Liegnitzerstr. 6
82194 Gröbenzell
Tel. 0 81 42/42 08 10
Fax 0 81 42/4 40 13 33
www.eu.onkyo.com

Technisat
Julius-Saxler-Str. 3
54550 Daun
Tel. 0 65 92/71 26 00
Fax 0 65 92/49 10
www.technisat.de

Terratec Noxon
Herrenpfad 38
41334 Nettetal
Tel. 0 21 57/8 17 90
Fax 0 21 57/81 79 22
www.terratec.de

Teufel
Bülowstr. 66
10783 Berlin
Tel. 0 30/3 00 93 00
Fax 0 30/3 00 93 09 30
www.teufel.de

Wimp
Dieffenbachstr. 33
10967 Berlin
www.wimp.de

Yamaha
Siemensstr. 22–34
25462 Rellingen
Tel. 0 41 01/30 30
Fax 0 41 01/30 33 33
www.yamaha.de

Haushalt

Abus (Rauchmelder)
August Bremicker Söhne
Altenhofer Weg 25
58300 Wetter
Tel. 0 23 35/63 40
Fax 0 23 35/63 43 00
www.abus.de

Abus
Security-Center
Linker Kreuthweg 5
86444 Affing
Tel. 0 82 07/95 99 00
Fax 0 82 07/95 99 01 00
www.abus.com

AEG
Electrolux Hausgeräte
Postfach 10 36
90327 Nürnberg
Tel. 09 11/3 23 20 10
Fax 09 11/3 23 17 70
www.aeg.de

Aldi (Nord)/Akuta/Una
Postfach 13 01 10
45291 Essen
Tel. 02 01/8 59 30
Fax 02 01/8 59 33 18
www.aldi-nord.de

Aldi Süd/Alio/Tandil
Postfach 10 01 52
45401 Mülheim a.d.R.
Tel. 02 08/9 92 70
Fax 02 08/99 27 36 10
www.aldi-sued.de

Allnatura
Am Flugplatz 2
73540 Heubach
Tel. 0 71 73/7 16 90
Fax 0 71 73/71 69 29
www.allnatura.de

AMG
Industriepark
Str. A – Nr. 9
39245 Gommern
Tel. 0 800/2 26 42 64
Fax 03 92 00/77 97 29
www.amg-alarmtechnik.de

Ariel
Procter & Gamble
65824 Schwalbach,Ts.
Tel. 0 61 96/89 01
Fax 0 61 96/89 49 29
www.de.pg.com

Aro Artländer
Daunen & Bettfedern
Ankumer Str. 12
49577 Kettenkamp
Tel. 0 54 36/9 50 00
Fax 0 54 36/6 21
www.artlaender.de

Auping
Koninklijke Auping bv
Laan van Borgele 70
7415 DK Deventer
Niederlande
Tel. 00 31/5 70 68 19 11
Fax 00 31/5 70 50 12 21
www.auping.de

Badenia
Niederschopfheimer Str. 1
77948 Friesenheim-Oberschopfheim
Tel. 0 78 08/8 90
Fax 0 78 08/8 91 89
www.badenia-bettcomfort.de

Bauknecht
Postfach 80 08 08
70508 Stuttgart
Tel. 07 11/8 88 89 00
Fax 07 11/8 88 89 90
www.bauknecht.de

Bavaria
Smartwares Safety & Lighting
Dieselstr. 9
59823 Arnsberg
Tel. 0 29 31/5 29 60
Fax 0 29 31/52 96 20
www.elro.eu

BDSK/XXXLutz Novel
Mergentheimer Str. 59
97084 Würzburg
Tel. 09 31/6 10 60
Fax 0 89/5 10 56 16 53 70
www.xxxlutzgroup.com

Beko
Postfach 14 53
63234 Neu-Isenburg
Tel. 0 61 02/7 18 20
Fax 0 61 02/7 18 29 22
www.beko-hausgeraete.de

Billerbeck
Betten-Union
Eppinger Str. 40–44
76703 Kraichtal
Tel. 0 72 50/7 50
Fax 0 72 50/75 50
www.billerbeck.info

Bioledex
Del-Ko
Werner-von-Siemens-Str. 6
86159 Augsburg
Tel. 08 21/2 27 56 52
Fax 08 21/2 62 86 51
www.bioledex.de

Blomberg
siehe Beko
www.blomberg.de

Bomann
Postfach 10 01 50
47878 Kempen
Tel. 0 21 52/8 99 80
Fax 0 21 52/8 99 89 11
www.bomann.de

Bosch
Robert Bosch Hausgeräte
Carl-Wery-Str. 34
81739 München
Tel. 0 89/45 90 02
Fax 0 89/45 90 23 47
www.bosch-home.com/de

Braun
De Longhi
Carl-Ulrich-Str. 4
63263 Neu-Isenburg
Tel. 0 61 02/5 99 95 00
Fax 0 61 02/5 99 95 55
www.braunhousehold.de

Breckle
Quellenstr. 2
07570 Weida
Tel. 03 66 03/7 10 102
Fax 03 66 03/71 02 75
www.breckle-weida.de

Burti
Burnus
Postfach 10 03 51
64203 Darmstadt
Tel. 0 61 51/87 35
Fax 0 61 51/87 38 00
www.burnus.de

Candy
Candy Hoover
Postfach 10 13 62
40833 Ratingen
Tel. 0 21 02/45 90
Fax 0 21 02/45 95 40
www.candy-hoover.de

Carrera
Aquarius
Adalperostr. 29
85737 Ismaning
Tel. 0 89/54 80 18 50
Fax 0 89/54 80 18 56 00
www.carrera-products.com

Centa Star
Augsburger Str. 275
70327 Stuttgart
Tel. 07 11/30 50 50
Fax 07 11/3 05 05 30
www.centa-star.de

check24.de
Ccheck24 Vergleichsportal Energie
Erika-Mann-Str. 66
80636 München
Tel. 0 800/7 55 45 54 30
Fax 0 800/7 55 45 54 90
www.check24.de

Clatronic
Industriering Ost 40
47906 Kempen
Tel. 0 21 52/2 00 60
Fax 0 21 52/20 06 19 99
www.clatronic.de

Cloer
Postfach 14 20
59740 Arnsberg
Tel. 0 29 32/6 29 70
Fax 0 29 32/6 29 78 88
www.cloer.de

Conrad
Klaus-Conrad-Str. 1
2240 Hirschau
Tel. 0 96 04/40 87 87
Fax 0 180 5/31 21 10
www.conrad.de

Coral
Unilever
Strandkai 1
20457 Hamburg

Tel. 040/34930
Fax 040/354742
www.unilever.de

Dänisches Bettenlager/ ErgoMAXX
Stadtweg 2
24976 Handewitt
Tel. 04630/975300
Fax 04630/975349
www.DaenischesBettenlager.de

De'Longhi
Carl-Ulrich-Str. 4
63263 Neu-Isenburg
Tel. 06102/5999500
Fax 06102/5999555
www.kenwoodworld.de

Detectomat
An der Strusbek 5
22926 Ahrensburg
Tel. 04102/211460
Fax 04102/2114670
www.detectomat.de

dm/Denkmit
Postfach 100233
76232 Karlsruhe
Tel. 0721/55920
Fax 0721/552213
www.dm-drogeriemarkt.de

Dunlopillo
Brentanostr. 7–8
63755 Alzenau
Tel. 06023/96800
Fax 06023/9680391
www.dunlopillo.de

Dyson
Lichtstr. 43 b
50825 Köln
Tel. 0221/506000
Fax 0221/50600190
www.dyson.de

Ecobulb
Eisen-Fischer
Hofer Str. 3
86720 Nördlingen
Tel. 09081/820
Fax 09081/82333
www.eisenfischer.de

Edeka/Gut & Günstig
22291 Hamburg
Tel. 040/63770
Fax 040/63774275
www.edeka.de

Efbe-Schott
Gustav-Töpfer-Str. 6
07422 Bad Blankenburg
Tel. 036741/700
Fax 036741/70227
www.efbe-schott.de

Ei Electronics
Königsallee 60F
40212 Düsseldorf
Tel. 0211/8903296
Fax 0211/8903999
www.eielectronics.de

Electrolux
siehe AEG
www.electrolux.de

Elro
Smartwares Safety & Lighting
Dieselstr. 9
59823 Arnsberg
Tel. 02931/52960
Fax 02931/529620
www.elro.eu

energieverbraucher-portal.de
De-Media.de
Münsterstr. 16
41460 Neuss
Tel. 02131/527220
Fax 02131/5272215
www.energieverbraucherportal.de

f.a.n.
Frankenstolz Schlafkomfort
Postfach 100607
63704 Aschaffenburg
Tel. 06021/7080
Fax 06021/76479
www.frankenstolz.de

Femira
Daimlerstr. 2–4
33442 Herzebrock-Clarholz
Tel. 05245/9240600
Fax 05245/9240580
www.femira.de

Finish
Reckitt Benckiser
Theodor-Heuss-Anlage 12
68165 Mannheim
Tel. 0621/32460
Fax 0621/3246500
www.reckittbenckiser.de

FireAngel
eps Vertriebs GmbH
Lütke Feld 9
48329 Havixbeck
Tel. 02507/987500
Fax 02507/9875029
www.eps-vertrieb.de

FlammEx
Gutkes
Rehkamp 13
30853 Langenhagen
Tel. 0511/9585885
Fax 0511/9585805
www.gev.de

Frosch
Werner & Mertz
Postfach 4340
55033 Mainz
Tel. 06131/96401
Fax 06131/9642494
www.werner-mertz.de

Galeria Kaufhof/ Galeria Home
Leonhard-Tietz-Str. 1
50676 Köln
Tel. 0221/2230
Fax 0221/2232800
www.galeria-kaufhof.de

Gastroback
Gewerbestr. 20
21279 Hollenstedt
Tel. 04165/22250
Fax 04165/222529
www.gastroback.de

GE
Eisenstr. 5
65428 Rüsselsheim
Tel. 06142/601163
Fax 06142/601164
www.gelighting.com/eu

GEV
siehe FlammEx

Gorenje
Postfach 200953
80009 München
Tel. 089/502070
Fax 089/50207100
www.gorenje.de

Green Star
Keimling Naturkost
Postfach 1337
21603 Buxtehude
Tel. 04161/51160
Fax 04161/511616
www.keimling.de

Grundig
siehe Beko
www.grundig.de

Haier
Hewlett-Packard-Str. 4
61352 Bad Homburg
Tel. 06172/94540
Fax 06172/9454499
www.haier.de

Häussling
Bettfedernfabrik
Branchweilerhofstr. 200
67433 Neustadt an der Weinstraße
Tel. 06321/91730
Fax 06321/15279
www.haeussling.de

hauspilot.de
HausPilot
Im Süsterfeld 6
52072 Aachen
Tel. 0700/42877456 8
Fax 0322/24178551
www.hauspilot.de

Hekatron
Brühlmatten 9
79295 Sulzburg
Tel. 07634/5000
Fax 07634/6419
www.hekatron.de

Hellweg/Flector
Zeche Oespel 15
44149 Dortmund
Tel. 0231/96960
Fax 0231/9696100
www.hellweg.de

Hoover
Candy Hoover
Postfach 101362
40833 Ratingen
Tel. 02102/4590
Fax 02102/459540
www.candy-hoover.de

Hukla
Postfach 1228
77711 Haslach
Tel. 07832/70580
Fax 07832/70550
www.hukla-matratzen.eu

Ikea
Am Wandersmann 2–4
65719 Hofheim
Tel. 06192/9399999
Fax 06192/9399998
www.ikea.de

John Deere
John-Deere-Str. 8
76646 Bruchsal
Tel. 07251/9240
Fax 0621/8298300
www.deere.de

Jupiter
Raiffeisenstr. 8
73249 Wernau (Neckar)
Tel. 07153/559300
Fax 07153/5593029
www.jupiter-gmbh.de

Jura
Postfach 990144
90268 Nürnberg
Tel. 0911/25250
Fax 0911/2525250
www.de.jura.com

Kaiser's Tengelmann/ A&P
Wissollstr. 5–43
45478 Mülheim a.d.R.
Tel. 0208/37770
Fax 0208/37774200
www.kaisers-tengelmann.de

Kauffmann
Sleepwell Kauffmann
Krüzastr. 4
6912 Hörbranz
Österreich
Tel. 0043/5573/2010
Fax 0043/5573/2019
www.kauffmann.at

Kaufland/ K-Classic
Rötelstr. 35
74172 Neckarsulm
Tel. 0800/1528352
Fax 07132/946124
www.kaufland.de

Kenwood
De'Longhi
Carl-Ulrich-Str. 4
63263 Neu-Isenburg
Tel. 06102/5999500
Fax 06102/5999555
www.kenwoodworld.de

Kidde
D-Secour
Emil-von-Behring-Str. 6
28207 Bremen
Tel. 0421/432800
Fax 0421/43280 2020
www.d-secour.de

Krups
Postfach 101664
63016 Offenbach/M.
Tel. 069/85040
Fax 069/8504530
www.krups.de

Ledon
Millenium Park 6
6890 Lustenau
Österreich
Tel. 0043/5577/21550
Fax 0043/5577/21550999
www.ledon-lamp.com

Lenor
siehe Ariel

LG
Berliner Str. 93
40880 Ratingen
Tel. 01806/115411
Fax 02102/7008777
www.lg.com/de

Liebherr
Memminger Str. 77
88416 Ochsenhausen
Tel. 07352/9280
Fax 07352/928408
www.liebherr.com

Lidl/Formil/W5
Stiftsbergstr. 1
74167 Neckarsulm
Tel. 0800/4353361
Fax 07132/942236
www.lidl.de

Matratzen Concord/ Vitalis
Horbeller Str. 19
50858 Köln
Tel. 02234/9644100
Fax 02234/9644111
www.matratzen-concord.de

Megaman
IDV
Birkenweiherstr. 2
63505 Langenselbold
Tel. 06184/93190
Fax 06184/931919
www.megaman.de

Melitta
Postfach 1226
32372 Minden
Tel. 0571/860
Fax 0571/861810
www.melitta-caffeo.de

Metzeler
Postfach 1653
87686 Memmingen
Tel. 08331/8300
Fax 08331/830397
www.metzeler-schaum.de

MFO/Bettina/ViscoAktiv
Matratzen Factory Outlet
Max-Planck-Str. 1
50189 Elsdorf
Tel. 02274/92290
Fax 02274/922938
www.mfo-matratzen.de

Miele
Carl-Miele-Str. 29
33332 Gütersloh
Tel. 05241/890
Fax 05241/892090
www.miele.de

Minimax
REV Ritter
Frankenstr. 1–4
63776 Mömbris
Tel. 06029/7070
Fax 06029/707400
www.rev.biz

Mondo
Porta Möbel
Bakenweg 16–20
32457 Porta Westfalica
Tel. 01805/686766
www.porta.de

Moulinex
siehe Krups
www.moulinex.de

Müller-Licht
Göbelstr. 61/63
28865 Lilienthal
Tel. 04298/93700
Fax 04298/937055
www.mueller-licht.de

Musterring/Opthomatic
Hauptstr. 134–140
33378 Rheda-Wiedenbrück
Tel. 05242/59201
Fax 05242/592149
www.musterring.de

Neff
Postfach 830101
81701 München
Tel. 089/459004
Fax 089/45903531
www.neff.de

Netto Marken-Discount/Bravil/Priva
Postfach 1180
93139 Maxhütte-Haidhof
Tel. 09471/3200
Fax 09471/320149
www.netto-online.de

Nivona
Südwestpark 90
90449 Nürnberg
Tel. 0911/2526630
Fax 0911/25266363
www.nivona.de

Norma/Saubermax
Heisterstr. 4
90441 Nürnberg
Tel. 0911/97390
Fax 0911/7593590
www.norma-online.de

Osram
Hellabrunner Str. 1
81543 München
Tel. 089/62130
Fax 089/62132020
www.osram.de

Panasonic
Winsbergring 15
22525 Hamburg
Tel. 040/85490
Fax 040/85492500
www.panasonic.de

Paulmann
Quezinger Feld 2
31832 Springe-Völksen
Tel. 05041/9980
Fax 05041/998119
www.paulmann.de

Penny/Blik
50603 Köln
Tel. 01803/331010
Fax 0221/1499000
www.penny.de

Persil
Henkel
40191 Düsseldorf
Tel. 0211/7970
Fax 0211/7984008
www.henkel.de

Perwoll
siehe Persil

Petra Electric
Eberhardstr. 17–47
73312 Geislingen an der Steige
Tel. 07331/257228
Fax 07331/255110
www.petra-electric.de

Philips
Lübeckertordamm 5
20099 Hamburg
Tel. 040/28990
Fax 040/2899785 20
www.philips.de

preisvergleich.de/strom
Preisvergleich.de Stromrechner
Dittrichring 18–20
04109 Leipzig
Tel. 0800/5891153
www.preisvergleich.de/strom/

Privileg
Industriestr. 48
70565 Stuttgart
Tel. 0711/91291300
Fax 0711/810713333
www.privileg.de

prizewize.de
PrizeWize
Neue Schloßstr. 4
69117 Heidelberg
Tel. 0800/6699088
Fax 0800/6699085
www.prizewize.de

Pyrexx
PX Technologies
Spichernstr. 2
10777 Berlin
Tel. 030/88716060
Fax 0800/7973999
www.pyrexx.com

Real/Tip
Schlüterstr. 5
40235 Düsseldorf
Tel. 0800/5035418
Fax 0211/9692140
www.real.de

Remington
Varta
Alfred-Krupp-Str. 9
73479 Ellwangen
Tel. 07961/83770
Fax 0800/8278274
www.remington.de

Rewe/ja!
50603 Köln
Tel. 0221/1490
Fax 0221/1499000
www.rewe-group.com

Rommelsbacher
Rudolf-Schmidt-Str. 18
91550 Dinkelsbühl
Tel. 09851/57580
Fax 09851/575859
www.rommelsbacher.de

Rossmann/Domol
Isernhägener Str. 16
30938 Burgwedel
Tel. 05139/8980
Fax 05139/8984999
www.rossmann.de

Rowenta
Groupe SEB
Postfach 101664
63016 Offenbach am Main
Tel. 069/85040
Fax 069/8504530
www.rowenta.de

Russel Hobbs
Varta
Alfred-Krupp-Str. 9
73479 Ellwangen
Tel. 07961/83770
Fax 0800/8278274
www.russellhobbs.de

Samsung
Am Kronberger Hang 6
65824 Schwalbach
Tel. 01806/7267864
Fax 01805/121214
www.samsung.de

Sanders
Maschstr. 2
49565 Bramsche
Tel. 05461/8040
Fax 05461/804180
www.sanders.eu

SB-Möbel Boss/Twin
Bakenweg 16–20
32457 Porta Westfalica
Tel. 05731/6090
Fax 05731/609588
www.moebel-boss.de

Schlaraffia
Recticel Schlafkomfort
Schlaraffiastr. 1–10
44867 Bochum
Tel. 09001/101318
Fax 02327/325208
www.schlaraffia.de

Severin
Röhre 27
59846 Sundern
Tel. 02933/9820
Fax 02933/982333
www.severin.de

Siemens
Carl-Wery-Str. 34
81739 München
Tel. 089/459009
Fax 089/45902347
www.siemens-home.de

Siterwell
siehe Bavaria

Somat
Henkel
40191 Düsseldorf
Tel. 0211/7970
Fax 0211/7984008
www.henkel.de

stromtarife.de
Soester Str. 13
48155 Münster
Tel. 0251/239460
Fax 0251/2394610
www.stromtarife.de

stromtipp.de
PortalHaus
Borselstr. 26a
22765 Hamburg
Tel. 040/226399200
Fax 040/226399229
www.stromtip.de

Sunil
Fit
Am Werk 9
02788 Zittau
Tel. 035843/2630
Fax 035843/26366
www.fit.de

Sylvania
Havells Sylvania
Graf-Zeppelin-Str. 12
91056 Erlangen
Tel. 09131/793500
Fax 09131/793345
www.havells-sylvania.com

Tchibo/irisette
Überseering 18
22297 Hamburg
Tel. 040/63870
Fax 040/63872600
www.tchibo.de

Technivorm
Moccamaster Sales / Coohold b.v.
Marsdijk 27
4033 CC Lienden
Niederlande
Tel. 0031/488/483817
www.moccamaster.de

Tefal
siehe Krups
www.tefal.de

Tempur
Carl-Benz-Str. 8
33803 Steinhagen
Tel. 05204/100050
Fax 05204/1000551
www.tempur.com

toptarif.de
TopTarif Internet
Pappelallee 78/79
10437 Berlin
Fax 030/2000912100
www.toptarif.de

Toshiba
Hammfelddamm 8
41460 Neuss

Tel. 02131/15801
Fax 02131/158390
www.toshiba.eu/new lighting

Traumina
Johann-Keller-Str. 2
77871 Renchen
Tel. 07843/94330
Fax 07843/943399
www.traumina.de

Tristar
Postfach 1051
59463 Ense
Tel. 02938/5491130
Fax 02938/5491139
www.tristar.eu

Unitec
Inter-Union
Postfach 2160
76811 Landau in der Pfalz
Tel. 06341/2840
Fax 06341/20413
www.inter-union.de

Unold
Mannheimer Str. 4
68766 Hockenheim
Tel. 06205/94180
Fax 06205/941812
www.unold.de

Vax
Royal Appliance International
Jagenbergstr. 19
41468 Neuss
Tel. 02103/200710
Fax 02103/200777
www.dirtdevil.de

verivox.de
Verivox
Am Taubenfeld 10
69123 Heidelberg
Tel. 0800/8080890
Fax 06221/7961184
www.verivox.de

Vorwerk
Mühlenweg 17–37
42270 Wuppertal
Tel. 0202/5640
Fax 0202/5641301
www.vorwerk.de

Waschbär
Triaz
Wöhlerstr. 4
79108 Freiburg im Breisgau
Tel. 0180 5/827110
Fax 0180 5/827240
www.waschbaer.de

wer-ist-billiger.de
equilibrium
Tränkestr. 13
70597 Stuttgart
Tel. 0800/9960990
Fax 0711/2185010069
www.wer-ist-billiger.de

Whirlpool
siehe Bauknecht
www.whirlpool.de

WIK
WIK-Elektro-Hausgeräte
Postfach 110463
45334 Essen
Tel. 0201/86660
Fax 0201/8666121
www.wik.de

WMF
Messerschmittstr. 4
89343 Jettingen-Scheppach
Tel. 07331/258677
Fax 08225/3080100
www.wmf.de

Zanker
siehe AEG
www.zanker.de

Zanussi
Electrolux Hausgeräte
Fürther Str. 246
90429 Nürnberg
Tel. 0911/3230
Fax 0911/3231770
www.zanussi.de

Garten

Al-Ko
Postfach 1513
89305 Günzburg
Tel. 08221/2030
Fax 08221/203165
www.al-ko.de

Black & Decker
Stanley Black & Decker
Postfach 1202
65502 Idstein
Tel. 06126/210
Fax 06126/212980
www.blackanddecker.de

Bosch
Postfach 100156
70745 Leinfelden-Echterdingen
Tel. 0180 3/335799
Fax 0711/7582830
www.bosch-pt.de

Dolmar
Postfach 700420
22004 Hamburg
Tel. 040/669860
Fax 040/66986355
www.dolmar.de

Einhell
Wiesenweg 22
94405 Landau a. d. Isar
Tel. 09951/9420
Fax 09951/1702
www.einhell.de

Gardena
89070 Ulm
Tel. 0731/490123
Fax 0731/490249
www.gardena.de

Hellweg/ Plantiflor
Zeche Oespel 15
44149 Dortmund
Tel. 0231/96960
Fax 0231/9696100
www.hellweg.de

Honda
Sprendlinger Landstr. 166
63069 Offenbach/M.
Tel. 069/83090
Fax 069/832020
www.honda.de

Husqvarna
Hans-Lorenser-Str. 40
89079 Ulm
Tel. 0731/4902500
Fax 0731/4908500
www.husqvarna.com/de

John Deere
John-Deere-Str. 8
76646 Bruchsal
Tel. 07251/9240
Fax 0621/8298300
www.deere.de

Makita
Makita-Platz 1
40885 Ratingen
Tel. 02102/10040
Fax 02102/1004129
www.makita.de

McCulloch
siehe Gardena
www.mcculloch.de

Obi/CMI
Emil Lux
Postfach 1610
42909 Wermelskirchen
Tel. 02196/764000
Fax 02196/764002
www.lux-werkzeuge.de

Ryobi
Techtronic Industries
Itterpark 2
40724 Hilden
Tel. 02103/960149
Fax 02103/960238
www.ryobi-power tools.de

Sabo
Postfach 310393
51618 Gummersbach
Tel. 02261/7040
Fax 02261/704104
www.sabo-online.de

Stiga
GGP
Zeppelinstr. 42
47638 Straelen
Tel. 02834/93900
Fax 02834/939099
www.stiga.de

Stihl
Robert-Bosch-Str. 13
64807 Dieburg
Tel. 06071/3055358
Fax 06071/3055438
www.stihl.de

Viking
Stihl
Robert-Bosch-Str. 13
64807 Dieburg
Tel. 0180 3/671243
Fax 06071/204129
www.viking-garten.de

Wolf-Garten
MTD
Postfach 400152
66057 Saarbrücken
Tel. 06805/790
Fax 06805/79442
www.wolf-garten.de

Freizeit

Abus
Altenhofer Weg 25
58300 Wetter
Tel. 02335/6340
Fax 02335/634300
www.abus.de

Aku
Via Schiavonesca Priula, 65
31044 Montebelluna
Italien
Tel. 0039/423/2939
Fax 0039/423/303232
www.aku.it

Alpengaudi
IPV
Ezetilstr. 1
35410 Hungen
Tel. 06402/807281
Fax 06402/807259
www.ipv-hungen.de

Anon
Burton
Hallerstr. 111
6020 Innsbruck
Österreich
Tel. 00800/28786613
Fax 0043/512/230990
www.anonoptics.com

Atraveo.de
Parsevalstr. 7a
40468 Düsseldorf
Tel. 0211/668878100
www.atraveo.de

Axa
Axa Stenman Holland B.V.
Energiestraat 2
3903 AV Venendaal
Niederlande
Tel. 0031/318/536111
Fax 0031/318/522069
www.axa-basta.nl

Axkid
Zwergperten
Karl-Liebknecht-Str. 123
04275 Leipzig
Tel. 0341/91858652
www.zwergperten shop.de

Babbel/ Lesson Nine
Bergmannstr. 5
10961 Berlin
http://de.babbel.com

Barbecook
Saey Home & Garden NV
Industrielaan 4
8501 Heule Kortrijk
Belgien
Tel. 0032/56/354200
Fax 0032/56/371515
www.saeyhomeandgar den.com

BBB
Sport Import
Industriestr. 39
26188 Edewecht
Tel. 04405/92800
Fax 04405/928049
www.abus.de

Beluga
Schwabacher Str. 166
90513 Zirndorf
Tel. 0911/9606033
Fax 0911/96060359
www.beluga-spielwa ren.de

Berlitz
Hahnstr. 68–70
60528 Frankfurt/M.
Tel. 069/6660890
Fax 069/66608922
www.berlitz.de

BestFewo.de
BestSearch Media
Am Kanal 16–18
14467 Potsdam
Tel. 0331/5856530
Fax 0331/58565399
www.bestfewo.de

BM Ixon/ Lumotec/ Toplight
Busch & Müller
Auf dem Bamberg 1
58540 Meinerzhagen
Tel. 02354/9156
Fax 02354/915700
www.bumm.de

Bremer Volkshochschule
Faulenstr. 69
28195 Bremen
Tel. 0421/36159525
Fax 0421/3613216
www.vhs-bremen.de

Brevi
Via Lombardia,15/17
24060 Telgate (BG)
Italien
Tel. 0039/35/8359311
Fax 0039/35/4491129
www.brevi.eu

Brio
O'Brien Str. 3
91126 Schwabach
Tel. 09122/98970
Fax 09122/989740
www.brio.net

Britax
Britax Römer
Postfach 3449
89024 Ulm
Tel. 0731/93450
Fax 0731/9345210
www.britax-roemer.de

Brooks
Via Vittorio
Emanuele, 119
6050 Pozzoleone
Italien
Tel. 0039/444/461100
Fax 0039/444/462025
www.brookseng land.com

Büchel
Niesiger Str. 115
36039 Fulda
Tel. 0661/95950
Fax 0661/59621
www.buechel-on line.com

Burg Wächter
Altenhofer Weg 15
58300 Wetter
Tel. 02335/96530
Fax 02335/965390
www.burg-waechter.de

Busuu.com/ Busuu Online
Eas Road 10
N1 6 AD London
Großbritannien
www.busuu.com

Casamundo.de
Drehbahn 7
20354 Hamburg
Tel. 0800/1010884
Fax 040/696919899
www.casamundo.de

Casualplay
Klaus-Werner Herdring
Postfach 1240
59832 Sundern
Tel. 0171/5038320
Fax 0291/908560615
www.casualplay.com

Cébé
Bushnell Performance Optics
An der Alten Spinnerei 1
83059 Kolbermoor
Tel. 08031/233480
Fax 08031/2334818
www.cebe.com

Chicco
Artsana
Borsigstr. 1
63126 Dietzenbach
Tel. 06074/495214
Fax 06074/495200
www.chicco.de

Comfort Line
Hypervital
Ottostr. 6
87448 Waltenhofen
Tel. 08303/929101
Fax 08303/929119
www.hypervital.de

Concord
Postfach 1162
95342 Stadtsteinach
Tel. 09525/95500
Fax 09525/955055
www.concord.de

Cybex
Riedinger Str. 18
95448 Bayreuth
Tel. 0921/785110
Fax 0921/785112999
www.cybex-on line.com

DerDieDas
Georg A. Steinmann
Lederwarenfabrik
Am Waldrand 29
90455 Nürnberg
Tel. 09122/7960
Fax 09122/79680
www.derdiedas.de

Die Spiegelburg
Coppenrath Verlag
Hafenweg 30
48155 Münster
Tel. 0251/414110
Fax 0251/4141120
www.coppenrath.de

Diono
Am Kaiserkai 1
20457 Hamburg
Tel. 040/808074527
Fax 040/808074520
www.de.diono.com

E-domizil.de
Taunusstr. 21
60329 Frankfurt/M.
Tel. 0800/33664945
Fax 069/74305159
www.e-domizil.de

Edeka/Gut & Günstig
22291 Hamburg
Tel. 040/63770
Fax 040/63774275
www.edeka.de

EF Englishtown/ EF Language Learning Solutions
Little New Street 1
EC4A 3TR London
Großbritannien
Tel. 0041/41/4174500
Fax 0041/41/4174501
www.englishtown.com

Eichhorn
Simba Dickie Group
Werkstr. 1
90765 Fürth
Tel. 0911/976501
Fax 0911/9765120
www.simba-dickie-group.de

Ergobag
Venloer Str. 241–245
50823 Köln
Tel. 0221/5397050
Fax 0221/53970540
www.ergobag.de

Favorit
Alschu
Industriestr. 6–8
67368 Westheim
Tel. 06344/946110
Fax 06344/946111
www.alschu.de

Ferienhausmiete.de
Pfarrer-Lenzel-Str. 8
13156 Berlin
Fax 030/26394889
www.ferienhaus miete.de

FeWo-direkt.de
HomeAway
Münchener Str. 7
60329 Frankfurt/M.
Tel. 069/80884172
Fax 069/25916070
www.fewo-direkt.de

Fidibus
eucasan
Esperantostr. 12
77704 Oberkirch
Tel. 07802/701690

Fischer
Inter-Union
Postfach 2160
76811 Landau in der Pfalz
Tel. 06341/2840
Fax 06341/20413
www.inter-union.de

Flamax
Carl Warrlich
Falkener Landstr. 9
99830 Treffurt
Tel. 036923/5290
Fax 036923/52913
www.warrlich.de

Flash
Boomex
Ostuferstr. 4
45356 Essen
Tel. 0201/523240
Fax 0201/52324131
www.boomex-ger many.com

Flyer
Biketec
Schwende 1
4950 Huttwil
Schweiz
Tel. 0041/62/9595555
Fax 0041/62/9595566
www.flyer.ch

Giant
Postfach 1338
40673 Erkrath
Tel. 0211/998940
Fax 0211/9989426
www.giant-bi cyles.de

Giro
Grofa
Postfach 1274
65517 Bad Camberg
Tel. 06434/2008200
Fax 06434/2008250
www.grofa.com

Globetrotter/ Kaikkialla
Denart & Lechhart
Bargkoppelstieg 10–14
22145 Hamburg
Tel. 040/679661330
Fax 040/679661188
www.globetrotter.de

Gloco
Brunnenstr. 3
89440 Lutzingen
Tel. 0974/1371
Fax 0974/5516
www.gloco.de

Goki
Gollnest & Kiesel
Roseburger Str. 30
21514 Güster
Tel. 04158/88220
Fax 04158/882222
www.goki.eu

Goula
Jumbo Spiele
Wasserburg
Haus zum Haus
40878 Ratingen
Tel. 02102/93930
Fax 02102/939320
www.jumbo.eu

GPR
Plim
Postfach 96
3097 Bern-Liebefeld
Schweiz
Tel. 0041/31 9791717
Fax 0041/31 9791718
www.plimswiss.com

Graco
NWL Services
Siemensstr. 35
32120 Hiddenhausen
Tel. 01805/011810
Fax 05223/879840
www.graco.de

Graf
Kirchstr. 1
8583 Sulgen
Schweiz
Tel. 0041/71/6422080
Fax 0041/71/6422033
www.graf-schlitten.ch

Grill Flamis
Pro Fagus
Uslarer Str. 30
37194 Bodenfelde
Tel. 05572/9440
Fax 05572/944131
www.profagus.de

Haba
Habermaaß
August-Grosch-Str. 28–38
96476 Bad Rodach
Tel. 09564/92960100
Fax 09564/929662300
www.haba.de

Hamax
Mittelstedter Str. 35
61440 Oberursel
Tel. 06172/499820
Fax 06172/4998263
www.hamax.de

Hamburger Volkshochschule
Schanzenstr. 75
20357 Hamburg
Tel. 040/428414284
www.vhs-hamburg.de

Hanwag
Wiesenfeldstr. 7
85256 Vierkirchen
Tel. 08139/93560
Fax 08139/935656
www.hanwag.de

Happy People
Postfach 104101
28041 Bremen
Tel. 0421/388890
Fax 0421/3888999
www.happypeople.de

Head
Velaskostr. 8
85622 Feldkirchen
Tel. 089/9099950
Fax 089/90999555
www.head.com

Heimess
siehe Goki

Hercules
Accel
Max-Planck-Str. 4
97526 Sennfeld
Tel. 09721/675160
Fax 09721/6751699
www.hercules-bikes.de

Heros
siehe Eichhorn

Hess
Grünthaler Str. 112
09526 Olbernhau
Tel. 037360/7370
Fax 037360/73730
www.hess-holzspiel
zeug.de

Hudora
Jägerwald 13
42897 Remscheid
Tel. 02191/934840
Fax 02191/9349569
www.hudora.de

Ikea
Am Wandersmann 2–4
65719 Hofheim
Tel. 06192/9399999
Fax 06192/9399998
www.ikea.de

Inlingua
Normannenweg 17–21
20537 Hamburg
Tel. 040/32082929
Fax 040/32082931
www.inlingua.de

Innsbruck Stripe
Sweety-Toys
Plüschtiere
Abtswiesenstr. 3
96215 Lichtenfels
Tel. 09574/654690
Fax 09574/654691
www.sweety-toy.de

Interchalet.com
Postfach 5420
79021 Freiburg im
Breisgau
Tel. 0761/210077
Fax 0761/210054
www.interchalet.com

Interhome.de
Hoeschplatz 5
52349 Düren
Tel. 02421/1220
Fax 02421/122299
www.interhome.de

IWH
16 Rue du Climont
67220 Triembach au Val
Frankreich
Tel. 0033/38857 7/435
Fax 0033/38857 7/439
www.iwh.fr

Jack Wolfskin
Postfach 1153
65501 Idstein
Tel. 06126/9540
Fax 06126/954159
www.jack-wolfskin.com

Jane
siehe Concord

Kalkhoff
Derby Cycle Werke
Siemensstr. 1–3
49661 Cloppenburg
Tel. 04471/9660
Fax 04471/966188
www.derby-cycle.de

Karstadt/ Babalu
45119 Essen
Tel. 0201/7271
Fax 0201/7275216
www.karstadt.de

Kathrein
Gießenstr. 7
6522 Putz
Österreich
Tel. 0043/5472/6307
Fax 0043/5472/2376
www.rodel.at

Keen
W & P
Publipress
Alte Landstr. 12–14
85521 Ottobrunn
Tel. 089/6603960
Fax 089/6098332
www.keenfoot
wear.com

Kettler
Hauptstr. 28
59463 Ense-Parsit
Tel. 02938/810
Fax 02938/8191001
www.kettler.net

Kiddy
Schaumbergstr. 8
95032 Hof/Saale
Tel. 09281/70800
Fax 09281/708021
www.kiddy.de

Klippan
Zwergperten
Karl-Liebknecht-Str. 123
04275 Leipzig
Tel. 0341/91858652
www.zwergperten
shop.de

Knog
Cosmic Sports
Leyher Str. 47
90763 Fürth
Tel. 0911/3107550
Fax 0911/31075555
www.cosmicsports.de

KTM
Harlochner Str. 13
5230 Mattighofen
Österreich
Tel. 0043/7742/40910
Fax 0043/7742/409171
www.ktm-bikes.at

Kreidler
Cycle Union
Postfach 4349
26033 Oldenburg
Tel. 0441/920890
Fax 0441/204149
www.kreidler.de

Kryptonite
Grofa
Postfach 1274
65517 Bad Camberg
Tel. 06434/2008200
Fax 06434/2008250
www.grofa.com

KWH
Alte Lage 1a
98716 Geschwenda
Tel. 036205/7490
Fax 036205/74934
www.kwh-geschwen
da.de

La Sportiva
Via Ischia, 2
38030 Ziano di Fiemme
Italien
Tel. 0039/462/571800
Fax 0039/462/571880
www.sportiva.com

Landmann
Am Binnenfeld 3–5
27711 Osterholz-
Scharmbeck
Tel. 04791/30812
Fax 04791/30835
www.landmann.com

Lena
Simm
Wallersbacher Weg 2
91154 Roth
Tel. 09171/9540
Fax 09171/954250
www.simm-marke
ting.com

Leviatec
Braaker Grund 8
22145 Braak
Tel. 040/881414714
Fax 040/881414725

Lidl/Crivit
Stiftsbergstr. 1
74167 Neckarsulm
Tel. 0800/4353361
Fax 07132/942236
www.lidl.de

Livemocha
1011 Western Ave.
Suite #1000 (Floor 10)
WA 98104 Seattle
USA
http://livemocha.com

Lowa
Hauptstr. 19
85305 Jetzendorf
Tel. 08137/9990
Fax 08137/999210
www.lowa.de

Mammut
Industriestr. Birren
5703 Seon
Schweiz
Tel. 0041/62/7698181
Fax 0041/62/7698311
www.raichle.de

Master Lock
Paul Lange
Hofener Str. 114
70372 Stuttgart
Tel. 0711/258802
Fax 0711/2588305
www.paul-lange.de

Maxi Cosi
Dorel
Augustinusstr. 9 c
50226 Frechen
Tel. 02234/96430
Fax 02234/964333
www.maxi-cosi.de

McNeill
Thorka
Siemensstr. 28
63512 Hainburg
Tel. 06182/95710
Fax 06182/66998
www.mcneill.de

Meindl
Postfach 20
83417 Kirchanschöring
Tel. 08685/77090
Fax 08685/7709499
www.meindl.de

Mini Bob
Loeger
Hauptstr. 57
82327 Tutzing
Tel. 08158/3020
Fax 08158/7288
www.mini-bob.com

Münchner Volkshochschule
Gasteig, Kellerstr. 6
81667 München
Tel. 089/480060
Fax 089/480066598
www.mvhs.de

Nania
Kids im Sitz
Postfach 1154
78240 Gottmadingen
Tel. 07731/970077
Fax 07731/970055
www.kids-im-sitz.de

New Classic Toys
Ambachtsweg 9
1617 GB Medernblik
Niederlande
Tel. 0031/227/545053
Fax 0031/227/54793
www.newclassic
toys.com

Norma/ Top Velo
Heisterstr. 4
90441 Nürnberg
Tel. 0911/97390
Fax 0911/7593590
www.norma-online.de

Novasol.de
Gotenstr. 11
20097 Hamburg
Tel. 040/68871 5182
Fax 040/219971124
www.novasol.de

Oakley
Carl-Zeiss-Ring 7a
85737 Ismaning
Tel. 089/9965 04100
Fax 089/96087640
www.oakley.com

Obi/Farilia
Emil-Lux-Str. 1
42929 Wermelskirchen
Tel. 02196/7601
Fax 02196/761019
www.obi.de

Onguard
E.Wiener Bike Parts
Max-Planck-Str. 8
97526 Sennfeld
Tel. 09721/65010
Fax 09721/650160
www.winora-group.de

Osann
siehe Nania

Ostheimer
Margarete Ostheimer
Boschstr. 23
73119 Zell unter
Aichelberg
Tel. 07164/94200
Fax 07164/942015
www.ostheimer.de

Peg
Postfach 1780
85201 Dachau
Tel. 08131/51850
Fax 08131/518540
www.peg.de

Pegasus
ZEG
Longericher Str. 2
50739 Köln
Tel. 02 21/17 95 90
Fax 02 21/1 79 59 74
www.zeg.de

Philips
Philipsstr. 8
52068 Aachen
Tel. 02 41/5 39 22 08
www.philips.com

Plantoys
Stadlbauer
Rennbahn Allee 1
5412 Puch bei Hallein
Österreich
Tel.
00 43/6 62/88 92 10
Fax
00 43/6 62/88 92 15 10
www.stadlbauer.at

Profex
Inter-Union
Postfach 21 60
76811 Landau in der Pfalz
Tel. 0 63 41/28 40
Fax 0 63 41/2 04 13
www.inter-union.de

Raleigh
Univega
Siemensstr. 1–3
49661 Cloppenburg
Tel. 0 44 71/9 23 40
Fax 0 44 71/9 23 42 40
www.raleigh-bikes.de

Ravensburger
Robert-Bosch-Str. 1
88214 Ravensburg
Tel. 07 51/8 60
Fax 07 51/86 13 11
www.ravensburger.de

Recaro
Guttenbergstr. 2
95352 Marktleugast
Tel. 0 92 55/7 70
Fax 0 92 55/77 13
www.recaro-cs.com

Ress
Ress-Kutschen
Gulbranssonstr. 15
97525 Schwebheim
Tel. 0 97 23/70 44
Fax 0 97 23/37 08
www.ress-kutschen.de

Römer
Britax Römer
Postfach 34 49
89024 Ulm
Tel. 07 31/9 34 50
Fax 07 31/9 34 52 10
www.britax-roemer.de

Rösle
Johann-Georg-Fendt-Str. 38
87616 Marktoberdorf
Tel. 0 83 42/91 20
Fax 0 83 42/91 21 90
www.roesle.de

Rosetta Stone
Mainzer Landstr. 176
60327 Frankfurt/M.
Tel. 0 800/52 82 76 69
www.rosettastone.de

Rossmann/ Stevenson
Isernhägener Str. 16
30938 Burgwedel
Tel. 0 51 39/89 80
Fax 0 51 39/8 98 49 99
www.rossmann.de

Sammies by Samsonite
Hama
Postfach 80
86651 Monheim
Tel. 0 90 91/50 20
Fax 0 90 91/50 22 79
www.hama.de

Scout
Alfred Sternjakob
Frankenstr. 47–55
67227 Frankenthal
Tel. 0 62 33/4 90 10
Fax 0 62 33/4 90 16 60
www.scout-ranzen.de

Security Plus
ML Solution
Lippestr. 3
45701 Herten
Tel. 02 09/3 59 33 05
www.fahrradradio.de

Selecta
Römerstr. 1
83533 Edling
Tel. 0 80 71/1 00 60
Fax 0 80 71/10 06 40
www.selecta-spielzeug.de

Selle Royal/ Selle SMP
via Einstein, 5
35020 Casalserugo
Italien
Tel. 00 39/49/64 39 66
Fax 00 39/49/8 74 01 06
www.sellesmp.com

Sigma
Dr.-Julius-Leber-Str. 15
67433 Neustadt an der Weinstrasse
Tel. 0 63 21/9 12 00
Fax 0 63 21/91 20 34
www.sigmasport.com

Sinus
Winora-Staiger
Postfach 14 22
97404 Schweinfurt
Tel. 0 97 21/6 59 40
Fax 0 97 21/65 94 45
www.staiger-fahrrad.de

Sirch
Waldmühle 5
87736 Böhen
Tel. 0 83 38/4 88
Fax 0 83 38/10 18
www.sirch.de

Sixt
Rudolf-Diesel-Str. 1
71106 Magstadt
Tel. 0 71 59/94 48 30
Fax 0 71 59/9 44 83 21
www.sixt-gmbh.de

Spiele Max/ Smiki
Haynauer Str. 72a
12249 Berlin
Tel. 0 30/7 67 90 40
Fax 0 30/76 79 04 19
www.spielemax.de

SQlab
Postweg 4
82024 Taufkirchen
Tel. 0 89/66 61 04 60
Fax 0 89/6 66 10 46 18
www.sq-lab.com

Smith
Vista
Vista-Sport
Neubohlingen 1/1
78315 Radolfzell
Tel. 0 77 32/82 32 80
Fax 0 77 32/8 23 28 11
www.smithoptics.com

Startfire
Superfeuer
Pistoriusstr. 48–50
74564 Crailsheim
Tel. 0 79 51/96 32 68
Fax 0 79 51/96 32 69
www.superfeuer.de

Step by Step
siehe Sammies by Samsonite

Stevens
Asbrookdamm 35
22115 Hamburg
Tel. 0 40/7 16 07 00
Fax 0 40/46 53 14
www.stevensbikes.de

Stevens English Training
Rüttenscheider Str. 68
45130 Essen
Tel. 02 01/8 77 07 70
Fax 02 01/87 70 77 77
www.stevens-english.de

Stiga
Achim Ihl
Vertrieb
Im Petersborn 3
56244 Ötzingen
Tel. 0 26 02/7 03 74
Fax 0 26 02/95 91 81
www.schlitten-shop.de

Storchenmühle
siehe Recaro

Styx
Gottfried Schmalfuss
Heisenbergstr. 26–40
50169 Kerpen
Tel. 0 22 37/97 30 40
Fax 0 22 37/9 73 04 30

Takata
Bahnweg 1
63743 Aschaffenburg
Tel. 0 60 21/6 50
Fax 0 60 21/65 11 78
www.takata-childseats.com

Tatonka
Postfach 63
86451 Dasing
Tel. 0 82 05/9 60 20
Fax 0 82 05/96 02 30
www.tatonka.com

TecnoPro
Intersport
Postfach 22 11
74012 Heilbronn
Tel. 0 71 31/28 80
Fax 0 71 31/2 12 57
www.intersport.de

Terry
RTI Sports
Universitätsstr. 2
56070 Koblenz
Tel. 02 61/8 99 99 80
Fax 02 61/89 99 98 12
www.rtisports.de

The North Face
Steinstr. 50
81667 München
Tel. 0 800/1 86 22 75
www.thenorthface.com

Thomas & Friends
Mattel
An der Trift 75
63303 Dreieich
Tel. 0 61 03/89 10
Fax 0 61 03/89 13 00
www.mattel.de

Tourist-online.de
Friedrich-Ebert-Str. 135–137
48153 Münster
Tel. 0 800/3 23 24 32
Fax 02 51/38 48 08 88
www.tourist-online.de

Toys'R'Us/ Universe of Imagination
Köhlstr. 8
50827 Köln
Tel. 02 21/5 97 20
Fax 02 21/5 92 21 50
www.toysrus.de

Trelock
Postfach 78 80
48042 Münster
Tel. 02 51/91 99 90
Fax 02 51/9 19 99 50
www.trelock.de

Uvex
Postfach 25 09
90715 Fürth
Tel. 09 11/9 77 40
Fax 09 11/9 77 43 50
www.uvex-sports.de

Vaude
Vaudestr. 2
88069 Tettnang
Tel. 0 75 42/5 30 60
Fax 0 75 42/53 06 60
www.vaude.com

Vedes/ Spielmaus
Beuthener Str. 43
90471 Nürnberg
Tel. 09 11/6 55 60
Fax 09 11/6 55 62 51
www.vedes.com

Victoria
Hermann Hartje
Deichstr. 120–122
27318 Hoya
Tel. 0 42 51/8 11 20
Fax 0 42 51/81 11 59
www.hartje.de

Volkshochschule Berlin-Pankow
Schulstr. 29
13187 Berlin
Tel. 0 30/9 02 95 17 00
Fax 0 30/9 02 95 17 01
www.berlin.de/vhs-pankow/

Volkshochschule Dresden
Schilfweg 3
01237 Dresden
Tel. 03 51/25 44 00
Fax 03 51/2 54 40 25
www.vhs-dresden.de

Volkshochschule Düsseldorf
Bertha-von-Suttner-Platz 1
40227 Düsseldorf
Tel. 02 11/8 99 41 50
Fax 02 11/8 99 36 63
www.duesseldorf.de/vhs/

Anbieter

Volkshochschule Frankfurt am Main
Sonnemannstr. 13
60314 Frankfurt/M.
Tel. 069/21271501
Fax 069/21271500
www.vhs.frankfurt.de

Volkshochschule Köln
Im Mediapark 7
50670 Köln
Tel. 0221/22123610
Fax 0221/2216569288
www.stadt-koeln.de/volkshochschule

Wall Street English
WSI Education
Rosental 5
80331 München
Tel. 089/5529890
Fax 089/55298910
www.wallstreetenglish.de

Walter
nic | Spiel + Art
Uhlmannstr. 42
88471 Laupheim
Tel. 07392/97000
Fax 07392/970079
www.nictoys.de

Winora
siehe Sinus

Wunderblitz
siehe Flash

Verkehr

A-rival
Baros
Kleine Düwelstr. 21
30171 Hannover
Tel. 0511/9887185
Fax 0511/9887458
www.a-rival.de

Alk
4 Bloomsbury Square
WC1A 2RP London
Grossbritannien
www.copilotlive.com

Apollo
siehe Vredestein

Apple
Arnulfstr. 19
80335 München
Tel. 0800/2000136
www.apple.de

Barum
siehe Continental

Becker
United Navigation
Marco-Polo-Str. 1
73760 Ostfildern
Tel. 0900 1/851523
Fax 0711/4502320
www.mybecker.com

Blaupunkt
siehe A-rival
www.blaupunkt.de

Bridgestone
Justus-von-Liebig-Str. 1
61352 Bad Homburg v. d. Höhe
Tel. 06172/40801
Fax 06172/408490
www.bridgestone.de

Continental
Büttnerstr. 25
30165 Hannover
Tel. 0511/93801
Fax 0511/93881770
www.conti.de

Dunlop
siehe Goodyear

Falk Navigator
Mairdumont
Marco-Polo-Str. 1
73760 Ostfildern
Tel. 0711/45020
Fax 0711/4502340
www.mairdumont.com

Falken
Berliner Str. 74–76
63065 Offenbach am Main
Tel. 069/24752520
Fax 069/247525214
www.falken-europe.de

Firestone
siehe Bridgestone
www.firestone.de

Fulda
siehe Goodyear

Garmin (App)
Beethovenstr. 1a +b
97080 Würzburg
Tel. 0931/35730
Fax 0931/3573122
www.garmin.com

Garmin (Navi)
Parkring 35
85748 Garching (bei München)
Tel. 089/8583640
Fax 089/858364144
www.garmin.de

Goodyear
Dunlopstr. 2
63450 Hanau
Tel. 06181/6801
Fax 06181/681283
www.gdtg.de

Google
ABC-Str. 19
20354 Hamburg
Tel. 040/808179000
Fax 040/49219194
http://maps.google.de

GT Radial
Giti Tire
Siegpark
Auf dem Seidenberg 5
53721 Siegburg
Tel. 02241/123940
Fax 02241/1239476
www.gtradial.de

Hankook
Reinhold-Schleese-Str. 14
30179 Hannover
Tel. 0511/6490970
Fax 0511/64609779
www.hankook.de

High
Delticom
Brühlstr. 11
30169 Hannover
Tel. 01805/335842
Fax 0511/87989077
www.delti.com

iGo
NNG
Szépvölgyi út 35–37
1037 Budapest
Ungarn
www.nng.com

Interstate
Hämmerling
Bielefelder Str. 216
33104 Paderborn
Tel. 05254/99790
Fax 05254/997942
www.haemmerling.de

Kleber
siehe Michelin

Kormoran
siehe Michelin

Kumho
Brüsseler Platz 1
63067 Offenbach am Main
Tel. 069/9433180
Fax 069/490069
www.kumhotire.de

Mapfactor
Štefanikova 24
150 00 Prague 5
Tschechische Republik
www.mapfactor.com

Marangoni
Hochstr. 11
32120 Hiddenhausen
Tel. 05223/878766
Fax 05223/878776
www.marangoni.com

Michelin
Postfach 210951
76159 Karlsruhe
Tel. 0721/5300
Fax 0721/5301290
www.michelin.de

Navfree
Navmii
10 Barley Mow Centre
Barley Mow Passage
Chiswick
W4 4PH London
Grossbritannien
www.navmii.com

Navigon
siehe Garmin

Nexen
Mergenthaler-allee 79–81
65760 Eschborn im Taunus
Tel. 06196/954860
Fax 06196/9548677
www.nexentire.com

Nokia
Balcke-Dürr-Allee 2
40882 Ratingen
Tel. 069/66800990
Fax 02102/89287583
www.nokia.de

Nokian
Neuwieder Str. 14
90411 Nürnberg
Tel. 0911/527550
Fax 0911/5275529
www.nokiantyres.de

Pearl/ Navgear
Pearlstr. 1–3
79426 Buggingen
Tel. 07631/360200
Fax 07631/360444
www.pearl.de

Pirelli
Postfach 401480
80714 München
Tel. 089/149080
Fax 089/14908581
www.pirelli.de

Rotalla
Comar Tyre & Rubber Industrial
Rm 1102
D & D Fortune Center
186–2# Haier Road
266061 Shandong
Volksrepublik China
Tel. 86532/80939818
Fax 86532/80991902
www.comartyre.com

Sailun
Vienna House
Birmingham International Park
Bickenhill Lane
Solihull B37 7GN
Grossbritannien
Tel. 0044/121/7671925
Fax 0044/121/7671929
http://sailuntyre.eu

Semperit
siehe Continental

Skobbler
Luisenstr. 41
10117 Berlin
www.skobbler.de

Sygic
CBC IV. Karadžicova 14
SK-821 08 Bratislava
Slowakei
www.sygic.com

Syron
Keskin Tuning
Carl-Benz-Str. 22–24
67227 Frankenthal
Tel. 06233/3276060
Fax 06233/3276061
www.keskin-tuning.de

Tecar
Techno-Einkauf
Aspelohe 27c
22848 Norderstedt
Tel. 040/5260990
Fax 040/526099100
www.tecar-reifen.de

Tomtom
Raiffeisenallee 16
82041 Oberhaching
Tel. 069/66308012
Fax 089/67804910
www.tomtom.com

Toyo
Halskestr. 3–5
47877 Willich
Tel. 02154/8911111
Fax 02154/8911211
www.toyo.de

Uniroyal
siehe Continental

V-Navi
Map and Route
Pretzfelder Str. 7–11
90425 Nürnberg
Tel. 0911/3073060
Fax 0911/30730621
www.mapandroute.de

Vredestein
Rheinstr. 103
56179 Vallendar
Tel. 0261/8076600
Fax 0261/8076699
www.vredestein.com

Yokohama
Monschauer Str. 12
40549 Düsseldorf
Tel. 0211/5374050
Fax 0211/5374 0523
www.yokohama-online.com

Tarife für Anrufe aus dem deutschen Festnetz: **0800** Kostenfrei; **01801** 3,9 Cent/Min.; **01802** 6,0 Cent/Anruf; **01803** 9,0 Cent/Min.; **01805** 14 Cent/Min.; **01806** 20 Cent/Anruf.; Kosten aus dem Mobilfunknetz dürfen 42 Cent/Min. oder 60 Cent/Anruf nicht überschreiten.; **09001** Kosten laut Ansage, bis max. 3 Euro/Min.

Verbraucherinstitutionen

Stiftung Warentest
10785 Berlin, Lützowplatz 11–13,
www.test.de
test-Leserservice:
Tel. 0900 1/58 37 81,
test@stiftung-warentest.de
Finanztest-Leserservice:
Tel. 0900 1/58 37 82,
finanztest@stiftung-warentest.de

Aktion Bildungsinformation (ABI) Verbraucherschutz in Bildungsfragen

70174 Stuttgart, Lange Str. 51,
Tel. 07 11/22 02 16 30,
info@abi-ev.de,
www.abi-ev.de

DHB – Netzwerk Haushalt. Berufsverband der Haushaltsführenden

53111 Bonn, Oxfordstr. 10,
Tel. 02 28/23 77 18,
dhb-netzwerk-haushalt@t-online.de,
www.dhb-netzwerk-haushalt.de

Europäisches Verbraucherzentrum Deutschland

77694 Kehl, Bahnhofplatz 3

Standort Kiel:
24103 Kiel, Andreas-Gayk-Str. 15

Tel. 0 78 51/99 14 80,
Fax 0 78 51/9 91 48 11,
info@cec-zev.eu,
www.cec-zev.eu

VerbraucherService Bayern im KDFB

Landesgeschäftsstelle
80335 München, Dachauer Str. 5,
Tel. 0 89/51 51 87 43,
info@verbraucherservice-bayern.de,
www.verbraucherservice-bayern.de

Beratungsstellen:

E-Mail-Adressen der Beratungsstellen: Ort (z. B. augsburg)@verbraucherservice-bayern.de

91522 Ansbach, Kannenstr. 16, (Klimaladen Ansbach), Tel. 09 81/97 78 97 93

63739 Aschaffenburg, Dalbergstr. 15, (Rathaus, Sitzungsgebäude), Tel. 0 60 21/3 30 12 18

86152 Augsburg, Ottmarsgäßchen 8, Tel. 08 21/15 70 31

96047 Bamberg, Grüner Markt 14, Tel. 09 51/20 25 06

93413 Cham, Obere Regenstr. 15, Tel. 0 99 71/67 53

86609 Donauwörth, Münsterplatz 4, Tel. 09 06/82 14

91301 Forchheim, Sattlertorstr. 5, Tel. 0 91 91/6 46 89

85049 Ingolstadt, Kupferstr. 24, Tel. 08 41/95 15 99 90

85375 Neufahrn, Bahnhofstr. 32, (Rathaus), Tel. 0 81 65/6 07 48

94032 Passau, Ludwigsplatz 4/I, Tel. 08 51/3 62 48

93047 Regensburg, Frauenbergl 4, Tel. 09 41/5 16 04

92421 Schwandorf, Spitalgarten 1, (neues Rathaus), Tel. 0 94 31/4 52 90

83278 Traunstein, Bahnhofstr. 1, Tel. 08 61/6 09 08

97070 Würzburg, Bahnhofstr. 4 – 6, Tel. 09 31/30 50 80

VerbraucherService im Katholischen Deutschen Frauenbund

Bundesgeschäftsstelle
50677 Köln, Kaesenstr. 18,
Tel. 02 21/86 09 20,
info@verbraucherservice-kdfb.de,
www.verbraucherservice-kdfb.de

Verbraucherzentrale Bundesverband (vzbv)

10969 Berlin,
Markgrafenstr. 66,
Tel. 0 30/25 80 00,
info@vzbv.de,
www.vzbv.de

Verbraucherzentralen

Baden-Württemberg

70178 Stuttgart, Paulinenstr. 47,
Tel. 07 11/66 91 10,
info@vz-bw.de,
www.vz-bawue.de

Beratungstelefone

Telekommunikation, Freizeit, Haushalt: Mo–Fr 9–12 Uhr, Mi 15–18 Uhr, Tel. 0900 1/77 44 41

Ernährung, Kosmetik, Hygiene: Mo–Fr 9–12 Uhr, Mi 15–18 Uhr, Tel. 0900 1/77 44 42

Versicherungen: Mo–Fr 9–12 Uhr, Mi 15–18 Uhr, Tel. 0900 1/77 44 43

Altersvorsorge, Banken, Kredite: Mo–Fr 9–12 Uhr, Mi 15–18 Uhr, Tel. 0900 1/7 744 44

Bauen und Wohnen: Mo–Fr 9–12 Uhr, Mi 15–18 Uhr, Tel. 0900 1/77 44 45

Energie: Mo–Fr 9–12 Uhr, Mi 15–18 Uhr, Tel. 0900 1/77 44 46

Info-Telefon:
Vereinbaren Sie Ihren individuellen Termin in einer unserer Beratungsstellen: Mo–Do 10–18 Uhr, Fr 10–14 Uhr, Tel. 07 11/66 91 10

Beratungsstellen:

79098 Freiburg, Kaiser-Joseph-Str. 271, Di 10 – 13 Uhr, Do 15 – 18 Uhr

88045 Friedrichshafen, Riedleparkstr. 1, Mo 14 – 17 Uhr, Mi 10 – 13 Uhr

69115 Heidelberg, Poststr. 15 (Stadtbücherei), Di 9 – 12 Uhr, Mi – Do 14 – 17 Uhr

89522 Heidenheim, Hintere Gasse 60, Bürgerhaus (Altes Eichamt), Mi 9 – 12 Uhr, Do 14 – 17 Uhr

76133 Karlsruhe, Kaiserstr. 167, Mo 16 – 18 Uhr, Mi 10 – 12 Uhr

68161 Mannheim, Q 4, 10, Di 14 – 16 Uhr, Mi 13 – 17 Uhr

74172 Neckarsulm, Schindlerstr. 9, Di 10 – 14 Uhr, Mi 13 – 17 Uhr

70178 Stuttgart, Paulinenstr. 47, Mo und Fr 10 – 14 Uhr, Di und Do 10 – 17 Uhr, Mi 10 – 19 Uhr

89073 Ulm, Frauengraben 2, Di und Do 13 – 17 Uhr

79761 Waldshut-Tiengen, Parkhaus Kornhaus, Di 15 – 17 Uhr

Terminvereinbarung Energie-Beratung:
Mo – Do 8 – 18 Uhr, Fr 8 – 16 Uhr,
Tel. 0800/8 09 80 24 00

Mo–Do 10–18 Uhr, Fr 10–14 Uhr,
Tel. 07 11/66 91 10,
79098 Freiburg, Kaiser-Joseph-Str. 271

69115 Heidelberg, Poststr. 15 (Stadtbücherei)

89522 Heidenheim, Hintere Gasse 60 (Bürgerhaus, Altes Eichamt)

76144 Karlsruhe, Kaiserstr. 167

68161 Mannheim, Q4, 10

74172 Neckarsulm, Schindlerstr. 9

70178 Stuttgart, Paulinenstr. 47

89073 Ulm, Frauengraben 2

Energie-Beratungsstützpunkte:

74564 Crailsheim, Spitalstr. 2 a

69412 Eberbach, Güterbahnhofstr. 4

74523 Schwäbisch-Hall, Neue Str. 5–7

79822 Titisee-Neustadt – OT Neustadt, Pfauenstr. 4

78532 Tuttlingen, Rathausstr. 1

78054 Villingen-Schwenningen – OT Schwenningen, Metzgergasse 8

79761 Waldshut-Tiengen, Friedrichstr. 3a

Kreis Horb:

72280 Dornstetten, Marktplatz 1+2

72186 Empfingen, Mühlheimer Str. 2 (Rathaus)

72184 Eutingen im Gäu, Marktstr. 17 (Rathaus)

72250 Freudenstadt, Marktplatz 64

72160 Horb am Neckar, Neckarstr. 13

Kreis Konstanz:

78267 Aach, Hauptstr. 16

78476 Allensbach, Rathausplatz 1

78351 Bodman-Ludwigshafen, Hafenstr. 5

78266 Büsingen/Hochrhein, Junkerstr. 86

78253 Eigeltingen, Krumestr. 1

78234 Engen, Marktplatz 4

78343 Gaienhofen/Bodensee, Im Kohlgarten 1

78262 Gailingen am Hochrhein, Hauptstr. 11

78244 Gottmadingen, J.-G.-Fahr-Str. 10

78247 Hilzingen, Hauptstr. 36

78355 Hohenfels/Bodens., Hauptstr. 30

78462 Konstanz, Untere Laube 24

78345 Moos, Bohlingerstr. 18

78259 Mühlhausen-Ehingen, Schloßstr. 46

78357 Mühlingen/Bodens., Im Göhren 2

78337 Öhningen, Klosterplatz 1

78359 Orsingen-Nenzingen, Stockacher Str. 2

78315 Radolfzell am Bodensee, Fürstenbergstr. 1

78479 Reichenau, Münsterplatz 2

78239 Rielasingen-Worblingen, Lessingstr. 2

78224 Singen, Hohgarten 2

78256 Steißlingen, Schulstr. 19

78333 Stockach, Adenauerstr. 4

78250 Tengen, Marktstr. 1

78269 Volkertshausen, Hauptstr. 27

Kreis Lörrach:

79400 Kandern, Hauptstr. 18

79677 Schönau i. Schw., Talstr. 22

79650 Schopfheim, Hauptstr. 29–31

79674 Todtnau, Meinrad-Thoma-Str. 7

Ostalbkreis:

73430 Aalen, Gmünder Str. 20

73453 Abtsgmünd, Rathausplatz 1

73560 Böbingen/Rems, Dr.-Schneider-Str. 56

73441 Bopfingen, Marktplatz 1

73479 Ellwangen/Jagst, Spitalstr. 4

73460 Hüttlingen, Schulstr. 10

73547 Lorch, Hauptstr. 19

73450 Neresheim, Hauptstr. 21

73450 Oberkochen, Aalener Str. 68

73525 Schwäbisch Gmünd, Bürgerstr. 5

Reutlingen:

72574 Bad Urach, Marktplatz 1

72581 Dettingen an der Erms, Rathausplatz 1

72829 Engstingen-Hohenstein, Graf-von-Moltke-Platz 1

72800 Eningen u. A., Rathausplatz 1

72532 Gomadingen, Marktplatz 2

72582 Grabenstetten, Böhringerstr. 10

72661 Grafenberg, Bergstr. 30

72534 Hayingen, Markstr. 1

72805 Lichtenstein, Rathausplatz 17

72537 Mehrstetten, Am Marktplatz 1

72555 Metzingen, Stuttgarter Str. 2–4

72525 Münsingen, Bachwiesenstr. 7

72539 Pfronstetten, Hauptstr. 25

72793 Pfullingen, Marktplatz 4

72124 Pliezhausen, Marktstr. 1

72760 Reutlingen, Marktplatz 22

72585 Riederich, Mittelstädter Str. 17

72587 Römerstein, Albstr. 2

72813 Sankt Johann, Schulstr. 1

72820 Sonnenbühl, Hauptstr. 2

72818 Trochtelfingen, Rathausplatz 9

72141 Walddorfhäslach, Dorfstr. 30

72827 Wannweil, Hauptstr. 11

88529 Zwiefalten, Marktplatz 3

Ortenaukreis:

77855 Achern, Rathausplatz 1

77723 Gengenbach, Victor-Kretz-Str. 2

77694 Kehl, Herderstr. 3

77933 Lahr/Schwarzwald, Rathausplatz 7

77652 Offenburg, Wasserstr. 17

77866 Rheingau, Rheinstr. 46

77746 Schutterwald, Kirchstr. 2

Bayern

Alle Beratungsstellen sind per E-Mail zu erreichen: stadt@vzbayern.de (z. B. amberg@vzbayern.de)

80336 München, Mozartstr. 9,
Tel. 0 89/53 98 70, info@vzbayern.de,
www.verbraucherzentrale-bayern.de

Beratung:

Landesweites Beratungstelefon
Verbraucherrecht Tel. 0 900 1/8 09 00 10
Mo, Mi, und Do 9–11 und 15–17 Uhr
Versicherungen Tel. 0 900 1/8 09 00 20,
Mo, Mi, und Do 9–11 und 15–17 Uhr,
Krankenversicherung
Tel. 0 900 1/8 09 00 21, Mo 9–11 Uhr,
Lebensmittel und Ernährung
Tel. 0 900 1/8 09 00 30,
Mo, Mi, und Do 9–11 und 15–17 Uhr

Beratung zu Verbraucherrecht, Versicherungen, Altersvorsorge, Geldanlage/Kredit und Energie in allen 16 Beratungsstellen.

Energieberatungsstützpunkte in 14 weiteren Städten.

Beratungsstellen:

92224 Amberg, Herrnstr. 16,
Tel. 0 96 21/1 41 30

86150 Augsburg, Zeugplatz 3,
Tel. 08 21/3 78 66

96047 Bamberg, Theatergassen 4, Tel. 0951/28200

94469 Deggendorf, Rosengasse 10, Tel. 0991/5411

82110 Germering, Planegger Str. 9, Tel. 089/846775

82194 Gröbenzell, Rathausstr. 4, Tel. 08142/50564

95028 Hof, Bürgerstr. 20, Tel. 09281/84680

87435 Kempten, Vogtstr. 17, Tel. 0831/21071

84028 Landshut, Neustadt 516, Tel. 0871/21338

87700 Memmingen, Ulmer Str. 9, Tel. 08331/89944

80336 München, Mozartstr. 9, Rechts- und Versicherungsberatung nach Terminvereinbarung, Tel. 089/5398721, Altersvorsorgeberatung nach Terminvereinbarung, Tel. 089/5398731, Geldanlage-/Kreditberatung nach Terminvereinbarung, Tel. 089/5398727, Energieberatung nach Terminvereinbarung, Tel. 0800/809802400

90403 Nürnberg, Albrecht-Dürer-Platz 6, Rechts- und Versicherungsberatung nach Terminvereinbarung, Tel. 0911/2426512, Altersvorsorgeberatung nach Terminvereinbarung, Tel. 0911/2426505, Geldanlage-/Kreditberatung nach Terminvereinbarung, Tel. 0911/2426525, Energieberatung nach Terminvereinbarung, Tel. 0800/809802400

83022 Rosenheim, Münchener Str. 36, Tel. 08031/37700

97421 Schweinfurt, Judengasse 10, Tel. 09721/21717

92637 Weiden, Herzogstr. 14, Tel. 0961/36100

97070 Würzburg, Domstr. 10, Tel. 0931/59186

Energieberatungsstützpunkte:

86551 Aichach, Tandlmarkt 13 (im Verwaltungsgebäude 1), Tel. 08251/90232

97688 Bad Kissingen, Rathausplatz 1 (im Rathaus), Tel. 0971/8070

84489 Burghausen, Marktler Str. 15 a (im Bürgerhaus), Tel. 08677/887308

96450 Coburg, Hintere Kreuzgasse 7, Tel. 09561/807134

89407 Dillingen, Königstr. 37/38 (im Rathaus), Tel. 09071/540

84130 Dingolfing, Obere Stadt 1 (im Landratsamt), Tel. 08731/87498

84095 Furth b. Landshut, Am Rathaus 6 (im Rathaus), Tel. 08704/91190

89312 Günzburg, Schlossplatz 1 (im Rathaus), Tel. 08221/903152

86438 Kissing, Pestalozzistr. 5 (im Rathaus), Tel. 08233/7907501

95111 Rehau, Martin-Luther-Str. 1 (im Rathaus), Tel. 09283/2045

82319 Starnberg, Strandbadstr. 2 (im Landratsamt), Tel. 08151/148442

84513 Töging a. Inn, Hauptstr. 26 (im Rathaus), Tel. 08631/900444

83301 Traunreut, Rathausplatz 3 (im Rathaus), Tel. 08669/857207

83278 Traunstein, Stadtplatz 39 (im Rathaus), Tel. 0861/65276

Berlin

10623 Berlin, Hardenbergplatz 2, Tel. 030/214850, mail@verbraucherzentrale-berlin.de www.vz-berlin.de

Brandenburg

14473 Potsdam, Templiner Str. 21, Landesgeschäftsstelle, (Hier keine Beratung), Tel. 0331/298710, info@vzb.de, www.vzb.de

Beratungstelefone:

Verbraucherrecht: Mo–Fr. 9–18 Uhr, Tel. 09001/775770

Lebensmittel, Ernährung: Mo + Do 10–16 Uhr, Tel. 01805/791352

Unabhängige Patientenberatung: Mo–Fr 10–18 Uhr, Tel. 0800/0117722

Bundesweite Auskunft zur Energieeinsparung und Vermittlung von Terminen zur Energieberatung: Mo–Do 8–18 Uhr, Fr 8–16 Uhr, Tel. 09001/3637443

Beratungsstellen und Beratungsstützpunkte:

Landesweites Termintelefon, Mo–Fr 9–16 Uhr, Tel. 01805/004049

Beratungsstellen:

14776 Brandenburg, Kurstr. 7

03046 Cottbus, Am Turm 14

16225 Eberswalde, Heegermühler Str. 2

03238 Finsterwalde, Langer Damm 41

15230 Frankfurt/O., Karl-Marx-Str. 8

15711 Königs Wusterhausen, Bahnhofstr. 3

14943 Luckenwalde, Markt 12 a

16515 Oranienburg, Albert-Buchmann-Str. 17

19348 Perleberg, Bäckerstr. 21

14467 Potsdam, Friedrich-Engels-Str. 101 (Hauptbahnhof/Eingang links neben dem Wasserturm, 3. Etage)

14712 Rathenow, Berliner Str. 15

16303 Schwedt/O., Handelsstr. 1

01968 Senftenberg, Fischreiherstr. 5

Beratungsstützpunkte:

14806 Bad Belzig, Wiesenburger Str. 6

14547 Beelitz, Poststr. 15 (Eingang Tourismus-Information)

15848 Beeskow, Mauerstr. 28 (Bibliothek)

16321 Bernau, Rudolf-Breitscheid-Str. 43 A, Kulturhof

15890 Eisenhüttenstadt, Str. der Republik 35

04910 Elsterwerda, Rathaus in der Hauptstr.

15537 Erkner, Am Kurpark 15 (DFD Beratungsstelle)

14612 Falkensee, Poststr. 31 (Bürgeramt)

15517 Fürstenwalde/Spree, Mühlenstr. 25 (Stadtteilbüro auf dem Hof)

16866 Kyritz, Perleberger Str. 10, Bibliothek (Raum der Schiedsstelle)

01979 Lauchhammer, Kleinleipischer Str. 3

15901 Lübben, Ernst-v.-Houvald-Damm 14 (Schloß)

03222 Lübbenau/Spreewald, Güterbahnhofstr. 57

17291 Prenzlau, Marktberg 2 (Stadtteilbüro Prenzlau)

16928 Pritzwalk, Schönhagener Str. 16

15562 Rüdersdorf, Brückenstr. 93, Bürgerzentrum „Brücke"

15344 Strausberg, Hegermühlenstr. 58, Raum E 23 (Erdgeschoss der Stadtverwaltung)

14513 Teltow, Neue Str. 3

17268 Templin, Am Markt 19 (Historisches Rathaus)

19322 Wittenberge, Bürgermeister-Jahn-Str. 21 (Bürgerzentrum)

Deutsch-Polnisches Verbraucherinformationszentrum (VIZ)
15230 Frankfurt/O., Karl-Marx-Str. 7

Bremen

28195 Bremen, Altenweg 4,
Tel. 0421/1607 77, Fax 0421/1607780,
info@verbraucherzentrale-bremen.de,
www.vz-hb.de

Beratungsstelle:

27576 Bremerhaven, Hafenstr. 117,
Tel. 0471/26194, Fax 0471/207000,
infobhv@vz-hb.de

Hamburg

20099 Hamburg, Kirchenallee 22,
Tel. 040/248320, Fax 040/24832290,
info@vzhh.de, www.vzhh.de

Hessen

60313 Frankfurt/M.,
Große Friedberger Str. 13–17,
Tel. 01805/972010,
vzh@verbraucher.de,
www.verbraucher.de

Telefonische Beratung:

Altersvorsorge: Do 10–14 Uhr,
Tel. 09001/972011

Baufinanzierung: Di 10–14 Uhr,
Tel. 09001/972011

Ernährung: Di 10–14 Uhr,
Tel. 09001/972012

Gesundheitsdienstleistungen, Patientenrechte:
Mo 10–14 Uhr, Tel. 09001/972013

Schulden, Insolvenz: Mi 10–14 Uhr
Tel. 069/97201087

Verbraucherrecht, Telekommunikation:
Mo–Do 10–18 Uhr, Tel. 09001/972010

Beratungsstellen:

E-Mail-Adressen der Beratungsstellen: Ort (z. B. borken)@verbraucher.de

34582 Borken, Bahnhofstr. 36 b,
Tel. 05682/730230

64283 Darmstadt, Luisenplatz 6 (Carreegalerie), Tel. 06151/279990

60313 Frankfurt/M.,
Große Friedberger Str. 13–17,
Tel. 01805/972010

36037 Fulda, Karlstr. 2,
Tel. 0661/77453

35390 Gießen, Südanlage 4,
Tel. 0641/76234

34117 Kassel, Rainer-Dierichs-Platz 1,
Tel. 0561/772934

65428 Rüsselsheim, Marktstr. 29,
Tel. 06142/63268

65185 Wiesbaden, Luisenstr. 19,
Tel. 0611/378081

Energiestützpunkte:

63674 Altenstadt, Frankfurter Str. 11 (Gemeindeverwaltung),
Tel. 06047/800075

34454 Bad Arolsen, Große Allee (Rathaus), Tel. 05691/801160

36251 Bad Hersfeld, Klaustor 3 (Stadthaus Bad Hersfeld, E.Punkt),
Tel. 06621/16617

34537 Bad Wildungen, Am Markt 1 (Stadtverwaltung), Tel. 05621/701319

64625 Bensheim, Hauptstr. 39 (Bürgerbüro), Tel. 01805/972010 (Termine über Servicetelefon der Verbraucherzentrale Hessen)

34582 Borken, Bahnhofstr. 36 b,
Tel. 05682/730230

63486 Bruchköbel, Hauptstr. 53 (Stadtbibliothek, 2. OG),
Tel. 06181/975218

63654 Büdingen, Eberhard-Bauner-Allee 16 (Rathaus), Tel. 06042/884200

68642 Bürstadt, Rathausstr. 2 (Rathaus), Tel. 06206/701235

64283 Darmstadt, Luisenplatz 6 (Carree-Galerie, 1.OG),
Tel. 06151/279990

64807 Dieburg, Schlossgasse 17 (Landratsamt–TIZ),
Tel. 06151/8811503

63303 Dreieich, Taunusstr. 3 (Alte Schule), Tel. 06103/601457

65343 Eltville am Rhein, Gutenbergstr. 13 (Rathaus),
Tel. 06123/697421

60313 Frankfurt/M.,
Große Friedberger Str. 13–17,
Tel. 01805/972010
(Termine über Servicetelefon der Verbraucherzentrale Hessen)

36037 Fulda, Karlstr. 2,
Tel. 0661/77453

64579 Gernsheim, Magdalenenstr. 37,
Tel. 06258/108163

35390 Gießen, Südanlage 4,
Tel. 01805/972010
(Termine über Servicetelefon der Verbraucherzentrale Hessen)

64347 Griesheim, Georg-Schüler-Platz 6 (Stadtbücherei), Tel. 06155/701241

36137 Großenlüder, Sankt-Georg-Str. 2,
Tel. 06648/950033

64251 Groß-Gerau, Am Marktplatz 1 (Stadtverwaltung), Tel. 06152/7160

63452 Hanau, Hessen-Homburg-Platz 7 (Technisches Rathaus),
Tel. 06181/295785

36266 Heringen/Werra,
Obere Goethestr. 17, Tel. 06624/9330

63150 Heusenstamm, Im Herrngarten 1 (Rathaus), Tel. 06104/6071302

34369 Hofgeismar, Am Markt 1 (Rathaus), Tel. 05671/999011

35644 Hohenahr, Rathausplatz 6 (Gemeinderathaus), Tel. 06446/923022

61184 Karben, Rathausplatz 1,
Tel. 06039/481910

34117 Kassel, Rainer-Dierichs-Platz 1,
Tel. 0561/772934

61462 Königstein im Taunus, Burgweg 5 (im Rathaus), Tel. 0800/809802400

61476 Kronberg, Katharinenstr. 7 (Rathaus), Tel. 06173/7030

36341 Lauterbach, Hintergasse 3 (Bürgerbüro), Tel. 06641/184122

65549 Limburg, Schiede 43 (Kreisverwaltung), Tel. 06431/296130

63533 Mainhausen, Humboldtstr. 46–48,
Tel. 06182/890065

63477 Maintal-Hochstadt, Klosterhofstr. 4–6 (Stadtverwaltung),
Tel. 06181/400456

35039 Marburg/Lahn Kreisverwaltung, Fachbereich Ländlicher Raum und Verbraucherschutz, Hermann-Jacobsohn-Weg 1, Tel. 06421/4056302

64839 Münster, Mozartstr. 8 (Gemeindeverwaltung), Tel. 06071/3002113

61267 Neu-Anspach, Bahnhofstr. 26, Tel. 06081/10256010

63263 Neu-Isenburg, Schulgasse 1 (im Bürgeramt), Tel. 06102/241703

63179 Obertshausen, Schubertstr. 11 (Rathaus Hausen), Tel. 06104/7031101

61440 Oberursel (Rathaus, Raum A 111, Umweltberatung), Tel. 06171/502310

64319 Pfungstadt, Kirchstr. 12–14 (Rathaus), Tel. 06157/9881181

64560 Riedstadt, Stadtteil Goddelau, Rathausplatz 1 (Rathaus), Tel. 06158/181320

63517 Rodenbach, Buchbergstr. 2 (Rathaus), Tel. 06184/59938

63110 Rodgau-Jügesheim, Hintergasse15 (Rathaus), Tel. 06106/6931351

65428 Rüsselsheim, Marktstr. 29, Tel. 06142/63268

36277 Schenklengsfeld, Rathausstr. 2 (Gemeindeverwaltung), Tel. 06629/920220

36381 Schlüchtern, Krämerstr. 2 (Rathaus), Tel. 06661/85310

61137 Schöneck, Herrnhofstr. 7, Tel. 06187/9562308

64342 Seeheim-Jugenheim, Schulstr. 12 (Gemeindeverwaltung), Tel. 06257/9900

65232 Taunusstein, Aarstr. 150, Tel. 06128/241267

65185 Wiesbaden, Luisenstr. 19, Tel. 0611/378081

34508 Willingen/Upland, OT Usseln, Sportstr. 7 (Lesesaal), Tel. 05632/401124

Mecklenburg-Vorpommern

18055 Rostock, Strandstr. 98, Tel. 0381/2087050, info@nvzmv.de, www.nvzmv.de

Beratungsstellen:

18273 Güstrow, Mühlenstr. 17 (Eingang Baustr.), Tel. 03843/465397

17034 Neubrandenburg, Kranichstr. 4a, Tel. 0395/5683410

18055 Rostock, Strandstr. 98, Tel. 0381/2087050

19053 Schwerin, Dr.-Külz-Str. 18, Tel. 0385/5918110

18439 Stralsund, Frankenstr. 1–2, Tel. 03831/2892610,

23966 Wismar, Scheuerstr. 2, Tel. 0385/5918110

Niedersachsen

30159 Hannover, Herrenstr. 14, Tel. 0511/911960, info@vzniedersachsen.de, www.verbraucherzentrale-niedersachsen.de, www.facebook.com/vzniedersachsen, www.twitter.com/vzniedersachsen, Zentrales Servicetelefon zur Terminvereinbarung: Tel. 0511/911960

Telefonberatung:

Internetbetrug: Tel. 09001/797901

Verbraucherrecht: Tel. 09001/797902

Versicherungen: Tel. 09001/797903

Banken und Baufinanzierung: Tel. 09001/797904

Lebensmittel: Tel. 09001/797905

Telefon und Internet: Tel. 09001/797906

Krankenversicherungen: Tel. 09001/797907

Energierecht: 09001/797908

Online-Beratung: www.verbraucherzentrale-niedersachsen.de/emailberatung

Büchershop: Tel. 0511/911960, www.verbraucherzentrale-niedersachsen.de/ratgeber

Beratungsstellen:

26603 Aurich, Hafenstr. 7

38100 Braunschweig, Langer Hof 6–8

29221 Celle, Schuhstr. 40

37073 Göttingen, Papendiek 24–26

30159 Hannover, Herrenstr. 14

21335 Lüneburg, Wallstr. 4

49716 Meppen, Kirchstr. 29

26122 Oldenburg, Julius-Mosen-Platz 5

49074 Osnabrück, Große Str. 67

37520 Osterode, Rollberg 3

31224 Peine, Woltorferstr. 64

21682 Stade, Bahnhofstr. 2

26382 Wilhelmshaven, Grenzstr. 95

38440 Wolfsburg, Schillerstr. 42–44

Stützpunkte Energieberatung:

www.verbraucherzentrale-energieberatung.de/web

Nur nach vorheriger Anmeldung unter: Tel. 0800/809824 00

19273 Amt Neuhaus, Sumter 1

26603 Aurich, Hafenstr. 7 (Bücherei)

26160 Bad Zwischenahn, Auf dem hohen Ufer 20 (Bibliothek)

21354 Bleckede, Lauenburgerstr. 15 (im Elbtalhaus)

26919 Brake, Schrabberdeich 1 (Rathaus)

38100 Braunschweig, Langer Hof 6–8

27432 Bremervörde, Rathausmarkt 1 (Stadtbücherei)

21614 Buxtehude, Ziegelkamp 8

29221 Celle, Schuhstr. 40

49661 Cloppenburg, Pingel-Anton 10 (Haus des Handwerks)

27472 Cuxhaven, Kapitän-Alexander-Str. 1 (Stadtbibliothek)

49401 Damme, Mühlenstr. 18 (Rathaus)

27749 Delmenhorst, Lange Str. 1 a

37115 Duderstadt, Markstr. 89

26160 Edewecht, Hauptstr. 86 (im Haus der Begegnung)

26931 Elsfleth, Rathausplatz (Rathaus)

26721 Emden, An der Berufsschule 3 (Bücherei)

49124 Georgsmarienhütte, Oeseder Str. 85 (Rathaus)

37073 Göttingen, Papendiek 24–26

31785 Hameln, Rathausplatz 1 (Rathaus)

30159 Hannover, Herrenstr. 14

27798 Hude, Parkstr. 53 (Rathaus)

30880 Laatzen, Marktplatz 13 (Rathaus)

26789 Leer, Wilhelminengang 2 (Stadtbibliothek)

27809 Lemwerder, Stedinger Str. 1

49393 Lohne, Vogtstr. 26

29439 Lüchow, Königsberger Str. 10 (Kreishaus)

21335 Lüneburg, Wallstr. 4

49716 Meppen, Kirchstr. 29

26954 Nordenham, An der Gate 11 (Stadtbücherei)

Adressen

48529 Nordhorn, Büchereiplatz (Stadthaus II)

26122 Oldenburg, Julius-Mosen-Platz 5

49074 Osnabrück, Große Str. 67

37520 Osterode, Rollberg 3

26871 Papenburg, Hauptkanal rechts 68/69 (Bauamt)

31224 Peine, Woltorfer Str. 64 (Stadtwerke)

49610 Quakenbrück, Friedrichstr. 37 a (Mehrgenerationenhaus)

30952 Ronnenberg, Hansastr. 38

21682 Stade, Bahnhofstr. 2

29525 Uelzen, Ripdorfer Str. 21 (Mehrgenerationenhaus)

37170 Uslar, Graftstr. 7

49377 Vechta, Burgstr. 6 (Rathaus)

27283 Verden (Aller), Holzmarkt 1 (Bücherei)

49134 Wallenhorst, Rathausallee 1 (Rathaus)

26655 Westerstede, Gaststr. 4 (Apothekervilla)

27793 Wildeshausen, Am Markt 1 (Rathaus)

26382 Wilhelmshaven, Grenzstr. 95

38440 Wolfsburg, Schillerstr. 42–44

Nordrhein-Westfalen

40215 Düsseldorf, Mintropstr. 27, Tel. 02 11/3 80 90, vz.nrw@vz-nrw.de, www.vz-nrw.de

Beratungsstellen:

52064 Aachen, AachenMünchener-Platz 6, Tel. 02 41/4 47 60

59227 Ahlen, Westenmauer 10 (Rathaus 1. OG), Tel. 0 23 82/8 44 86

52477 Alsdorf, Luisenstr. 35 (LuisenPassage), Tel. 0 24 04/9 39 01

59755 Arnsberg, Burgstr. 5, Tel. 0 29 32/2 70 00

50126 Bergheim, Hauptstr. 108, Tel. 0 22 71/4 46 42

51465 Bergisch Gladbach, Am Alten Pastorat 32, Tel. 0 22 02/4 14 15

33602 Bielefeld, Herforder Str. 33, Tel. 05 21/6 69 36

44787 Bochum, Große Beckstr. 15, Tel. 02 34/6 60 44

53111 Bonn, Thomas-Mann-Str. 2–4, Tel. 02 28/9 76 69 34

46236 Bottrop, Ernst-Wilczok-Platz 1, Tel. 0 20 41/2 91 26

50321 Brühl, Carl-Schurz-Str. 1, Tel. 0 22 32/4 84 96

44575 Castrop-Rauxel, Mühlengasse 4, Tel. 0 23 05/17 10

32756 Detmold, Lemgoer Str. 5, Tel. 0 52 31/2 35 15

46535 Dinslaken, Duisburger Str. 21, Tel. 0 20 64/1 53 79

41539 Dormagen, Unter den Hecken 1, Tel. 0 21 33/4 30 74

46282 Dorsten, Julius-Ambrunn-Str. 10, Tel. 0 23 62/4 40 38

44135 Dortmund, Gnadenort 3–5, Tel. 02 31/14 10 73

47051 Duisburg, Friedrich-Wilhelm-Str. 30, Tel. 02 03/36 22 49

48249 Dülmen, Overbergplatz 3

52349 Düren, Markt 2, Tel. 0 24 21/5 68 10

40227 Düsseldorf, Heinz-Schmöle-Str. 17, Tel. 02 11/7 10 64 90

45127 Essen, Hollestr. 1, Tel. 02 01/22 53 20

53879 Euskirchen, Wilhelmstr. 37, Tel. 0 22 51/5 23 95

45879 Gelsenkirchen, Luitpoldstr. 17, Tel. 02 09/20 48 70

48599 Gronau, Konrad-Adenauer-Str. 45, Tel. 0 25 62/2 22 00

33330 Gütersloh, Blessenstätte 1 (Stadtbibliothek), Tel. 0 52 41/1 39 74

58095 Hagen, Hohenzollernstr. 8, Tel. 0 23 31/1 42 59

59065 Hamm, Nassauer Str. 33, Tel. 0 23 81/2 18 98

44623 Herne, Freiligrathstr. 12, Tel. 0 23 23/4 47 46

58636 Iserlohn, Theodor-Heuss-Ring 5, Tel. 0 23 71/2 42 71

59174 Kamen, Kirchstr. 7, Tel. 0 23 07/7 99 99

50676 Köln, Neue Weyerstr. 2, Tel. 02 21/2 40 74 02 oder Tel. 02 21/2 40 75 59

47798 Krefeld, Petersstr. 55–57, Tel. 0 21 51/2 91 62

40764 Langenfeld, K.-Adenauer-Platz 1, Tel. 0 21 73/39 29 69

57368 Lennestadt, Hundemstr. 29, Tel. 0 27 23/71 95 70

51373 Leverkusen, Dönhoffstr. 27, Tel. 02 14/4 04 75 10

59555 Lippstadt, Woldemei 36/38, Tel. 0 29 41/94 88 20

58507 Lüdenscheid, Altenaer Str. 5, Tel. 0 23 51/2 71 97

44532 Lünen, Kirchstr. 12, Tel. 0 23 06/1 89 75

45768 Marl, Bergstr. 228–230, Tel. 0 23 65/1 74 83

32423 Minden, Portastr. 9 (im Schinkelbau), Tel. 05 71/8 41 21

47441 Moers, Kirchstr. 42, Tel. 0 28 41/2 22 01

41236 Mönchengladbach, Bahnhofstr. 21, Tel. 0 21 66/4 90 00

45468 Mülheim, Leineweberstr. 54, Tel. 02 08/3 20 25

48143 Münster, Aegidiistr. 46, Tel. 02 51/4 42 99

46045 Oberhausen, Lothringer Str. 20, Tel. 02 08/2 51 09

33102 Paderborn, Grunigerstr. 2, Tel. 0 52 51/28 15 29

45657 Recklinghausen, Königswall 14, Tel. 0 23 61/2 71 01

42853 Remscheid, Alleestr. 32, Tel. 0 21 91/29 34 11

48431 Rheine, Auf dem Thie 34, Tel. 0 59 71/1 01 00

58239 Schwerte, Westwall 4, Tel. 0 23 04/94 22 60

53721 Siegburg, Nogenter Platz 10, Tel. 0 22 41/6 75 45

57072 Siegen, Friedrichstr. 1, Tel. 02 71/33 10 81

59494 Soest, Nottebohmweg 2–8, Tel. 0 29 21/91 08 70

42651 Solingen, Werwolf 2, Tel. 02 12/1 70 00

53840 Troisdorf, Kölner Platz 2, Tel. 0 22 41/7 87 83

42551 Velbert, Friedrichstr. 107, Tel. 0 20 51/5 68 06

46483 Wesel, Wilhelmstr. 5–7, Tel. 02 81/2 56 07

42103 Wuppertal, Schloßbleiche 20, Tel. 02 02/44 77 32

Abfall- und Umweltberatungsstelle:

59423 Unna, Rathausplatz 21,
Tel. 0 23 03/59 25 05

Energieberatung:

33397 Rietberg, Rathausstr. 17,
Tel. 0 52 44/90 59 19

33415 Verl, Paderborner Str. 2 (Standesamt), Tel. 0 52 46/8 15 56

Rheinland-Pfalz

55116 Mainz, Seppel-Glückert-Passage 10,
Tel. 0 61 31/2 84 80,
info@vz-rlp.de, www.vz-rlp.de

Landeseinheitliche Beratungstelefone:

Banken, Baufinanzierung, Geldanlage u. private Altersvorsorge:
Mo 9–13 Uhr, Mi 13–17 Uhr,
Tel. 0900 1/7 78 08 03

Bauen + Wohnen + Energiesparen:
Mo 9–13 Uhr und 14–17 Uhr,
Di 10–13 Uhr und 14–18 Uhr,
Do 10–13 Uhr und 14–17 Uhr,
Tel. 0 800/6 07 56 00

Lebensmittel und Ernährung:
Mo 9–13 Uhr, Do 13–17 Uhr,
Tel. 0 180 5/60 75 60 30

Energieversorgung (rechtliche Fragen):
Mo 14–17 Uhr, Do 10–13 Uhr,
Tel. 0 180 5/60 75 60 25

Gesundheit: Di 10–13 Uhr,
Tel. 0 180 5/60 75 60 40

Pflege und Wohnen in Einrichtungen (Informations- und Beschwerdetelefon):
Mo–Fr 10–13 Uhr, Do 14–17 Uhr,
Tel. 0 61 31/28 48 41

Telekommunikation und Medien (Rechtsfragen): Mo, Mi+Do 10–16 Uhr,
Tel. 0900 1/7 78 08 04

Digitale Medien – von Fernsehen bis Internettelefonie:
Mo+Do 10–16 Uhr,
Tel. 0 61 31/2 84 88 88

Verbraucherfragen und Reklamationen:
Mo, Mi+Do 10–16 Uhr,
Tel. 0900 1/7 78 08 01

Versicherungen und private Altersvorsorge:
Mo 9–13 Uhr und Mi 13–17 Uhr,
Tel. 0900 1/7 78 08 02 + 03

Beratungsstellen:

Die angegebenen Telefonnummern sind für Terminvereinbarungen und zur direkten Kontaktaufnahme mit den Beratungsstellen:

67655 Kaiserslautern, Fackelstr. 22,
Tel. 06 31/9 28 81, vb-kl@vz-rlp.de

56068 Koblenz, Entenpfuhl 37,
Tel. 02 61/1 27 27, vb-ko@vz-rlp.de

67059 Ludwigshafen, Bahnhofstr. 1,
Tel. 06 21/51 21 45, vb-lu@vz-rlp.de

55116 Mainz,
Seppel-Glückert-Passage 10,
Tel. 0 61 31/28 48 20, vb-mz@vz-rlp.de

66953 Pirmasens, Exerzierplatzstr. 1
Tel. 0 63 31/1 21 60, vb-ps@vz-rlp.de

54290 Trier, Fleischstr. 77,
Tel. 06 51/4 88 02, vb-tr@vz-rlp.de

Beratungsstützpunkte:

57581 Betzdorf, Hellerstr. 2 (Rathaus)
57627 Hachenburg, Perlengasse 2 (Rathaus)
56812 Cochem, Brückenstr. 2 (Kreisverwaltung)
76726 Germersheim, Luitpoldplatz 1 (Kreisverwaltung)

Saarland

Landesgeschäfts- und Beratungsstelle:
66111 Saarbrücken, Trierer Str. 22 (Haus der Beratung),
Tel. 06 81/50 08 90,
vz-saar@vz-saar.de,
www.vz-saar.de

Beratungsstellen:

66763 Dillingen, Merziger Str. 46,
Tel. 0 68 31/97 65 65

66663 Merzig, Am Gaswerk 10,
Tel. 0 68 61/54 44

66538 Neunkirchen,
Oberer Markt, Rathaus Zi. 407,
Tel. 0 68 21/2 77 00

Unabhängige Patientenberatung im Saarland:

66111 Saarbrücken,
Dudweiler Str. 24 (Haus Zentral),
Tel. 06 81/9 27 36 79

Sachsen

04109 Leipzig, Katharinenstr. 17,
Tel. 03 41/69 62 90, vzs@vzs.de,
www.verbraucherzentrale-sachsen.de

Sachsenweites Zentrales Termintelefon:
Tel. 03 41/6 96 29 29

Beratungstelefon:
Tel. 0900 1/79 77 77

Für Anrufer aus dem Mobilfunk:

Verbraucherrecht:
Tel. 0 900/10 12 55 51

Versicherungen/Geld/Baufinanzierung:
Tel. 0 900 1/0 12 55 52

Haushalt/Freizeit/Produkte:
Tel. 0 900 1/0 12 55 53

Beratungszentren:

09126 Chemnitz, Zschopauer Str. 107,
Tel. 03 71/4 3 15 00

01307 Dresden, Fetscherplatz 3,
Tel. 03 51/4 59 34 84

04109 Leipzig, Brühl 34–38,
Tel. 03 41/2 61 04 50

Beratungsstellen:

08280 Aue, Bockauer Talstr. 4,
Tel. 0 37 71/25 10 00

08209 Auerbach, Am Graben 12,
Tel. 0 37 44/21 96 41

02625 Bautzen, Martin-Hoop-Str. 1,
Tel. 0 35 91/49 10 36

02826 Görlitz, Demianiplatz 16/17,
Tel. 0 35 81/40 22 62

02977 Hoyerswerda,
Albert-Einstein-Str. 47, Haus D,
Tel. 0 35 71/40 64 92

08523 Plauen, Oberer Steinweg 5,
Tel. 0 37 41/22 47 43

01587 Riesa, Bahnhofstr. 30,
Tel. 0 35 25/73 01 68

04860 Torgau, Bäckerstr. 10,
Tel. 0 34 21/71 02 38

02943 Weißwasser, Str. der Kraftwerker 11,
Tel. 0 35 76/24 21 00

08056 Zwickau, Hauptstr. 23,
Tel. 03 75/29 42 79

Sachsen-Anhalt

06108 Halle/Saale, Steinbockgasse 1,
Tel. 03 45/2 98 03 29,
vzsa@vzsa.de, www.vzsa.de

Telefonberatung:

Ratgebertelefon Lebensmittel/Ernährung:
Tel. 0 180 5/70 66 00,
Di+Do von 10–16 Uhr

Verbrauchertelefon Recht und Verträge:
Tel. 0900 1/77 57 70,
Mo–Fr von 9–18 Uhr

Bestellservice:

Bestellungen von Ratgebern, Broschüren, Büchern: Tel. 02 11/3 80 95 55,
Mo–Fr 9–16 Uhr

Adressen

Auskunftstelefon Hinweise zu den Leistungen und Öffnungszeiten der VZ: Tel. 03 45/2 98 03 17, Di + Do 10 – 18 Uhr

Beratungsstellen:

06449 Aschersleben, Herrenbreite 9, Tel. 0 34 73/80 52 96

39179 Barleben, Ernst-Thälmann-Str. 22, Telefon über Beratungsstelle Magdeburg, Tel. 03 91/5 43 99 79

06749 Bitterfeld-Wolfen, Markt 7 (Rathaus), Telefon über Beratungsstelle Dessau, Tel. 03 40/21 28 90

06844 Dessau-Roßlau, Johannisstr. 17, Tel. 03 40/21 28 90

38820 Halberstadt, Dominikanerstr. 17, Tel. 0 39 41/44 25 76

06108 Halle (Saale), Oleariusstr. 6 b, Tel. 03 45/2 98 03 11

39104 Magdeburg, Breiter Weg 32, Tel. 03 91/5 43 99 79

06217 Merseburg, Burgstr. 5 (Merseburg-Information), Telefon über Beratungsstelle Halle, Tel. 03 45/2 98 03 11

06618 Naumburg , Neustr. 47 (Familienbildungsstätte), Telefon über Beratungsstelle Zeitz, Tel. 0 34 41/25 11 16

29410 Salzwedel, An der Mönchskirche 7, Tel. 0 39 01/2 51 53

06526 Sangerhausen, Schützenplatz 8, Tel. 0 34 64/27 08 64

39576 Stendal, Jacobikirchhof 2, Tel. 0 39 31/71 54 57

06886 Lutherstadt Wittenberg, Pfaffengasse 18, Tel. 0 34 91/40 21 08

06712 Zeitz, Altmark 9, Tel. 0 34 41/25 11 16

Schuldner- und Insolvenzberatung:

06108 Halle (Saale), Steinbockgasse 1, Tel. 03 45/2 98 03 73

Schleswig-Holstein

24103 Kiel, Andreas-Gayk-Str. 15, Tel. 04 31/59 09 90, info@vzsh.de, www.vzsh.de

Telefonische Beratung:

Finanzdienstleistungen: Mo–Do 10–18 Uhr, Tel. 0 900 1/77 54 42

Produkte: Mo + Fr 10 – 14 Uhr, Tel. 0 900 1/77 54 43

Verbraucherrecht: Mo – Do 10 – 18 Uhr, Tel. 0 900 1/77 54 41

Beratungstellen:

24939 Flensburg, Schiffbrücke 65, Tel. 04 61/2 86 04

25746 Heide, Postelweg 4, Tel. 04 81/6 17 74

24103 Kiel, Andreas-Gayk-Str. 15, Tel. 04 31/5 90 99 40

23552 Lübeck, Fleischhauer Str. 45, Tel. 04 51/7 22 48

22846 Norderstedt, Rathausallee 38, Tel. 0 40/5 23 84 55

Schuldnerberatung:

23795 Bad Segeberg, Kirchplatz 1, Tel. 0 45 51/90 84 40

24568 Kaltenkirchen, Flottkamp 13 b, Tel. 0 41 91/72 27 40

Thüringen

99085 Erfurt, Eugen-Richter-Str. 45, Tel. 03 61/55 51 40, info@vzth.de, www.vzth.de

Beratungsstellen:

04600 Altenburg, Dostojewskistr. 6, Tel. 0 34 47/50 79 16

36433 Bad Salzungen, Langenfelder Str. 8, Tel. 0 36 95/62 99 12

99817 Eisenach, Ernst-Thälmann-Str. 74, Tel. 0 36 95/61 59 43

99084 Erfurt, Andreasstr. 37 c, Tel./Fax 03 61/3 46 11 11

07545 Gera, Humboldtstr. 14, Tel. 03 65/8 31 01 10

99867 Gotha, Eckhofplatz 24, Tel. 0 36 21/22 20

37308 Heilbad Heiligenstadt, Göttinger Str. 5, Tel. 0 36 06/60 28 67

07743 Jena, Unterlauengasse 5, Tel. 0 36 41/82 09 55

37327 Leinefelde-Worbis, Jahnstr. 12, Tel. 0 36 05/50 14 83

99974 Mühlhausen, Friedrich-Naumann-Str. 26, Tel./Fax 0 36 01/44 00 40

99734 Nordhausen, August-Bebel-Pl. 6, Tel. 0 36 31/98 22 19

07407 Rudolstadt, Stiftsgasse 21, Tel. 0 36 72/41 30 69

98529 Suhl, Würzburger Str. 3, Tel. 0 36 81/30 49 60

99423 Weimar, Schwanseestr.17

Schiedsstellen für Bergungs- und Abschleppdienste

Verband der Bergungs- und Abschleppunternehmen (VBA)

42279 Wuppertal, Linderhauser Str. 141, Tel. 02 02/26 65 60, info@vba-service.de www.vba-service.de

Abschleppunternehmer-Verband (ASV)

31535 Neustadt am Rübenberge, Ernst-Abbe-Ring 22, Tel. 0 50 32/6 30 61

Schiedsstellen für Textil- und Reinigungsreklamationen

10623 Berlin, Hardenbergplatz 2 (siehe Verbraucherzentrale Berlin, www.vz-berlin.de)

14169 Berlin, Waltraudstr. 25, Textilreiniger-Innung Berlin-Brandenburg, Tel. 0 30/84 71 67 06, www.textilreiniger-bb.de

20355 Hamburg, Holstenwall 12, Textilreiniger-Innung Hamburg, Tel. 0 40/35 27 94, www.textilreinigerinnung-hamburg.de

56073 Koblenz, Hoevelstr. 19, Textilreiniger-Innung Rheinland-Pfalz, Tel. 02 61/40 63 00, www.fachhandwerk.de

50667 Köln, Frankenwerft 35, Textilreiniger-Innung Köln-Bonn, Tel. 02 21/2 07 04 19, www.textilreiniger-koeln.de

weitere Adressen siehe unter Deutscher Textilreinigungs-Verband, www.dtv-bonn.de

Schiedsstellen des Kfz-Gewerbes/der Kfz-Innung

Die Schiedsstellen des Kfz-Gewerbes haben die Aufgabe, Streitigkeiten zwischen Autofahrern und Kfz-Werkstätten möglichst gütlich beizulegen oder zu entscheiden. Die Betriebe, die sich dem Spruch der neutralen Schiedsstellen unterwerfen, erkennt der Autofahrer am blauen Schild „Meisterbetrieb der Kfz-Innung".

52062 Aachen Heinrichsallee 72, Tel. 02 41/94 98 20, www.aachenerhandwerk.de

86167 Augsburg, Robert-Bosch-Str. 1,
Tel. 08 21/7 49 46 50,
www.kfz-innung-schwaben.de

26603 Aurich, Str. des Handwerks 2,
Tel. 0 49 41/9 56 40,
www.handwerk-aurich.de

32545 Bad Oeynhausen, Bahnhofstr. 21 A,
Tel. 057 31/2 22 31,
www. handwerk-wittekindsland.de

55543 Bad Kreuznach, Riegelgrube 8,
Tel. 06 71/7 94 77 50, www.kfz-rlp.de

76532 Baden-Baden, Rheinstr. 146,
Tel. 0 72 21/5 38 30,
www.kfz-innung-bad.de

64625 Bensheim,
Werner-von-Siemens-Str. 30,
Tel. 0 62 51/13 80,
www.kh-bergstrasse.de

51467 Bergisch Gladbach,
Altenberger-Dom-Str. 200,
Tel. 0 22 02/9 35 90,
www.handwerk-direkt.de

10963 Berlin, Obentrautstr. 16–18,
Tel. 0 30/25 90 51 59,
www.kfz-innung-berlin.de

33602 Bielefeld, Hans-Sachs-Str. 2,
Tel. 05 21/5 80 09 20,
www.cleverfahren-bielefeld.de

44795 Bochum, Springorumallee 10,
Tel. 02 34/3 24 00,
www.handwerk-ruhr.de

46399 Bocholt, Europaplatz 17,
Tel. 0 28 71/2 52 40,
www.kfz-innung-borken-bocholt.de

46236 Bottrop, Gladbecker Str. 24,
Tel. 0 20 41/1 87 90,
www.kh-emscher-lippe.de

28207 Bremen, Bennigsenstr. 2–6
(ADAC-Haus), Tel. 04 21/4 99 42 00,
schiedsstelle-bremen@wem.adac.de

27570 Bremerhaven, Columbusstr. 2,
Tel. 04 71/18 50,
www.kfz-innung-bremerhaven.de

44579 Castrop-Rauxel, Lange Str. 22,
Tel. 0 23 05/97 12 97,
www.kraftfahrzeughandwerk-herne.de

48653 Coesfeld, Borkener Str. 1,
Tel. 0 25 41/9 45 60,
www.kh-coesfeld.de

09111 Chemnitz, An der Markthalle 13,
Tel. 03 71/67 00 86,
www.kfz-sachsen-west.de

64295 Darmstadt, Groß-Gerauer Weg 55,
Tel. 0 61 51/35 12 30,
www.kfz-innung-darmstadt.de

32756 Detmold, Bismarckstr. 10
„Haus der Immobilie",
Tel. 0 52 31/9 70 10,
www.kh-paderborn-lippe.de

84130 Dingolfing, Mengkofener Str. 2,
Tel. 0 87 31/3 73 70,
www.innung-niederbayern.de

44143 Dortmund, Lange Reihe 62,
Tel. 02 31/5 17 71 52,
www.kfz.handwerk-dortmund.de

01219 Dresden, Tiergartenstr. 94,
Tel. 03 51/2 53 90,
www.kfz-dresden.de

47053 Duisburg, Düsseldorfer Str. 166,
Tel. 02 03/99 63 40,
www.kh-net.de/duisburg

40233 Düsseldorf, Mendelssohnstr. 16,
Tel. 02 11/66 34 34,
www.kfz-innung-duesseldorf.de

64711 Erbach, Alfred-Kehrer-Str. 2,
Tel. 0 60 62/9 59 50,
www.kh-odw.de

99085 Erfurt, Am Kühlhaus 27,
Tel. 03 61/6 63 69 20,
www.kfz-th.de

45141 Essen, Katzenbruchstr. 71,
Tel. 02 01/32 00 80,
www.kh-essen.de

60488 Frankfurt/M., Heerstr. 149,
Tel. 0 69/9 76 51 30,
www.kfz-innung-ffm.de

15230 Frankfurt/O., Bahnhofstr. 12,
Tel. 03 35/5 61 90,
www.hwk-ff.de

50226 Frechen, Kölner Str. 2,
Tel. 0 22 34/5 22 22,
www.kh-net.de/rheinerft

79108 Freiburg-Hochdorf, Bebelstr. 11,
Tel. 07 61/38 43 93 60,
www.kfz-innung-freiburg.org

36037 Fulda, Rabanusstr. 33,
Tel. 06 61/90 22 40,
www.kh-net.de/fulda

52511 Geilenkirchen,
Nikolaus-Becker-Str. 18,
Tel. 0 24 51/6 20 10,
www.kreishandwerkerschaft-heins
berg.de

63571 Gelnhausen, Brentanostr. 2–4,
Tel. 0 60 51/9 22 80,
www.kh-gelnhausen.de

07545 Gera, Puschkinplatz 4,
Tel. 03 65/83 98 50,
www.kfz-innung-oth.de

31180 Giesen, Emmerker Str. 23,
Tel. 0 51 21/93 79 30,
sv-buerosteinbrecher@t-online.de,
www.kfz-innung-sz.de

35390 Gießen, Goethestr. 10,
Tel. 06 41/97 49 00,
www.kh-giessen.de

37083 Göttingen,
Reinhäuser Landstr. 9,
Tel. 05 51/50 76 00,
www.kh-suedniedersachsen.de

99867 Gotha, Puschkinallee 3,
Tel. 0 36 65/83 98 50,
www.kfz-innung-oth.de

30938 Großburgwedel, Ehlbeek 15,
Tel. 0 51 39/9 57 80,
www.kfz-nds.de

58135 Hagen, Handwerkerstr. 11,
Tel. 0 23 31/62 46 80,
www.kh-hagen.de

20539 Hamburg, Billstr. 41,
Tel. 0 40/78 95 20, www.kfz-hh.de

89518 Heidenheim, Heckentalstr. 84,
Tel. 0 73 21/98 24 00,
www.khs-hdh.de

74076 Heilbronn, Kreuzenstr. 98,
Tel. 0 71 31/16 43 98,
www.kfz-innung-hn.de

95030 Hof, Birkigtweg 22,
Tel. 0 92 81/7 34 00,
www.kfz-innung-oberfranken.de

58638 Iserlohn, Handwerkerstr. 2,
Tel. 0 23 71/95 81 28,
www.kh-mk.de

76137 Karlsruhe, Ebertstr. 16 a,
Tel. 07 21/38 66 64,
www.kfz-innung-ka.de

34123 Kassel, Falderbaumstr. 20,
Tel. 05 61/20 75 08 30,
www.kfz-innung-kassel.de

24114 Kiel, Saarbrückenstr. 54,
Kfz-Schiedsstelle Schleswig-Holstein
(im ADAC-Haus),
Tel. 04 31/6 60 21 30,
kfz-schiedsstelle@sho.adac.de

24109 Kiel, Faluner Weg 28,
Tel. 04 31/53 33 10,
www.kfz-sh.de

56073 Koblenz, Hoevelstr. 19,
Tel. 02 61/40 63 00,
www.kfz-innung.org

51065 Köln, Frankfurter Str. 200,
Tel. 02 21/9 69 37 80,
www.kfz-innungkoeln.de

52372 Kreuzau, Hauptstr. 15,
Tel. 02422/502390,
www.handwerk-rureifel.de,
www.kfz-innung-euskirchen.de

47798 Krefeld, Westwall 122,
Tel. 02151/977780,
fells@kh-niederrhein.de

65549 Limburg, Schiede 32,
Tel. 06431/91460,
www.kh-limburg.de

79539 Lörrach, Palmstr. 6,
Tel. 07621/4223660,
www.kreishandwerkerschaft.de

15907 Lübben, Am Ostbahnhof 1,
Tel. 03546/3064,
kfz_innung.luebben@t-online.de,
www.hwk-cottbus.de

21355 Lüneburg, Stresemannstr. 2,
Tel. 04131/712136, janke@hwk-bls.de,
www.hwk-bls.de

55116 Mainz, Dagobertstr. 2,
Tel. 06131/9992300,
www.hwk.de

68309 Mannheim, Chemnitzerstr. 10,
Tel. 0621/4967313,
www.kfz-innung-rno.de

35043 Marburg, Umgehungsstr. 1,
Tel. 06421/95090,
www.kfzgewerbe-marburg.de

45770 Marl, Herzlia Allee 103 a,
Tel. 02365/2002200,
www.vestkfz.de

98617 Meiningen, Neu-Ulmer-Str. 19,
Tel. 03693/42126,
www.kfz-innung-meiningen.de

01662 Meißen, Hafenstr. 51,
Tel. 03521/737256,
www.khs-meissen.de

59872 Meschede, Enster Str. 11,
Tel. 0291/9529850,
www.kh-hochsauerland.de

40822 Mettmann, Emil-Beerli-Str. 10,
Tel. 02104/95530,
www.handwerk-me.de

39291 Möckern, Hohenziatzer
Chaussee 16, Tel. 039221/95555,
www.kfz-sachsen-anhalt.de

56410 Montabaur, Joseph-Kehrein-Str. 4
Tel. 02602/100510,
www.handwerk-rww.de

45468 Mülheim an der Ruhr,
Zunftmeisterstr. 26,
Tel. 0208/960040,
www.kh-mo.de

80992 München, Gärtnerstr. 86,
Tel. 089/5126770,
www.kfz-bayern.de

48163 Münster, Ossenkampstiege 111,
Tel. 0251/5200810,
www.kfz-innung-muenster.de

02906 Niesky, Muskauer Str. 51,
Tel. 03588/261678,
www.kfz-oberlausitz.de

90439 Nürnberg, Hermannstr. 21/25,
Tel. 0911/6570917,
www.kfz-mfr.com

63073 Offenbach, Markwaldstr. 11,
Tel. 069/893065,
www.kfz-innung-offenbach.de

77652 Offenburg, Wasserstr. 17,
Tel. 0781/74038,
www.kfzinnung-ortenau.de

26011 Oldenburg, Theaterwall 32,
Tel. 0441/2320,
www.hwk-oldenburg.de

33098 Paderborn, Waldenburger Str. 19,
Tel. 05251/7000,
www.kh-paderborn-lippe.de

26871 Papenburg, Borkumer Str. 20–24,
Tel. 04961/83930,
www.handwerk-papenburg.de

75179 Pforzheim, Wilferdinger Str. 6,
Tel. 07231/313140,
www.kh-pforzheim.de

14467Potsdam, Berliner Str. 78,
Tel. 0331/861503,
www.potsdamerhandwerk.de

78315 Radolfzell, Karl-Bücheler-Str. 8,
Tel. 07732/8203766,
www.kfz-innung-singen.de

93055 Regensburg, Ditthornstr. 21,
Tel. 0941/7997329,
www.kfz-opf.de

72762 Reutlingen, Hindenburgstr. 58,
Tel. 07121/24120,
www.hwk-reutlingen.de

48431 Rheine, Laugestr. 51,
Tel. 05971/40030,
www.kfzinnung-waf.de

18146 Rostock, Petridamm 2,
Tel. 0381/60090216,
www.kfz-mv.de

07318 Saalfeld, Langenwiesenweg 21 b,
Tel. 03671/531050,
www.khs-saalfeld.de

66117 Saarbrücken, Untertürkheimer
Str. 2, Tel. 0681/954040,
www.kfz-saar.de

57072 Siegen, Löhrtor 10–12,
Tel. 0271/23500, www.kh-siegen.de

59494 Soest, Am Handwerk 4,
Tel. 02921/8920,
www.kh-hl.de

42651 Solingen, Heinestr. 5,
Tel. 0212/222140,
www.kfz-rs.de

99706 Sondershausen, Nordhäuser
Str. 1a, Tel. 03632/70740,
www.handwerk-nordthürigen.de

21680 Stade, Im Neuwerk 19,
Tel. 04141/52120,
www.kreishandwerkerschaft-stade.de

53757 St. Augustin,
Grantham-Allee 2–8,
Tel. 02241/9900,
www.kfz-innung-vor-ort.de

15378 Strausberg,
Hennickendorfer Chaussee 18–20,
Tel. 033434/80120,
kfz.innung.ffo-mitte@gmx.de

70563 Stuttgart, Lombacher Str. 22,
Tel. 0711/78239918,
www.kfz-innung-stuttgart.de

54292 Trier, Cläre-Prem-Str. 1,
Tel. 0651/1462040,
www.kfz-innung-trier.de

89073 Ulm, Schaffnerstr. 8,
Tel. 0731/1403000,
www.kfz-innung-ulm.de

68753 Waghäusel,
Bahnhofstr. 144–150,
Tel. 07254/2031918,
www.kfz-innung-bruchsal.de

99405 Weimar, Schillerstr. 10,
Tel. 03643/850764,
dr.raabe@kh-ws.de,
www.kh-ws.de

46485 Wesel, Handwerkerstr. 1,
Tel. 0281/962620,
www.khwesel.de

35576 Wetzlar, Seibertstr. 4,
Tel. 06441/42567,
www.kh-lahn-dill.de

65185 Wiesbaden, Rheinstr. 36,
Tel. 0611/372095,
www.kfzgewerbe-wiesbaden.de

42103 Wupperthal, Hofkamp 148,
Tel. 0202/280900,
www.handwerk-wuppertal.de

97076 Würzburg, Sandäcker 10,
Tel. 0931/279910,
www.kfz-innung-ufr.de

Hilfsdienste

Arbeiter-Samariter-Bund Deutschland

Bundesgeschäftsstelle
50937 Köln, Sülzburgstr. 140,
Tel. 0221/476050,
Fax 0221/47605288,
www.asb.de

Deutsches Rotes Kreuz

Landesverband Berliner Rotes Kreuz,
12161 Berlin,
Bachestr. 11,
Tel. 030/600300,
www.drk-berlin.de

Johanniter-Unfall-Hilfe

Bundesgeschäftsstelle
10785 Berlin, Lützowstr. 94,
Tel. 030/269970,
www.johanniter.de

Malteser Hilfsdienst

51103 Köln, Kalker Hauptstr. 22–24,
Tel. 0221/982201,
www.malteser.de

Alkohol und andere Suchtgefahren

Anonyme Alkoholiker Interessengemeinschaft

84177 Dingolfing, Waldweg 6,
Tel. 08731/325730,
www.anonyme-alkoholiker.de

Blaues Kreuz in Deutschland Bundeszentrale

42289 Wuppertal, Schubertstr. 41,
Tel. 0202/620030,
www.blaues-kreuz.de

Freundeskreise für Suchtkrankenhilfe – Bundesverband Selbsthilfeorganisation

34117 Kassel, Untere Königsstr. 86,
Tel. 0561/780413,
www.freundeskreise-sucht.de

Deutsche Hauptstelle für Suchtfragen

59065 Hamm, Westenwall 4,
Tel. 02381/90150,
www.dhs.de

Caritas Suchthilfe e.V. – Bundesverband der Suchthilfeeinrichtungen im Deutschen Caritasverband

79104 Freiburg, Karlstr. 40,
Tel. 0761/200363,
www.caritas-suchthilfe.de

Guttempler in Deutschland

20097 Hamburg, Adenauerallee 45,
Tel. 040/245880,
www.guttempler.de

Kreuzbund – Selbsthilfe- und Helfergem. für Suchtkranke und Angehörige

Bundesgeschäftsstelle
59065 Hamm, Münsterstr. 25,
Tel. 02381/672720,
www.kreuzbund.de

Familienberatung

pro familia – Deutsche Gesellschaft für Familienplanung, Sexualpädagogik und Sexualberatung, Bundesverband

60596 Frankfurt/M., Stresemannallee 3,
Tel. 069/26957790,
www.profamilia.de

Deutscher Caritasverband

79104 Freiburg, Karlstr. 40,
Tel. 0761/2000,
www.caritas.de

Verband alleinerziehender Mütter und Väter (VAMV), Bundesverband Bundesvorstand

10967 Berlin, Hasenheide 70,
Tel. 030/6959786,
www.vamv.de

Ernährungs-/und Lebensmittelberatung

aid infodienst Ernährung, Landwirtschaft, Verbraucherschutz

53123 Bonn, Heilsbachstr. 16,
Tel. 0228/84990,
www.aid.de

Gesundheit

Bundesinstitut für Arzneimittel und Medizinprodukte (BfArM)

53175 Bonn,
Kurt-Georg-Kiesinger-Allee 3,
Tel. 0228/9930730,
www.bfarm.de

Bundesärztekammer

10623 Berlin, Herbert-Lewin-Platz 1,
Tel. 030/4004560,
www.bundesaerztekammer.de

Bundesvereinigung Deutscher Apothekerverbände (ABDA)

10117 Berlin, Jägerstr. 49/50,
Tel. 030/400040,
www.abda.de

Bundeszentrale für gesundheitliche Aufklärung (BZgA)

51109 Köln, Ostmerheimer Str. 220,
Tel. 0221/89920,
www.bzga.de

Deutsche Gesellschaft für Ernährung (DGE)

53175 Bonn, Godesberger Allee 18,
Tel. 0228/3776600,
www.dge.de

Deutsche Gesundheitshilfe (DGH)

Bundesgeschäftsstelle
60489 Frankfurt/M., Hausener Weg 61,
Tel. 069/780042,
www.gesundheitshilfe.de

Nationale Kontakt- und Informationsstelle zur Anregung und Unterstützung von Selbsthilfegruppen (NAKOS)

10585 Berlin, Otto-Suhr-Allee 115,
Tel. 030/31018960,
www.nakos.de

Arbeitskreis Frauengesundheit in Medizin, Psychotherapie und Gesellschaft (AKF)

10713 Berlin, Sigmaringer Str. 1,
Tel. 030/86393316,
www.akf-info.de

Bundeszahnärztekammer

10115 Berlin, Chausseestr. 13,
Tel. 030/400050,
www.bzaek.de

Arbeitsgemeinschaft der Rechtsanwälte im Medizinrecht

71065 Sindelfingen, Posener Str. 1,
Tel. 07031/950550,
www.medrecht.de

Arbeitskreis Kunstfehler in der Geburtshilfe (AKG)

44135 Dortmund, Rosa-Buchthal-Str. 79,
Tel. 0231/525872,
www.arbeitskreis-kunstfehler-geburtshilfe.de

Bundesinteressengemeinschaft Geburtshilfegeschädigter (BIG)

31655 Stadthagen, Enzer Str. 50,
Tel. 05721/8902536 91,
www.big-ev.de

Robert Koch-Institut

13353 Berlin, Nordufer 20,
Tel. 030/187540,
www.rki.de

Adressen

Ärztliche Schlichtungsstellen/ Gutachterkommissionen

Baden-Württemberg
Gutachterkommission für Fragen ärztlicher Haftpflicht bei der Landesärztekammer Baden-Württemberg
70597 Stuttgart, Jahnstr. 40,
Tel. 07 11/76 98 90,
www.aerztekammer-bw.de

Bayern
Gutachterstelle für Arzthaftungsfragen bei der Bayerischen Landesärztekammer
81677 München, Mühlbaurstr. 16,
Tel. 0 89/30 90 48 30,
www.gutachterstelle-bayern.de

Hessen
Gutachter- und Schlichtungsstelle für ärztliche Behandlungen bei der Landesärztekammer Hessen
60488 Frankfurt/M., Im Vogelgesang 3,
Tel. 0 69/97 67 21 61,
www.laekh.de,
gutachterstelle@laekh.de

Norddeutschland
Schlichtungsstelle für Arzthaftpflichtfragen der Norddeutschen Ärztekammern zuständig für Berlin, Brandenburg, Bremen, Hamburg, Mecklenburg-Vorpommern, Niedersachsen, Sachsen-Anhalt, Schleswig-Holstein und Thüringen
30173 Hannover, Hans-Böckler-Allee 3,
Tel. 05 11/3 80 24 -16 oder 20,
www.norddeutsche-schlichtungsstelle.de

Nordrhein
Gutachterkommission für ärztliche Behandlungsfehler bei der Ärztekammer Nordrhein
40474 Düsseldorf, Tersteegenstr. 9,
Tel. 02 11/43 02 12 14,
www.aekno.de

Rheinland-Pfalz
Schlichtungsausschuss zur Begutachtung ärztlicher Behandlungen Landesärztekammer Rheinland-Pfalz
55116 Mainz, Deutschhausplatz 3,
Tel. 0 61 31/2 88 22 72,
www.laek-rlp.de

Saarland
Gutachterkommission für Fragen ärztlicher Haftpflicht bei der Ärztekammer des Saarlandes
66111 Saarbrücken, Hafenstr. 25,
Tel. 06 81/4 00 30,
www.aerztekammer-saarland.de

Sachsen
Gutachterstelle für Arzthaftungsfragen bei der Sächsische Landesärztekammer
01099 Dresden, Schützenhöhe 16,
Tel. 03 51/8 26 70, www.slaek.de

Westfalen-Lippe
Gutachterkommission für ärztliche Haftpflichtfragen bei der Ärztekammer Westfalen-Lippe,
48147 Münster, Gartenstr. 210–214,
Tel. 02 51/9 29 23 50,
www.aekwl.de

Giftnotruf-Zentralen

Achtung bundesweit: Es gibt zur Vereinfachung eine 24-Stunden-Notfall-Zentralnummer, allerdings mit der Vorwahl der nächstgelegenen Großstadt mit einem Giftinformationszentrum (s. u.); zum Beispiel Berlin: Tel. 0 30/1 92 40

Giftnotruf der Charité – Universitätsmedizin Berlin
13437 Berlin, Oranienburger Str. 285,
Tel. 0 30/1 92 40 oder
Tel. 0 30/3 06 86 67 35,
http://giftnotruf.carite.de

Informationszentrale gegen Vergiftungen, Zentrum für Kinderheilkunde, Universitätsklinikum Bonn
53113 Bonn, Adenauerallee 119,
Tel. 02 28/1 92 40 oder
Tel. 02 28/28 73 32 11,
www.gizbonn.de

Giftnotruf Erfurt, Gemeinsames Giftinformationszentrum der Länder Mecklenburg-Vorpommern, Sachsen, Sachsen-Anhalt und Thüringen
c/o Helios Klinikum Erfurt,
99089 Erfurt, Nordhäuser Str. 74,
Tel. 03 61/73 07 30, www.ggiz-erfurt.de

Universitätsklinikum Freiburg Vergiftungs-Informations-Zentrale
79106 Freiburg, Hugstetter Str. 49,
Tel. 07 61/1 92 40,
www.uniklinik-freiburg.de

Giftinformationszentrum-Nord der Länder Bremen, Hamburg, Niedersachsen und Schleswig-Holstein (GIZ-Nord), Universitätsmedizin Göttingen – Georg-August-Universität
37075 Göttingen, Robert-Koch-Str. 40,
Tel. 05 51/1 92 40,
www.giz-nord.de

Informations- und Behandlungszentrum für Vergiftungen des Saarlandes Universitätsklinikum des Saarlandes
66421 Homburg, Kirrberger Str. 100,
Tel. 0 68 41/1 92 40,
www.uniklinikum-saarland.de/giftzentrale

Giftinformationszentrum der Länder Rheinland-Pfalz und Hessen Universitätsmedizin
55131 Mainz, Langenbeckstr. 1,
Tel. 0 61 31/1 92 40,
www.giftinfo.uni-mainz.de

Abteilung für Klinische Toxikologie und Giftnotruf München – Klinikum rechts der Isar der TU München
81675 München, Ismaninger Str. 22,
Tel. 0 89/1 92 40,
www.toxinfo.med.tum.de

Schlichtungsstellen

Bundesnetzagentur
für Elektrizität, Gas, Telekommunikation, Post und Eisenbahnen
53113 Bonn, Tulpenfeld 4,
Tel. 02 28/1 40,
www.bundesnetzagentur.de

Bahnreisen & Flugreisen

söp – Schlichtungsstelle für den öffentlichen Personenverkehr
Fasanenstr. 81,
10623 Berlin,
Tel. 0 30/64 49 93 30,
Fax 0 30/6 44 99 33 10,
www.soep-online.de

Reiseschiedsstelle
Schenkendorfstr. 1,
65187 Wiesbaden,
Tel. 0900/5 73 47 37,
Fax 0611/9 88 93 41,
www.reiseschiedsstelle.de

Energie

Schlichtungsstelle Energie
Friedrichstr. 133,
10117 Berlin,
Tel. 030/27 57 24 00,
www.schlichtungsstelle-energie.de

Datenschutz, Informationsfreiheit

Der Bundesbeauftragte für den Datenschutz und die Informationsfreiheit
53117 Bonn, Husarenstr. 30,
Tel. 02 28/9 97 79 90,
www.bfdi.bund.de

Baden-Württemberg

Der Landesbeauftragte für den Datenschutz Baden-Württemberg: Jörg Klingbeil
70173 Stuttgart, Königstr. 10 a,
Tel. 07 11/6 15 54 10,
www.baden-wuerttemberg.datenschutz.de

Bayern

Der Bayerische Landesbeauftragte für den Datenschutz:
Dr. Thomas Petri,
80538 München, Wagmüllerstr. 18,
Tel. 0 89/2 12 67 20,
www.datenschutz-bayern.de

Berlin

Der Berliner Beauftragte für Datenschutz und Informationsfreiheit:
Dr. Alexander Dix,
10787 Berlin, An der Urania 4–10,
Tel. 0 30/13 88 90,
www.datenschutz-berlin.de

Brandenburg

Die Landesbeauftragte für den Datenschutz und für das Recht auf Akteneinsicht:
Dagmar Hartge
14532 Kleinmachnow, Stahnsdorfer Damm 77, Tel. 03 32 03/35 60,
www.lda.brandenburg.de

Bremen

Die Landesbeauftragte für Datenschutz und Informationsfreiheit der Freien Hansestadt Bremen:
Dr. Imke Sommer,
27570 Bremerhaven, Arndtstr. 1,
Tel. 04 21/3 61 20 10,
www.datenschutz-bremen.de

Hamburg

Der Hamburgische Beauftragte für Datenschutz und Informationsfreiheit:
Prof. Dr. Johannes Caspar,
20095 Hamburg, Klosterwall 6, Block C,
Tel. 0 40/4 28 54 40 40,
www.datenschutz-hamburg.de

Hessen

Der Hessische Datenschutzbeauftragte:
Prof. Dr. Michael Ronellenfitsch,
65021 Wiesbaden, Gustav-Stresemann-Ring1, Tel. 06 11/1 40 80,
www.datenschutz.hessen.de

Mecklenburg-Vorpommern

Der Landesbeauftragte für den Datenschutz Mecklenburg-Vorpommern:
Reinhard Dankert,
19053 Schwerin,
Lennéstr. 1, Schloß Schwerin,
Tel. 03 85/59 49 40,
www.datenschutz-mv.de

Niedersachsen

Der Landesbeauftragte für den Datenschutz Niedersachsen:
Joachim Wahlbrink,
30169 Hannover, Brühlstr. 9,
Tel. 05 11/1 20 45 00,
www.lfd.niedersachsen.de

Nordrhein-Westfalen

Der Landesbeauftragte für Datenschutz und Informationsfreiheit Nordrhein-Westfalen,
40213 Düsseldorf, Kavalleriestr. 2–4,
Tel. 02 11/38 42 40,
www.ldi.nrw.de

Rheinland-Pfalz

Der Landesbeauftragte für den Datenschutz und die Informationsfreiheit Rheinland-Pfalz:
Edgar Wagner,
55116 Mainz, Hintere Bleiche 34,
Tel. 0 61 31/2 08 24 49,
www.datenschutz.rlp.de

Saarland

Die Landesbeauftragte für Datenschutz und Informationsfreiheit:
Judith Thieser,
66111 Saarbrücken,
Fritz-Dobisch-Str. 12,
Tel. 06 81/94 78 10,
www.datenschutz.saarland.de

Sachsen

Der Sächsische Datenschutzbeauftragte:
Andreas Schurig,
01067 Dresden,
Bernhard-von-Lindenau-Platz 1,
Tel. 03 51/4 93 54 01,
www.saechsdsb.de

Sachsen-Anhalt

Der Landesbeauftragte für den Datenschutz Sachsen-Anhalt:
Dr. Harald von Bose,
39104 Magdeburg, Leiterstr. 9,
Tel. 03 91/81 80 30,
www.datenschutz.sachsen-anhalt.de

Schleswig-Holstein

Unabhängiges Landeszentrum für Datenschutz Schleswig-Holstein:
Dr. Thilo Weichert,
24103 Kiel, Holstenstr. 98,
Tel. 04 31/9 88 12 00,
www.datenschutzzentrum.de

Thüringen

Thüringer Landesbeauftragter für den Datenschutz und die Informationsfreiheit:
Dr. Lutz Hasse,
99107 Erfurt, Postfach 90 04 55,
Tel. 03 61/3 77 19 00,
www.tlfdi.de

Umwelt und Energie

Bund für Umwelt und Naturschutz Deutschland (BUND)

Friends of the Earth Germany,
10179 Berlin, Am Köllnischen Park 1,
Tel. 0 30/2 75 86 40,
www.bund.net

Bundesverband Bürgerinitiativen Umweltschutz (BBU)

53113 Bonn, Prinz-Albert-Str. 55,
Tel. 02 28/21 40 32,
www.bbu-online.de

Bundesverband der Energie- und Wasserwirtschaft (BDEW)

10117 Berlin, Reinhardtstr. 32,
Tel. 0 30/3 00 19 90,
www.bdew.de

Bundesverband Erneuerbare Energie

10117 Berlin, Reinhardtstr. 18,
Tel. 0 30/27 58 17 00,
www.bee-ev.de

Bund der Energieverbraucher

53572 Unkel, Frankfurter Str. 1,
Tel. 0 22 24/9 22 70,
www.energieverbraucher.de

Deutsche Gesellschaft für Sonnenenergie

10997 Berlin, Wrangelstr. 100,
Tel. 0 30/29 38 12 60,
www.dgs.de

Deutsche Umwelthilfe

78315 Radolfzell, Fritz-Reichle-Ring 4,
Tel. 0 77 32/9 99 50,
www.duh.de

Die Verbraucher Initiative

12435 Berlin, Elsenstr. 106,
Tel. 0 30/5 36 07 33,
www.verbraucher.org

Greenpeace

20457 Hamburg, Hongkongstr. 10,
Tel. 0 40/30 61 80,
www.greenpeace.de

Adressen

Institut für Energie- und Umweltforschung Heidelberg (IFEU)
69120 Heidelberg, Wilckensstr. 3,
Tel. 06221/47670,
www.ifeu.org

Naturschutzbund Deutschland (NABU)
10117 Berlin, Charitéstr. 3,
Tel. 030/2849840,
www.nabu.de

Öko-Institut
79017 Freiburg, Postfach 1771,
Tel. 0761/452950,
www.oeko.de

Pestizid Aktions-Netzwerk (PAN Germany)
22765 Hamburg, Nernstweg 32,
Tel. 040/3991910 0,
www.pan-germany.org

Robin Wood
(Bundesgeschäftsstelle),
28199 Bremen, Langemarckstr. 210,
Tel. 0421/598288,
www.robinwood.de

Umweltbundesamt
06844 Dessau-Roßlau, Wörlitzer Platz 1,
Tel. 0340/21030,
www.umweltbundesamt.de

Verkehrsclub Deutschland
10969 Berlin, Rudi-Dutschke-Str. 9,
Tel. 030/2803510,
www.vcd.org

WWF Deutschland-Zentrale
10117 Berlin, Reinhardtstr. 14,
Tel. 030/3117770,
www.wwf.de

Darüber hinaus geben die meisten Verbraucherzentralen Auskunft über Energieeinsparungsmöglichkeiten und zu umweltgerechten Produkten. Über Energiesparmaßnahmen informieren z. B. auch viele Stadtwerke.

Mietfragen

Deutscher Mieterbund (DMB)
10179 Berlin, Littenstr. 10,
Tel. 030/223230,
www.mieterbund.de

Haus & Grund Deutschland, Zentralverband der Deutschen Haus-, Wohnungs- und Grundeigentümer
10117 Berlin, Mohrenstr. 33,
Tel. 030/202160,
www.hausundgrund.de

Hilfe gegen Schwindelfirmen

Zentrale zur Bekämpfung unlauteren Wettbewerbs
61348 Bad Homburg vor der Höhe,
Landgrafenstr. 24 B,
Tel. 06172/12150,
www.wettbewerbszentrale.de

Deutscher Schutzverband gegen Wirtschaftskriminalität
61348 Bad Homburg vor der Höhe,
Landgrafenstr. 24 B,
Tel. 06172/12150,
www.dsw-schutzverband.de

Hilfe bei Spenden

Deutsches Zentralinstitut für soziale Fragen (DZI)
14195 Berlin, Bernadottestr. 94,
Tel. 030/8390010, www.dzi.de

Kreditfragen

Bundesanstalt für Finanzdienstleistungsaufsicht (BaFin)
Dienstsitz Bonn:
53117 Bonn, Graurheindorfer Str. 108,
Tel. 0228/41080,
www.bafin.de

Dienstsitz Frankfurt am Main:
60439 Frankfurt/M.,
Marie-Curie-Str. 24–28,
Tel. 0228/41080,
www.bafin.de

Schufa
65201 Wiesbaden, Kormoranweg 5,
Tel. 0611/92780,
www.schufa.de

Bundesarbeitsgemeinschaft Schuldnerberatung
34117 Kassel, Friedrichsplatz 10,
Tel. 0561/771093
(Di + Do 9 – 14 Uhr),
www.bag-sb.de

Sozialversicherung

Bundesversicherungsamt
53113 Bonn, Friedrich-Ebert-Allee 38,
Tel. 0228/6190,
www.bundesversicherungsamt.de

Deutsche Rentenversicherung Knappschaft-Bahn-See
44789 Bochum, Pieperstr. 14–28,
Tel. 0234/3040,
www.kbs.de

Deutsche Rentenversicherung

Bund
10709 Berlin, Ruhrstr. 2, Tel. 030/8650,
www.deutsche-rentenversicherung.de

Baden-Württemberg
76135 Karlsruhe, Gartenstr. 105,
Tel. 0721/8250,
70429 Stuttgart, Tel. 0711/8480,
www.deutsche-rentenversicherung-bw.de

Bayern Süd
84028 Landshut, Am Alten Viehmarkt 2,
Tel. 0871/810,
81737 München, Thomas-Dehler-Str. 3,
Tel. 089/67810,
www.deutsche-rentenversicherung-bayernsued.de

Berlin-Brandenburg
14059 Berlin, Knobelsdorffstr. 92,
Tel. 030/30020,
15236 Frankfurt/O.,
Bertha-von-Suttner-Str. 1,
Tel. 0335/5510,
www.deutsche-rentenversicherung-berlin-brandenburg.de

Braunschweig-Hannover
30880 Laatzen, Lange Weihe 2,
Tel. 0511/8290,
www.deutsche-rentenversicherung-braunschweig-hannover.de

Hessen
60596 Frankfurt/M., Städelstr. 28,
Tel. 069/60520,
www.deutsche-rentenversicherung-hessen.de

Mitteldeutschland
04159 Leipzig, Georg-Schumann-Str. 146,
Tel. 0341/55055,
www.deutsche-rentenversicherung-mitteldeutschland.de

Nord
23544 Lübeck (Hauptsitz), Ziegelstr. 150,
Tel. 0451/4850,
22159 Hamburg,
Friedrich-Ebert-Damm 245,
Tel. 040/53000,
17033 Neubrandenburg, Platanenstr. 43,
Tel. 0395/3700,
www.deutsche-rentenversicherung-nord.de

Nordbayern
95444 Bayreuth, Wittelsbacherring 11,
Tel. 0921/6070,

www.deutsche-rentenversicherung-nordbayern.de

Oldenburg-Bremen
26135 Oldenburg, Huntestr. 11,
Tel. 04 41/92 70,
www.drv-oldenburg-bremen.de

Rheinland
40215 Düsseldorf, Königsallee 71,
Tel. 02 11/93 70,
www.deutsche-rentenversicherung-rheinland.de

Rheinland-Pfalz
67346 Speyer, Eichendorffstr. 4–6,
Tel. 0 62 32/1 70,
www.deutsche-rentenversicherung-rlp.de

Saarland
66111 Saarbrücken, Martin-Luther-Str. 2–4, Tel. 06 81/3 09 30,
www.deutsche-rentenversicherung-saarland.de

Schwaben
86154 Augsburg, Dieselstr. 9,
Tel. 08 21/50 00,
www.deutsche-rentenversicherung-schwaben.de

Westfalen
48147 Münster, Gartenstr. 194,
Tel. 02 51/23 80,
www.deutsche-rentenversicherung-westfalen.de

Handwerkskammern

52062 Aachen, Sandkaulbach 21,
Tel. 02 41/47 10, www.hwk-aachen.de

59821 Arnsberg, Brückenplatz 1,
Tel. 0 29 31/87 70,
www.hwk-suedwestfalen.de

86161 Augsburg, Siebentischstr. 52–58,
Tel. 08 21/3 25 90,
www.hwk-schwaben.de

26603 Aurich, Str. des Handwerks 2,
Tel. 0 49 41/1 79 70,
www.hwk-aurich.de

95448 Bayreuth, Kerschensteinerstr. 7,
Tel. 09 21/91 00,
www.hwk-oberfranken.de

10961 Berlin, Blücherstr. 68,
Tel. 0 30/2 59 03 01,
www.hwk-berlin.de

33602 Bielefeld, Obernstr. 48,
Tel. 05 21/5 60 80,
www.handwerk-owl.de

38100 Braunschweig, Burgplatz 2+2 a,
Tel. 05 31/1 20 10,
www.hwk-bls.de

28195 Bremen, Ansgaritorstr. 24,
Tel. 04 21/30 50 00,
www.hwk-bremen.de

03046 Cottbus, Altmarkt 17,
Tel. 03 55/7 83 54 44,
www.hwk-cottbus.de

44135 Dortmund, Reinoldistr. 7–9,
Tel. 02 31/5 49 30,
www.hwk-do.de

01099 Dresden, Am Lagerplatz 8,
Tel. 03 51/46 40 30,
www.hwk-dresden.de

40221 Düsseldorf, Georg-Schulhoff-Pl. 1,
Tel. 02 11/8 79 50,
www.hwk-duesseldorf.de

24937 Flensburg, Johanniskirchhof 1–7,
Tel. 04 61/86 60,
www.hwk-flensburg.de

60325 Frankfurt/M., Bockenheimer Landstr. 21, Tel. 0 69/97 17 20,
www.hwk-rhein-main.de

79098 Freiburg, Bismarckallee 6,
Tel. 07 61/21 80 00, www.hwk-freiburg.de

07545 Gera, Handwerkstr. 5,
Tel. 03 65/8 22 50, www.hwk-gera.de

06110 Halle, Graefestr. 24,
Tel. 03 45/2 99 90, www.hwkhalle.de

20355 Hamburg, Holstenwall 12,
Tel. 0 40/35 90 50,
www.hwk-hamburg.de

30175 Hannover, Berliner Allee 17,
Tel.05 11/34 85 90,
www.hwk-hannover.de

74072 Heilbronn, Allee 76,
Tel. 0 71 31/79 10,
www.hwk-heilbronn.de

31134 Hildesheim, Braunschweiger Str. 53,
Tel. 0 51 21/16 20,
www.hwk-hildesheim.de

67655 Kaiserslautern, Am Altenhof 15,
Tel. 06 31/3 67 70,
www.hwk-pfalz.de

76133 Karlsruhe, Friedrichsplatz 4–5,
Tel. 07 21/1 60 00,
www.hwk-karlsruhe.de

34117 Kassel, Scheidemannplatz 2,
Tel. 05 61/7 88 80, www.hwk-kassel.de

56068 Koblenz, Friedrich-Ebert-Ring 33,
Tel. 02 61/39 80, www.hwk-koblenz.de

50667 Köln, Heumarkt 12,
Tel. 02 21/2 02 20, www.hwk-koeln.de

78462 Konstanz, Webersteig 3,
Tel. 0 75 31/20 50,
www.hwk-konstanz.de

04103 Leipzig, Dresdner Str. 11/13,
Tel. 03 41/2 18 80, www.hwk-leipzig.de

23552 Lübeck, Breite Str. 10/12,
Tel. 04 51/1 50 60,
www.hwk-luebeck.de

39106 Magdeburg, Gareisstr. 10,
Tel. 03 91/6 26 80,
www.hwk-magdeburg.de

68159 Mannheim, B1, 1–2,
Tel. 06 21/18 00 20,
www.hwk-mannheim.de

80333 München, Max-Joseph-Str. 4,
Tel. 0 89/5 11 90,
www.hwk-muenchen.de

48151 Münster, Bismarckallee 1,
Tel. 02 51/5 20 30,
www.hwk-muenster.de

90489 Nürnberg, Sulzbacher Str. 11–15, Tel. 09 11/5 30 90,
www.hwk-mittelfranken.de

49088 Osnabrück, Bramscher Str. 134–136,
Tel. 05 41/6 92 90,
www.hwk-os-el.de

14467 Potsdam, Charlottenstr. 34–36,
Tel. 03 31/3 70 30,
www.hwk-potsdam.de

93055 Regensburg, Ditthornstr. 10,
Tel. 09 41/7 96 50,
www.hwk-regensburg.de

18055 Rostock, Schwaaner Landstr. 8,
Tel. 03 81/4 54 90,
www.hwk-omv.de

66117 Saarbrücken, Hohenzollernstr. 47–49, Tel. 06 81/5 80 90,
www.hwk-saarland.de

19053 Schwerin, Friedensstr. 4 a,
Tel. 03 85/7 41 70,
www.hwk-schwerin.de

70191 Stuttgart, Heilbronner Str. 43,
Tel.07 11/1 65 70,
www.hwk-stuttgart.de

98527 Suhl, Rosa-Luxemburg-Str. 7–9,
Tel. 0 36 81/37 00, www.hwk-suhl.de

89073 Ulm, Olgastr. 72,
Tel. 07 31/1 42 50, www.hwk-ulm.de

65189 Wiesbaden, Bierstadter Str. 45,
Tel. 06 11/13 60,
www.hwk-wiesbaden.de

97070 Würzburg, Rennweger Ring 3,
Tel. 09 31/30 90 80,
www.hwk-ufr.de

Impressum

Herausgeber und Verlag
Stiftung Warentest, Lützowplatz 11–13,10785 Berlin,
Postfach 30 41 41, 10724 Berlin.
Telefon: 0 30/2 63 10, Telefax: 0 30/26 31 27 27
Internet: www.test.de
Commerzbank AG, Konto: 0 870 099 00/BLZ 100 400 10
IBAN: DE 11 1004 0000 0870 0999 00, BIC: COBADEFFXXX

Vorstand
Hubertus Primus
Weiteres Mitglied der Geschäftsleitung
Dr. Holger Brackemann

Untersuchungen
Dr. Holger Brackemann (Bereichsleiter)

test Jahrbuch 2014

Chefredakteurin Anita Stocker (verantwortlich)
Stellvertretender Chefredakteur und Schlussredaktion Peter Gurr
Textredaktion Michael Beumer, Isabella Eigner, Werner Hinzpeter, Susanne Meunier, Henning Withöft
Geld, Recht Michael Bruns, Renate Daum, Hans Walter Fröhlich, Christoph Herrmann, Stephan Scherfenberg, Kirsten Schiekiera, Marion Weitemeier
Computer, Telefon, Bild, Ton Henning Withöft (Leiter), Martin Gobbin, Ronald Dammschneider, Peter Knaak, Stephan Scherfenberg, Christian Schlüter, Sandra Schwarz, Michael Wolf
Haushalt, Garten, Freizeit, Verkehr, Weiterbildung Werner Hinzpeter (Leiter), Ronald Dammschneider, Christina Engel, Andrea Frey, Brigitte Kluth-Kosnik, Michael Koswig, Cecilia Meusel, Thomas Müller, Falk J. Murko, Herbert Noll, Claudia Till
Ernährung, Kosmetik, Gesundheit Isabella Eigner (Leiterin), Ina Bockholt-Lippe, Katrin Langhans, Ursula Lüders, Lea Sophie Lukas, Nicole Merbach, Alina Reichardt, Dr. Bettina Sauer, Sara Waldau
Redaktionsassistenz Britta Ossig-Moll
Grafik Nina Mascher (Art Direction), Katja Späth
Produktion Catrin Knaak, Yuen Men Cheung, Martin Schmidt
Bildredaktion Kerstin Babrikowski, Margrit Porzelt
Verlagsherstellung Rita Brosius (Leiterin), Susanne Beeh
Vertrieb Dorothea Kern (Leiterin), Vertrieb Zeitschriften: Frank Beich (Leiter); Einzelverkauf: DPV Deutscher Pressevertrieb GmbH, Düsternstr. 1–3, 20355 Hamburg, www.dpv.de, Abonnement: Zenit Pressevertrieb GmbH, Postfach 81 06 60, 70523 Stuttgart
Litho tiff.any, Berlin
Druck und Verarbeitung CPI Clausen & Bosse, 25917 Leck

Pressestelle Heike van Laak (Leiterin), Ute Bränzel, Bettina Dingler, Ronnie Koch, Christiane Lang, Petra Rothbart

Titel Thinkstock
Rücktitel A. Plewinski; Masterfile; Canon; Thinkstock; Stiftung Warentest
Fotos R. Kaiser; M. Haase; H. Thost; St. Wildhirt; Corbis / M. Gracia (S. 251), C. Bernardi (S.11), (S.04, 98, 237); Caro / Eckelt (S. 255) Thinkstock (S.252, 254, 192, 102, 74, 20, 08, 32); Getty / Tetra Images (S.253), SPL (S.90), SPL / R.Jenkinson (S.38), J.L. Pelaez (S. 121), SPL (S. 238); Jump / M. Sandkühler (S. 248); Plainpicture (S. 07, 10, 16, 135, 239, 244, 249), B. Köler (S. 247), Johner (S.12, 68, 204); Photothek / L. Johannsen (S. 246); YPT / M. Staudt (S. 245); iStockphoto (S. 131); Mauritius Images (S. 55, 24); Stockfood / J. Scherer (S. 46); SPL / Ag. Focus (S. 237); Keystone / V. Schulz (S. 153); Visum / T. Langreder (S. 06); Panasonic (S. 92); Siemens (S. 155); Rene Riies (S. 160); Masterfile (S. 60, 105, 138); Imago (S. 18) Alimdi.net / Marina Horvat (S. 64); I.Bengelsdorf (S. 220); meinfernbus.de (S. 226)

ISSN 0 937-1273
ISBN: 978-3-86851-087-4 (HC) 12,80 Euro
ISBN: 978-3-86851-088-1 (SC) 9,80 Euro

Erschienen im November 2013